中国信息经济学会电子商务专业委员会 **推荐用书**

互联网金融（第2版）

主编 赵紫剑 副主编 许 良 段聪颖 宋伟伟

重庆大学出版社

内容提要

以互联网为核心的现代信息技术正在以无法估量的速度和能量改变着当代经济发展和社会生活的各个方面,也为金融业带来了不可避免的挑战和机遇,互联网金融已成为近年来金融领域的热点课题之一。

本书依托互联网金融领域的应用发展现状和最新理论研究成果编写而成,内容主要包括理论基础(第1—2章)、运作模式(第3—9章)和风控监管(第10章)3个部分,共计10章。理论基础部分主要介绍了"互联网引发的金融变革"和"互联网金融概况";运作模式部分通过大量的理论分析和案例说明,介绍了互联网金融主要业态的基本含义、特点、运作模式、发展现状和趋势等;风控监管部分则从整体上阐述了互联网金融的风险种类及各类风险的表现形式和成因,并在此基础上重点介绍了互联网金融风险的控制方法和监管机制。

本书可作为高等院校金融、电子商务类专业的学生学习互联网金融课程的教材,也可作为相关互联网金融从业者以及对互联网金融感兴趣的各行业人士的参考用书。

图书在版编目(CIP)数据

互联网金融 / 赵紫剑主编. -- 2版. -- 重庆 : 重庆大学出版社, 2022.12

ISBN 978-7-5689-3640-8

Ⅰ. ①互… Ⅱ. ①赵… Ⅲ. ①互联网络—应用—金融 Ⅳ. ①F830.49

中国版本图书馆CIP数据核字(2022)第233850号

互联网金融

(第2版)

主　编　赵紫剑

副主编　许　良　段聪颖　宋伟伟

策划编辑:尚东亮

责任编辑:姜　凤　　版式设计:尚东亮

责任校对:王　倩　　责任印制:张　策

*

重庆大学出版社出版发行

出版人:饶帮华

社址:重庆市沙坪坝区大学城西路21号

邮编:401331

电话:(023)88617190　88617185(中小学)

传真:(023)88617186　88617166

网址:http://www.cqup.com.cn

邮箱:fxk@cqup.com.cn(营销中心)

全国新华书店经销

重庆市国丰印务有限责任公司印刷

*

开本:787mm×1092mm　1/16　印张:18　字数:441千

2016年8月第1版　2022年12月第2版　2022年12月第2次印刷

印数:4 001—7 000

ISBN 978-7-5689-3640-8　定价:48.00元

第 2 版前言

时值互联网金融的概念在中国诞生十年之际，本书是在 2016 年第 1 版的基础上正式推出的修订版。十年来，中国的互联网金融前期迅猛发展，乃至全球瞩目，而后又开启长达 6 年的专项整治，跌宕下沉。2022 年 5 月，在中共中央宣传部举行的“中国这十年”系列主题新闻发布会上，中国人民银行副行长陈雨露在答记者问时表示，经过集中的攻坚，我国金融体系长期积累的风险点得到了有效处理，金融风险整体收敛、总体可控。影子银行乱象得到了有效整治，近 5 000 家 P2P 网贷机构已经全部停业，互联网金融风险的专项整治工作顺利完成，立案查处了非法集资案件 2.5 万起，将互联网平台企业金融业务全部纳入监管。这场历时 6 年的互联网金融风险专项整治，也引发了社会各界关于互联网金融创新及其监管的深刻反思。

伴随着互联网金融行业的持续出清，我们越来越清晰地认识到，互联网金融在本质上仍属金融范畴，一切互联网平台的金融活动必须依法依规纳入监管，持牌经营，只有在规范中才能够得以健康发展。同时也可以看出的是，在互联网金融不断规范的过程中，金融行业科技赋能的重要性不仅没有削弱，反而越来越得以加强。从早期的金融电子化、信息化到现在的金融互联网化、数字化，技术进步及其应用推动金融创新的脚步从未停止，也不应停止。早在 20 世纪 70 年代，美国经济学家韩农（Hannon）和麦道威（McDowell）就提出了金融创新的技术推进理论，并得到了众多学者的认同。时至今日，以大数据、云计算、人工智能、区块链、量子信息等为代表的现代互联网信息技术仍在以不可阻挡的势头迅猛发展并广泛应用，各国在关键领域加快布局，国际数字规则的制定已成为竞争博弈的焦点。《世界互联网发展报告 2021》从互联网基础设施、创新能力、产业发展、网络应用、网络安全、网络治理六大维度构建的互联网发展指数显示，中国互联网发展仅次于美国，位居全球领先水平。在此强大的互联网推动背景下，互联网金融不应因生态发展中的问题而停滞，金融的核心价值既要为实体经济服务，也要体现市场效率。如果金融体制缺乏运作效率又无法为市场提供足够空间，实际上是扭曲了正常的经济进步要求，这在本质上也是不可取的。金融行业的结构性发展和提质增效，应该在市场价值认可和严格监管机制下更加成熟化，走好中国特色的金融发展之路。这不仅是中国社会主义市场经济体制走向高质量发展的基本要求，也是党的二十大报告所提出的中国式现代化的应有之义。唯有在追随科技进步和适应市场节奏的基础上让创新和传统不断博弈优化，我们才有底气去面对未来更多的不确定性。

自第 1 版教材出版以来，互联网金融领域发生了较大的变化。一方面，金融数字化程度日益加深，金融服务效率不断提升，互联网金融监管体系日趋完善；另一方面，互联网金融原有运作模式出现分化，P2P 网贷风险充分暴露，全球发展式微，互联网金融门户在反垄断监管下也进入调整期，而曾经单一的数字货币从理论体系到实践模式逐渐丰富。为了及时揭示近年来互联网金融的最新发展变化，准确把握互联网金融的未来发展趋势，全面阐述经济学、金融学相关的基本理论和学术体系，更好地反映教学内容的内在联系、发展规律及该专业课程特有的创新方式，根据教育教学规律和人才培养规律，特进行教材修订。

本版教材保持了第 1 版教材的主体框架，内容上仍然包括三大部分，即理论基础（第 1—2 章）、运作模式（第 3—9 章）和风控监管（第 10 章），共计 10 章。与第 1 版相比，此次修订版的变化主要体现在以下两个方面。

一是章节名称及内容的变化。为了更加准确严谨地体现互联网金融内涵的一致性，将第 4 章和第 6 章的名称进行了略微调整。由于 P2P 网贷行业的发展变化较大，第 5 章的名称改为互联网借贷，将原来的内容压缩为其中的一节，新增了互联网小贷和互联网消费金融的相关内容。第 1 版第 7 章互联网金融门户因监管业务变化较大，修订版改为互联网财富管理，将原有内容需保留的部分融入其他相关章节。其余各章名称虽然未变，但是在内容上都补充了最新进展，并更新了其中的案例。

二是丰富了章后习题的形式。第 1 版章后习题主要体现开放式特点，包括复习思考题和案例分析题两大类。根据教学中一些使用该教材的教师建议和学生学习反馈，此次修订版每章后面增加了选择题，包括单选题和多选题，并以二维码方式呈现，方便课后检测学生的学习效果。

修订版教材由赵紫剑教授担任主编，许良副教授、段聪颖博士、宋伟伟讲师担任副主编。各章内容修订编写分工如下：第 1、2、6、8、9、10 章由赵紫剑编写，第 4、5、7 章由许良和段聪颖编写，第 3 章由宋伟伟编写。宋伟伟对全书的课后习题和参考文献进行了补充修订，黄河科技学院杨玥、河南财经政法大学李斌杰对本书的图表部分进行了修订。本书在编写过程中得到了交通银行总行数据管理与应用部总经理袁文霞、交通银行河南省分行信息技术部总经理刘亚丽以及河南中原消费金融有限公司所给予的建议和支持，特此表示感谢。

互联网金融是一个不断变化发展的领域，许多问题尚待探索研究。由于经验、视野及时间所限，本书仍存在诸多不足之处，期待同行和读者多提宝贵意见，以便不断修改和完善。

赵紫剑

2022 年 10 月

第 1 版前言

以互联网为核心的现代信息技术正在以无法估量的速度和能量改变着当代经济发展和社会生活的方方面面，也为金融业带来了不可回避的挑战和机遇。无论是在被称为“互联网金融”的中国，抑或是被冠以“金融科技”（FinTech）的美国乃至世界各国，互联网技术及其所呈现的“开放、平等、协作、分享”的特质在金融领域里所迸发的创新活力引人瞩目，对金融体系服务经济发展的效率改进也功不可没。作为一个新的领域，尽管互联网金融目前尚未形成完整的理论体系，甚至争议之声不绝于耳；尽管互联网金融的现实发展仍处于一个不断推陈出新的过程之中，甚至风险事件频频爆出，但这都不应成为我们漠视它的理由。互联网金融发展的根本点是服务于实体经济，也就是“互联网金融+各行各业”，互联网金融将成为整个经济社会的基础设施，通过与各行业的深度融合，促进产业的转型升级，加快形成经济发展的新动能、新业态。正是基于这样的背景，我们在高校开设了“互联网金融”这门课程，并着手编写了《互联网金融》这本教材。

本书依托互联网金融领域的最新理论研究成果和应用发展现状，内容上主要包括理论基础（第 1—2 章）、运作模式（第 3—9 章）和风控监管（第 10 章）3 个部分，共计 10 章。

第一部分理论基础分为两章。第 1 章是“互联网引发的金融变革”，通过对金融发展中金融功能的演进以及金融创新动因的系统梳理，来揭示互联网技术的迅猛发展对金融业带来的影响。第 2 章是“互联网金融概况”，在对互联网金融进行基本界定的基础上，概括了互联网金融的特点及表现形式，介绍了当前国内外互联网金融的发展历程及其内在逻辑。

第二部分运作模式是本书的主体部分。由于互联网金融正处于不断的创新发展中，对于其模式的概括较为困难，有些模式的边界并不十分清晰。本书参考大多数文献资料以及当前官方所采用的分类方式，使用了一个较为宽泛的口径。本书中互联网金融既包括金融机构通过互联网开展的金融业务，也包括非金融企业利用互联网技术所从事的金融业务。为便于区分和表述互联网金融的不同模式，前者采用金融互联网的概念，具体表现为信息化金融机构（第 3 章），主要包括网络银行、网络保险和网络证券；后者则为狭义的互联网金融，包括第三方支付机构的互联网支付（第 4 章）、P2P 网络贷款（第 5 章）、众筹（第 6 章）、互联网金融门户（第 7 章）、大数据金融（第 8 章）以及数字货币（第 9 章）等。各章的介绍均在其定义、特征的基础上，梳理了发展历程和现状，着重介绍了业务模式和流程，并对不同模式中存在的风险进行了揭示。

第三部分风控监管也就是第 10 章互联网金融的风险控制和监管，是对前面 3—9 章各种模式相关内容的汇总分析。从整体上阐述了互联网金融的风险种类及各类风险的表现形式和成因，并在此基础上重点介绍了互联网金融风险的控制方法和监管机制。

为了便于学习掌握核心内容，各章之前均列明了本章的学习目标、知识要点和关键术语，章后有本章小结和复习思考题。为增强学习的趣味性和提高应用分析能力，本书搜集了大量案例，分别用于章前的案例导读、章节中的案例佐证以及章后的案例分析。所参考的文献资料因部分来自网络，信息不详，未能详列于书后，在此对各类文献作者表示衷心的感谢。

全书由河南财经政法大学金融学院赵紫剑博士拟订编写大纲，并负责总撰定稿。参与编写工作的人员还有：朱欢（第 1 章）、梁蕾（第 2 章）、范崇真（第 3 章）、梁森（第 4 章）、李楠（第 5 章）、张晶（第 6、8 章）、汪淑娟（第 7 章和第 9 章的部分内容）、陈宗林（第 9 章部分内容）、李欣和田默涵（第 10 章）。西安交通大学经济与金融学院的博士研究生汪淑娟负责对全书的章后小结和复习思考题进行了整理。郑州外国语中学的杨仲瑶同学负责本书外文文献的搜集整理工作。本书在编写过程中还得到了交通银行河南省分行、河南聚金资本的大力支持。尤其要特别感谢商丘师范学院司林胜院长的鞭策和鼓励。

互联网金融是一个崭新的发展领域，许多问题尚待深入探讨和研究。由于经验、视野以及时间所限，本书尚存诸多不足之处有待改进，恳请读者批评指正，以便不断修改和完善。

编　者

2016 年 6 月 9 日

目 录

第 1 章 互联网引发的金融变革

学习目标

- 了解金融发展中关于金融功能和金融创新的基本理论。
- 理解互联网时代信息技术对社会生活和商业运作带来的深刻影响。
- 掌握互联网对金融业的影响以及由此引发的金融业变革。

知识要点

- 金融功能和金融创新。
- 互联网发展状况。
- 互联网引发的金融变革。

关键术语

金融体系；金融功能；金融创新；互联网；物联网；元宇宙。

案例导读

互联网金融快速发展①

随着余额宝、百度百发、微信支付相继"引爆"，对于一直以来壁垒森严的银行而言，以阿里、百度、腾讯、京东等互联网企业为代表的"跨界者"成功撬开了金融的一道门缝，改变已经开始。

2013 年 6 月 13 日，余额宝上线。在短短 5 个月的时间里，吸收资金超过 1 000 亿元，平均每天吸金 6.6 亿元。而百度、腾讯、网易等互联网企业们，也在用它们独具吸引力的收益率抢夺着用户。年化收益率 5%、6%、6% 外加 5% 的现金补贴，它们甚至不惜自掏腰包以抢夺市场。互联网理财产品的低门槛、便捷操作、收益可见，引起了普通市民的广泛青睐。相

① 文汇：www. whb. cn，2014-02-16，改编整理。

对而言,原先稳坐泰山的银行却面临着存款流失的尴尬。有媒体报道称,仅仅 2014 年 1 月份,四大行存款就流失 7 000 亿元。从余额宝、百度百发到随后遍地开花的宝宝类理财产品;从支付宝手机客户端的一再升级到微信支付的推出;互联网借贷、互联网保险、互联网众筹……互联网巨头们用自己的方式触发了一场势不可挡的金融变革。

在互联网金融规模迅猛增长、模式一再创新的情况下,2015 年也迎来了互联网金融风险集中爆发之年。随后,互联网金融监管框架出台,相关细分领域的监管细则逐步落地完善。尽管互联网金融在发展中暴露出不少的风险,揭示出对此领域加强监管的必要性,但从总体来看,互联网技术在推动金融数字化转型中的重要作用也得到了越来越多的肯定,金融科技深入发展势不可挡。中国人民银行先后于 2019 年 8 月和 2021 年 12 月连续发布了《金融科技(FinTech)发展规划(2019—2021 年)》《金融科技发展规划(2022—2025 年)》,提出了新时期金融科技发展的指导意见,明确了金融数字化转型的总体思路、发展目标、重点任务和实施保障。

随着互联网技术的发展及其向金融领域的不断渗透,金融科技从国外走向国内,诞生了互联网金融的概念。金融科技与互联网金融有何不同?在这场由互联网技术所引发的金融变革中,互联网究竟改变金融的是什么,没有改变金融的又是什么?本章通过对金融发展中金融功能的演进以及金融创新动因的系统梳理,来揭示互联网技术的迅猛发展对金融业带来的影响。

1.1 金融发展中的金融功能和金融创新

1.1.1 关于金融范畴的基本认识

“金融”一词在字面上由“金”和“融”组成,“金”可理解为货币资金,“融”即融通。“货币资金的融通”是对“金融”一词最为简洁的表述方式。如我国著名学者黄达教授将金融解释为:“金融是货币资金的融通,其涵盖的范围大体包括:与物价有紧密联系的货币流通,银行与非银行金融机构体系,短期资金拆借市场,资本市场,保险体系以及国际金融等领域。”美国学者兹维·博迪、罗伯特·莫顿在《金融学》一书中,则将金融学定义为“研究人们在不确定的环境中如何进行资源的时间配置的学科”。

金融与人们的经济活动和日常生活密不可分,它不仅源于社会经济活动,而且服务于社会经济活动。一方面,居民个人、企业、政府乃至对外部门等各个经济主体的经济活动都需要通过金融来实现;另一方面,金融在服务社会经济的过程中逐渐形成一个有机的体系。现代金融体系的运作主要是以货币、信用、利率、汇率等为基本要素,以金融机构和金融市场为载体,以金融总量供求与均衡为机制,以宏观调控与监管为保障。

概括起来,金融体系包括以下 5 个组成部分(图 1.1):

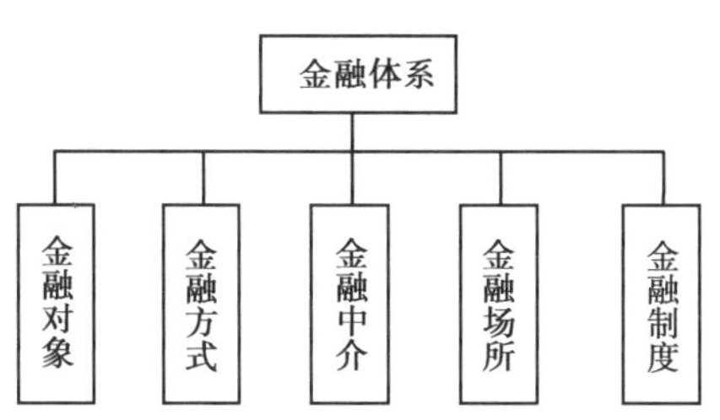

图1.1　金融体系的组成部分

1)金融对象

金融是关于货币资金运行的活动,金融的对象即货币资金,由货币制度所规范的货币流通具有垫支性、周转性和增值性,而货币的表现形态也在不断地演进变化。

2)金融方式

金融资金运行的方式是以借贷为主的信用方式为代表的。金融市场上交易的对象,一般是货币资金借贷关系的书面证明、债权债务的契约文书等,按照资金供求双方之间是否形成直接的债权债务关系,金融方式可分为直接金融(即在资金需求者和供给者之间直接形成债权债务关系的金融)、间接金融(即资金供求双方不形成直接的债权债务关系而是通过中介机构作为信用中介来实现的金融方式)。

3)金融中介

金融中介通常区分为银行和非银行金融中介(机构)。金融中介的存在,一方面创造了流动性极强的金融工具;另一方面则在投融资者之间推动资金的流转,从而极大地提高了储蓄转化为投资的效率。

4)金融场所

金融场所即金融市场,按照交易对象的不同特点可分为资本市场、货币市场、外汇市场、保险市场、衍生金融市场等,金融市场为资金供求双方通过金融工具的买卖进行融资活动提供场所和规则。

5)金融制度

金融制度对金融活动进行监督和调控等。金融活动一般以信用工具为载体,并通过信用工具的交易,在金融市场中发挥作用来实现货币资金使用权的转移,金融制度在其中发挥着监督和调控作用。

1.1.2　金融发展中金融功能的演进

金融业的起源最早可以追溯到公元前2000年巴比伦寺庙的货币保管。公元前5—前3世纪,在雅典、罗马等地先后出现了从事货币保管和兑换的银钱商等商业机构,这是早期银行业的前身。12、13世纪,意大利的一些富裕家庭因经商需要设立了一些私人银行,这些早期的银行往往具有高利贷性质。随着货币兑换业和金匠业等货币经营业的进一步发展,货币兑换商开始放弃全额准备应对客户提现的做法,实行部分准备金制度,集收息放款、吸收存款、汇兑支付三大业务为一体的近代银行就出现了,其中以意大利的威尼斯银行最具代表性。现代银行制度产生的标志是成立于1694年的英国英格兰银行,它是世界上第一家按照股份制原则建立起来的银行,为现代金融业的发展确立了最基本的组织形式。此后,西方各国的金融业迅速发展,并对加速资本积聚和生产集中起到巨大的推动作用。随着世界经济的增长和繁荣,经过长时间的历史演变,金融业已从传统单一的银行业,日益成长为涵盖银行、保险、证券、期货、信托、租赁等多种门类的金融体系。

金融业是一个不断发展和创新的行业,其发展大致经历了以下3个阶段:

(1)金融的早期发展阶段

该阶段的特点是以实物货币为主体,金融机构主要是货币兑换业或货币经营业。

(2)以银行为主体的发展阶段

该阶段的特点是经济规模迅速发展,银行的数量迅速增加,单个银行的规模也在不断扩大,银行占据金融的主导地位,是配置金融资源的主体。

(3)以金融市场为主导的发展阶段

第二次世界大战以后,世界金融业发生了巨大的变化,其发展特征和趋势是金融的自由化、全球化和网络化,金融市场主导金融资源的配置。

自银行产生以来,人们就一直在思考金融在经济增长中的作用,由此形成了一系列相关的金融发展理论,来探究金融发展与经济增长之间的关系,探究金融体系在经济发展中所具有的功能和发挥的作用,探究如何建立更为有效的金融体系和金融政策以最大限度地促进经济增长,以及如何合理利用金融资源以实现金融的可持续发展并最终实现经济的可持续发展。

在漫长的经济和金融发展过程中,金融的功能也在逐步演进。从基础功能到核心功能再到拓展功能,人们对金融功能的认识在不断深化。相对于金融机构而言,金融功能比金融机构更加稳定、更加客观,也更为重要。金融机构只有持续地创新和竞争,才能最终使金融体系具有更强的功能和更高的效率。从功能的角度来看,任何金融体系的主要功能都是帮助人们在一个不确定的环境中跨地域、跨时间地进行资源配置。在金融发展中,首先要确定金融体系应具备哪些经济功能,然后再据此来设置或建立能够以更低的成本、更高的效率来行使这些功能的金融体系。

总体而言,金融体系的功能主要体现在以下6个方面:

(1)支付清算

金融体系提供完成商品、服务和资产清算和结算的工具,不同的金融工具在功能上可以互补或替代,运作它们的金融机构也可以不同。

(2)资源配置

金融体系能够为企业的生产或家庭的消费筹集资金,同时还能将聚集起来的资源在全社会重新进行有效分配。

(3)风险管理

金融体系可以提供管理和规避风险的方法,从而使金融交易和风险负担得以有效分离,使企业与家庭能够选择其愿意承担的风险,回避不愿承担的风险。

(4)信息管理

金融体系可以为投资者和筹资者搜集提供金融交易的价格信息,同时为管理部门提供金融交易和规则执行状态的信息，从而使金融体系的不同参与者都能做出各自的决策。

(5)改善激励

金融体系所提供的股票或者股票期权，使企业的管理者以及员工的利益与企业的效益紧密联系在一起，从而使管理者和员工尽力提高企业的绩效，其行为不再与所有者的利益相悖，从而解决了委托代理问题。

(6)经济管理

金融体系在宏观政策的影响下，借助于各种金融工具，调节货币供给量或信用量，影响社会总需求进而实现社会总供求均衡，促进经济的协调发展。

对当今世界任何一个国家而言，努力维持一个稳定的金融体系并提高其运行效率都是一个重要的话题。金融体系的金融功能具有相对的稳定性，因此根据金融体系金融功能的发挥程度来对金融体系的稳定性和效率性进行研究得出的结论更加具有前瞻性。

1.1.3 金融发展中的金融创新

在世界金融发展的历史上，创新始终是金融发展的动力源泉，金融的每一次升级发展都是在创新的推动下实现的。20 世纪 50 年代以来，金融创新浪潮在西方国家兴起，并演变成全球化的发展趋势。金融创新的浪潮带来了金融机构传统业务的革新，模糊了各类金融机构的经营界限，加剧了金融业的竞争，促使金融业全球一体化和自由化，金融创新还极大地提高了稀缺金融资源在全球范围的配置效率，大大降低了资金的借贷成本，促进了各国金融业向纵深方向发展，也给金融业的全球监管带来了新的挑战。

所谓金融创新，一般是指金融领域内部通过各种要素的重新组合和变革来创造或引进新事物。金融创新的内涵极为丰富，按照金融体系的构成要素进行划分，金融创新大致可分为货币形态创新、信用方式创新、金融机构创新、金融市场创新、金融制度创新等五大类(图 1.2)。

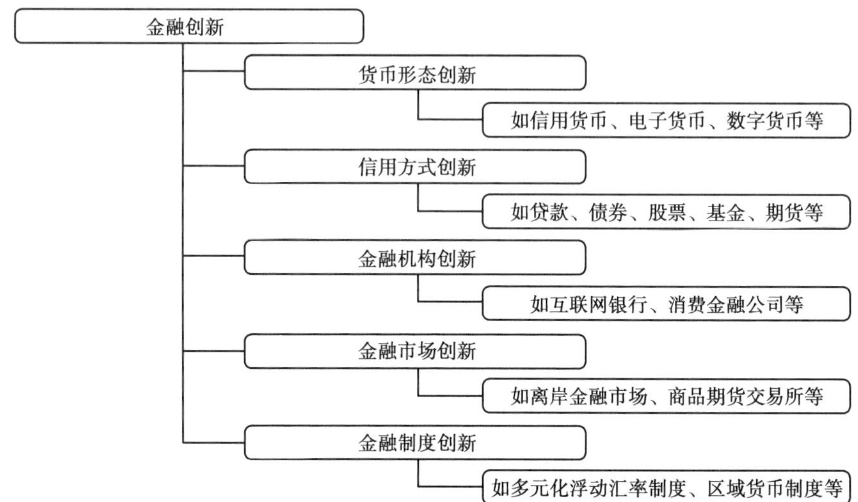

图 1.2 金融创新的分类

(1)货币形态创新

历史上的许多东西都充当过货币,不同的经济交易或不同的历史时期使用过不同形态的货币。从币材的角度来看,世界各国货币形态的演变大约经历了早期的实物货币阶段、金属货币阶段到以可兑现的"银行券"和不可兑现的纸币为代表的信用货币阶段,再到无实体形态的虚拟货币阶段(如电子货币、数字货币等),基于交易费用的考虑以及技术进步等因素的推动,货币的表现形态在不断地推陈出新。

(2)信用方式创新

金融活动按信用方式主要区分为间接金融和直接金融两大类,信用方式具体表现为金融体系所提供的各种金融工具和金融服务,其核心是满足社会经济各主体对金融的需求。信用方式创新包括各种间接金融或直接金融工具、技术、交易或服务方式的创新。如贷款、债券、股票、期货、期权等,以及将间接金融与直接金融连接起来的资产证券化等。

(3)金融机构创新

金融机构创新是指从金融创新经营的内容和特征出发,以创造出新型的经营机构为目的,建立完整的机构体系。金融机构创新包括金融机构类型、机构组织形式等与金融组织机构相关的创新。如互联网银行、消费金融公司、金融控股公司以及百货店、广场店等金融分支机构的新型组织形式,还有经济全球化趋势下为加强国际合作而出现的一些金融机构,如国际清算银行、金砖国家新开发银行、亚洲基础设施投资银行等。

(4)金融市场创新

金融市场创新是指通过对金融交易方法进行的技术改进、更新或创设,从而形成新的市场架构的金融创新。20 世纪后期的金融市场创新主要包括两个方面:一是相对于传统国际金融市场而言的欧洲货币市场;二是相对于基础金融市场而言的衍生金融市场。进入 21 世纪后,在互联网技术的强大推动下,金融市场的数字化发展以及数字货币交易所等成为热点创新领域。

(5)金融制度创新

一国的金融制度总是随着金融环境的变化而逐渐演变的,这种演变既有结构性的变化,也有本质上的变化。金融制度创新包括各种货币制度、信用制度以及内外部金融管理制度等与制度安排相关的金融创新。如由单一固定汇率制度到多元化的浮动汇率制度、以欧元为代表的区域性货币制度、以《巴塞尔协议》为代表的国际银行业统一监管制度、纳入人民币的特别提款权(Special Drawing Right, SDR)多元货币篮子构成安排等。

由于自然、经济、技术、文化、政治生态的不同,不同国家在不同时期金融创新的诱因也各不相同。各国经济学家从不同角度进行了解释,并形成了不同的理论学说,比如,弗里德曼的"货币促成"论,格林包姆和海沃德的"财富增长"论,西尔伯的"约束诱导"论,凯恩的"规避管制"论,诺斯和戴维斯的"制度改革"论,希克斯和尼汉斯的"交易成本"论,韩农和麦道威的"技术推进"论,以及后来的"不完全市场"说、"理性效率"假说等。在现实中,金融创新往往并非某一因素所致,而是在特定经济背景下多因素共同作用和影响的产物。综合起来,金融创新的主要动因来自以下 4 个方面:

(1)经济发展的需求

经济发展的客观需求是金融创新的根本原因。当今世界经济的发展不断突破地域、时间以及各种传统的界限,涌现出很多为人类文明生存和发展所需的新的行业、部门、模式和手段,因此,也就对为之服务的金融业提出了不同角度、不同层次的要求。面对这些新要求,原有的金融工具、金融服务方式、金融机构及其组织形式以及金融制度等就可能出现某些方面的欠缺和低效,各种金融功能的发挥就会受到制约,金融创新的迸发也就不可避免。源自经济发展变化所提出的客观需要持久而强劲,金融创新的浪潮也在不断推进中。

(2)金融管制的规避

20世纪30年代大危机之后,西方各国采取了较为严格的金融管制。但随着经济的发展、技术的进步、需求的更新、供给的变化,原有管制出现了不合时宜或限制过死的问题,管制的副作用开始加大。20世纪70年代前后,经济自由主义思潮开始在西方盛行,为金融业要求放松管制、追求自由经营提供了理论依据。当管制不能适应经济金融发展要求却又未做改革的时候,在日益激烈的市场竞争中,金融业纷纷通过金融创新来规避管制,以抵消管制所带来的副作用。而各国当局在这种背景下,一方面主动放弃了一些不合时宜的管制,如利率管制;另一方面,默认了一些金融创新的成果,放松了管制的程度,从而进一步促进了金融创新。

(3)金融风险的分散

随着经济的快速发展,20世纪60年代开始,金融业面临的经营环境发生了巨大的变化,经济、金融内部的各种矛盾冲突也在不断加剧。持续的通货膨胀、固定汇率制度的崩溃、国际债务危机的发生等,导致了物价、利率、汇率的不确定性大大增加,日益积聚的金融风险成为矛盾的焦点,分散转移风险、增加流动性的金融需求极为旺盛。期货、期权、互换等金融衍生品以及资产证券化成为转移产品价格风险、利率风险、汇率风险、流动性风险的创新性金融工具,在一定程度上缓解了金融的个体风险。

(4)科技革命的推动

计算机和通信技术的发展是推动金融创新的最重要的供给变化。计算机技术、通信技术的快速发展,一方面直接对金融活动产生了深刻影响,不仅为金融全球化提供了强大的物质和技术基础,而且对金融行业固有的经营手段、经营模式、经营理念等产生了巨大的冲击;另一方面大大推动了网络经济的发展,尤其是电子商务的引入进一步促进了金融行业在业务处理、资金流转、信息处理、交易活动等方面的电子化,其终端触角伸向了各国、各地区的各个家庭和企业。在以互联网为核心的信息技术推动下,金融的创新和发展进入了一个更高的层次和阶段。

1.2 互联网发展概况

1.2.1 关于互联网范畴的基本认识

互联网英文为Internet,是计算机交互联网络的简称,根据音译也被称为因特网、英特网,是计算机网络与网络之间根据通用协议相连而成的,以实现资源共享和信息交换为目的的全球化数据通信系统。

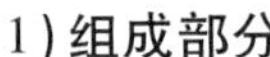

1)组成部分

互联网主要包括以下3个组成部分:

(1)硬件

硬件主要是指负责数据存储、处理和传输的计算机系统和数据通信设备。

计算机系统主要完成数据信息的搜集、存储、处理和输出任务,并提供各种网络资源,它包括主计算机和终端。其中,主计算机(Host,主机)负责数据处理和网络控制,并构成网络的主要资源,主要由大型机、中小型机和高档微机组成。网络软件和网络的应用服务程序主要安装在主机中,在局域网中主机称为服务器(Server)。终端(Terminal)是网络中数量大、分布广的设备,是用户进行网络操作、实现人机对话的工具。一台典型的终端看起来很像一台PC机,与PC机不同的是终端没有CPU和主存储器。在局域网中,以PC机代替了终端,既能作为终端使用又可作为独立的计算机使用,被称为工作站(Workstation)。

数据通信设备主要由通信控制处理机、传输介质和网络连接设备等组成。通信控制处理机主要负责主机与网络的信息传输控制,其主要功能是线路传输控制、差错检测与恢复、代码转换以及数据帧的装配与拆装等。在以交互式应用为主的微机局域网中,一般不需要配备通信控制处理机,但需要安装网络适配器,用来担任通信部分的功能。传输介质是传输数据信号的物理通道,将网络中各种设备连接起来。常用的有线传输有双绞线、同轴电缆、广线;无线传输介质有无线电微波信号、激光等。网络互联设备是用来实现网络中各计算机之间的连接、网与网之间的互联、数据信号的变换以及路由选择等功能,主要包括中继器(Repeater)、集线器(HUB)、调制解调器(Modem)、网桥(Bridge)、路由器(Router)、网关(Gateway)和交换机(Switch)等。

(2)软件

软件主要是指可用来搜集、存储、检索、分析、应用、评估信息的各种软件。软件一方面授权用户对网络资源的访问,帮助用户方便、安全地使用网络;另一方面管理和调度网络资源,提供网络通信和用户所需的各种网络服务。网络软件一般包括网络操作系统、网络协议、通信软件以及管理和服务软件等。

①网络操作系统(Network Operating System, NOS)是网络系统管理和通信控制软件的集合,它负责整个网络的软、硬件资源的管理以及网络通信和任务的调度,并提供用户与网络之间的接口。目前,计算机网络操作系统主要有UNIX、Windows、mac OS、Netware、LINUX等。UNIX是唯一跨微机、小型机、大型机的网络操作系统。

②网络协议是实现计算机之间、网络之间相互识别并正确进行通信的一组标准和规则,它是计算机网络工作的基础。在Internet上传送的每个消息至少通过3层协议:网络协议(Network protocol),它负责将消息从一个地方传送到另一个地方;传输协议(Transport protocol),它管理被传送内容的完整性;应用程序协议(Application protocol),作为对通过网络应用程序发出的一个请求的应答,它将传输转换成人类能识别的东西。

③管理和服务软件通常是指企业资源计划(Enterprise Resource Planning, ERP)、客户关系管理(Customer Relationship Management, CRM)、供应链管理(Supply Chain Management, SCM)等商用管理软件,以及用来加强流程管理的工作流(Work Flow, WF)管理软件、辅助分析的数据仓库和数据挖掘(DW/DM)软件等。

(3)应用

应用是指搜集、存储、检索、分析、应用、评估使用各种信息,包括应用 ERP、CRM、SCM 等软件直接辅助决策,也包括利用其他决策分析模型或借助 DW/DM 等技术手段来进一步提高分析的质量,辅助决策者做决策。唯有当信息得到充分而有效的应用时,互联网技术的价值才能得到充分发挥,也才真正实现了信息化的目标。

2)运行原理

在计算机网络系统中,要实现计算机之间的数据传输,避免数据在传输过程中丢失或传错,不同的网络必须采用相同的语言,信息交流的方式、时间都应遵循相同的规则,这种计算机网络之间的通信规则称为协议。计算机网络通信既要有数据传输的目的地址,也必须要有保证数据迅速可靠传输的措施。Internet 通过采用"TCP/IP 协议"使不同计算机、不同网络之间实现通信连接,通过采用 DNS 域名系统解决了 IP 地址的"翻译"问题,以保证数据安全、可靠地到达指定的目的地。

具体来说,"TCP/IP 协议"分为两个部分,即 TCP(Transmission Control Protocol,传输控制协议)和 IP(Internet Protocol,网际协议)。TCP/IP 协议所采用的通信方式是分组交换方式。所谓分组交换,简单地说,就是数据在传输时分成若干段,每个数据段称为一个数据包,TCP/IP 协议的基本传输单位是数据包。TCP 协议和 IP 协议可以联合使用,也可以与其他协议联合使用,它们在数据传输过程中主要完成以下功能:

①首先由 TCP 协议把数据分成若干数据包,给每个数据包写上序号,以便接收端把数据还原成原来的格式。

②IP 协议给每个数据包写上发送主机和接收主机的地址,一旦写上源地址和目的地址,数据包就可以在物理网上传送数据了;IP 协议还具有利用路由算法进行路由选择的功能。

③这些数据包可以通过不同的传输途径(路由)进行传输,由于路径不同,加上其他原因,可能出现顺序颠倒、数据丢失、数据失真甚至重复的现象。这些问题都由 TCP 协议来处理,它具有检查和处理错误的功能,必要时还可请求发送端重发。简言之,IP 协议负责数据的传输,而 TCP 协议负责数据的可靠传输。

Internet 采用 TCP/IP 协议实现通信连接,网络中的每台主机必须有一个通信地址,此地址称为 IP 地址。IP 地址是 Internet 中主机的一种数字型标识,由网络标识(Net ID)和主机标识(Host ID)两部分构成。IP 地址由 32 位二进制数组成,一般采用点分十进制表示法,将 32 位二进制数分为 4 个字节,每个字节转换成一个十进制数字段,字段之间以点分隔,每个字段的数字为 0~255。但是数字形式的 IP 地址很难记忆,也不够直观,于是,用代表一定意思、便于记忆的字符串来表示主机地址的域名就出现了。例如,IP 地址为 202.202.0.35 的主机用域名表示为:www.cqu.edu.cn,一看很容易理解为重庆大学 www 服务器主机;其中,www(World Wide Web,万维网)是互联网提供的信息浏览服务。Internet 的域名结构由 TCP/IP 协议中的域名服务器系统 DNS(Domain Name Serve)进行定义。DNS 把 Internet 分为很多顶级域,并按照组织模式和地理模式为其规定了国际通用的域名。如 com 表示商业机构,edu 表示教育机构,gov 表示政府机构,net 表示网络支持中心,cn 表示中国,jp 表示日本,uk 表示英国,等等。顶级域下根据不同的管理机构可分设二级域、三级域等,从而形成了层级式的域名结构。由于计算机只能识别 IP 地址,Internet 上的每一个域都必须设置 DNS 来完成域名的解析和管理工作。

3)应用模式

互联网在第三次工业革命中诞生,技术平台和底层架构的特性赋予了其强大的连接功能,突破了传统的时空、地域的限制,覆盖范围、传输效率和时效性都较传统行业有了质的飞跃。顺应着人们在信息获取、交流、交易、办公、娱乐等方面的需求,互联网出现了各种具体的应用模式。比如,在网络信息获取方面,有网络新闻、搜索引擎、信息分类、信息聚合和知识分享等模式;在电子商务方面,有 B2B、B2C、C2C 和 O2O 等模式;在网络交流互动方面,有即时通信、个人空间、网络社交、网络论坛等模式;在网络娱乐方面,有网络游戏、网络文学、网络视频等模式;在金融服务方面,则出现了互联网支付、互联网借贷、互联网众筹、大数据金融以及数字货币等模式。

以企业为例,其对互联网的应用主要分为以下 4 类:

(1)沟通类

利用互联网完成交流沟通的通用型应用,主要包括发送和接收电子邮件。

(2)信息类

利用互联网获取或者发布信息,包括发布信息或即时消息、了解商品或服务信息、从政府机构获取信息等。

(3)商务服务类

利用互联网辅助企业更好地进行商务活动,如网上银行、客户服务等。

(4)内部支撑类

利用互联网辅助企业内部管理、内部工作效率提升的相关互联网应用,包括与政府机构互动、网络招聘、在线员工培训、使用协助企业运作的网上应用系统等。

互联网技术已渗透到各个行业,逐渐从消费互联网切换至产业互联网,并引发了以融合为特征的产业革命,产业之间的技术、产品和服务相互渗透和交叉,对人们的生活方式、经济的增长模式、社会的发展方向带来了巨大变化。

1.2.2 互联网的发展历程和未来趋势

1)发展历程

(1)互联网的诞生与发展

与金融业的发展历史相比,互联网几乎是一个全新的领域。互联网产生于 1969 年初,其前身是美国国防部高级研究计划管理局为准军事目的而建立的 ARPA 网,起初只连接了 4 台主机,这便是只有 4 个网点的“网络之父”。1972 年公开展示时,由于学术研究机构及政府机构的加入,这个系统拓展连接了 50 所大学和研究机构的主机。1982 年,ARPA 网又实现了与其他多个网络的互联,从而形成了以 ARPANET 为主干网的互联网。1983 年,美国国家科学基金会(NSF)提供巨资,建造了全美五大超级计算中心。为使全国的科学家、工程师能共享超级计算机的设施,又建立了基于 IP 协议的计算机通信网络 NFSNET。最初 NSF 使用传输速率为 56 Kbps 的电话线通信,但根本不能满足需要。于是 NFS 便在全国按地区划分了计算机广域网,并将他们与超级计算中心相连,最后又将各超级计算中心互连起来,通过连接各区域网的高速数据专线，而连接成为 NSFNET 的主干网。1986 年，NSFNET 建成后逐渐取代了 ARPA 网而成为互联网的主干网。以 ARPANET 为主干网的互联网只对少数专家以及政府要员开放，而以 NSFNET 为主干网的互联网则向社会开放。

到了 20 世纪 90 年代，随着计算机的进一步普及以及信息技术的日益发展，互联网迅速商业化，以其独有的魅力和爆炸式的传播速度成了当时的热点。商业利用是互联网第二次飞跃的发动机，一方面，网点的增加以及众多企业商家的参与使互联网的规模急剧扩大，信息量也成倍增加；另一方面，商业利益更加刺激了网络服务的发展。

从硬件角度讲，互联网是世界上最大的计算机互联网络，它连接了全球不计其数的网络与计算机，也是世界上最为开放的系统，是一个实用且有趣的巨大信息资源，允许世界上数以亿计的人们进行通信和共享信息。互联网仍在迅猛发展，并于发展中不断得到更新并被重新定义。例如，按照用户权利的增加以及用户在互联网中扮演角色的重要性，业界将互联网的发展历程划分为 Web1.0、Web2.0、Web3.0 这 3 个阶段。

①Web1.0 阶段。业内通常把 20 世纪 90 年代英国计算机科学家蒂姆·伯纳斯·李(Tim Berners-Lee)创造的浏览器访问的静态互联网称为 Web1.0，它是一个用户可以通过浏览器访问、只能读取信息的互联网模式，即“只读”模式，用户只能看不能互动。

②Web2.0 阶段。随着 Google 和 Facebook 等大型平台企业与社交媒体的兴起，互联网进入 Web 2.0 时代，它是以用户生产和分享内容为主导的全新互动网络模式。在这个时期，用户可以自己制作、分发内容，即“可读可写”的“可交互”模式，并且能直接影响平台的数据和流量，但却不享受由此带来的经济利益。随着大量信息和数据的线上传输，中心化所带来的垄断问题日益突出，数据安全和隐私保护成了互联网中亟待解决的问题。

③Web3.0 阶段。关于 Web3.0 的定义众说纷纭，在区块链诞生前，已经有许多互联网人士对 Web3.0 提出了自己的看法，但当时缺乏一些关键思维和解决手段。2014 年，以太坊联合创始人 Gavin Wood 再次提出 Web3.0 的想法，提出通过构建一个可扩展的系列技术框架和全新方式的应用程序，希望每个用户能够掌握自己的数字身份、资产和数据。从总体上看，仍处于探索阶段的 Web3.0 构想了一个相对去中心化的、以用户个人数字身份、数字资产和数据完全回归个人为前提的自动化、智能化的全新互联网世界。在 Web3.0 时代，用户的每一个互动都应该被记录并且量化，用户应该自己掌握自己的数据所有权和使用权并且公平地参与到由此产生的利益分配中，即一切内容是“可读、可写、可持有的”。这不仅需要包括区块链、人工智能、扩展现实技术(AR/VR/MR)、脑机接口技术、数字隐私保护技术等在内的多项技术共同去探索实现，而且也是对生产关系的一种创新。根据研究机构 Constellation 的一份报告情况，Web3.0 属于“元宇宙”中最底层的架构，是下一代互联网的总称。

延伸阅读

“元宇宙”，未来的互联网

“元宇宙”是近年来信息科技产业最热门的概念之一，但目前业界对元宇宙的定义和发展前景仍未形成广泛共识。元宇宙的概念最初来源于对科技未来的构想，1992 年美国科幻小说《雪崩》创造了“元宇宙(Metaverse)”一词，书中描绘了与现实世界相互平行的三维数字空间。中国科学界很早之前已经开始关注虚拟技术的发展，钱学森先生在1990年的手稿中就提到“Virtual Reality(虚拟现实)”，将其翻译为具有中国韵味的“灵境”一词，并强调这一技术将引发震撼世界的变革，成为人类历史上的大事。

对元宇宙关注度的提升，一方面基于人们对娱乐体验和生产生活效率提升的需求，另一方面则是包括5G、AI、区块链技术和VR/AR显示技术的可实现度越来越高。许多观点认为，元宇宙将引发互联网模式的新一轮变革，成为“下一代的互联网”，并创造出新的经济增长模式。参照现实世界，可以总结出构成元宇宙的五个要素：人(生产力)、人的关系(生产关系)、社会生产资料(物料)、经济和法律关系(交易体系)以及环境技术生态体系。元宇宙是对这五个要素的充分改造和构建，最终形成能够映射现实且独立于现实、可回归宇宙本质的存在，是开放性和封闭性的完美融合。

元宇宙终极形态需要充分满足以下5个特点：

①虚拟身份(每个现实世界的人将有一个或多个元宇宙ID，并对其负责)；

②社交关系(各元宇宙ID之间将产生具有现实感的真人社交关系)；

③极致在场感(低延迟和沉浸感保证现实世界的人能有充足的“在场感”)；

④极致开放性(现实世界的人能在任何地点任何时间进入，进入后可享用海量内容)；

⑤完整的经济法律体系(整个元宇宙安全性和稳定性的保证，延续了元宇宙衍生出的文明)。正如4G和5G的发展成就了繁荣的移动互联网时代，要构造元宇宙生态，需要打造云网融合的底层基础设施作为承载基础，算力作为数字时代的一种核心资源，已成为云网融合数字信息基础设施的重要组成部分。

(2)互联网在中国的发展历程

互联网在中国的起步时间虽然不长，但却保持着惊人的发展速度。1994年4月，中国中关村地区教育与科研示范网络(NCFC)率先与美国NSFNET直接互联，实现了与Internet的全功能网络连接，标志着我国最早的国际互联网络的诞生，中国成为接入国际互联网的第77个国家。

互联网在中国的发展历程大致可以划分为以下3个阶段：

①1994年以前，研究试验阶段(E-mail Only)。20世纪80年代中期，中国一些科研部门和高等院校开始研究Internet联网技术，并开展了科研课题和科技合作工作。这一阶段的网络应用仅限于小范围内的电子邮件服务，而且只为少数高等院校、研究机构提供电子邮件服务。

②1994—1996年，起步阶段(Full Function Connection)。1994年4月，中关村地区教育与科研示范网络工程进入互联网，实现了与Internet的TCP/IP连接，从而开通了Internet全功能服务，中国被国际上正式承认为有互联网的国家。之后，ChinaNet、CERnet、CSTnet、ChinaGBnet等多个互联网络项目在全国范围相继启动，互联网开始进入公众生活，并得到迅速发展。1996年底，中国互联网用户数已达到20万，利用互联网开展的业务与应用逐渐增多。

③1997年至今，快速增长阶段。国内互联网用户数1997年以后基本保持每半年翻一番的增长速度。经过二十多年的发展，中国互联网行业产生了以百度、阿里巴巴、腾讯、京东等为代表的大型互联网企业。全国目前已有中国科学技术网络(CSTNET)、中国教育和科研计

算机网络(CERNET)、ChinaNET、中国金桥信息网(ChinaGBN)四大互联网和众多的ISP,中文网站也不断涌现。

在习近平新时代中国特色社会主义思想特别是习近平总书记关于网络强国战略思想的重要指引下,中国持续推进信息基础建设,加快互联网信息技术创新研发,大力发展数字经济,推动信息惠民服务,加强网络内容建设,着力提升网络空间法治化水平和安全保障能力,深化网络空间国际交流合作,互联网发展取得了一系列成就。中国互联网络信息中心(CNNIC)发布的第49次《中国互联网络发展状况统计报告》显示,截至2021年12月,我国网民规模为10.32亿,互联网普及率高达73.3%,互联网已在我国实现高普及特征。中国国家顶级域名“.cn”总数为2 041万,占我国域名总数的56.8%,成为全球注册保有量第一的国家和地区顶级域名(ccTLD)。同时,移动互联网塑造了全新的社会生活形态,手机仍然是拉动网民规模增长的主要因素。截至2021年12月,我国手机网民规模为10.29亿,有99.7%的网民通过手机上网;5G网络加快发展,已累计建成5G基站142.5万个,占全球的70%以上,实现了所有地级以上城市全覆盖,5G移动电话用户达到3.55亿户。IPv6规模部署成效显著,活跃用户数量快速增长,截至2021年6月,IPv6地址数量为62 023块/32,IPv6活跃用户数量达到5.33亿户。① 互联网相关的大数据、云计算、人工智能等技术加快创新,在高性能计算、量子通信、操作系统等领域取得突破,更快更好地融入网民生活发展全领域、全过程,数字经济建设蓬勃发展。根据中国信息通信研究院测算,2021年我国数字经济规模达到45.5万亿元,较“十三五”初期扩张了1倍多,同比名义增长率16.2%,高于GDP名义增速3.4个百分点,占GDP比重达到39.8%,较“十三五”初期提升了9.6个百分点,②为我国制造业强国与网络强国建设奠定了良好基础。在互联网的引领下,全国工业和信息化系统攻坚克难,不断扩大研究范围与领域,深入实施制造强国的战略,“十四五”实现良好开端,互联网正推进数字技术与实体经济深度融合,互联网技术在商务交易、网络娱乐、公共服务等领域得到普及与发展。未来互联网应用场景将进一步拓展,深入开展数字经济建设(图1.3)。

① 工业和信息化部。

② 中国信息通信研究院《2022数字经济发展报告》,2022年7月。

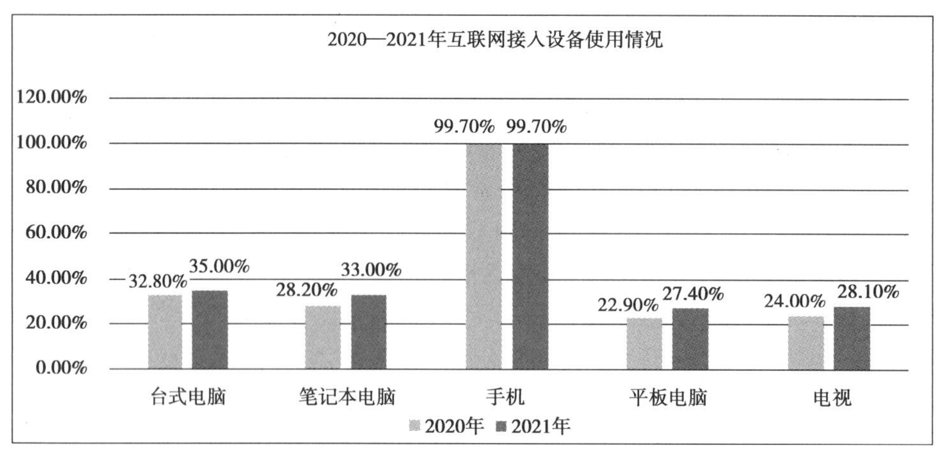

图 1.3　我国互联网发展情况

（图片资料来源：中国互联网络信息中心（CNNIC）
第 49 次《中国互联网络发展状况统计报告》，2022 年 2 月 25 日。）

2）未来趋势

互联网从一开始就因其所具有的平等、开放、合作、分享、互动等特质而被迅速推广，尤其是近 25 年间，全球互联网的发展突飞猛进。2021 年全球资讯报告及行业数据显示，从 1995—2021 年，互联网用户的渗透率发生了天翻地覆的变化，从最初的 0.6%（3 500 万人）上升到 59%（48 亿人）。尤其是得益于移动设备的便携性、价格低廉等优势，2021 年全球移动互联网用户数量达到 42 亿人。

在互联网的引领下，当今社会从工业文明走向了信息文明，从工业经济走向了知识经济，互联网对经济社会的影响深远而广泛，消费者的日常生活和企业的生产经营活动无不发生了重大改变。2020 年新冠肺炎疫情在全球范围内蔓延，给全球经济社会带来巨大冲击，也加速了全球经济的数字化转型。面对疫情，信息通信行业全面启动应急响应机制，以 5G、物联网、大数据、人工智能等为代表的新一代信息通信技术已广泛应用到疫情防控的方方面面并发挥着重要的基础支撑作用。“后疫情时代”，国际格局加速演变，单边主义、保护主义上升，全球产业链、供应链受到冲击。新一轮科技革命和产业变革深入发展，数据资源成为新的生产要素，信息技术成为新的创新高地，数字经济成为新的经济引擎，网络安全成为新的安全挑战，影响着全球的经济格局、利益格局和安全格局。未来的互联网应将成为人类的共同家园，各国应强化网络空间命运共同体意识，以更积极的态度共同构建和平、安全、开放、合作、有序的互联网空间。

（1）新一代信息通信技术跨越发展，成为全球经济发展新动能

新一轮科技革命和产业变革正在加速演进，在移动互联网、超级计算、传感网、脑科学等新理论、新技术驱动下，人工智能呈现出深度学习、跨界融合、人机协同、群智开放、自主操控等新特征，科技将重构全球各行各业，并将对经济发展、社会进步、全球治理产生重大而深远的影响。互联网不仅给信息技术产业带来了强劲的发展动能，也会推动工业、农业以及政府治理、智慧城市等方面的数字化转型升级，从消费应用深化拓展到面向产业应用，成为全球经济发展的新动能。

(2)互联网基础设施竞争日益激烈,亟待提升互联互通水平

互联网基础设施日益泛在化,地位和价值持续凸显,网络地海空一体化发展格局进一步确定,将成为各国抢占技术新高地、打造经济新优势、掌握全球发展话语权的重要引擎和争夺焦点。一些国家将数字基础设施政治化,加剧了网络空间碎片化,相关技术、标准、安全等方面或将产生分化,发达国家和发展中国家之间的数字化发展不平衡问题日益突出,亟待提升互联互通水平,畅通全球经济运行的血脉和经络。

(3)互联网网络管理自动化,安全性成为重点关注领域

随着网络信息化的发展,互联网的"双刃剑"效应越来越受到各个国家的重视,防范与治理网络社会已经存在以及不断涌现的安全隐患,也相继成了各个国家所关注的一个重点问题。第49次《中国互联网络发展状况统计报告》统计,截至2021年12月,62.0%的网民表示过去半年在上网过程中未遭遇过网络安全问题,遭遇个人信息泄露的网民比例最高为22.1%,遭遇网络诈骗的网民比例为16.6%,如图1.4所示。这充分表明,应进一步加强网络信息安全管理,并重点防范关键领域的信息安全泄露问题。围绕数字经济、数据安全、平台治理、技术安全与治理等议题的规则制定将加速推进,绿色数字合作将为国际治理提供新机遇。

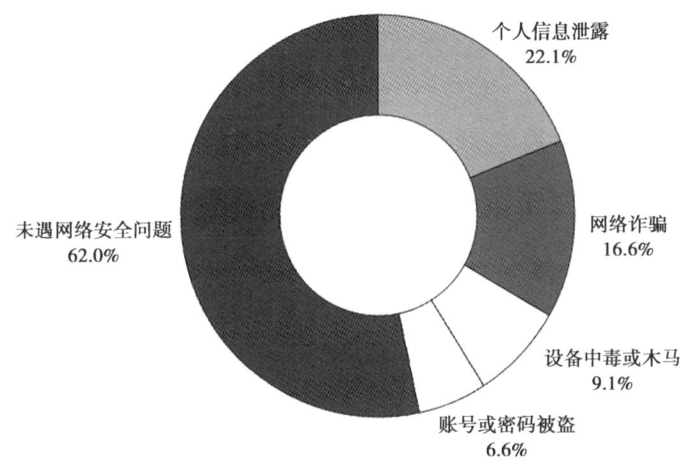

图1.4　2021年网民遭遇各类网络问题的比例分布

(图片资料来源:中国互联网络信息中心(CNNIC)
第49次《中国互联网络发展状况统计报告》,2022年2月25日。)

延伸阅读

互联网时代的"新经济"特征

"新经济"最早出现在美国1996年《商业周刊》的一组文章中,用于描述信息技术革命所引发的新产业发展模式。从经济学的发展来看,亚当·斯密的古典经济学源自"利己"思维,"当人们追求自己的利益时,可以提升整体社会的利益",众多人的"利己"行为凝聚成市场那只"看不见的手",自发地平衡供求关系。而当今互联网时代的"新经济"则是"共享经济(sharing economy)"思维,由"利己"拓展至"利他"。在这种经济体系中,人们开始学习与

朋友(内分享)或陌生人(外分享)分享与利他,开放性是其在实践中的重要特征。

"新经济"爆发的关键动因是大数据和云计算等互联网技术引发的第二次信息革命,它推动人类从信息技术(Information Technology, IT)走向数据技术(Data Technology, DT)时代。与传统工业时代相比,互联网DT时代的"新经济"呈现出新的形态,即集共享经济、平台经济、微经济为一体的普惠经济。具体来说,这种"三位一体"的普惠经济具有以下"五新"特征:

一是新基础,即新的基础设施——"云—网—端"。"云"是指云计算、大数据基础设施;"网"不仅包括原有的"互联网",还拓展到"物联网"领域;"端"则是用户直接接触的个人电脑、移动设备、可穿戴设备、传感器,乃至软件形式存在的应用。新信息基础设施叠加于原有土地、水利、交通、能源等基础设施之上,发挥的作用越来越重要。

二是新要素,即新的生产要素——"数据"。在新一代信息技术和互联网支撑下,人、事、物都在被数据化,大数据的运用能够还原客观世界,并催生出虚拟与现实融合的新世界(AR/VR/MR)。数据已成为继土地、劳动力、资本、技术之后的重要生产要素。

三是新结构,即新的分工结构——"大规模协作"。工业时代的分工蕴含着交易成本,"分工深化"与"交易成本上升"相互锁定,而DT时代互联网让企业内部的商业流程释放到可以实现大规模协作的商业平台上,打破了传统的链式分工关系,形成生产商直面消费者的网状分工格局,从而降低了交易成本。

四是新模式,即新的商业模式——"C2B"。工业时代"B2C"模式的基本特征是以厂商为中心、大规模生产同质化商品、广播式的大众营销与被动的消费者。而DT时代是客户拉动的C2B模式,基本特征是以差异化营销捕捉碎片化、个性化需求,以数据低成本、全流程贯通为基础,实施拉动式配销、柔性化生产、快速及时满足市场需求。

五是新组织,即新的组织模式——"云端制"。"福特制+泰勒制"是工业时代最显著的流水线生产组织模式,而DT时代下消费者需求变化引发的商业模式改变,带来社会化大协作,形成"巨平台+海量小前端"的网状化、云端制运行模式,如淘宝平台上活跃着海量网店与海量买家,苹果平台上活跃着海量App与海量用户,滴滴平台上活跃着海量司机与海量乘客等。

1.3 互联网引发的金融变革

1.3.1 互联网时代的金融业特点

自20世纪60年代末互联网在美国诞生以来,以互联网技术为核心的信息技术革命席卷全球,并以无法估量的速度和力量改变着各行各业。那么,互联网浪潮冲击下的金融业又呈现出怎样的特点呢?

有关研究表明,不同产业与互联网之间的联系存在着一定的差异。根据不同行业受互联网影响的速度和深度等特点,互联网时代的产业被划分为重塑型、互补型、适应型和迟钝型四大类(图1.5)。但在实践中,许多行业表现出多个类型混合的特征,这些行业内部的业务范围较广,不同业务的互联网转型速度和深度存在差异。一般来说,与信息服务相关的行业对互联网的敏感度较高，对信息依赖较强的行业往往会成为重塑型行业（如新闻媒体业等）；对信息要求不高，受外界冲击较小的行业通常属于迟钝型行业（如建筑业、农业等）。金融业恰恰是一个与信息高度相关的行业，因而对互联网的敏感度较高，依赖性较强，属于典型的重塑型行业。

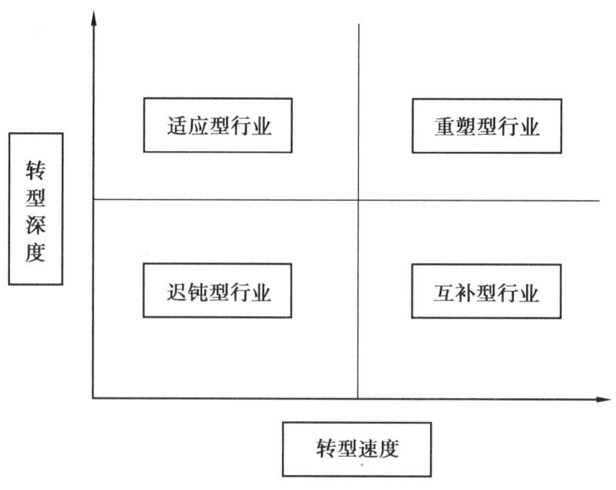

图 1.5　互联网时代的四大产业类别

金融行业与信息的相关性，不仅表现在信息本身就是金融业务活动和处理的核心，金融的重要功能之一就是解决人与人之间信息不对称的约束；这种相关性还表现在信息技术的发展直接推动了金融创新的步伐，信息技术尤其是数字技术在金融业的应用大大推动了以多元化金融机构和多元化金融交易模式为标志的现代金融业的兴起。

20 世纪 80 年代，以微软 Office 为代表的办公软件席卷全球，初步提升了个人和企业效率，通过面向内部的用户设计和业务流程的电子化，原有的手工作业流程被逐渐替代，金融行业开始进入电子化阶段。以商业银行为主导的传统金融通过采用现代通信和计算机技术，提高了传统金融服务业的工作效率，降低了经营成本，实现了金融业务处理的自动化、业务管理的信息化和金融决策科学化，从而为客户提供更为方便快捷的服务（如自助柜员机、网上银行等）、更为多元化的金融产品（如期货、期权、互换、贷款证券化等），达到提升市场竞争力的目的。20 世纪 90 年代以后，互联网浪潮掀起，基础电信网络逐渐普及，局域网、城域网和广域网等广泛链接企业与个人，企业自有数据中心和互联网技术开始深入提升个人与企业的局部效率。金融行业实现数据集中，并开始利用数据去辅助经营管理，降低经营管理成本，提高效率。如今，在以移动互联网、大数据、云计算、人工智能、区块链、物联网等为代表的信息技术影响下，原有的企业组织形态被打破，传统金融的内涵、外延已得到较大的拓展和提升，现代金融的范畴突破了传统金融所能覆盖的范围，已经全面迈向数字化转型发展阶段。从某种程度上讲，电子化、信息化是金融行业数字化发展的 1.0 和 2.0 阶段。数字化转型本质上不仅仅是业务的数据化，更是数据技术推动下的管理和商业模式的深度变革重构，让数据真正成为核心经营要素，驱动企业经营管理的各个方面，释放出新的生产力。金融行业随着金融需求的不断创新和信息技术的支撑保障，更为快捷、方便、高效的金融功能实现形式和载体也会源源不断地应运而生。

作为第三产业中的先导性行业，现代金融业也是一国经济体系中的战略性行业。金融业代表着技术发展和产业结构演进的方向,可以带动其他行业的发展,对国民经济未来发展起方向性的引导作用。如前所述,金融业是率先广泛应用计算机技术和网络通信技术等先进科技手段的行业,知识和技术含量高。互联网时代背景下,金融业的传统业务模式将不可避免地被重塑,金融体系运作的对象、方式、机构、市场以及制度和调控机制等构成要素,都会在不同程度上受到冲击和影响,传统业务模式的市场份额将会大幅度下降,部分业务甚至会消失。但是,现代金融体系所具有的支付清算、聚集资金、配置资源、分散风险、支配信息、管理经济等核心功能,并未因互联网而发生根本改变,互联网只是提高了这些金融功能发挥的效率。

1.3.2 互联网对金融业的改变

总体上,随着互联网对传统经济的渗透程度不断加深,互联网为金融业的发展注入了活力,正在开启金融变革的新时代。

1)改变了金融对象的表现形式

伴随着商品交换和经济的不断发展,作为金融运作对象的货币,其表现形式经历了一个漫长的演进过程,从实物货币到金属货币、纸制货币,再到电子货币,其核心动力是人类生产与交换的方式发生了质的飞跃。原始物物交换对应贝壳、斧头等实体类的一般等价物,随着农业生产的扩张,出现了丝绸、金属等体现价值稀缺性的货币即商品货币,工业革命以后出现了信用货币、记账货币以满足大规模商品交易的需要。现如今,在互联网区块链(block chain)技术的应用推动之下,去中心化的数字货币作为电子货币的替代形式也已出现,引发了全球范围内支付方式的变革,已经引起了越来越多的国家和地区的广泛关注。如挪威最大的银行 DNB 就曾呼吁政府应彻底弃用现钞,数家银行甚至关闭了部分现金业务。技术的进步正在逐步倒逼着纸币退场。

数字货币带来诸多益处。一是数字货币理论上使得用户可以不通过金融机构直接进行点对点(Peer to Peer)的交易,能提高交易效率并节省成本。二是其分布式总账系统理论上可以让任何参与者都无法伪造数字货币,减少交易风险。三是数字货币的较低交易成本会促使传统银行等金融机构提升服务水平、降低交易费用。四是数字货币与移动金融商业模式相结合,能促进普惠金融发展。以中国为代表的一些国家已经开始试点或实验中心化的法定数字货币。

中国人民银行自 2014 年就成立了专门的研究团队,对数字货币的发行和业务运作框架、关键技术、发行流通环境、面临的法律问题、对经济金融体系的影响以及国际上数字货币的发行经验等进行了深入研究,并于 2020 年 4 月正式落地首批数字人民币试点。截至 2022 年 4 月,共有三批 18 个试点城市进行使用,试点场景涵盖批发零售、餐饮文旅、政务缴费等领域,市场反响良好。数字人民币是由中国人民银行发行的数字形式的法定货币,广义的数字货币还包括非官方发行的去中心化的虚拟货币(如比特币)。

2)改变了信用活动的服务方式

传统的信用活动方式主要包括直接信用和间接信用两种,互联网时代信用活动的经营主体极具包容性,无论是金融机构、互联网企业或者是移动运营商,在互联网尤其是移动互联网的链接下,金融市场所提供的服务网点已是一个虚拟的应用空间,投融资渠道被迅速拓展。互联网的发展对现存的信用活动方式产生了变革性的影响,出现了既不同于商业银行主导型的间接融资,也不同于金融市场直接融资的所谓"第三种"融资模式,如互联网众筹、P2P 网贷。互联网技术跨越时空的特性、近乎为零的边际成本,以及大数据和云计算对信息不对称问题的有效改善,不仅使客户新金融需求的满足成为可能,而且使很多实时金融创新成为可能。购物和社交网络平台所积累的海量交易数据和行为数据,为信用判断和业务决策向金融业的延伸和渗透提供了帮助,出现了专门从事互联网征信的服务模式。过去传统网点无法到达的"天涯海角"变得"近在咫尺",过去无力触及的低净值"长尾"客群也成了服务对象。

所谓人无信不立,业无信不兴,国无信则衰。特别是在现代商业社会中,诚信已经成为一切交易发生的基础。在以大数据、云计算、人工智能为代表的互联网技术迅猛发展,信用信息越来越被人们所深入了解的背景下,互联网征信快速崛起。在中国,以搜索引擎(如百度)、电子商务(如阿里巴巴)、社交网络(如腾讯)等业务为基础的传统互联网服务提供商通过多年的积累,获取了海量的用户行为数据,在日益完善的大数据挖掘和云计算等技术的支持下,通过分析这些行为数据来评估单个用户的信用水平已成为可能。2015 年 1 月央行印发通知,允许芝麻信用管理有限公司、腾讯征信有限公司等 8 家机构试点个人征信业务。但因其在消费者权益保护和业务模式等方面存在的一些问题,8 家机构始终未获得正式的个人征信牌照。我国第一家获得个人征信业务经营许可的市场化公司是成立于 2018 年 3 月的百行征信,由央行牵头组建,中国互联网金融协会与前述 8 家个人征信试点机构共同组成,除中国互联网金融协会持股 36% 以外,其他几家机构分别持股 8%。数据显示,截至 2021 年底,百行征信累计拓展金融机构达 2 388 家,个人征信数据库累计收录个人信息主体突破 4 亿人,较上年末增长 145%;企业征信数据库累计收录企业信息主体 1 163 万户,董、监、高信息主体数 637 万人;所有产品(包括个人征信和企业征信产品)累计调用量突破 22 亿笔,较上一年末增长 449.3%。①

截至目前,中国互联网征信已经初步形成了央行模式、互联网平台模式、"传统征信+互联网"模式三大类。一方面,互联网征信拓宽了传统信用评级的技术渠道,丰富了信用评级的数据来源和经营主体;另一方面,互联网征信也存在着数据质量有待提高、模型可靠性有待检验等问题。互联网征信有待进一步完善和发展。

3)改变了风险管理和金融调控的方式

随着金融一体化和经济全球化的发展,金融风险日趋复杂化和多样化,金融风险管理的重要性愈加突出。由于金融风险对经济、金融乃至国家安全的消极影响,在国际上,许多大型企业、金融机构和组织,各国政府及金融监管部门都在积极寻求金融风险管理的技术和方法,以对金融风险进行有效识别、精确度量和严格控制。

一方面,以互联网为代表的现代信息科技,特别是移动支付、云计算、社交网络和搜索引擎等,对人类金融模式产生根本影响。在这种金融模式下,支付便捷、搜索引擎和社交网络

① 百行征信 2021 年年报。

降低信息处理成本,资金供需双方直接交易,可达到与现在资本市场直接融资和银行间接融资一样的资源配置效率,并在促进经济增长的同时,大幅减少交易成本。另一方面,互联网使得金融发展模式超越了地域和时间的限制,增加了资本市场交易的频率,对流动性风险有一定的放大效应,从而带来了诸多不确定性。虚拟账户的产生使金融逃出了传统流动性监管的体系,增大了潜在风险。从金融产品交易的视角来看,互联网虽然使得金融风险对冲需求下降,但并未从根本上改变各类资金配置型金融活动的风险要素,对金融风险管理提出了新的要求。数字货币的出现和发展正在对中央银行体制下的货币发行和货币政策带来新的机遇和挑战。

在我国现行的市场经济条件下,金融宏观调控是以中国人民银行为主体,以货币政策为核心,主要借助于公开市场操作、法定准备金率政策和再贴现率政策等各种金融工具调节货币供给量或信用量,通过调节货币总供给和总需求的平衡,促进金融与经济协调稳定发展的机制与过程。

互联网在金融领域的普及应用,对金融宏观调控效果的影响主要表现在货币政策的执行环境、工具、传导机制以及中间目标的有效性等方面。一是影响货币政策的执行环境,互联网在金融领域的应用丰富了金融组织体系,推动金融机构加快创新和信息化步伐,金融调控的对象发生了新的变化,尤其是其跨界性、交叉性、多维性等特点,增加了金融调控实施环境的复杂性。二是影响货币政策工具的作用力,在互联网条件下,信息不对称程度得以缓解,消费者可以选择的金融产品范围扩大,各类金融资产之间的转化成本降低,整个市场对价格变动更为敏感,数字化支付手段的迅速推广使得货币层次结构的边界模糊,导致广义货币供应量控制力下降,因此,会提高价格型货币政策工具的有效性,而数量型货币政策工具的有效性可能会降低。三是影响货币政策的传导机制,互联网应用所带来的新的信用服务方式增加了金融消费者对原有金融服务方式需求的不确定性,网络支付、网络借贷、网络众筹等对银行传统服务存在一定的替代效应,在一定程度上会抵消货币政策对银行的调节作用。四是影响货币政策中介目标的有效性,从可测性、可控性和相关性等中介目标的选择要求来看,互联网带来的新金融服务规模究竟在多大程度上影响了货币供应量,互联网支付和互联网货币基金类产品究竟在多大程度上冲击了 M0 和货币流通速度,不同互联网创新型金融产品中有多少是重复相关的,这些问题都给金融宏观调控带来了挑战。

4)改变了金融体系功能发挥的效率

互联网时代的新金融,无论融合了多少互联网时代的特征,其核心仍落在"金融"二字上。如前所述,互联网虽然不能改变金融的核心功能,但由于金融和互联网天生的基因是匹配的,金融的核心功能嫁接到互联网的平台上效率往往会大幅度提升。就支付清算职能而言,传统的支付系统速度非常缓慢,互联网技术则可实现瞬时到账,极大地提升了资金清算的效率。就资源配置功能而言,在这个过程中如何识别风险是最重要的,例如,信用风险的识别。用传统金融来鉴别信用风险主要是靠一种物理手段,互联网通过对数据的挖掘整理,通过高品质交易发现哪些交易客户拥有很好信用记录,从而可以提高资源配置效率,降低信用风险。就风险分散或财富管理功能而言,互联网的普惠性降低了财富管理门槛,随着风险认识、理财意识的不断加深,小微群体的余额资金也拥有了由储蓄到资产的转化机会,极大地改变了整个金融资产的结构,间接地推动资本的发展和金融的市场化改革。就信息处置而言，信息不对称会导致市场参与主体在交易前因隐瞒信息而形成"逆向选择"，在交易后因隐瞒行为而形成"道德风险"，互联网日益广泛的数据来源和开放共享的网络平台，提供了消除信息不对称的可能性，随着网络管理制度的日益完善，网络环境也会更加透明规范。

综上所述，互联网不仅改变了金融对象的表现形式，改变了金融活动的信用方式，改变了风险管理和金融调控的方式，也改变了金融体系功能发挥的效率。但是，互联网并没有改变金融体系的功能，也无法消除金融本身所蕴含的风险特质，更不能改变金融活动的法律契约关系。无论任何性质的企业，凡是从事金融活动的，就必须按照金融行业的规律来经营和管理。例如要获取金融经营牌照，接受监管；要有充足的资本金，抵御风险；要拥有良好的风险控制工具和手段，因为金融企业具有不同于一般企业的资产负债结构，金融是现代经济的核心，一旦出现风险，就可能会经由点及面地传导至整个金融系统，并最终冲击实体经济。基本的风险控制应该是从事金融活动所遵循的底线，互联网技术的使用，虽然能够帮助我们更好地识别风险，但不会让风险凭空消失。

本章小结

1. 金融泛指货币资金的融通，现代金融体系的运作主要是以货币、信用、利率、汇率等为基本要素，以金融机构和金融市场为载体，以金融总量供求与均衡为机制，以宏观调控与监管为保障。金融源于社会经济活动并服务于社会经济活动。金融体系的构成要素包括金融对象、金融方式、金融中介、金融场所和金融制度5个部分。

2. 在漫长的经济和金融发展过程中，金融体系的功能演化为以下6个方面：支付清算、资源配置、风险管理、信息管理、改善激励、经济管理。金融功能相对于具体的金融机构而言更为稳定、更为重要。

3. 金融创新始终是金融发展的动力源泉，创新主要围绕着货币形态、信用方式、金融机构、金融市场和金融制度5个方面展开。金融创新的动因来自经济发展的需求、金融管制的规避、金融风险的分散及科技革命的推动4个方面，其中经济发展的需求是根本动因。

4. 互联网是计算机网络与网络之间根据通用协议相连而成的，以实现资源共享为目的的全球化网络互联系统。基于自身技术平台和运作原理的强大连接功能突破了传统的时空、地域的限制，渗透应用到各个行业并引发了以融合为特征的产业革命，给人们的生活方式、经济的增长模式、社会的发展方向带来了巨大变化。而移动互联网、云计算、大数据、人工智能、区块链、物联网、网络安全等成为其未来发展的重点领域。

5. 金融业是与信息高度相关的重塑型行业。互联网时代背景下，金融体系运作的对象、方式、机构、市场以及制度和调控机制等构成要素受到不同程度的影响，甚至提高了金融体系功能发挥的效率，但金融的核心功能、风险特性和契约关系并未发生改变。

复习思考题和检测题

1. 金融体系主要包括哪些构成要素？
2. 金融体系对经济发展主要具备哪些功能？

3. 金融创新的动因来自哪些方面？创新包括哪些方面的主要内容？
4. 互联网未来的发展趋势如何？互联网经济主要呈现出哪些特征？
5. 互联网对金融体系的改变主要体现在哪些方面？

检测题

案例分析

阿里金融的是与非

阿里金融也称阿里小贷，为小微金融服务集团下的微贷事业部，主要面向小微企业、个人创业者提供小额信贷等业务。截至2014年9月，阿里金融贷款客户超过100万户，户均贷款额度3万元，不良率低于1%，低于商业银行的平均水平。和传统的信贷模式不同，阿里金融通过互联网数据化运营模式，为阿里巴巴、淘宝网、天猫网等电子商务平台上的小微企业和个人创业者提供可持续性的、普惠制的电子商务金融服务。其所开发的新型微贷技术的核心是数据和互联网。

阿里金融利用阿里巴巴B2B、淘宝、支付宝等电子商务平台上客户积累的信用数据及行为数据，引入网络数据模型和在线视频资信调查模式，通过交叉检验技术辅以第三方验证确认客户信息的真实性，将客户在电子商务网络平台上的行为数据映射为企业和个人的信用评价，向这些通常无法在传统金融渠道获得贷款的弱势群体批量发放“金额小、期限短、随借随还”的小额贷款。同时，阿里金融微贷技术也极为重视网络，其中，小微企业大量数据的运算即依赖互联网的云计算技术，不仅保证其安全、效率，也降低了阿里金融的运营成本。

阿里金融最终的目的并不是建立银行这样的金融机构，而是让资金流与物流、数据流构成“阿里帝国”的高速公路网络，以支付宝为核心建立一个服务于各类交易的金融生态系统。但阿里小贷模式存在一个致命局限：由于存在着不能吸收公众存款的法律规定，阿里的放款都是阿里小贷公司先用自由资金放款，其有限的自有资金成为制约阿里小贷发展的瓶颈。在中国金融市场的丛林中，蚂蚁是否真的能撼动大树？

问题：根据案例你认为互联网对传统金融的影响是怎么形成的？它们在哪些方面具有优势？又会引发哪些问题？

第 2 章

互联网金融概况

学习目标

- 掌握互联网金融的基本内涵及表现形式。
- 理解互联网金融的实质。
- 了解互联网金融的特点及其发展状况。

知识要点

- 互联网金融概述:互联网金融的定义、特点及表现形式。
- 互联网金融发展概况:国外及国内互联网金融的发展历程和特点。

关键术语

互联网金融;金融科技;金融机构数字化;第三方网络支付;互联网借贷;互联网众筹;大数据金融;互联网财富管理;数字货币。

案例导读

当金融遇上互联网①

程某在淘宝网上经营着一家以国外代购为主的服饰店,经常需要流动资金来解决周转问题。"对于淘宝商家而言,现在还没有任何银行或者小额信贷公司可以提供给我们贷款。尤其是像我们这种规模比较小的卖家,自身资金都不太能完全保证正常的运营。"淘宝商户的成长,经常要面临这个基本层面的挑战。而 2010 年 6 月 8 日,阿里巴巴推出的小额信贷对双方都是意义重大的一步。

虽然程某在淘宝网上运营仅仅一年有余,但自从了解了阿里巴巴的订单贷款后,他就经常使用这一业务。所谓订单贷款,指的是基于店铺已发货但买家还未确认的实物交易订单金额,结合店铺运营情况,进行综合评估给出授信额度的贷款。由于其审核时间短、获贷快,

① 东方财富网,2013-09-09,改编整理。

且无须任何抵押，很快就获得了淘宝商户的青睐。申请的过程也是非常简洁方便，卖家确认发货后，进入卖家中心的淘宝贷款申请，点击“我要贷款”并输入希望贷款的金额，但要小于等于界面显示可申请的贷款金额；之后卖家获取手机短信验证码并输入，等待阿里巴巴后台审核即可。订单贷款还有另一项功能，就是“自动申请贷款”，即卖家与阿里巴巴签订自动贷款的时间，在协议规定的时间内，无须手工操作，卖家发货后系统就会自动帮助申请贷款。当买家确认收货付款后，系统将自动扣回所贷款额，更加方便快捷。除了订单贷款，阿里巴巴还提供了信用贷款。相比而言，信用贷款更具有吸引力，但门槛也更高。“订单贷款只能解决回款速度，而扩容必须依靠阿里巴巴提供的信用贷款。”

办理阿里小贷的所有信息（包括平台认证、注册信息、交易记录等）都会成为阿里巴巴分析商家信用的重要依据，加上卖家自己提供的销售数据、银行流水、水电缴纳甚至结婚证等情况，阿里将对商家进行信用评级。相对于传统银行而言，阿里巴巴通过数据整合，运用技术手段对用户特征进行精准分析从而达到量化管理信用风险的运作模式，使之可以更为高效率、低成本地解决小微群体融资问题，大大弥补了传统银行的不足。作为互联网金融的代表，阿里巴巴已经涉足第三方支付、小额信贷、个人理财、互联网银行、资产证券化等多个金融领域。

当金融与互联网技术融合之后，诞生了许多新的互联网金融模式。本章将重点学习互联网金融的内涵和外延，了解国内外互联网金融的发展历程和内在逻辑，从整体上把握互联网金融的框架体系。

2.1　互联网金融概述

2.1.1　互联网金融的定义

“互联网金融”一词具有非常鲜明的中国特色，国外并无此提法，与之意思相近的一个概念是“金融科技（FinTech）”。根据金融稳定理事会（Financial Stability Board, FSB）的定义，金融科技主要是指在金融服务中以技术为基础的创新，可以产生新的业务模型、应用程序、流程或产品，从而对金融服务的提供产生重大影响。① 而“互联网金融”的概念最早由谢平等学者在2012年的《互联网金融模式研究》②中提出。作者认为，互联网金融是一个谱系（spectrum）概念，涵盖了因为互联网技术和互联网精神的影响，从传统银行、证券、保险、交易所等金融中介和市场，到瓦尔拉斯一般均衡对应的无金融中介或市场情形之间的所有金融交易和组织形式。同时，作者强调，互联网金融是一个前瞻性的概念，“既不完全总结历史，也不完全概括现状，而是更多地设想未来”。互联网金融谱系的各种形态之间不存在清晰边界，立足于现实，发展于未来，符合经济学、金融学的基本理论和演变逻辑。

在上述定义中，瓦尔拉斯一般均衡对应的无金融中介或市场情形是互联网金融的理想

① 金融稳定理事会，金融科技的描述与分析框架报告。

② 谢平，邹传伟，刘海二. 互联网金融模式研究[J]. 新金融评论，2012(1)：3-52.

情形(图 2.1)。根据瓦尔拉斯一般均衡,在一系列理想化假设下,完全竞争市场会达到均衡状态,此时所有商品的供给和需求正好相等,资源配置达到经济学上的帕累托最优,金融中介和市场都不存在,甚至货币也可有可无。而现实中之所以存在金融中介和市场,主要由于信息不对称和交易成本等摩擦因素。随着互联网的发展,信息不对称和交易成本将显著降低,互联网金融将逐渐逼向瓦尔拉斯一般均衡对应的无金融中介或市场情形。

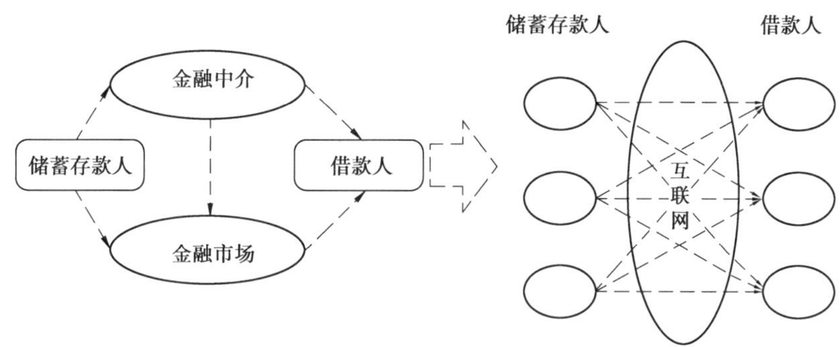

图 2.1　传统金融中介和市场向无金融中介和市场的演化
(图片资料来源:谢平等,《互联网金融手册》,2014。)

中国人民银行 2014 年在其发布的《中国金融稳定报告(2014)》中称,互联网金融有两个层面的含义,广义的互联网金融既包括作为非金融机构的互联网企业从事的金融业务,也包括金融机构通过互联网开展的业务;狭义的互联网金融则仅指互联网企业开展的、基于互联网技术的金融业务。

截至目前,学术界和业界对互联网金融仍未形成统一明确的界定。实际上,准确定义互联网金融目前仍是一件比较困难的事情。一是由于不同的机构或个人基于不同的角度会对互联网金融有不同的解读,不同领域或业态的互联网金融也会有相同以及不同的特点,难以一言而概之;二是由于互联网金融是一个新兴的、动态发展中的创新事物,因而也具有较强的阶段性,需要放在一个较长的时空更便于准确把握它;三是由于互联网金融是一个谱系的概念,如同光谱一样,在谱系两端之间的中间地带,各种业态之间较难划分出一个明确界限,因而也会产生一些认识上的偏差或误区。

综合各方观点,本着全面探讨、客观真实的原则,本书采取一个相对宽口径的界定:互联网金融泛指以计算机或电子设备终端为基础,以网络通信为媒介,借助于云计算、大数据、人工智能、区块链、物联网等现代信息技术,秉承"开放、平等、协作、分享"的互联网精神,实现资金融通、支付清算、信息处理等金融功能的新兴金融服务模式。互联网金融是互联网与金融的相互融合,既包括金融机构通过互联网开展的金融业务,也包括非金融机构企业利用互联网技术所从事的金融业务。为便于区分和表述互联网金融的不同业态,我们对前者仍采用金融互联网的概念,后者则称为狭义的互联网金融。

2.1.2　互联网金融的特点

1)基于信息技术运用的虚拟化

互联网金融在本质上仍是金融,但它不同于以往以物理形态存在的传统金融。互联网金融主要存在于电子空间、形态虚拟化、运作方式网络化,主要具有以下特点:互联网金融是以大数据、云计算、人工智能、区块链、物联网等现代信息技术为基础,挖掘客户信息并管理信用风险。互联网金融通过网络生成和传播信息,运用搜索引擎对信息进行组织、排序和检索,通过云计算进行处理,从而有针对性地满足用户在信息挖掘和信用风险管理上的要求。在现代计算机信息技术的支撑下,互联网金融的运营场所、运营方式、金融服务呈现出明显的虚拟化特征。

如在本章开头的案例中,阿里巴巴针对淘宝商户推出的订单贷款,不仅从贷款申请到贷款审查、贷款发放的整个信贷流程完全通过网络来完成,而且平台认证、注册信息、交易记录以及卖家自己提供的销售数据、银行流水、水电缴纳甚至结婚证等信息都是通过网络来提供。这些信息反过来又为阿里巴巴运用大数据、云计算等技术手段精准分析商家信用提供了重要依据,从而使量化管理信用风险成为可能。

2)基于高效方便快捷的经济性

互联网金融业务主要通过计算机联网处理,突破了时间和空间的限制,实现了随时、随地、随渠道的3A(anytime、anywhere、anyhow)式金融服务,具有更好的灵活性和流动性。在互联网金融模式下,交易双方通过网络平台自行完成信息分析、市场匹配、结算清算、交易转账等业务,操作流程标准简单,交易成本显著降低,金融服务的便捷性进一步拓展,大大提高了服务效率。尤其是随着平板电脑、智能手机等移动终端的普及,其随时上网、携带方便、易于操作的特点,使客户可以随时随地享用互联网金融提供的各种服务,无须排队等候,甚至不需要亲自前往,业务处理速度更快,用户体验更好。

相较于传统金融而言,互联网金融服务的高效便捷使其成为一种更具经济性的金融服务模式。这种经济性不仅体现在接受服务的客户端,也表现在提供服务的互联网金融供给端。有学者专门针对网络银行和传统银行的经营成本进行过计算比较,发现银行网点的单笔交易成本为3.06元,而网上银行的单笔交易成本仅为0.49元。[①]阿里小贷依托电商积累的信用数据库,经过数据挖掘和分析,引入风险分析和资信调查模型,商户从申请贷款到发放只需要几秒钟,日均可以完成贷款1万笔,成为真正的“信贷工厂”。

3)基于直接小额分散的普惠性

互联网金融既不同于传统商业银行的间接融资,也不同于资本市场的直接融资,而是以点对点直接交易为基础进行的金融资源配置。资金和金融产品的供需信息在互联网上发布并匹配,供需双方可以直接联系和达成交易,交易环境更加透明。互联网金融模式下,客户能够突破时间和地域的约束,在互联网上寻找需要的金融资源,金融服务更直接,客户基础更广泛,实现了为社会各阶层(包括小微企业、社区居民、农村农民等)提供金融服务的可能性,因而具有普惠性金融的特征。

传统金融受制于机构、人员等因素的约束,往往将精力更多地放在“二八”定律中20%的高净值客户开发上,而互联网金融在互联网技术的支撑下可以更好地关注传统金融有所欠缺的另外80%的“长尾”小微客户,覆盖了部分传统金融业的服务盲区,有利于提升资源

① 蒋照辉.论我国网上银行的发展趋势及监管挑战[J].浙江金融,2011(11):34-37,41.

配置效率,促进实体经济发展。由于小微客户的金融需求既小额又个性化,在传统金融模式下往往难以得到满足,贷款难一直是困扰人们的问题。而互联网金融借助于现代信息技术在服务小微客户方面具有先天的优势。不管是“融 360”、91 金融这类平台门户模式,还是像阿里小贷这类互联网小额贷款模式,其共同点都是通过互联网金融的方式为小微客户提供金融服务,并向人们展示了美好的前景。

4)基于金融本质和网络技术的风险性

如第 1 章所述,互联网引发的金融变革表现在很多方面,但是互联网并不能改变金融的本质。互联网金融不可避免地存在着常规的金融风险(如信用风险、操作风险、流动性风险、市场风险、法律风险等),同时叠加了一定的网络技术风险(如技术甄别风险和网络安全风险等)。因此,在互联网金融模式下,风险控制和金融监管已成为必不可少的环节,否则就会爆发金融风险问题。

由于我国信用体系和相关法律监管体系仍处于完善过程中,互联网金融违约成本较低,特别是现阶段由于一些领域准入门槛低、监管不到位,互联网平台成为不法分子从事非法集资和诈骗等犯罪活动的温床。另一方面,由于互联网金融的业务及大量风险控制工作均是由计算机程序和软件系统完成的,因此,信息系统的技术安全问题以及技术解决方案的选择,就成为互联网金融面临的最为重要的技术风险。

2.1.3 互联网金融的种类

如 2.1.1 节所述,互联网金融既包括金融机构通过互联网开展的金融业务,也包括非金融机构企业利用互联网技术所从事的金融业务。由于互联网金融仍处于一个迅猛发展的时期,新的模式不断涌现,旧的模式逐渐退出,对于互联网金融的种类划分,目前有多种方式方法,较为常见的有以下几种:

1)按照互联网金融发起的主体划分

从广义层面来看,互联网金融按照发起主体可分为由金融机构开展的互联网金融活动和非金融机构(尤其是电商和 IT 企业)开展的互联网金融活动。金融机构开展的互联网金融活动往往又被称为金融互联网,主要包括互联网银行、互联网保险、互联网证券等。非金融机构开展的互联网金融活动往往被称为新兴的或狭义的互联网金融,主要包括第三方网络支付、互联网借贷、互联网众筹等。

这种种类划分方法肯定了金融机构在互联网时代利用计算机信息技术所进行的一些创新活动,并未将金融互联网与互联网金融对立起来。既非简单地以是否互联网企业主导作为区分互联网金融的标准,也非以有无实体网点作为判定是否为互联网金融的标准。事实上,是否充分运用互联网技术,是否具备互联网精神,能否形成以客户需求为导向并注重客户体验等要素,才是互联网金融的核心所在。

2)按照互联网金融发挥的功能划分

从当前互联网金融发挥的功能来看,主要可概括为支付清算、资源配置和信息处理 3 种。相应地,互联网金融可分为互联网支付、互联网融资、互联网理财、互联网信息服务等形式。

互联网支付主要包括银行支付和第三方网络支付等,它与网络货币密不可分。网络货币是一种泛称,主要是指通过采用一系列经过加密的数字在互联网上进行传输的可以脱离银行实体而进行的数字化交易媒介物,目前存在的形态主要包括电子钱包、电子支票、电子信用卡、智能 IC 卡、数字货币(如比特币、莱特币)等。互联网融资主要包括银行网络贷款、P2P 网络借贷、互联网小额借贷、互联网众筹等。互联网理财是指通过互联网购买包括基金、保险、信托等各种理财产品,主要包括互联网银行、互联网保险、互联网证券提供的理财服务以及互联网平台提供的综合理财(如阿里巴巴旗下蚂蚁金服推出的余额宝、东方财富旗下的天天基金等)。互联网信息服务主要是指互联网金融门户网站在云计算海量信息高速处理能力的保障下,资金供需双方信息通过社交网络得以揭示和传播,经搜索引擎对信息的组织、排序、检索,最终形成时间连续、动态变化的信息序列,社交网络、搜索引擎、云计算是互联网金融信息服务的 3 个重要组成部分。

3)按照互联网金融的典型业态划分

"业态"一词来源于日本,大约出现在 20 世纪 60 年代,往往用来描述经营活动的具体形态。它是针对特定消费者的特定需求,按照一定的战略目标,有选择地运用商品经营结构、经营场所、价格政策、服务方式等经营手段,提供销售和服务的类型化服务形态。简而言之,业态是满足不同的消费需求进行相应的要素组合而形成的不同经营形态。

截至目前为止,已经出现的互联网金融典型业态主要包括为以下 7 种:数字化金融机构、第三方网络支付、互联网借贷、互联网众筹、大数据金融、互联网财富管理和数字货币。

(1)数字化金融机构

数字化金融机构是指银行、保险、证券、基金等金融机构在广泛采用互联网信息技术的基础上,通过不断地数字化转换和升级,对传统运营流程、业务、组织以及人力等进行深层次改造或重构,从而实现经营管理的全面转型。其主要表现可分为 3 个阶段:传统金融业务的电子化模式(如网上银行、手机银行、网上保险、网上证券等)、基于互联网的创新金融服务模式(如互联网银行、互联网保险、互联网证券等)、数字技术驱动的创新商业模式(如精准营销、智能风控、智能投顾等)。

(2)第三方网络支付

第三方网络支付主要是指具备一定实力和信誉保证的非银行支付机构,借助计算机通信和信息安全技术,采用与网联签约的方式,在用户与银行支付结算系统间建立连接的网络支付模式。根据 2015 年 12 月中国人民银行发布的《非银行支付机构网络支付业务管理办法》(〔2015〕第 43 号)规定,非银行支付机构是指依法取得《支付业务许可证》,获准办理互联网支付、移动电话支付、固定电话支付、数字电视支付等网络支付业务的非银行机构。其主要运营模式包括独立的第三方支付平台(如快钱、汇付天下、拉卡拉等)和辅助的第三方支付(如支付宝、财富通等)两种。

(3)互联网借贷

互联网借贷是指借贷双方基于互联网平台(非银行)所从事的线上借贷活动,主要包括 P2P 网络借贷模式、网络小额贷款公司模式、互联网消费金融公司模式等。P2P 来自英文的"peer to peer",即点对点,P2P 网络借贷是指通过点对点方式搭建的第三方互联网平台为资金借贷双方提供的直接借贷模式,如英国的 Zopa、美国的 Prosper 和 Lending Club、中国的拍拍贷等。网络小额贷款公司是指专门在网络平台上获取借款客户、分析信用风险、完成审批、发放、回收等全流程贷款服务的特色类小额贷款公司。互联网消费金融公司是指充分利用互联网技术优势向广大用户提供消费贷款、消费分期等服务的公司,它体现在业务场景、产品、渠道、支付、服务和风控的互联网化上。

(4)互联网众筹

众筹译自英文 crowdfunding,意为大众筹资或群众筹资。互联网众筹是指用"团购+预购"的形式通过互联网向大众募集项目资金的融资模式。通常是资金需求者将项目策划交给众筹平台,经过平台的相关审核后,便可在平台网站上建立属于自己的网页,用来向公众推介项目并募集资金。众筹有一定的规则,一是每个项目必须设定筹资时间(如天数)和目标金额;二是在设定时间内,达到或者超过目标金额,项目即可获得资金;项目筹资失败的话,已获资金要全部退还支持者;三是不同形式的众筹对出资者一般要设定不同形式的相应回报,众筹平台从成功项目中抽取一定比例的服务费用。

(5)大数据金融

大数据金融是指通过集合海量结构化、半结构化和非结构化数据,为互联网金融活动机构提供全方位的客户信息,通过分析和挖掘客户的交易和消费信息掌握客户的消费习惯,并准确预测客户行为,使金融机构和金融服务平台在营销和风控方面有的放矢。基于大数据的金融服务平台主要是指拥有海量数据的电子商务企业开展的金融服务。截至目前,大数据在金融领域的应用主要包括风险管控(如大数据征信、供应链金融、欺诈识别)、精准营销、运营优化等。

(6)互联网财富管理

互联网财富管理是指通过数字化、智能化的互联网平台为客户提供的财富管理业务。近年来,在金融科技进步、普惠金融发展、市场需求旺盛的背景支持下,互联网财富管理迅速成长,对传统财富管理行业的提升和辅助的方式也非常丰富广泛,包括在互联网平台代销理财产品、公示业务相关信息、展示各类市场数据、订制投资者陪伴服务、开展理财业务宣传、举办财富管理投资者教育联动等。

(7)数字货币

数字货币(Digital Currency)是货币的数字化表现形式,是以数字化的形式来实现价值尺度、流通手段、支付手段和价值贮藏等货币职能。从形式上看,数字货币与电子货币一样,都属于虚拟形态的货币,但虚拟货币的范围更广(如网络游戏货币、门户网站的专用货币等);从技术支撑上看,数字货币主要是指依靠密码学、区块链、分布式账本等技术产生的以数据形式表现的记账单位和交易媒介,既包括私人部门发行的去中心化的数字货币(如比特币),也包括央行发行的国家主权背书的法定数字货币(如数字人民币)。

由于互联网金融仍处于快速发展期,上述分类方法仅仅是现阶段的一些粗浅观点。互联网金融世界瞬息万变,未来有很多未知领域需要探索,其具体形式也会不断地丰富和完善。随着互联网金融的深入发展,它将进一步推动金融脱媒,挑战传统金融服务的方式方法,改变金融业内各方的地位和力量对比。

4)按照互联网金融的业务模式划分

清华大学五道口金融学院互联网金融实验室和阳光互联网金融创新研究中心曾深度剖

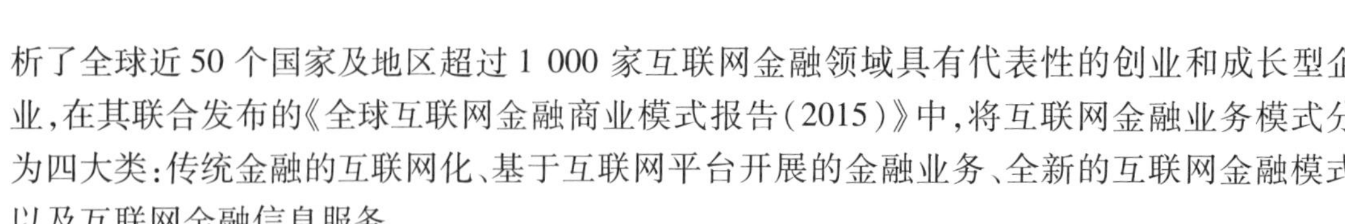

析了全球近50个国家及地区超过1 000家互联网金融领域具有代表性的创业和成长型企业，在其联合发布的《全球互联网金融商业模式报告(2015)》中，将互联网金融业务模式分为四大类：传统金融的互联网化、基于互联网平台开展的金融业务、全新的互联网金融模式以及互联网金融信息服务。

(1)传统金融的互联网化

传统金融的互联网化主要是指互联网技术对以银行、保险和券商为代表的传统金融体系的变革。在过去的近30年中，互联网银行迅速发展，银行已经实现了从传统的1.0到2.0再到3.0的转变，甚至已开始构想银行4.0①。截至2021年，全球已有数百家知名的纯互联网银行，并且不定期会出现新的机构，欧美和亚洲均有大量的新型数字银行涌现，呈现出蓬勃发展之势。20世纪90年代，互联网券商以其便利性和经济性在全球范围内兴起。伴随着技术的创新，互联网券商也从最初占主导地位的折扣型券商不断演化出社交型券商和众筹型券商。保险行业的互联网化主要分为三大模式：传统保险互联网化、互联网保险经纪与代理以及互联网保险公司。截至2020年末，中国开展互联网保险销售业务的传统保险公司共计134家，占同年全部财险和寿险公司总数的77%。②

(2)基于互联网平台开展的金融业务

该业务主要分为4个子类，即互联网基金销售、互联网资产管理、互联网小额商业贷款以及互联网消费金融。在大多数国家，互联网基金销售并非主流，投资者更倾向于专业财务机构的线下销售。相比之下，互联网资产管理则越来越多地受到用户的偏爱。通过对用户需求的了解，为用户提供定制化产品，不仅降低了费率，也降低了投资门槛。目前，国内外的线上资产管理主要集中在4类模式：被动型智能理财平台、主动型组合投资平台、O2O资产管理平台以及面向投资顾问的账户智能管理平台。互联网小额商业贷款则弥补了银行贷款的不足，通过分析互联网数据弥补了审查成本过高或信用不足的缺陷，从而快速高效满足小企业贷款需求。截至2021年末，中国共有小额贷款公司6 453家，贷款余额9 415亿元，全年增加550亿元，同比增加5.93%，③其中，注册资本达50亿元的网络小贷公司有10家。借助于互联网和5G通信的发展，互联网消费金融得以迅猛发展，美国、英国虽处在领先地位，但中国互联网消费金融也发展快速尤其是2020年新冠肺炎疫情的暴发，驱使消费金融越来越向线上化、无接触消费金融业态发展。根据艾瑞统计测算，2021年中国互联网消费金融行业放款规模达到20.2万亿元，余额5.8万亿元，2016年以来的年均复合增长率分别为68.9%和58.2%。④

(3)全新的互联网金融模式

全新的互联网金融模式主要包括在国内外十分火爆的P2P网贷和互联网众筹。从2005年起，P2P网贷以其无抵押担保、撮合速度快、借款利率低的特点在全球范围内兴起，以英、美、中三国发展最具代表性。其中，中国P2P网贷行业发展迅猛，模式演化主要来自资产

① 布莱特·金. 银行4.0[M]. 施铁，张万伟，译. 广州：广东经济出版社，2018.

② 根据中国银行保险监督管理委员会(以下简称"保监会")有关统计数据计算。

③ 中国人民银行，2021年小额贷款公司统计数据报告，2022。

④ 艾瑞咨询，2022年中国消费金融行业研究报告，2022。

端，除 P2P 外还有 P2B。2013 年同比增长 300%，发展最为迅速，2014—2017 年 P2P 网贷平台成交额年均增长率超过 100%，达到 3.9 万亿元，此后因风险乱象，监管加强，行业逐渐进入收缩期，直至全面退出。由于该业态本身存在较大的风险隐患，在可持续性上遇到了问题，英、美两国最大的 P2P 网贷平台也在 2020 年以来关停了 P2P 借贷业务。P2P 从广义上可以被理解为债券众筹，此外，互联网众筹还包括捐赠型众筹、产品型众筹、股权型众筹等主要类型，而股权型众筹是其中最具有金融属性的一种模式。

(4) 互联网金融信息服务

互联网金融信息服务主要侧重研究在线社交投资、金融产品搜索、个人财务管理、在线金融教育以及个人信用管理。在线社交投资以社交平台为载体，将广大投资者网络化，以达到优化信息流动和投资决策效率的目的。金融产品搜索则通过聚合产品、需求匹配以及提供增值服务等方式帮助消费者降低信息收集成本，为消费者作出明智决策提供了极大方便。随着世界经济的发展、居民财富的不断积累和金融产品的日渐丰富，广大居民亟须经历一个普及金融知识、改善金融行为、提高金融素养的过程，在线金融教育平台的发展正是这个漫长过程中不可或缺的一环。而个人信用管理则是互联网金融信息服务中至关重要的分支，主要涵盖信用查询服务、信用管理服务和金融产品对接服务。我国目前正在推动个人征信体系建设，对发达国家个人信用管理模式的研究具有重大的启发意义。

2.1.4 互联网金融的意义

从整体上来说，互联网金融的出现不仅弥补了以银行为代表的传统金融机构服务的空白，提高了社会资金的使用效率，更为关键的是将金融通过互联网而普及化、大众化，不仅大幅度降低了融资成本而且更加贴近百姓和以人为本。它对金融业的影响不仅仅是将信息技术嫁接到金融服务上，推动金融业务格局和服务理念的变化，更重要的是完善了整个社会的金融功能。

1) 有助于发展普惠金融，以弥补传统金融服务的不足

互联网金融模式下，金融服务边界(包括客群及场景)均得以大幅度拓展。其中，金融服务客群的拓展，既有地域的拓展，也有客户群的下沉，真正下沉到那些广泛存在却长期被忽视的普通大众家庭。互联网金融的市场定位主要在“小微”层面，具有“海量交易笔数，小微单笔金额”的特征，这种小额、快捷、便利的特征，具有普惠金融的特点和促进包容性增长的功能，在小微金融领域具有突出优势，在一定程度上填补了传统金融覆盖面的空白。因此，互联网金融和传统金融相互促进、共同发展，既有竞争又有合作，两者都是我国多层次金融体系的有机组成部分。

《Statista 数字市场展望》数据显示，中国是全球移动支付渗透率最高的国家之一，2020 年达到 32.7%，人均年支付消费额 1 596 美元。从蚂蚁金服旗下支付宝每年发布的全民账单也能看出，移动支付渗透率连年攀升。2021 年支付渗透率最高的地区是西藏，达到 90%，紧随其后的是青海、甘肃等地，远超沿海地区，体现了互联网金融的普惠特性。支付宝在 2013 年 6 月推出“余额宝”产品，更是颠覆了个人理财市场的根基，在大幅度降低理财门槛的同时，带动了互联网货币基金类产品的迅猛推广，促使银行理财产品的门槛从之前的 5 万元降至 1 万元，从而也推动了存款利率市场化的进程。

2）有利于发挥民间资本的作用，引导民间金融走向规范化

我国民间借贷资本数额庞大，长期以来缺乏高效、合理的投资方式和渠道，游离于正规金融监管体系之外。民间金融融入互联网、推动金融改革是中国民间金融走向规范化、阳光化的又一动力。随着互联网在金融领域应用的快速发展，民间金融的网络化也在不断深入。民间金融面临的很大一部分问题来源于其对风险的控制能力较弱。而互联网所提供的数据分析和挖掘技术，能对用户信息进行有效处理，基于此建立的信用评估体系，能够为民间金融的风险控制提供有力支撑。互联网金融为民间金融的阳光化、规范化提供了新途径。基于大数据和云计算的互联网金融产品，较好地实现了流动性和收益性，给社会带来了福利。规范运作互联网借贷模式，可以引导民间资本投资于国家鼓励的领域和项目，遏制高利贷，盘活民间资金存量，使民间资本更好地服务于实体经济。

在逆周期的金融宏观审慎管理制度框架内，将金融改革延伸到民间金融体制与资产管理体制改革之中，开辟多元化民间投资渠道，构建多层次融资服务体系，建立健全系统性民间金融风险预警机制、危机处置机制、金融监管机制是规范发展民间金融的基本保障，这也是金融改革的内在要求。

3）有助于满足电子商务需求，有效扩大社会消费

近年来，我国电子商务发展迅猛，不仅创造了新的消费需求，引发了新的投资热潮，开辟了就业增收新渠道，而且电子商务正加速与制造业融合，推动服务业转型升级，催生新兴业态，成为提供公共产品、公共服务的新力量，成为经济发展新的原动力。监测数据显示，在2010年，仅有3%的私人消费来自于线上；2015年，中国网络购物者总数达到4.1亿，几乎翻了3倍，线上渠道的消费总额已占私人消费的15%；截至2021年12月，我国网络购物用户规模已达9.04亿，线上消费占比36.2%。①

电子商务的发展有赖于一定的支撑环境，如发达的网络通信设施，包括有关标准和规范的建立；规则的设定，包括有关的法律、法规、规定等的制定或修改；网络信任关系的建立或安全性保障，即要建立安全的认证体系；传统支付系统的强大后台支持，以满足电子商务网上支付的需要；真正实际的需求以创造所需的利润。电子商务对支付方便、快捷、安全性的要求，推动了互联网支付特别是移动支付的发展；电子商务所需的创业融资、周转融资需求和客户的消费融资需求，促进了网络小贷、众筹融资、P2P网贷等互联网金融业态的发展。电子商务的发展催生了金融服务方式的变革，互联网金融也推动了电子商务的发展。

4）有助于降低成本，提升资金配置效率和金融服务质量

互联网金融利用电子商务、第三方支付、社交网络形成的庞大的数据库和数据挖掘技术，可以减少和消除信息不对称，让资本供应者和需求者更充分地连接，降低金融服务的成本，提升金融服务的效率。互联网金融企业不需要设立众多分支机构、雇佣大量人员，大幅降低了经营成本。互联网金融提供了有别于传统银行和证券市场的新融资渠道，以及全天候、全方位、一站式的金融服务，提升了资金配置效率和服务质量。

① 中国互联网络信息中心（CNNIC），第49次《中国互联网络发展状况统计报告》，2022。

5) 有助于促进金融产品的创新，满足客户的多样化需求

互联网金融的快速发展和理念创新，不断推动传统金融机构改变业务模式和服务方式，也加强了与传统金融之间的合作。互联网金融企业依靠大数据和云计算技术，能够动态了解客户的多样化需求，计量客户的资信状况，有助于改善传统金融的信息不对称问题，提升风险控制能力，推出个性化金融产品。

以互联网国际化金融交易平台为例，通过开展金融衍生品交易业务，为全球投资者提供包含外汇、贵金属、能源、股票差价合约等多元化交易产品，投资者们不仅可以透过先进的交易软件直接获取来自市场实时报价，还可根据自身要求制订更合适的投资组合，这起到了分散风险的作用。互联网金融的异军突起显然对国际金融行业也产生了重大的影响。经济全球化的背景下，互联网金融服务突破了语言与地域方面的限制，使得跨境金融服务更加容易，同时也会接触越来越多的客户，实现规模化经济。

2.2　互联网金融的发展状况

2.2.1　互联网金融在国外的发展状况

1) 发展历程

伴随着互联网技术的出现和蓬勃发展，国外互联网金融应运而生。虽然西方欧美国家并无“互联网金融”的明确提法，但作为互联网的诞生地以及金融业发达的国家，美国仍是互联网金融发展的先驱。国外互联网金融的发展大体上分为 20 世纪 90 年代中期以前的起步发展时期、20 世纪 90 年代中期至次贷危机前的蓬勃发展时期以及次贷危机以来的稳步发展时期。

(1) 第一个阶段：20 世纪 90 年代中期以前的起步发展时期

20 世纪 70 年代，随着电子信息技术的兴起，传统金融业务开始进入电子信息化体系和业务流程再造的过程中，到 90 年代时，互联网已成为金融业务内嵌式的软件框架，二者有机地融合起来，从而使美国甚至全球金融体系一体化进程大大提速，并形成了全球性的金融信息化和支付体系。1992 年，美国第一家互联网经纪券商 E-Trade 成立，由于其提供了比美国享有盛名的嘉信理财（Charles Schwab）等传统经纪商更为低廉的佣金费率，在成立后发展迅速并推动了整个证券经纪行业的信息化和网络化。但这个时期互联网金融的发展仍是以传统金融行业的电子化、信息化为主要特征，即线下业务的线上化。

(2) 第二个阶段：20 世纪 90 年代中期至次贷危机爆发前的蓬勃发展时期

在金融电子化的基础上，此阶段出现了纯粹的、没有任何网点实体柜台的“网络银行”等网络型企业，网上发行证券、网上销售保险、网上理财等业务模式也不断涌现。此时的互联网金融虽然是一方面基于传统业务的升级，但另一方面逐步呈现出相对独立的经营业态。

1995 年成立的美国安全第一网络银行 SFNB（Security First Network Bank）是全球第一家无任何分支机构的“只有一个站点的银行”，其前台业务在网上进行，后台处理集中在一个地点进行。SFNB 银行依靠业务处理速度快、服务质量高、存款利率高和业务范围广的优势，在

成立后的 2 ~3 年里最高拥有 1 260 亿美元资产,位列美国第六大银行。但因其在客户黏性、产品开发、风险管理方面的问题,随着 2000 年前后互联网发展低谷的到来,SFNB 被收购。与 SFNB 同年成立的 INSWEB 作为美国第一家网络保险电子商务公司,则开创了利用互联网销售传统保险产品的先河。作为网络保险的标志,该公司利用网络平台连接保险公司和潜在的客户群体,将保险的专业知识、销售平台以及客户服务进行了有效整合。INSWEB 的主营业务基本覆盖了主要零售险种并于 1999 年在纳斯达克股票市场上市。1998 年,美国大型电子商务公司 eBay 成立了互联网支付子公司 PayPal,并于 1999 年完成了电子支付与货币市场基金的对接,从而开创了互联网货币市场基金的先例。到 20 世纪 90 年代末,美国已经基本形成了较为成熟的互联网金融模式和相对完整的产业链。

进入 20 世纪,互联网金融逐步呈现出越来越多的独立业态,基于互联网的支付、信用与资金融通业务开创性发展起来。2000 年,西班牙 Uno-E 公司同爱尔兰互联网银行第一集团正式签约,组建业务范围覆盖全球的第一家互联网金融服务企业 Uno First Group,其跨洋重组的最终目标是建立全球最大的互联网金融服务体系。2001 年,ArtistShare 作为全球最早建立的众筹网站开始运营,被称为"众筹金融的先锋"。2005 年 3 月,全球第一家提供 P2P 金融信息服务的公司始于英国伦敦的一家名为 Zopa 的网站。2006 年 2 月,美国第一家 P2P 借贷平台 Prosper 正式上线。2007 年 4 月,美国最大的网络贷款平台 Lending Club 成立。P2P 网络借贷模式在全球范围逐渐兴起,这一"点对点"的网络直接融资模式几乎实现了真正意义上的"去金融中介化",并表现出了旺盛的生命力。

(3)第三个阶段:次贷危机以后的稳步发展时期

2007 年,美国次贷危机爆发,并进一步引发全球性金融危机,世界经济发展受到了一定程度的冲击。但是基于现代信息技术推动的互联网金融并没有因此停滞不前,而是进入了一个稳步发展时期。基于智能终端的普及,非传统支付发展较快,非金融企业利用互联网积极推进支付业务的网络化是其发展的基础动力。比如,Facebook 的 Credits 支付系统、PayPal 的微支付系统 Digital Goods 系统、Square 公司的读卡系统以及星巴克(Starbucks)的移动支付程序等。美国三大移动运营商 Verizon、AT&T 和 T-Mobile 利用其话费账户也在积极切入支付领域。在虚拟货币方面,主要是在金融危机的影响下,全球进入了一个流动性宽松新时代,传统货币的购买力日益销蚀。2009 年,作为"去中心化"的比特币的诞生引发了全球对数字货币的关注。

从 20 世纪 70 年代以来,从美国金融市场与金融体系的结构性演变这一历史视角来看,国外互联网金融的兴起,在本质上是在利率市场化进程结束后出现的一轮技术性脱媒,互联网金融的出现和发展是制度性因素和技术性因素共同作用的结果,并对金融业和金融市场产生了巨大而深远的影响。

2)发展模式

从全球范围看,互联网金融目前在欧美国家的主要模式大致分为 6 种:互联网支付、P2P 网络借贷、网络众筹融资、互联网银行、互联网证券以及互联网保险等。但由于在各国的发展路径略有不同,也就形成了不同的互联网金融发展模式。

(1)美国:传统金融业通过自发地与互联网结合巩固了地位,独立的互联网金融业态对市场冲击有限美国的传统金融体系经过长期发展，产品和服务较为完善，而且金融机构自互联网诞生之初就开始了自发的信息化升级，金融的互联网化整体上巩固了传统金融机构的地位。例如，美国信用卡市场较为成熟，2012 年人均持有 1.2 张信用卡，其方便快捷的特征抑制了第三方支付的发展。同时，银行业积极推动自主创新，信用卡的移动支付、手机银行等业务在 2012 年增速分别达到 24% 和 20%，这不但没有冲击银行的地位，反而提高了传统业务的覆盖率。

在强大的传统金融体系下，独立的互联网金融企业生存空间较小，只能在传统企业涉及不到的新领域里发展。

①货币市场基金。典型的例子是 PayPal 于 1999 年推出的将余额存入货币市场基金的服务，也就是我国余额宝的美国版。PayPal 作为第三方支付平台，拥有一张支付牌照，在财政部注册，受联邦及州政府的两级反洗钱监管，其资金托管也受到 FDIC 的监管。在 2005—2007 年利率上行期间，该基金规模曾达到过 10 亿美元，但在 2008 年金融危机后，其流动性和保本两大优势纷纷丧失，2008 年后美联储降息至接近 0%，该产品最终在 2011 年退出市场。事实上，美国的货币市场基金在 1980—1986 年的利率市场化期间，迎来过爆炸式的扩张，而 20 世纪 90 年代其与互联网结合并未带来“第二春”，可见，货币市场基金长期是否繁荣并不在于营销渠道，而是主要取决于利率市场的格局。

②网络银行。建立于 1995 年的 SFNB 是世界上第一家纯网络银行，受美联储和各级政府监管。由于成本低，费用和存贷款回报率都很有竞争力，创建初期发展迅猛，曾一度通过收购成为全美资产规模第六大的银行。不过，随着花旗、大通等老牌银行加快网络银行布局，SFNB 优势不再，加之内部风险管控不善，后被加拿大皇家银行收购。

③网络券商。美国的券商有 3 类，即折扣经纪商嘉信理财（Charles Schwab）、纯网络经纪商 E-Trade 以及以美林为代表的传统券商全面开展的网络业务。时至今日，这 3 类经纪商针对不同客户形成了差别的盈利模式。纯网络经纪商通过极低的交易佣金吸引客户，尤其是个人投资者；嘉信等则在提供经纪通道服务的同时，附加咨询服务；而美林等则针对机构投资者提供全套金融服务，收取高额佣金。目前这 3 种模式三分天下。

④P2P 网贷。美国的 P2P 网贷平台受证券交易委员会（United States Securities and Exchange Commission，SEC）的严格监管，典型的例子是 Lending Club。成立于 2006 年的 Lending Club，截至 2014 年 6 月 30 日，累计贷款金额超过 50 亿美元，支付给投资人的利息超过 4.9 亿美元。Lending Club 只收中介费不提供担保，借款人主要依靠信用融资，筹款主要用于支付信用卡债，该平台平均违约率为 4%。但在 2016 年以后，Lending Club 遭遇了重重危机，由于违规贷款，高管被迫离职，造成了信任崩塌、股价下跌，Lending Club 开始走上转型之路。2020 年 12 月 31 日，Lending Club 关停了 P2P 业务平台。2021 年，通过对网上银行 Radius Bancorp 的收购，Lending Club 已转型为一家以消费贷款、商业贷款和存款为核心业务的数字银行。

⑤众筹。美国的众筹业务由 SEC 直接监管。目前全球最大的众筹平台是成立于 2009 年的 Kickstarter，主要向公众为小额融资项目募集资金，致力于支持和鼓励创新。2012 年美国通过 JOBS 法案，允许小企业通过众筹融资获得股权资本，使得众筹融资替代部分传统证券业务成为可能。截至 2021 年末，Kickstarter 已经为 214 154 个项目成功融资超过 63 亿美

元,支持者总数已超过 2 055 万,总收入的 68% 来自游戏类、设计类、技术项目类。①

(2)日本:由网络公司主导互联网金融变革的典型

与美国不同,日本的互联网金融由网络企业主导,并形成了以日本最大的电子商务平台乐天为代表的,涵盖银行、保险、券商等全金融服务的互联网金融企业集团。乐天公司是于1997 年成立的电子商务企业,它于 2005 年通过收购建立了乐天证券,开始打造互联网金融业务。利用其规模巨大的电商客户群,乐天证券建立当年就成为日本开户数第三位的券商。当前,该公司是稳居日本第二位的网络券商,主营业务涵盖股票、信托、债券、期货、外汇等。由于其电商平台 7 成交易都是通过信用卡来支付,乐天 2005 年开始进入信用卡行业,利用其消费记录作为授信依据。2009 年乐天又开办网络银行,目前乐天银行是日本最大的网络银行,客户群规模达到 1 100 万人。截至 2021 年末,包括信用卡、银行、证券、保险等在内的乐天金融所创造的营业收入合计 7 741 亿日元,约占该集团总收入的 46% 。②

(3)英国:P2P 网贷发展迅速

英国是 P2P 网贷的发源地,作为全球第一家 P2P 公司,Zopa 网贷平台为不同风险水平的资金需求者匹配适合的资金借出方,而资金借出方以自身贷款利率参与竞标,利率低者胜出。这一信贷模式凭借其高效便捷的操作方式和个性化的利率定价机制常常使借贷双方共同获益。Zopa 因此而得到市场的广泛关注和认可,其模式迅速在世界各国复制和传播。2008 年金融危机爆发后,主导信贷市场的大银行都提升了资本金充足率,对中小微企业的服务不足。在此背景下,英国 P2P 网贷以及众筹等互联网金融发展迅猛,为解决小微企业及个人创业者融资难题发挥了较大作用。2017 年 1 月,Zopa 成为英国第一家贷款规模超过 20 亿英镑的 P2P 公司,后在英国金融行为监管局(Financial Conduct Authority, FCA)授权下开始上线一些其他金融产品。2018 年 Zopa 推出自己的数字挑战者银行,2020 年 6 月拿到全面银行牌照,2021 年一季度固定存款约达 2.5 亿英镑,并成功跻身英国“十大”信用卡发卡行。出于风险管理和监管审查力度加强的大环境下,2021 年底 Zopa 宣布关停 P2P 借贷业务,转而发展银行业务。

(4)法国:第三方支付与众筹市场高速增长

法国的互联网金融以第三方支付、众筹为代表,与在线理财、网上交易所、小额信贷等多种服务类型并存。在第三方支付方面,由于 PayPal 在法国一度占据 48% 的市场份额,法国三大银行(巴黎银行、兴业银行和邮政银行)于 2013 年 9 月共同研发了新型支付方式以争夺在线支付市场。法国的众筹活动在欧洲起步最早,发展也很快,产生了欧洲最早的众筹平台 My Major Company(2007 年成立)、影响范围最大的众筹平台 Ulule(用户遍及全球 136 个国家)以及欧洲规模最大的众筹平台 Kiss Bank。众筹在法国又称为“参与性融资”,2014 年 5 月,《参与性融资法令》获得法国国民议会通过,法国成为全球继美国和意大利之后第三个对众筹立法的国家,也是第一个将各种类型的众筹活动统一纳入一个法律规定的国家。法国的 P2P 网络借贷平台成立较晚(2009 年成立第一家),从事 P2P 活动需要银行牌照或与银行合作,根据《参与性融资法令》的界定,在性质上属于“借贷型众筹”,获得“参与性融资中

① 数据来自 Kickstarter 官方网站。

② 数据来自乐天集团及其子公司 2021 年度财务决算报告书。

介”牌照方可经营。

(5)德国:P2P 网贷有不同的风险承担模式

德国是欧洲大陆三大 P2P 网络借贷市场之一,其最早的平台是成立于 2007 年 2 月的 Smava,最大的平台 Auxmoney 也成立于 2007 年。德国的 P2P 网贷平台必须与银行合作,通过银行放款,该平台普遍不承担信用风险。在 Auxmoney 平台上,由贷款人承担所有风险;而在 Smava 平台上,贷款人可采用两种方式规避风险:一是委托 Smava 将不良贷款出售给专业收账公司,通常可收回 15% ~20% 的本金;二是同类贷款人共同出资成立资金池来分担损失。受消费行为习惯和安全性因素的影响,德国数字支付发展相对较慢。德国的众筹也并不发达,市场上占支配地位的是 Seedmatch 和 Companisto,两家平台合计占 80% 以上市场份额。2015 年通过的《小投资者保护法案》限定了众筹的投资金额。

3)存在风险

互联网金融的本质仍是金融,而金融的核心是处理风险。从欧美各国互联网金融发展现状来看,其风险主要体现在以下 4 个方面:

(1)信息泄露问题

无论个人还是企业,在互联网上申请融资,则需要提供身份证件、银行账号、营业执照、经营流水等信息。因此,互联网金融首要的风险是信息泄露风险。美国花旗银行、美洲银行、富国银行等商业银行对客户进行互联网业务满意度调查,其结果表明客户最关注的就是信息安全问题。

(2)身份识别问题

身份识别是互联网金融业务最重要的基础设施。2000—2001 年,美欧很多国家都先后通过了各自的电子签名法案,认定电子签名与手写签名具有同等法律效力。实现电子签名的技术手段有很多种,迄今为止最为成熟和公认最为可靠的是“数字签名”。但在互联网金融存在无法现场核对以及在网络传输中容易出现篡改、假冒等问题,使得互联网金融成为经济犯罪的重要途径之一。

(3)有效监管问题

由于互联网金融存在无法实现现场监管的问题,因此出现问题时,责任认定与风险处置等都比传统金融更加困难,给监管带来巨大麻烦。

(4)技术系统失败问题

互联网金融除面临金融业的信用、流动性、市场和利率等风险外,还会因信息技术问题如订单系统、交易系统、支付与清算体系等,造成部分或整个系统的失效,都可能引发严重的金融风险。

由于国外成熟市场对各类金融业务的监管体制较为健全和完善,体系内各种法律法规之间互相配合协调,能大体涵盖接纳互联网金融新形式,不存在明显的监管空白。欧美国家基本都将互联网金融纳入现有监管框架,不改变基本的监管原则。例如,美国证券交易委员会对 P2P 贷款公司实行注册制管理,对信用登记、额度实施评估和管控。英国从 2014 年 4 月将 P2P 网贷、众筹等业务纳入金融行为监管局(FCA)的监管范畴,德国、法国则要求参与信贷业务的互联网金融机构需获得传统信贷机构牌照。

2.2.2 互联网金融在我国的发展状况

1)发展历程

相对于国外互联网金融的发展情况而言,我国互联网金融虽起步略晚,但是发展速度却非常快。早在2015年5月,中国社会科学院金融研究所等发布的《金融监管蓝皮书:中国金融监管报告(2015)》中指出,从中国互联网金融发展的现状和模式看,中国已经基本全面接近甚至超越了美国互联网金融发展的速度和规模,成为全球最为火爆的互联网金融市场。根据麦肯锡2016年发布的中国银行业创新系列报告测算,截至2015年年底,中国互联网金融市场规模超过12万亿元,占GDP约20%,互联网金融用户人数也超过5亿,成为世界第一。其中,P2P网贷交易额达数千亿,第三方支付交易额超过10万亿,居全球领先地位。国外互联网金融的主要种类基本都已具备。但从2015年下半年开始,伴随着中国经济的结构性改革,在金融创新的过程中,互联网金融多次爆发了P2P平台跑路、非法集资等案件,互联网金融风险监管成了焦点问题。2016年之后,中国互联网金融发展出现拐点,进入了规范发展时期。

总体来看,国内互联网金融的发展大约可分为4个阶段:2005年以前的传统金融行业互联网化阶段,2005—2011年的新型互联网金融萌芽阶段,2012—2015年的互联网金融业务迅猛发展阶段,2016年以来的互联网金融规范发展时期。

(1)第一个阶段:2005年以前的传统金融行业互联网化阶段

2005年以前,我国互联网与金融的结合主要体现为互联网为金融机构提供技术支持,帮助银行、证券、保险等金融机构"把业务搬到网上",实际上是以电子金融(E-Finance)或金融的电子化(Finance Computerizing)为主要特征,还没有出现真正意义上的互联网金融业态,只能算是互联网金融发展的初期准备阶段。

20世纪90年代初期,我国金融行业开始逐步采用现代通信技术、计算机技术、网络技术等现代化技术手段,提高传统金融服务业的工作效率,降低经营成本,实现金融业务处理的自动化、业务管理的信息化和金融决策科学化,从而为客户提供更为快捷方便的服务,达到提升市场竞争力的目的。在上述金融电子化的过程中,出现了网上银行、网上保险、网上证券交易、网上个人理财等通过互联网进行的金融活动。

(2)第二个阶段:2005—2011年的新型互联网金融萌芽阶段

这一阶段,网络借贷开始在我国萌芽,第三方支付机构逐渐成长起来,互联网与金融的结合开始从单纯的技术渠道层面深入金融业务领域。这一阶段起始的标志性事件是2005年支付宝的全面运转以及2011年中国人民银行开始发放第三方支付牌照,第三方支付机构进入了规范发展的轨道。

我国第三方支付机构最早成立于20世纪90年代末的1998年,但在2004年12月底支付宝平台正式上线之前,第三方支付多以企业用户为主,除了业内人士和相关机构外,还不为人们所广泛熟知。2005年开始,依赖于淘宝网生存的支付宝,依靠大量的B2C业务广泛进入人们的视线。紧随其后,腾讯公司于2005年9月正式推出专业在线支付平台财付通。2005年被称为中国电子商务的安全支付年,全面应用第三方支付平台成为开展电子商务、增加传统企业竞争力的新趋势,第三方支付进入迅速发展时期。为规范第三方支付行业发展秩序，2010 年 6 月，中国人民银行下发《非金融机构支付服务管理办法》，要求包括第三方支付在内的非金融机构必须在 2011 年 9 月 1 日前申领支付业务许可证，实行牌照管理。2011 年 5 月，第一批获得央行签发第三方支付牌照的平台有 27 家。

同一时期，2006 年 5 月，在英国诞生了全球第一家 P2P 网贷平台的一年之后，国内出现了 P2P 平台的最早萌芽——宜信（北京）；2011 年 7 月，国内首家互联网众筹平台点名时间正式上线。至此，以第三方网络支付、P2P 网络借贷、互联网众筹等为主体的互联网金融创新业态在国内初步形成。

（3）第三个阶段：2012—2015 年的互联网金融迅猛发展阶段

2011 年之后，取得支付业务牌照的非银行支付机构（即第三方支付）数量迅速扩张，P2P 网络借贷平台快速发展，众筹融资平台开始加速，纯互联网保险公司和纯互联网银行获批成立，一些银行、券商也以互联网为依托，对业务模式进行重组改造，加速建设线上创新型平台，互联网金融进入迅猛发展阶段。从时间推进来看，2012 年，"互联网金融"概念首次由中国学者正式提出，引起社会各界广泛关注；2013 年，"余额宝"等触发互联网金融"爆炸式"增长，这一年被称为中国的"互联网金融发展元年"；2014 年，"互联网金融"首次进入自中央政府工作报告，P2P 网贷行业迅速扩张；2015 年 1 季度，国内互联网金融规模突破 10 万亿元（图 2.2），但与此同时，问题平台数量不断累积，风险事件频发，7 月份，央行等十部委联合下发《关于促进互联网金融健康发展的指导意见》，该文件成为互联网金融监管的纲领性框架，有关互联网保险、非银行业支付的监管规则陆续落地。

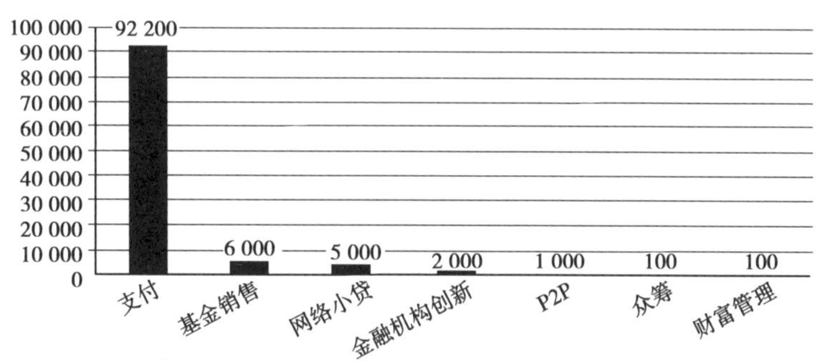

图 2.2　2015 年 1 季度中国互联网金融市场规模

（图片资料来源：速途研究院，2015 年 5 月。）

（4）第四个阶段：2016 年以来的互联网金融规范发展时期

2016 年以来，随着互联网金融专项治理的全面展开以及互联网金融领域的监管政策、法规制度的逐步完善，我国互联网金融行业正式告别"野蛮生长"，进入理性规范发展时期。2016 年 4 月，国务院发布了《互联网金融风险专项整治工作实施方案》，随后出台了多项监管新规，对第三方支付、P2P 网络借贷、股权众筹、虚拟货币交易、互联网资管和互联网广告六大领域展开了集中排查整治。进入 2017 年后，互联网金融监管环境日益趋严，防范化解重大风险摆在"三大攻坚战"之首，我国金融进入新一轮"严监管、控风险"时期。在这一时期，P2P 网贷"1+3"监管制度框架搭建完成，停止新批设网络小额贷款公司、禁止新增批小额贷款公司跨省（市、区）开展业务，规范整顿"现金贷""校园贷"，叫停各类首次代币发行

(Initial Coin Offering, ICO)融资,第三方支付牌照的延展与注销、备付金集中交存、接入网联"断直连",互联网平台反垄断,互联网存款和互联网贷款的规范管理等。根据央行官方发布,截至2022年5月,我国互联网金融风险的专项整治工作顺利完成,互联网平台企业金融业务全部纳入监管。①

值得注意的是,2016年以来,在风险出清、监管趋严的背景下,越来越多的平台开始脱掉"互联网金融"的外衣,改名"金融科技"公司。那么,互联网金融和金融科技只是名称上的改变,还是实质逻辑上有所不同?究竟是互联网金融开始"消亡",还是借助了金融科技的概念在续写转型的篇章?

从国内外金融科技和互联网金融的发展历程上看,金融科技的概念比互联网金融的概念要更为宽广一些。从内涵上看,金融科技是指所有在金融领域得以应用的科学技术所带来的金融创新,在科技创新的时间轴上更具有纵深性,既包括以往的科技创新(如计算机技术)应用所引发的金融创新,也包括现在的科技创新(如互联网技术)应用所引发的金融创新,甚至还包括未来无法预知的科技创新所引发的金融创新。而互联网金融主要指互联网技术应用所引发的金融创新。因此,金融科技的概念会比互联网金融在应用上更为稳定一些。但是,由此认为"互联网金融已经过时"的认知也显偏颇。首先,互联网技术仍在不断地升级发展,互联网与金融的融合方兴未艾,广度和深度日益增强,新的互联网金融业态和模式仍会层出不穷,将会继续给金融业带来持续深远的影响。其次,从专业角度看,称呼的变化并不能影响对金融活动本质的判定,仅仅将互联网金融的叫法换成金融科技,并不能从实质上解决金融的风险问题。

如互联网金融的定义所述,英文的"FinTech"这个词要早于中文的"互联网金融"而出现,在我国"互联网金融"概念提出的早期阶段,"FinTech"常被视同于"互联网金融",两个概念都在强调技术与金融的融合。在2016年以后,"FinTech"作为"金融科技"的概念在我国被越来越多地提及,用以区分问题频发的"互联网金融"。例如,京东金融、蚂蚁金服等先后改名为京东数科、蚂蚁科技,强调自身的定位是"科技公司"而非"金融公司"。国内越来越多的专家和学者认为,互联网金融作为创新密集的行业,其本质应归纳到金融本源上;而金融科技作为金融和科技的融合体,其本质则应侧重在为金融创新发展提供的技术支持服务上。互联网金融借助大数据、云计算等技术首先实现了"触网",并进一步强调金融在渠道和场景等方面的模式创新,初步解决了从0到1、提升用户体验、降低成本的问题。随着监管政策的收紧,市场环境得到了净化,互联网金融迎来新的蝶变,这场蝶变将从渠道、场景的模式创新向更为下沉的时代进化,即通过大数据、云计算、区块链、人工智能、物联网等技术的不断拓展突破,在更为下沉和底层的技术应用领域加强建设,例如,在组织结构、监管科技等领域将有更新的进步。因此,不论是互联网金融还是金融科技,如何引导、发挥其对经济的正面促进作用,如何有效识别和防范风险,寻求金融创新与风险防控的平衡,将是金融发展和监管领域的重要研究课题。

2)内在发展逻辑

总体来看,我国互联网金融与国外相比起步晚、发展快、影响大,其内在发展逻辑体现在

---

① 见21世纪经济报道,央行副行长陈雨露答21记者:互联网金融风险专项整治工作顺利完成。

现实和理论两个层面。在现实层面上,广阔的市场需求空间是互联网金融生存和发展的必要条件,金融功能与互联网技术特性的匹配是其生存和发展的充分条件。在理论层面上,共享经济理论、金融功能理论、"二次脱媒"理论、新信用理论、普惠金融理论、连续金融理论等共同构成了互联网金融独特的理论基础。

(1)广阔的市场需求空间为互联网金融生存和发展提供了肥沃的土壤,是互联网金融生存和发展的必要条件

从商业的角度看,互联网所要重构的产业一定是"产业帝国":规模大、服务面广、利润厚、具有统一的标准,对经济活动具有广泛的影响力。金融业恰恰具备所有这些要素,尤其是就中国的情况而言,中国金融业早已成为国民经济中重要而庞大的支撑体系。这个体系特别是商业银行由于缺乏外部的系统性竞争者,具有较强的利润垄断性,创新动力不够,内部竞争虽然相对充分,但外部压力明显不足,迫切需要来自体系外部的系统性压力和战略竞争者。新的活力来源于基因式的变革,来源于体系外部的系统性压力,这种外部的系统性压力的重要来源就是互联网。互联网金融是中国传统金融的战略竞争力,也是中国传统金融变革的推动者。

(2)金融与互联网在功能上是耦合的,金融功能与互联网技术特性的匹配是其生存和发展的充分条件

在现代金融体系的六项主要功能(支付结算、资源配置、风险管理、信息管理、改善激励、经济管理)中,一般认为,支付结算和资源配置是金融最基础的两大功能,通常由商业银行来承担,这在中国尤为明显。后四种功能在不同程度上也主要由商业银行和资本市场来承担,其中风险管理和信息管理是现代金融最核心的功能。从基因的匹配性上看,互联网与金融的前四种功能(即支付清算、资源配置、风险管理、信息管理)具有更高的耦合性。后两种功能(改善激励和经济管理)的实现更多的是基于产品设计和制度结构,但互联网平台的植入,与此两种功能的实现并无冲突,从一定意义上说,也有利于这两种功能效率的提升。

(3)共享经济理论、金融功能理论、"二次脱媒"理论、新信用理论、普惠金融理论、连续金融理论等构成了互联网金融独特的理论基础

互联网金融既有与传统金融相近的理论基础,也有自身独特的理论支撑。具体表现在以下 6 个方面:

①共享经济理论。在传统金融模式下,消费者对金融产品的选择相对局限,而且受利率、结算方式等因素的影响,消费者的个性化需求通常难以得到有效满足。共享经济是基于互联网等现代信息技术支撑,由资源供给方通过技术平台将暂时闲置的资源有偿提供给资源需求方使用,需求方获得资源的使用权而供给方则获得相应报酬的市场化经济模式。共享经济为互联网金融提供了基于互联网技术平台在供需双方之间进行金融资源配置的理论基础,互联网金融具有共享金融的特征。

②金融功能理论。与传统金融相比,互联网金融并不突出金融组织和金融机构,也不改变金融功能的内涵,而是基于金融功能更有效的实现所形成的一种新的金融业态,其基础理论仍是金融功能理论。互联网金融的出现和蓬勃发展,一方面使金融功能的实现越来越不依赖于特定的金融组织和金融机构,另一方面又使金融功能的效率在成本大幅降低的同时得以大大提升。金融功能的内涵得以深化,金融服务的对象得以拓展。

③"二次脱媒"理论。一般认为,信息不对称、市场不确定性以及由此引发产生的风险管理之需求,是金融中介存在的重要原因,也是金融中介理论形成的基础。然而,互联网金融所具有的特点正在侵蚀着金融中介赖以存在的基础,从而使金融中介正在经历自金融市场产生而引发的自"脱媒"以来的第二次"脱媒"。互联网金融是一种新的金融业态,即脱离了传统金融机构和金融市场的第三金融业态。

④新信用理论。如何评估信用等级,如何观测、缓释和对冲信用风险,在现行金融运行框架中已有相对成熟的理论、技术和方法。互联网金融通过大数据、云计算来观测实际交易行为的履约状况,进而判断相关经济主体的信用能力,大大丰富了信用理论的内涵。如果说重财务指标、重资产指标等硬指标的信用理论是工业社会的信用理论,故称为传统信用理论,那么,基于大数据、云计算、侧重于观测实际交易行为轨迹的信用理论就是互联网时代的信用理论,也可以称为新信用理论。新信用理论是互联网金融存在和发展的重要理论基石。

⑤普惠金融理论。普惠金融的实质就是将需要金融服务的所有人纳入金融服务范围,让所有人得到适当的与其需求相匹配的金融服务。由于商业规则和运行平台的约束,传统金融难以实现普惠性理念。互联网金融十分有效地弥补了传统金融的内在缺陷。它以互联网为平台,以信息整合和大数据、云计算为基础,开创了一个自由、灵活、便捷、高效、安全、低成本、不问地位高低、不计财富多少、人人可以参与的新的金融运行结构。金融服务第一次摆脱了对身份、地位、名望、财富、收入的依赖,显然它是对普惠金融理念的践行,而这正是互联网金融具有强大生命力的源泉。

⑥连续金融理论。金融工具是金融服务的载体,传统金融本质上是离散金融。离散金融最显著的特征就是几乎所有的金融工具的服务功能都是断裂的,或者说是孤立存在的,它们之间在功能上难以自动地、无成本地进行转换,金融服务或金融工具之间存在着一条人为的巨大沟壑,要跨越这一条条沟壑,金融消费者必须付出不应该由他们付出的成本。这些成本是传统金融巨额利润的组成部分。互联网金融则是一种连续金融。连续金融的服务是无缝隙的,工具是自动转换的,体现了互联网以客户为本、为客户创造价值、为客户提供便利,进而为社会带来效率。互联网金融利润的获取是以客户价值的提升为前提的。这与金融的本质相匹配。互联网金融的这种理论和精神代表的是金融的未来。

3)存在问题

互联网金融存在的积极意义有目共睹,但是同时也存在很多问题。具体体现在以下4个方面:

(1)法律监管问题

互联网金融长期处于互联网运营与金融业务的交叉地带,在有关服务承担者的资格、交易规则、交易合同的有效成立与否、交易双方当事人权责明晰及消费者权益保护等方面,互联网金融活动与传统金融相比更加复杂、难以界定,互联网金融机构的法律地位一直是监管体系中的核心问题。在历时6年的互联网金融风险专项整治中,我国相继出台了多项规范管理的法律法规,存量风险整体上得到控制,但完全消化尚需时日,增量风险时有发生,单点风险爆发的可能性仍然较大。"数据三法"(《中华人民共和国网络安全法》《中华人民共和国数据安全法》《中华人民共和国个人信息保护法》)的相继出台对互联网金融的健康发展提供了法律依据,信息数据保护与个人消费者权益保护仍然是"重者恒重"。由于互联网金融活动涉及的业务领域较多，其监管归属在实际执行中存在模糊性，伴随着地方金融监管机构的成立，在互联网金融的属地管理与穿透之后的业务归属管理之间存在的监管协调性和监管有效性问题值得关注。

(2)技术安全问题

互联网金融的技术风险主要指互联网自身及其在金融领域的应用过程中，由技术漏洞、系统缺陷、技术失灵等原因导致的不确定性以及偏离目标结果的可能性。

首先，技术不完备是互联网金融技术风险的最主要来源。互联网技术本身不可避免地存在固有缺陷，技术的失灵或者脆弱性将导致互联网金融偏离其预设目标。以区块链技术为例，尽管其所依赖并引以为可信保证的共识机制在逻辑上无懈可击，但是在掌握了51%算力的主体发起攻击时，所谓不可篡改的区块链技术也会发生记录被篡改的情况。随着密码破译技术的进步和量子计算的应用，运用密码学原理加密的区块链软件和协议也都有被破解的可能。金融行业往往是网络攻击的重要目标，恶意攻击者会借助安全漏洞、垃圾邮件、僵尸网络、恶意代码或者黑名单等手段，造成数据泄露、病毒感染、数据篡改、基础设施瘫痪等重大安全事故。

其次，互联网技术可能因不当应用或技术自身的负面效果导致互联网金融偏离预设目标从而产生风险。技术不当应用中值得注意的是技术滥用的隐患，部分机构在未经充分测试和评估的情况下盲目追求所谓颠覆性技术创新可能造成的风险隐患。一些不成熟算法模型的深度应用可能带来技术黑箱、算法共振、算法歧视等问题。例如，在大数据征信中，由于数据质量的偏差或者算法自身的设计缺陷，可能生成带有歧视或者错误的信用评定结论。在量化交易中，由于算法是在纯粹技术理性的基础上设计的金融投资方案，如果算法运行中其他相关因素考虑不周全，有可能造成因错误信息、偶发事件或其他原因导致自动触发错误的交易行为，并进一步引发市场风险，甚至产生“多米诺骨牌效应”。

(3)营销宣传问题

互联网金融产品的网络营销存在过度宣传和美化问题，风险披露相对不足。目前互联网金融大多数产品在宣传过程中都存在不当宣传和过度宣传问题:使用不当的宣传用语，片面强调产品高收益，对产品风险问题避而不谈。部分互联网公司甚至为抢占市场、吸引用户，一方面标榜自身产品的收益高于对手，另一方面用“收益倒贴”的方式进行恶意竞争，即产品的真实收益可能达不到其承诺的投资收益率，但剩余部分由互联网公司倒贴给用户，这种方式显然为互联网金融产品带来系统性风险的同时，也扭曲了互联网金融产品在公众眼中的真实形象。

2021年12月31日，中国人民银行、银保监会等七部门联合发布关于《金融产品网络营销管理办法(征求意见稿)》，进一步明确了金融机构与第三方平台在金融产品网络营销方面的权利义务、职责定位，打击了此前互联网平台利用流量垄断客户资源，侵害消费者知情权、选择权的行为，系统规范了金融产品网络宣传行为，有助于促进市场公平，保障客户数据传输的保密性、完整性。如规定金融机构为主体的网络营销及其委托互联网平台进行的网络营销均应承担各自相应的主体责任，并且要经金融管理部门批准。第三方平台的作用在于导流、信息展示、产品宣传，不能参与产品销售。另外，互联网金融消费者同样要提高自我保护意识，在交易过程中充分行使知情权，要求金融机构或门户网站对重要信息作出详细的说明和解释，充分了解相关产品的各种信息，从而对产品有准确的、客观的认识，以利于作出正确的消费抉择，维护自身的合法权益。

(4)模式创新问题

金融创新遵循“法无明文禁止即可为”的逻辑，互联网金融各种创新模式层出不穷，其中也蕴含着较大的风险和安全问题。互联网金融机构面临的不确定性因素很多，如果某种模式创新过度或创新不足，不切合经济实际，不符合客户需求，不利于保护消费者权益，将无法实现持续盈利，即使条件再好，也将因为模式创新风险而走向失败。以P2P网络借贷为例，其本质应是信息中介，与作为信用中介的商业银行有着根本区别。但是自2006年从欧美传入我国后，很多平台打着模式创新的旗号，纷纷以资金池的方式运营，偏离信息中介，存在期限错配、自融、庞氏骗局等多种操作，爆发多起大案，严重影响了社会稳定，侵害了消费者权益。究其原因，监管缺失、自控涣散是主因，但基于信息中介定位的佣金驱动盈利模式本身在现实操作中的可持续性较弱，道德风险较高，也使得该创新模式极为脆弱。因此，互联网金融在发展过程中，应立足于经济实际和客观环境，在模式创新方面不能盲目追求创新、导致不切实际的过度创新。

4)发展趋势

从整体来看，在宏观审慎的监管政策导向下，无论是国内监管部门围绕“数据安全”“信息保护”“反垄断”领域出台的各种具体政策，还是海外无差别对所有互联网企业的调查，规范数字经济发展，治理互联网金融领域的各种乱象，对互联网垄断和不正当竞争行为进行处罚已成为全球共识。整个互联网金融行业在经历了近几年大江大河、波澜起伏、褪去光环的阵痛期后，迎来了数字化发展的新浪潮。无论是金融元宇宙、非同质化代币(Non-Fungible Token, NFT)，还是近期出台的规范平台健康发展意见，持牌经营、合规经营、反垄断和防止资本无序扩张是互联网金融监管的核心，也是今后互联网金融平台企业可持续发展的关键。可以肯定的是，针对科技巨头尤其是互联网平台类企业的监管规则将会更为完善，执法也将更为常态化，跨部门的监管协同也将进一步加深。

延伸阅读

当金融遇上元宇宙

从2021年3月元宇宙概念股Roblox上市，到2021年10月Facebook改名Meta，元宇宙(Metaverse)的概念不断渗透到各领域。元宇宙是一个基于互联网等多种新技术而产生的虚拟现实空间，用户可在其中与科技手段生成的环境和其他人交流和互动。互联网金融在经历去伪存真之后，在金融科技规划的加持下，对全新的元宇宙有着极大的向往。

根据华宝证券的相关研究，金融元宇宙是金融行业与元宇宙概念的有机结合，通过底层技术支撑、前端应用设备等实现信息流及现金流的快速交换，在保障金融安全的前提下，嵌入场景应用为客户提供更加便捷的沉浸式金融服务体验。金融元宇宙生态可以分为底层核心技术、前端应用设备、金融应用层、金融核心层及顶层政策支持5个方面，其中的核心是底层技术的迭代与进步。

在互联网数字化转型的时代，元宇宙或将为金融业数字化转型带来新的想象空间，并将给金融界带来诸多变革。目前,在金融领域已经有了诸多元宇宙化的尝试,已经有国内的银行推出了虚拟的数字员工和部分数字化业务办理等沉浸式服务。下一步虚拟员工的职能范围可能会进一步拓展到银行业务办理的全流程,并提供一些沉浸式的普惠金融体验服务。具体来说,元宇宙与金融业融合主要有以下三大发展路径:①

(1)构建元宇宙中的"金融大厦"

元宇宙的空间组合具有无限性,元宇宙中的"金融大厦"应以数字化的方式突破物理限制来被重新构建。不同于线下实体网点,虚拟的金融大厦在增强现实技术以及5G通信网络的高速低延迟环境的基础上,将呈现出充满可塑性与沉浸式的状态。

(2)凸显虚拟数字人员工的重要性

基于智能数字化终端设备,元宇宙使人与人的交互模式呈现数字化转变,虚拟数字人员工的重要性开始显现。元宇宙与金融业融合产生的数字人员工不同于线下人工营销的压迫感,也没有线上智能客服的疏远感,数字人员工将有自己的样貌、性格并具备知识和情感。

(3)承接数字资产

在元宇宙下,各种数据依托于区块链技术可以精准确权,进而流通和交易,最终资产和资金的形式将会更加多元化。未来,元宇宙发展将呈现出多种技术支持产业发展、用户主体重要性日益凸显、数字藏品成为重要变现方式等趋势,金融领域和元宇宙的结合将会对数字资产的流转形式及交易模式产生巨大改变。

本章小结

1. 互联网金融泛指以计算机或电子设备终端为基础,以网络通信为媒介,借助于云计算、大数据、移动互联等现代信息技术,秉承"开放、平等、协作、分享"的互联网精神,实现资金融通、支付清算、信息处理等金融功能的新兴金融服务模式。互联网金融具有虚拟化、经济性、普惠性和风险性等特点。

2. 目前关于互联网金融种类划分的方法较多,常见的有 3 种:一是按照发起主体可分为金融互联网和互联网金融两大类;二是按照金融功能可分为互联网支付、互联网融资、互联网理财、互联网信息服务等形式;三是按照具体业态可分为数字化金融机构、第三方网络支付、互联网借贷、互联网众筹、大数据金融、互联网财富管理和数字货币 7 种模式。

3. 互联网金融的出现,有助于发展普惠金融,弥补传统金融服务的不足;有利于发挥民间资本的作用,引导民间金融走向规范化;有助于满足电子商务需求,有效扩大社会消费;有助于降低成本,提升资金配置效率和金融服务质量;有助于促进金融产品创新,满足客户的多样化需求。

4. 国外互联网金融的发展大体上分为 20 世纪 90 年代中期以前的起步发展时期、20 世纪 90 年代中期至次贷危机前的蓬勃发展时期以及次贷危机以来的稳步发展时期。各国因发展路径略有不同,形成了不同的互联网金融发展模式。

① 零壹智库,元宇宙场景应用探索报告(2022)。

5. 中国互联网金融的发展大约可分为2005年以前的传统金融行业互联网化阶段，2005—2011年的新型互联网金融萌芽阶段、2012—2015年的互联网金融业务迅猛发展阶段、2016年以来的互联网金融规范发展时期四个阶段，并拥有自身发展的现实逻辑和理论基础：广阔的市场空间是互联网金融生存和发展的必要条件，金融功能与互联网技术特性的匹配是其生存和发展的充分条件，共享经济理论、金融功能理论、“二次脱媒”理论、新信用理论、普惠金融理论、连续金融理论构成了互联网金融独特的理论基础。

复习思考题和检测题

检测题

1. 什么是互联网金融？互联网金融有哪些特点？
2. 互联网金融按照不同的分类依据可分为哪些种类？
3. 互联网金融对经济发展有何作用？
4. 我国互联网金融发展的内在逻辑是什么？你如何看待互联网金融的未来发展趋势？
5. 我国互联网金融发展过程中存在哪些问题？如何改进？

案例分析

微众银行做对了什么

2022年财新夏季峰会上，有“普惠金融之父”之称的尤努斯教授对微众银行以数字科技畅通小微融资梗阻的做法深表赞同。尤努斯说：“如果有更多像微众银行这样的商业模式，就可以让每一个平凡的人去改变自己的命运了。”

众所周知，对小微金融的服务是一道世界性难题，因为金融机构面对的是一批抗风险能力弱、经营计划性尚不强、资金需求“短、小、频、急”的融资主体。2020年以来，这道难题上还要再叠加全球新冠疫情的反复冲击。数据显示，从2021年二季度至2022年二季度这5个季度中，小微企业的现金流平均维持时长分别为3.0、2.9、2.7、2.4和2.6个月，尽管今年二季度略有改善，但整体现金流维持能力依然走弱，平均每个季度下滑6.3天。这意味着，一方面，长尾客群的融资需求更急更频了；另一方面，市场也需要金融机构有足够的智慧来推进业务。

成立于2014年12月的微众银行是我国第一家纯互联网银行，经监管批准可以在全国范围内展开。截至2021年末，资产规模达4 387.48亿元，实现净利润68.84亿元，规模和利润居全国各家互联网银行首位。从银行供给侧来看，要有效解决长尾客群的“三高”（风险成本高、服务成本高、运营成本高）问题，需要银行具备商业上可以持续的、风险上可以承受的、成本上可以负担的一种小微企业的服务模式。基于数字化大数据风控、数字化精准营销、数字化精细运营的“三个数字化”手段，微众银行走出一条独具特色的微业贷模式。截至2021年末，微业贷已辐射22个省、3个自治区、4个直辖市，累计触达小微企业超270万家，累计授信客户89万家，累计发放贷款金额超1万亿元，且2021年当年新增首贷户超过9.5万户。

问题：根据案例，你认为互联网金融对经济发展的作用体现在哪里？存在哪些隐患？如何才能避免？发展趋势又如何？

第3章 金融互联网

学习目标

- 了解互联网时代金融业数字化发展的历程和趋势；
- 理解互联网对传统金融业的影响和冲击；
- 掌握金融互联网和金融机构数字化的基本含义和表现形式。

知识要点

- 金融互联网的含义、特点和表现形式；
- 互联网银行发展状况；
- 互联网证券发展状况；
- 互联网保险发展状况。

关键术语

金融互联网；金融机构数字化；互联网银行；直销银行；开放银行；互联网证券；互联网保险。

案例导读

总理见证首家互联网银行第一笔贷款①

2015年1月4日，李克强总理在深圳前海微众银行敲下电脑回车键，卡车司机徐军立刻就拿到了3.5万元贷款。这是深圳前海微众银行作为国内首家开业的互联网民营银行完成的第一笔放贷业务。该银行既无营业网点，也无营业柜台，更无须财产担保，而是通过人脸识别技术和大数据信用评级发放贷款。总理同时希冀深圳前海微众银行要在互联网金融领域闯出一条路子，给普惠金融、小贷公司、小微银行发展提供经验，要降低成本让小微客户切实受益，这也能倒逼传统金融加速改革。可以说，微众银行一小步，金融改革一大步。

① 中国政府网。

我国互联网银行自2014年12月成立以来，除百信银行为银行系独立法人的直销银行外，其他均为民营银行属性。互联网银行股东背景大多包括互联网公司，目标客群以B/C端长尾为主。互联网银行获客几乎全部源自线上，与传统商业银行的网上银行等线上入口有重叠。各家互联网银行的目标客群定位有所区分，如微众银行、网商银行、苏宁银行、亿联银行、新网银行等专注小微、个人等群体，而众邦银行、中关村银行则侧重于科创企业客户。不少互联网银行已经进入业绩的高增长阶段，盈利增速表现突出，远高于其他上市银行，微众银行和网商银行指标领先，但是互联网银行的流动性普遍低于上市银行。此外，互联网银行基因更近于互联网公司，科技能力是其核心成长要素，这主要体现为显著超出行业水平的科技人员占比和科技投入占比。

互联网银行以及互联网保险的成立，标志着中国金融体系的互联网化迈入一个新的发展阶段。近年来，金融互联网跨越了初期的从线下向线上转移，并进一步通过科技赋能体现在数字化运营的方方面面。金融机构数字化是金融互联网发展到当前阶段的突出表现。本章主要探讨在金融互联网趋势下金融机构的数字化发展历程、表现形式、特点以及发展趋势。

3.1 金融互联网概述

3.1.1 金融互联网的概念

1）金融互联网

金融互联网主要是指金融机构（如银行、保险公司、证券公司等）运用互联网技术，通过将金融活动从线下向线上转移，并进一步将科技全方位赋能数字化运营，从而满足客户对金融服务高效便捷需求的金融发展模式。

金融互联网是互联网金融不可或缺的重要组成部分。从互联网金融的发展历程可以看出，互联网金融首先发生在传统金融体系中，互联网技术应用大大提升了各类金融机构的服务效率。一方面，越来越多的人习惯使用互联网，希望通过互联网来节省亲临金融机构办理金融业务的时间和距离成本；另一方面，互联网技术的快速发展也有助于金融机构降低交易成本，增强竞争力。尤其是在新兴互联网金融发展中出现了一些问题后，银行、保险、证券等金融机构的互联网化成为互联网金融的主体。

伴随着互联网时代从以信号传输和通信链路基础设施建设为主的信息化（Information Technology，IT）阶段，转向以数据搜集整理和应用为主的数据化（Data Technology，DT）阶段，金融机构互联网化的广度和深度不断提高，从渠道变革走向产品设计与业务流程变革，从银行领域延伸至证券、保险领域。

2）金融机构的数字化转型

数字化转型（Digital Transformation）是全球范围内正在持续发生的互联网发展新动向，数据的价值正在日益凸显。关于数字化转型目前尚难给出一个统一的定义。谷歌认为，数字化转型是利用现代化数字技术（包括所有类型的公共云、私有云和混合云平台）来创建或调整业务流程、文化和客户体验，以适应不断变化的业务和市场需求；亚马逊认为，数字化转型的本质是信息技术和能力驱动商业的变革，企业数字化转型的3个关键：第一，建立起数字化的企业战略、模式和文化；第二，企业掌握驾驭数字化新技术的能力；第三，将数据视为企业的战略资产。我国中关村信息技术和实体经济融合发展联盟《数字化转型　参考架构》团体标准给出的定义是：数字化转型是顺应新一轮科技革命和产业变革趋势，不断深化应用云计算、大数据、物联网、人工智能、区块链等新一代信息技术，激发数据要素创新驱动潜能，打造提升信息时代生存和发展能力，加速业务优化升级和创新转型，改造提升传统动能，培育发展新动能，创造、传递并获取新价值，实现转型升级和创新发展的过程。①

根据以上定义，简单而言，金融机构的数字化转型是指银行、保险、证券等金融机构广泛运用各种数字技术对传统运营流程、服务产品进行改造或重构，实现经营管理全面数字化转型的过程。金融机构数字化是继金融机构信息化之后的金融互联网新的发展阶段。

3.1.2　金融互联网的主要表现

1）金融机构信息化

金融机构信息化是指金融机构采用现代计算机通信技术，提高传统金融服务行业的工作效率，降低经营成本，实现金融业务处理自动化、业务管理信息化以及金融决策科学化，为客户提供快捷方便的服务，达到提升市场竞争力的目的。金融机构信息化是在传统的封闭的金融专用计算机网络系统的基础上，逐渐推广起来的行业管理由内而外的自动化与信息化，这也是金融互联网的基础表现形式。

相对于其他金融机构而言，银行业务的电子化、信息化模式相对丰富，按其表现形态可分为网上银行、手机银行、电话银行等。与此同时，保险、证券行业也都依托信息技术不同程度地实现了业务的网络化，如网络保险、网络证券等。传统业务的电子化使得金融机构处于一个对金融信息进行采集、传输、处理、显示与记录、管理与监督的综合性应用网络系统之中，具体包括金融自动化服务系统、金融电子支付系统、金融信息管理系统、金融决策分析系统等。这些系统的协调运转对金融机构的运行提供了全方位的支持，从根本上改变了金融机构原有的业务处理和管理体制，促进了资金周转速度的提高。我国金融机构体系经过三十多年的电子化、信息化发展，如今已逐渐发展成为一个开放的、全天候、多功能的现代化金融体系，不仅为客户提供了更多的让渡价值，也提供了更多的增值服务，极大地提升了客户满意度。我国金融电子化发展进程一览表，见表3.1。

表3.1　我国金融电子化发展进程一览表②

发展阶段	时　间	进　程	特　征
第一阶段	20世纪70年代末— 20世纪80年代末	自动化建设阶段	金融机构业务处理以计算机代替手工操作
第二阶段	20世纪80年代末— 20世纪90年代中期	全面电子化阶段	计算机应用由试点试验到行业全面普及
第三阶段	20世纪90年代中期至今	网络化阶段	金融机构自主发展并逐步实现联网体系

① 中关村信息技术和实体经济融合发展联盟,《数字化转型 参考架构》团体标准。

② 罗明雄,唐颖,刘勇. 互联网金融[M]. 北京:中国金融出版社, 2013.

2）创新型金融机构服务模式

金融机构依托大数据、云计算、移动互联等新技术加速实现转型，金融信息化的范围和影响日益扩大，基于互联网的创新型金融服务模式不断涌现。这主要包括以直销银行和互联网银行为代表的创新型银行服务模式，以互联网保险为代表的创新型保险服务模式，以互联网证券、互联网基金为代表的新型证券基金模式等。

创新型银行服务模式、创新型保险服务模式、创新型证券服务模式将在下面分节详述，这里重点介绍以余额宝为代表的互联网基金模式。

2013 年 6 月，第三方支付平台支付宝联合天弘基金公司，在货币市场基金的基础上为个人用户打造了一项全新的支付账户余额增值服务产品——余额宝。用户一旦把账户中闲置不用的钱从支付宝账户转到新设的"余额宝"里，支付宝公司就会自动用这些钱帮用户在天弘基金公司购买一款名为"天弘增利宝货币"的货币基金，这样一个小小的划转动作就可以巧妙地使原来支付宝里没有收益的余额资金产生货币基金的收益；与此同时，用户还可以直接用"余额宝"里的钱进行淘宝消费支付，也可以随时将"余额宝"里的钱退回到支付宝账户，用于其他一些转账或提现等操作，如图 3.1 所示。

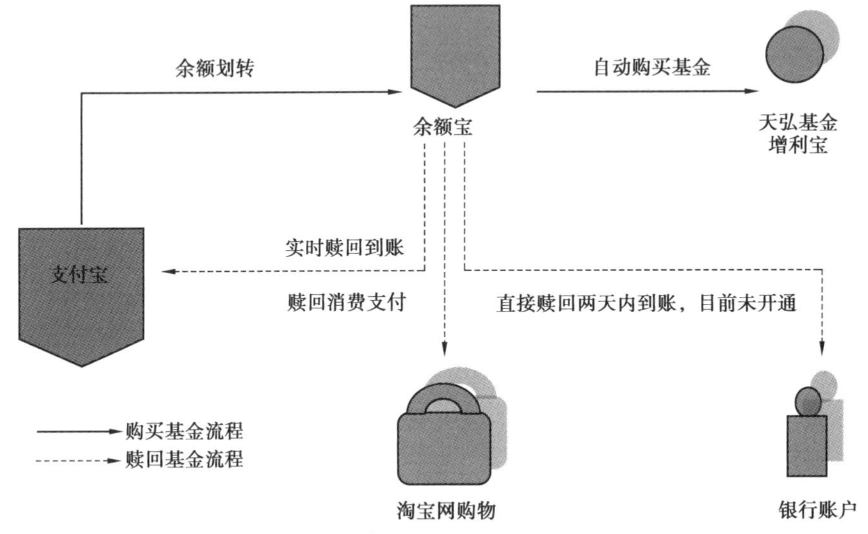

图 3.1　余额宝资金运作模式图

天弘基金公司靠此产品一举成为国内货币基金管理规模最大的基金管理公司之一，截至 2021 年末，天弘基金仍以 11 617.34 亿元的总体规模（包括货币基金和非货币基金）在全国 100 多家基金公司中排名第二。在余额宝成功之后，多家基金公司纷纷涌上电商平台，包括京东、百度都先后成为货币基金的销售平台。此后互联网基金快速发展，推动货币市场基金产品在基金行业总资产占比不断提升。截至 2021 年末，货币市场基金总规模达 9.47 万亿元，占基金行业总规模的 42.2%。

3）金融机构数字化

金融机构数字化是一个外延越来越广泛的过程。从不同类型的金融机构数字化转型的表现来看，主要包括战略规划、组织架构、基础设施、技术能力、场景融合、风险控制等方面的内容。

(1)战略规划

金融机构数字化需要战略先行,优化战略布局、提升战略规划是众多金融机构数字化实践的首要任务。花旗银行数字化战略有三大核心支柱,即以客户为中心、全球适用性和数字化合作伙伴。花旗银行对数字技术进行了大量投资,为全球30多个国家的客户打造了移动银行业务平台服务;为确保众多产品和程序尽可能具有全球适用性,"花旗移动直通车"支付平台使用16种语言在90个国家运行,可与超过50种设备兼容;为满足客户特定的金融需求,花旗银行积极与客户一起开发新的数字化分销渠道,应安泰保险公司需求所开发的支付系统,改变了该保险公司和整个医疗行业对病人的账单发送和收款方式。2020年以来的新冠肺炎疫情对金融机构数字化起到了"加速器"作用,国内银行纷纷强化了数字化发展战略。如工商银行的e-ICBC战略、建设银行的"TOP+"战略、招商银行的轻型银行战略、中信银行的一流科技银行战略、浦发银行的全景银行战略、宁波银行的智慧银行战略等,都着重突出了数字化转型的相关要求。"以加快金融机构数字化转型为主线"也是央行《金融科技发展规划(2022—2025)》的明确要求,金融科技从"立柱架梁"全面迈入"积厚成势"的新阶段。

(2)组织架构

随着金融业数字化转型的深入发展,金融机构数字化战略的实施首先要求组织架构作出相应的调整。金融机构在顺应数字化要求重构组织架构时,围绕目标客户群的需求进行设计,加强部门间的业务协同,打破以往的"数据孤岛"和"部门藩篱",培养部门数据化基因,让大数据覆盖全链路,从而能够敏捷响应客户需求。行业领先的金融机构已经在设立数字化新组织、新部门以及调整现有组织职能两个方向上进行布局。前者主要是通过设立数字化转型管理委员会、数字化发展转型领导小组、数字金融部等,全面统筹推进金融机构数字化发展,建立相应的激励机制,搭建数字化基础设施和智慧平台,为数字化业务发展提供组织架构保障机制;后者则是在现有部门内部构建数字化转型团队或者建立跨部门的敏捷交付团队,从业务技术相互融合的角度出发,以快速迭代的模式重建组织架构,同时配合相关绩效机制进行数字化试点验证,为金融机构整体数字化转型奠定基础。根据麦肯锡发布的关于敏捷组织转型的相关研究,构建公共基础设施、治理系统和运转规则是敏捷组织转型的"基石"。

(3)基础设施

伴随着金融数字化进程的不断加快,金融机构IT应用创新架构升级的步伐也在加快。金融云是金融行业数字化转型的重要基础环节,云基础设施的平台服务能力是金融云安全可靠的重要保证。赛迪顾问研究报告显示,2021年中国金融(私有)云基础设施平台市场规模为34.2亿元,同比增长31.8%;从用户结构上看,银行业是金融行业中上云的主力军,市场规模为23.6亿元,占比达68.9%,保险行业市场占比16.4%,证券行业市场占比14.7%,① 如图3.2所示。核心系统方面,"双模核心+云"是金融行业IT架构的现状也是趋势,云原生和分布式技术的融合将是未来很长一段时间内的主要发展方向。作为数字化平台的底

① 赛迪顾问,2022中国金融(私有)云基础设施平台市场研究报告。

座，金融云不仅能够支持金融业务与大数据、人工智能、区块链等新一代数字技术充分融合，提升IT运营效率、节约IT成本、优化运营、完善管理，有效支持数据融合和业务创新，而且能帮助金融机构应对IT系统运维重、不灵活、应用创新满慢等问题。

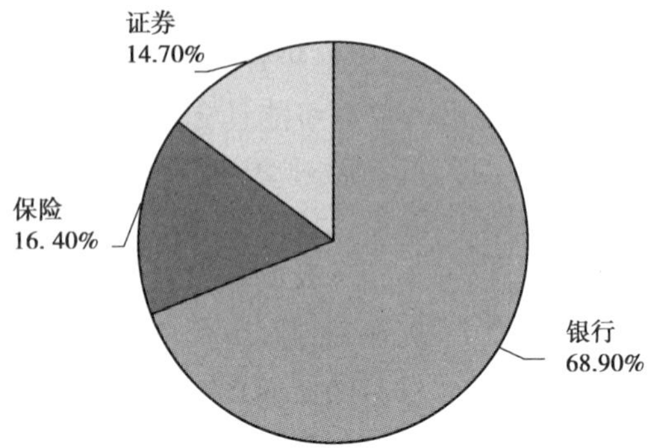

图3.2　2021年中国金融(私有)云基础设施平台市场行业结构

(图片资料来源：赛迪顾问研究报告，2022。)

(4)技术能力

金融机构推动数字化转型必须具备敏捷开发、快速交付的技术能力。这就意味着金融机构一方面要研究构建高效能的DevOps工具链和CI/CD流水线，建立模块化、组件化、参数化的研发结构以及标准化、协同统一的技术管理体系，另一方面也要不断强化产品经理的技术和数据思维能力，准确切分需求，加快迭代交付，推进"业、技、数"融合的工作模式创新，优化激励机制设计，在提升团队每个成员技术能力的基础上改进整体协同效应。以中国建设银行新一代核心系统为例，它是一个包含了业务流程再造、技术创新与业务价值融合、技术架构变革等多项突破的展现平台，从企业级视角全面梳理了金融业务和产品，进行了企业级架构再造，与客户建立"伙伴式"关系，精准地推送金融服务，增强价值创造能力，并将客户导向和价值创造融为一体，形成全流程统一视图，将技术优势不断转变为业务优势，建成了产品装配工厂和配套的敏捷研发机制，能够基于14个产品线、136个基础产品、58个装配模型、2 279个产品条件，快速推出定制化的可销售产品。如通过产品装配，仅用1天时间就投放了一款"华夏一号两全保险"产品，代理保险首日销量突破5.5亿元。

(5)场景融合

从本质上看，数字背景下金融机构的服务形态和竞争内核是以数据资产作为生产要素的场景与生态的竞争。金融机构服务的对象是整个经济社会，市场不断细分催生了新的日常消费和生产经营场景，金融服务也在努力地进化为与之匹配的形态，在C端和B端的场景里进行深度融合，但是C端和B端的金融服务场景化融合又有所不同，如图3.3所示。C端零售的金融数字化一般是通过超级App来实现的，互联网平台提供的超级App强调流量变现，强调中心化生态；而B端的金融数字化是一个聚合应用可编程接口(Application Programmable Interface，API)，它将金融的产品、服务抽象成一个个开放的能力，以开放平台的方式"暴露"给各行各业，并提供相应的解决方案，它不同于App服务，而是在PaaS层，也就是"平台即服务"的层面。在技术支撑之下，金融与各行各业是共建、共生、共赢的状态。值得注意的是，金融服务场景融合中可能存在的开放与界限问题，如API标准、数据共享的实现与界限、客户隐私保护以及风险该如何把控。

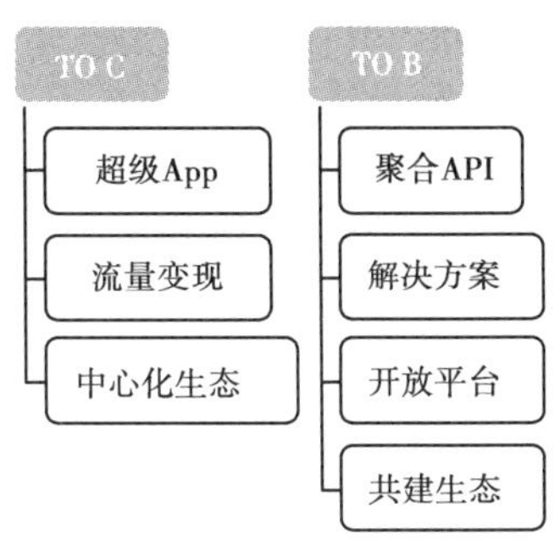

图3.3　C端和B端场景化金融服务的不同路径

(6)风险防控

金融机构数字化本质上是一种技术驱动的金融创新活动,必须遵循金融运行的基本规律。数字化条件下金融风险防控的手段和重点都和传统金融有所不同。一是提升技术可靠性,客户远程化、服务场景化、交易实时化等特点对软硬件都提出了更高的要求,这就要求关键的核心技术要尽可能自主创新,系统灾备能力要进一步提高,网络安全技防体系要更加完善,要增强软件运行和模型开发设计的稳定性。二是关注数据标准和数据安全,提升数据的易得性、便捷性和通用性,增强数据挖掘能力,破除数据壁垒,强化数据资源的融合利用,做好数据治理和数据安全保护,防范信息过度搜集、滥用和泄漏等问题。三是注重防范风险,既要防范传统业务数字化可能带来的风险,也要防范利用数字技术创新金融业务的风险以及各类技术风险。

3.1.3　金融互联网的特点

1)金融互联网下的金融机构数字化稳定性更强

金融与互联网的融合,在早期是金融机构利用信息技术产生的创新支持自身业务的开展,降低交易成本;而当新兴的互联网金融模式对传统金融机构产生挑战后,金融机构更多是面对竞争压力被迫与互联网结合应对互联网金融的冲击。

从20世纪90年代至今,金融机构网络化建设和应用就一直在进行,首先是计算机网络化应用在金融机构的普及应用,实现业务办理的电子化、自动化。再到运用互联网技术实现网上银行、网上证券账户等的开设。金融机构将风险管理、业务规范化等合规意识与互联网技术结合开展业务,在这个过程中,金融机构更加关注的是模式的稳定性,稳健创新仍是金融互联网在发展模式上的突出特点,也是它与非金融机构发起的互联网金融模式风格上的不同。

2)金融互联网下的金融机构数字化资源整合能力更强

金融机构管理的资产一般是开展负债业务所得,具有高风险的特性。这就要求金融机构在开展业务时要获得更精确、更全面的数据,从而减少风险的发生。互联网与金融机构的结合能够做到大量数据的整合、开发、挖掘,从而了解客户的信息。运用互联网技术,搭建一个统一的IT架构,将机构内部各个系统在这个IT架构上管理、运行,实现资源的整合,机构内部信息的畅通、共享。以银行为例，现代银行信贷业务的开展已经不只局限于单个客户，它可能遍布于一个行业的整个产业链。在产业链中，涉及生产商、供应商、经销商等上下游企业，它们之间有着资源、资金、物流等相关环节的联系，一旦一些有资金需求却没有授信额度的上下游企业需要融资，核心企业在支付、物流上的数据和凭证进行抵押担保，金融机构在这个过程中利用互联网信息技术整合产业链中各个环节的信息，分析数据情况，如果分析的数据正常就可以为企业融资，解决企业的融资需求，大大缩短收款周期，缓解资金困难情况，促进整条产业链的协调发展。

3）金融互联网下的金融机构数字化创新产品更加丰富

金融互联网提高了金融机构的产品创新能力，金融机构利用互联网平台能够提供更多的金融产品和服务。人们的日常生活，无论是存取款、转账支付、证券开户、购买保险和各类理财产品，众多的服务足不出户，只用在计算机或手机上操作即可完成。手机银行、网上理财等大大节约了金融机构的人力成本，同时满足了客户方便快捷的要求。金融机构线上线下的业务结合，在互联网浪潮的背景下，也是面对互联网企业竞争，转变服务理念，以客户需求为导向，创新金融产品的一种做法。

3.2　互联网银行

3.2.1　互联网银行的定义和种类

1）互联网银行的定义

纵观过去半个多世纪以来的银行发展史，商业银行始终是新科技的忠实拥趸。银行不断扩展对信息技术的投入和运用，从最初的计算机辅助银行到电子银行、网上银行、移动银行……互联网银行（Internet bank）发展速度很快，其标准和模式始终处于更新变化之中，对其界定也相对困难。根据巴塞尔银行监督委员会在1998年、2000年两份报告[①]中相继给出的定义，网络银行是指那些通过电子渠道提供零售与小额产品和服务（如存贷、账户管理、金融顾问、电子货币和电子支付等）以及一些批发和大额业务的银行。而欧洲银行标准委员会则将网络银行定义为那些利用网络为通过计算机、网络电视、机顶盒及其他一些个人数字设备连接上网的个人消费者和企业提供服务的银行。[②] 美联储2000年提出了一个内部使用定义：网络银行是指利用互联网作为其产品、服务和信息的业务渠道，向其零售和公司客户提供服务的银行。显然，不同的界定对网络银行的内涵虽有共同之处，但往往在外延上有所不同，因而也导致在现实中，对互联网银行有多种叫法，如网上银行、在线银行、电子银行、网络银行等。

总体来讲，广义上的互联网银行是指利用互联网（包括电信网、内部封闭式网络、开放型网络等一切网络）为客户提供金融产品与服务的新型银行。狭义的互联网银行仅指纯线上

---

① 巴塞尔银行监督委员会（BCBS），电子银行与电子货币活动风险管理，1998；电子银行集团活动白皮书，2000。

② 欧洲银行标准委员会（ECBS），电子银行。

提供实质性金融产品与服务的独立法人银行。无论是广义的互联网银行还是狭义的互联网银行,都是为用户提供虚拟的、开放的、实时的、全天候的快捷金融服务的银行系统。因此,互联网银行又称为"3A 银行",它不受时间、空间限制,能够在任何时间(Anytime)、任何地点(Anywhere)以任何方式(Anyway)为客户提供金融服务。总的来看,互联网银行形成了新的银行组织形式,是互联网导致的社会制度变迁在金融领域中的深刻体现,是银行制度的深刻变革。根据互联网技术推动银行的发展趋势,美国学者布莱特·金在其《Bank 3.0》一书中提出"未来银行不再是一个地方,而是一种行为"之后,又在其《Bank 4.0》一书中提出,"金融服务无处不在,就是不在银行网点"。①

2)互联网银行的种类

(1)按照发展模式划分

综观世界各国互联网银行的发展,大致有两种模式:一种是与传统银行相结合的互联网银行发展模式;另一种是纯互联网银行的发展模式,即狭义的互联网银行。

与传统银行相结合的互联网银行是指依托已有的银行网点通过互联网向客户提供金融服务,是目前互联网银行存在的主要形式,是传统银行服务的补充和延伸。纯互联网银行指的是没有物理网点、只能通过互联网为客户提供储蓄、查询、转账、贷款等金融产品和服务的银行,此类银行最早出现在美国和欧洲,成立于 1995 年的 SFNB (Security First Network Bank, 美国证券第一网络银行)是世界上第一家纯互联网银行。2015 年,我国首批民营银行试点中的深圳前海微众银行和浙江网商银行也是纯网络银行。

(2)按照业务渠道划分

随着网络通信技术以及金融体系服务的提升和完善,商业银行触网的方式多种多样。从互联网银行现实存在的业务渠道和形态来看,主要有网上银行、电话银行、手机银行、直销银行和纯互联网银行,并日益呈现出移动化、智能化、场景化、个性化、定制化等特点。除纯互联网银行外,前几种形态主要是依托已有的线下银行机构开展的互联网银行服务。很多银行成立了专门的互联网金融或网络金融部门,负责互联网金融的战略规划、渠道建设、日常运营管理、对外合作拓展等工作。

①网上银行(Online Banking)。这里的网上银行是指银行业金融机构利用互联网平台和计算机终端,通过建立独立的银行网站而面向社会公众开展业务的互联网银行。网上银行业务主要包括信息服务(如产品业务介绍、利率汇率查询等)、互动交流(如客户档案更新、业务申请、账户查询等)、账户交易(如转账汇款、支付结算、代缴费用、信贷融资、投资理财等)三大金融服务。客户只要拥有银行的账号和密码,就可以在任何地方上网登录,进行查询和交易。为了提高安全性,目前各家银行多采取通过国家安全认证的标准数字证书体系。网上银行按客户对象可以分为个人版和企业版两种类别。随着智能手机的普及,越来越多的个人客户转而使用手机银行和电话银行,网上银行的使用客户多为企业客户,相对而言,企业版网上银行拥有更高的安全级别,具备更多针对企业的特殊功能,如代发工资、账户管理、转账汇款、集团服务、代收代付、国际结算、电子汇票、在线贸易融通、银企对账、票据

---

① 布莱特·金.银行 4.0[M].施铁,张万伟,译.广州:广东经济出版社,2018.

池、第三方存管等。

②电话银行(Telephone Banking)。电话银行是指银行业金融机构使用计算机电话集成技术,利用电话自助语音和人工服务相结合的方式,为用户提供账户信息查询、转账汇款、投资理财、缴费支付、外汇交易、异地漫游、信用卡服务、智能外呼等一揽子金融业务的互联网银行。根据《中国银行业客服中心与远程银行发展报告(2021)》,2021 年客服中心与远程银行自助语音客户满意度达 99.30%,智能化服务占比达 46.69%,智能知识库升级、智能机器人客服等远程智能服务提升了商业银行的互联网线上服务能力。同时,为了提升适老化服务水平,助力老年客户跨越“数字鸿沟”,很多银行的电话银行具备自动识别老年客户的功能,设有老年客户直通人工服务选项,制定了老年客户转人工优先进线的策略。

③手机银行(Mobile Banking)。手机银行又称为移动银行,是银行业金融机构利用移动通信网络及终端提供相关金融服务的一种移动互联网渠道,是网上银行业务的延伸。近年来,由于各国数字经济发展战略、金融科技市场生态、移动互联网用户规模以及用户数字化行为习惯等因素的影响,手机银行已经向开放化、平台化、智能化方向发展,手机银行等互联网渠道日益成为商业银行客户服务的主渠道,甚至是银行服务全渠道的核心。通过“渠道—平台—生态—开放运营”的渐进式发展,如图 3.4 所示,商业银行的手机银行逐步进入应用成熟期。当前部分领先的商业银行已经向开放运营阶段发展,将更多的运营权限赋予生态方与场景方,使其深度参与服务用户,相对滞后的手机银行仍定位于渠道。手机银行的核心竞争力主要表现在获客活客能力、用户体验、服务生态、品牌影响力等方面。易观分析《2022 中国手机银行年度专题分析报告》数据显示,截至 2021 年 12 月,我国手机银行行业活跃用户规模为 4.95 亿户。银行一方面延续开放银行思路,基于开放平台提升用户经营能力,另一方面注重增强用户体验,促进 MAU 向 AUM 转化,提升用户价值。

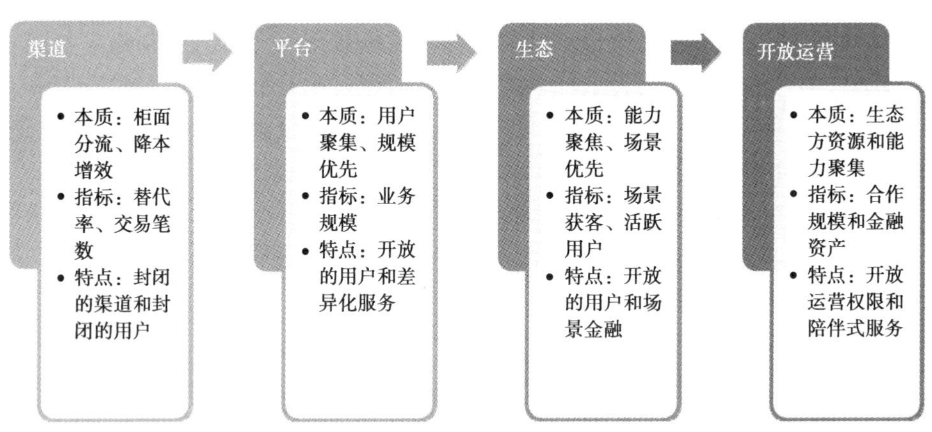

图 3.4 手机银行渐进式发展阶段

(图片资料来源:《2022 中国手机银行年度专题分析报告》,易观分析,2022-07-01。)

④直销银行(Direct Banking)。直销银行是互联网时代应运而生的一种新型银行形态,是互联网金融环境下的一种新型金融产物。直销银行几乎不设立物理营业网点,不发放实体银行卡,主要借助于互联网渠道,以计算机、手机、电话等远程方式为客户提供银行产品和服务。直销银行与前述网上银行、电话银行、手机银行最大的区别,是其虽然往往由银行主

导发起,但却不依托网点,全部业务流程可在线上完成,客户定位主要针对增量群体,即银行传统网点未覆盖到的用户以及其他银行的客户。也就是说,直销银行的客户不以拥有该银行的银行卡或存折账户为前提,而是直接在互联网上进行远程开户。这种去人工化和低成本的运营模式也使得直销银行的产品和服务相对标准化,在利率和费用上更具吸引力。

直销银行最早出现在20世纪末的欧美发达国家,世界上比较著名的直销银行有ING Direct、Moneyou、Rabo Direct、HSBC Direct等。2013年9月,北京银行宣布与荷兰ING集团合作开通直销银行服务,拉开了我国直销银行的序幕。2014年2月,民生银行的直销银行正式上线,并引发了国内直销银行发展的热潮。2017年11月,百信银行作为国内首家独立法人的直销银行正式开业,截至2022年6月末,国内已有100多家商业银行推出了直销银行服务,组织架构上多属于银行的下属业务部门,业务载体上同时拥有App和PC端口,主流产品以货币基金、理财产品、存款类服务为主,产品同质化问题突出。由于手机银行和直销银行在产品、场景上的竞争具有较高的替代,尤其是独立App方式运营的直销银行认知度不高,再加上监管部门对异地非持牌机构通过互联网渠道进行跨境展业的限制,非独立法人模式下的部分直销银行或者选择与手机银行进行合并,或者暂停或撤销直销银行App的独立运营,或者探索从事业部模式转向独立法人模式开展业务。而独立法人模式的直销银行与纯互联网银行基本相同。国内外直销银行的差异,如图3.5所示。

差异类别	国内情况	国外情况
组织结构	传统商业银行的下设部门	金融集团或银行的独立子公司; 与银行合作共享牌照的独立公司
用户定位	尽管多宣称定位于互联网用户、非本行客户等,但在实际运营中没有对用户进行明确划分	比较完善的用户筛选机制
资产区分	与传统银行无明显差别,资产开发仍主要依赖银行原有资源	有自己的特色资产
自助程度	既有自助性较强的简单产品,也有需要线下人工或网点介入的复杂产品	人工服务需求少、效率高

图3.5 国内外直销银行的差异

(图片资料来源:《国内外直销银行业务特点对比》,零壹研究,2016-02-04。)

⑤互联网银行(Internet Banking)。这里的互联网银行主要是指纯网络银行,也就是狭义上的互联网银行。从存在形态上来看,互联网银行与直销银行在业务渠道、产品服务上有很多相似之处,其区别则视国内外的情况有所不同。在国外,二者的概念已无明显区分,维基百科上已将直销银行作为互联网银行的再定义;而国内二者的区别则主要体现在独立牌照上,即当前国内的直销银行多为传统银行的下设部门,没有独立的牌照,而互联网银行多为具有独立牌照的民营银行,例如,微众银行、网商银行、新网银行等。百信银行和邮惠万家银行的成立,意味着我国纯互联网银行与直销银行的界限也将日益模糊。互联网银行获得

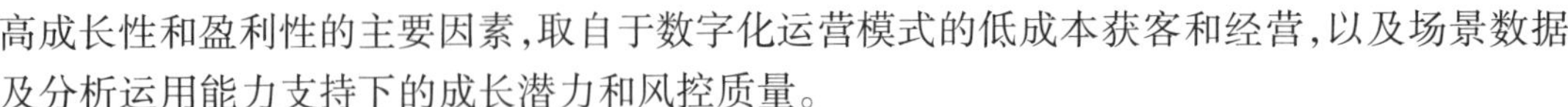

高成长性和盈利性的主要因素，取自于数字化运营模式的低成本获客和经营，以及场景数据及分析运用能力支持下的成长潜力和风控质量。

值得注意的是，我国的互联网银行按照监管部门的要求均设定了特殊服务对象，体现了目标客群定位的差异化。如微众银行的目标客户群主要是大众消费者和微小型企业；网商银行则按照“小存小贷”的定位，主要针对“存款20万元以下，贷款500万元以下”的小微企业和农村用户；苏宁银行的目标客群纳入了微商群体，中关村银行则定位于“创新创业者的银行”，主要客户为科创企业。这些特定对象往往是“二八定律”中那80%没有被传统银行服务的群体。

3.2.2 互联网银行的发展历程

成立于1995年10月18日的美国安全第一互联网银行(SFNB)普遍被认为是网络银行诞生的标志。之后，人们将基于互联网和信息技术为客户提供金融产品与服务的银行机构统称为网络银行或互联网银行。互联网银行的产生并非一蹴而就，其大约经历了业务处理电子化、经营管理信息化、银行服务移动化和数字化3个阶段。

第一个阶段是在20世纪50年代，随着计算机的出现，银行开始利用计算机辅助其业务的开展、办理，进行数据保存，财务集中处理等。这个阶段对计算机的使用简化了操作流程，实现了从手工操作向计算机处理的转变。但是因为信息技术还不够发达，每台计算机是独立的个体，不能进行联网操作。20世纪50年代，计算机开始在美国、日本的银行业务中出现。其功能主要是辅助银行进行业务操作和管理，提高业务效率，优化业务流程，例如，用于各分支网点的记账和结算，部分代替网点工作人员的手工记账工作，有效降低了人力负担成本，这一时期的计算机基本上是脱机处理。

第二个阶段是从20世纪60年代开始，计算机从脱机状态慢慢向联网状态发展，这个时期的银行实现了内部以及银行间的信息传递，存、贷、汇业务能够在内部进行管理，汇兑业务也因为有了联网信息的传递而能够在银行间快速办理。信息技术的快速发展方便了客户，降低了银行成本，使得客户可以跨越空间方便地办理业务，银行广泛地运用通信技术创新发展，POS机、ATM机就是在这个时期开始兴起的。

从20世纪70年代开始，在联网通信技术的快速发展基础上，银行间的跨行联机交易也成为可能。首先是发达国家基本实现了业务处理和办公业务的信息自动化，接着我国在80年代中后期，各家银行之间也相继完成了联网通信的业务交换工作，不同国家的不同银行之间也建立起了联网通信系统，形成了全球金融网络。银行业务信息化的最直接成果是，银行业务处理效率大幅提高，因而银行为客户提供的服务也随之不断发展。电话银行是银行业务信息化之后，客户得到更高效服务的一个重要体现。电话银行主要是提高了客户端的服务效率，具有接触速度快、接触成本低等特点，在80年代中后期得到迅速发展，成为银行服务客户的主要渠道之一。

第三阶段在20世纪90年代之后，随着互联网行业的蓬勃发展，它从真正意义上将银行推向了在任何时间、任何地方、任何方式办理业务的可能，移动互联成了现实，数字化转型全面启动。手机银行、网上银行等的兴起使得客户足不出户就能办理众多的银行业务，满足客户方便、快捷的需求。这一阶段的创新突破了传统银行的经营模式和渠道，使得银行业发生了革命性的变革。一方面,这种变革表现在传统银行的移动化。随着移动端技术变革的推进,移动银行主要经历了 SMS 短消息、WAP 网站和移动 App 3 个阶段。21 世纪的前十年,WAP 技术是银行业务移动化发展的重要支撑;2010 年以后,搭载安卓和 iOS 操作系统的智能手机迅速普及,移动 App 技术蓬勃发展,使得银行成为可以为客户提供大部分消费场景的电商化移动金融服务平台。另一方面,这种变革也体现在纯互联网银行在全球的诞生与发展。根据埃森哲旗下埃克斯顿咨询的数据,从 1995 年全球第一家纯互联网银行诞生到 2020 年末,全球纯互联网银行达 256 家,市场规模为 347.7 亿美元。由于各国金融监管体系和金融市场环境的差异巨大,纯互联网银行的发展也各不相同。金融市场成熟的欧美地区,纯互联网银行的发展空间有限,而原本金融发展不足的南美、东南亚等地区,纯互联网银行发展势头猛烈。

1)国外互联网银行的发展状况

自 20 世纪 90 年代以来,国外的商业银行重点将外部集成服务与银行内部的信息技术处理相结合,对传统银行流程进行再造,信息技术成为贯穿银行内部所有部门的公共业务,网络银行系统延伸至个人、企业用户,形成了庞大多样的电子网络系统。通过与专业的信息技术公司及软件提供商合作,专注于拓展金融产品和服务。

纯粹的互联网银行的发展并不尽如人意,更多的是与传统银行互为补充,在技术、经营渠道和运营模式上重新构建。不同国家由于经济技术间的差距,在互联网银行的发展程度上不尽相同,但是总体上呈现出美国和北欧国家互联网银行发展程度高于其他国家的趋势。

2)中国互联网银行发展状况

与其他国家或地区相比,中国互联网银行起步并不晚,而且在中国网民数量快速增长直至跃居世界第一位的大背景下,互联网银行增长迅猛,使用普及率急速提高。

在互联网金融大潮的推动下,银行业互联网金融战略纷纷进入落地阶段。以网上银行、手机银行、直销银行和线上线下联动产品为特点的互联网金融产品格局已经初步形成。各家银行通过加强线上和线下渠道协同联动,拓展数字化发展新模式,构建“智能+人工”客户闭环服务,打造安全、便捷、全面的现代金融服务体系。据不完全统计,2021 年中国银行业金融机构离柜交易 2 219.21 亿笔,离柜交易总额 2 572.82 万亿元,同比增加 11.46%;行业平均电子渠道分流率为 90.29%,人工电话平均接通率达 94.15%。① 中国目前拥有直销银行 100 多家,纯互联网银行 6 家。根据亚洲银行家首次全球领先纯数字银行(即纯互联网银行)排名,中国的微众银行以其在资产规模、盈利能力、运营效率、筹资能力以及健康贷款方式等方面的综合表现名列首位,获得了世界最佳数字银行的桂冠。②

尽管中国互联网银行发展迅速,但是也存在着获客活客难、产品同质化、原生创新不足等问题,在顶层设计、客户体验、风控与系统建设方面均有待进一步提升。

① 中国银行业协会,2021 年中国银行业服务报告,2022。

② 亚洲银行家(The Asia Banker),全球前 100 名纯数字银行排名——盈利无捷径,2022。

3.2.3 互联网银行的发展趋势

20 世纪末,比尔·盖茨就曾预言:“传统银行不能对电子化作出改变,将成为 21 世纪灭绝的恐龙。”在信息经济和互联网金融冲击下以及金融媒介多元化竞争中,商业银行也在不断进化,“行将灭绝”的可能只是商业银行的传统经营模式,以数据驱动、移动互联、智慧经营、智能风控为特点的互联网银行终将成为未来银行的发展趋势。

1)数据驱动,开放共享

随着数据库和数据挖掘技术的发展完善以及数据来源的迅速扩展,作为数据密集型行业的银行业将在更广领域和更深层次获得并使用涉及客户方方面面的,更加全面、完整、系统的数据,并通过挖掘分析得到过去不可能获得的信息和无法企及的商机。由此可见,金融数据密集但目前尚未充分开发的商业银行大有文章可做,数据和数据应用能力将逐渐成为其战略性资产和核心竞争力的重要体现,对客户营销、产品创新、绩效考核和风险管理等必将发挥日益重要的作用。

从生态系统的角度来看,商业银行的竞争不再只是单一银行之间的竞争,而是生态圈之间的竞争。互联网银行一方面要构建与同业、科技公司、政府、核心企业及上下游之间的全链条、全平台,与生态系统的伙伴形成更加紧密的耦合关系,嵌入客户所在的各种生产生活场景中,并基于真实场景实现金融业务的线上实时交易,为客户提供一站式金融解决方案;另一方面互联网银行还需要将思维转向开放共享,感知客户的实际痛点,利用 API、SDK 等技术实现方式搭建开放银行平台,实现与第三方之间的技术和服务共享,让客户低成本、更便捷地获取专业金融服务。

2)移动互联,精细服务

互联网、手机、平板电脑、网络电视、物联网、社交网络等各类创新促使人们加速从“互联”世界迈向基于移动互联的“超互联”世界。通过各种移动设备,银行服务无时无处不在,银行不再是一个地方,而是一种行为,客户可以用最佳方式使用银行业务。移动互联网时代,银行的移动互联体现在地域、时间、渠道 3 个方面,未来银行将形成以网银支付为基础,移动支付为主力,网点、电话支付、自助终端、微信银行等多种渠道为辅助,多渠道无缝衔接的银行。未来的互联网银行将通过对客户资源和银行服务渠道的有效整合,更加精细化服务客户。一方面,互联网银行的技术布局可以替代传统客户经理的人海战术,快速拓展服务广度和深度,推进金融服务触达更广范围的客户群体,挖掘客户更深层次的金融服务需求,实现个性化、定制化服务;另一方面,可用更低成本开发“长尾客户”潜力,并凭借边际成本递减的优势,批量经营客户,降低获客、活客、留客成本。

3)智慧经营,整合细分

随着全球化和信息化的推进,金融创新速度加快,金融产业链被重新分解和再造,现代金融体系功能已经被分化为多个专业化领域。从美国等成熟市场发展经历来看,只有少数银行走向“大而全”,更多银行走向了地区化或专业化。在金融创新和金融脱媒冲击下,面对海量存量客户和潜在客户,面对同质化竞争,未来银行将着力提升数据使用效率,挖掘数据内在价值,推动数据要素流转融合,从而提供更加专业化的服务和体验,增加客户黏性。专业化服务达到一定程度的银行必将是更加智慧和智能的银行。智慧银行具有更透彻的感应度量、更全面的互联互通、更深入的洞察,它包含卓越的客户体验、高效的员工体验以及风险收益的平衡。智能银行的构建贯穿银行前中后台,通过前中后台业务流程整合和自动化、渠道整合、客户洞察等方式实现以客户为中心的银行业务,以及优化且高效的流程助力更智慧的业务决策。

4)创新风控,强化优势

风险控制是金融业的核心,银行相对互联网企业的最大优势就在于资金的风险控制与风险定价。随着信息技术的应用,金融机构集中处理的数据愈发集中,技术风险也随之加大,对金融机构的安全性提出了新的考验。对于互联网银行而言,最突出的风险主要包括信息系统风险和技术风险、政策风险和法律风险以及各类互联网金融业务风险。未来商业银行需加强利用移动互联网时代的新思路、新技术,继承商业银行传统风险管理优势和精髓,从风险技术、风控目标、风控应用等方面全面整合、健全和创新风险管理体系,以适应互联网时代的风控要求。

互联网银行基于其风控技术和能力,将充分运用金融科技手段,构建全新的智能风控体系,重塑商业银行的核心竞争力。与传统风控模式相比,智能风控体系可以搜集、积累、整合交易数据、经营数据及财务数据等,减少对人力和经验的依赖,将有效提升银行传统风控算法和模型的效率和精度,建立全新的风险管控模式,在高度自动化的运营过程中实现大数据风险管控。

3.3 互联网证券

3.3.1 互联网证券的定义和种类

1)互联网证券的定义

互联网证券(Internet Securities)通常是指通过互联网进行的证券交易等相关活动,有狭义和广义之分。从狭义上理解,互联网证券主要是指网上证券(Online Securities),它包括网上开户、网上交易、网上资金收付、网上销户4个环节。从广义上理解,互联网证券不仅包括网上证券,而且在“电子化—互联网化—移动化”趋势下,对传统证券业务实施从销售渠道、业务功能、客户管理到平台升级的架构重塑及流程优化,构建符合互联网商业惯例和用户体验的综合金融服务体系。

互联网证券通过搭建互联网技术平台,可以为投资者提供一套贯穿研究、交易、风险控制、账户管理等投资环节的服务方案,帮助投资者提高交易频率和效率,扩大交易品种,降低进入多品种交易及策略投资的门槛,实现低成本、跨时点、跨区域投资。但是由于证券行业在不同国家或地区所受的监管环境和政策的不同,互联网证券在不同国家的发展所包含的内容是有所不同的。

2）互联网证券的种类

（1）按照发展模式划分

按照金融互联网下证券公司的互联网发展模式来划分，互联网证券有以下4种类型：

①证券公司自建互联网平台。证券公司依靠自己的力量发展一套网络体系来运营整个互联网经纪业务，这种公司的背景往往很强大，客户资源丰富，资本雄厚。典型代表如美国的美林证券，国内的国泰君安证券也属此种模式。

作为一家成立于1914年的美国金融管理咨询公司，美林证券曾是全球最大的证券零售商和投资银行之一。2008年金融危机中美林证券受到重创，之后被美国银行并购，改称为美银美林证券。美林证券的经纪业务可分为两个部分：一是基于财务顾问（Finance Consultant，FC）经纪人制度的高端业务，采取“双高”策略（高价格和高品质服务），美林证券是FC制度的创立者，也是全球最大的经纪商，FC数量为1.6万人，客户资产2万多亿。二是基于ML Direct的网上交易，这是美林于1999年12月新推出的网上经纪业务，仍以高端业务为主。美国虽然有很多网络经纪公司，但由于美林证券的基础雄厚，网络证券经纪业务发展很快，远比那些网络经纪公司规模更大。

国泰君安在2013年获得央行同意试点加入人民银行的大额支付系统之后，就在业内较早地推出了“君弘一户通”综合理财账户。在此平台上，国泰君安集成了经纪业务、融资融券、资产管理等服务。之后，该公司又推出业内首家全线上小额融资、多产品代销、线上投资顾问签约等服务。

②证券公司转型网络经纪商。证券公司先慢慢向网络经纪商转型，之后再去经营多元的金融业务。这种模式比较典型的是美国嘉信理财。

嘉信理财在1974年成立之初，是一家小型的传统证券经纪商。1975年，美国证监会开始在证券交易中实行议价佣金制，嘉信理财把自己定位成为客户提供低价服务的折扣经纪商而获得初期的发展。1979年，公司意识到计算机电子化的交易系统将成为业界主流，因而投资建立了自动化交易和客户记录保持系统。公司的口号是成为“美国最大的折扣经纪商”。从1977年到1983年，嘉信的客户数大幅增长了30倍，营业收入也由460万美元大幅增长到1.26亿美元。20世纪90年代中期，随着互联网的兴起，嘉信理财预见互联网将会成为对中小零散客户进行大规模收编集成的重要平台，于是在业界率先对互联网在线交易系统进行重投资，把传统的经纪和基金等业务捆绑在互联网上，迅速成为美国最大的在线证券交易商。2000年2月，公司以换股的方式并购了一家网上证券经纪交易商CyBerCorp，并购金额达4.9亿美元。2000年6月，嘉信理财公司和爱立信公司结成战略联盟，共同开发利用WAP手机进行网上证券交易。

嘉信理财主要提供经纪业务和资产管理业务。经纪业务采用网络与网点结合的服务模式。网上业务通过Schwab交易平台提供较低佣金的经纪业务服务，线下目前拥有网点300个提高客户体验。资产管理业务则是建立低收费标准的开放平台。1992年公司推出基金超市One source免费账户，将多个管理公司的基金产品集中在一起，公司不向客户收取额外的申购费用，客户在多个产品之间的资金流动免收手续费，只向基金公司收取年化0.25%～0.35%的费用。目前资产管理的收入已提升至42%，经纪相关收入占比仅18%，而在1991年时经纪相关收入占比 65%,资产管理收入占比 10%。目前,嘉信理财公司为 780 万客户管理着 8 600 多亿美元的资产。嘉信理财 2012 会计年度的营业额为 48.8 亿美元,并有 9.3 亿美元的盈利。

③与第三方合作搭建网络平台。国内券商在初期的证券电子化时期大多是自建网站,通过建立网上营业厅来进行证券交易。但在互联网金融发展的大潮推动下,尤其是 2014 年 4 月以来,证监会批准证券公司开展互联网证券业务试点之后,在新一轮的网络证券竞争中,各家券商纷纷通过与第三方互联网平台合作的模式来推动证券行业的金融互联网进程。腾讯、阿里巴巴、搜狐、新浪在内的多家互联网公司得到证券公司的青睐。国金证券、中信证券、海通证券等券商选择与腾讯合作,通过"腾讯・自选股"手机移动终端,投资者浏览自选股行情和资讯服务的同时,可以通过手机终端联系相应的券商办理开户、转户业务。2014 年国金证券与腾讯合作推出的业内首个互联网证券产品"佣金宝",其市场交易份额迅速得到提升,从 2014 年的 0.793% 增长至 2015 年 1 月的 1.047%。2015 年 4 月"一人多户"的新规推出后,国金证券通过网上平台和线下营业部双线作战,高峰期日均开户数过万。在国金证券自身 IT 团队以及腾讯、SmartX 等三方机构的支持下,截至 2021 年 10 月,"佣金宝"已迭代升级至 7.0 版本,在证券行业金融科技变革中实现了诸多领先:率先行业内实现了非临柜业务的全线上办理,率先推出"金牌投顾+明星分析师"组合服务的投顾工作室模式,率先实现基于投资过程的即时场景式内容服务等。尤其是为了适应不同地区用户的最优解决方案需求,国金证券遵从相关法律法规和行业规范要求,通过在成都、上海等地的 IDC 机房部署佣金宝私有基础架构,并与行情接入的公有云进行搭配,在业内率先构建了混合云应用架构。未来国金证券将与 SmartX 持续合作,扩大超融合在企业私有云的应用范围,推动佣金宝持续迭代升级,使佣金宝转变成为向客户提供全面投资增值服务的一站式综合金融服务软件。

④投资互联网金融机构或出资设立券商金融科技子公司。在发展互联网金融方面,一些券商除了自建网络平台外,还通过投资互联网机构来间接参与互联网金融。2015 年,海通证券创意资本完成了对国内互联网金融第三方服务机构零壹公司的第一轮战略投资;2015 年 6 月,东吴证券携手金融软件提供商赢时胜信息技术有限公司和奥飞动漫文化股份有限公司,设立全资互联网子公司东吴在线金融科技服务有限公司,专注风控,主攻普惠金融和互联网财富管理。网络证券的发展模式日益多元化。2018 年 12 月,中国证券监督管理委员会公布《证券基金经营机构信息技术管理办法》(2019 年 6 月 1 日起施行),允许证券基金类金融机构设立信息技术专业子公司。2020 年 3 月,山西证券成立了国内首家经证监会批准、证券公司独资成立的金融科技子公司——山证科技(深圳)有限公司,开拓金融科技新局面。

(2)按照业务种类划分

网络证券的业务种类目前主要是证券经纪业务的延伸,也就是证券公司通过其设立的网站接受客户委托,按照客户要求,代理客户买卖证券,进行资产管理,提供集投资者教育、理财信息、财经资讯、产品交易、理财、融资等全方位的金融服务。具体来说,主要包括在线证券开户和销户、在线证券交易、在线理财、证券电子商务等业务种类。对于国内券商来说,理财账户的资金收付也在试点之中。证券电子商务是近年来在国内网络证券的新兴业务领域,是指证券行业以互联网络为媒介,为客户提供的一种全新商业服务,它是一种信息无偿、交易有偿的网络服务,销售的产品包括交易软件、投资资讯、投研报告、投资顾问套餐等一系列增值服务。

3.3.2 互联网证券的发展历程

1)国外互联网证券的发展历程

伴随着互联网的兴起和广泛运用,国外互联网证券自20世纪90年代以后开始飞速发展。美国是最早开展互联网证券的国家,也是网络证券交易经纪业务最为发达的国家。美国互联网证券交易始于20世纪90年代初,当时主要向机构投资者提供行情。随着互联网在金融领域的应用推广,线上开户数量呈现出巨大增长,线上交易量占整个交易量的比重也在不断上升。总体来看,不同的客户基础和发展策略决定了互联网与证券行业融合产生的4种经营模式。

一是纯互联网券商,定位低端客户,提供最低佣金,采用这种模式的券商有Ameritrade等公司;二是线上线下结合,定位中低端,收取佣金较低,提供一定的资产管理产品,采用这种模式的券商有嘉信理财、富达投资等;三是线下为主、线上为辅,定位高端和机构投资者,收取的佣金较高,提供高质量的综合化金融服务,采用这种模式的券商主要有美林证券、摩根士丹利等;四是创新型互联网券商模式,这些互联网券商历史并不悠久,也没有庞大的实体资产。但是在互联网金融的趋势之下,仍然具有独特的价值和魅力。这些小而美的网络券商不会照顾到市场上所有投资者的行为及偏好,公司的成立往往是针对某一类细分市场提供更加贴近需求的创新型服务。以LightSpeed为例,该公司成立于2006年,其鲜明的特色为其采用的DMA技术,这项技术使客户的交易指令不需要经过中间商直接传至交易所,从而其交易速度远快于其他交易平台。LightSpeed专注的细分市场特点明确:专业的投资者,LightSpeed收取极低的佣金费用,这种“薄利多销”的行为依旧可以为LightSpeed创造出大量的盈利。其他创新型互联网券商还包括Motif Investing、Loyal3和TradeKing等。

2)我国互联网证券发展历程

我国的证券市场虽然起步较晚,但却是世界上第一个实现交易所核心业务系统采用的微机局域网,第一个实现发行、交易、清算全程无纸化的国家。我国的互联网证券于1997年起步,主要经历了起步期、成长期、成熟期3个阶段。

(1)起步期(1997—1999年):初步推出网上交易系统

1997年,中小型的证券公司营业部为了解决物理网点不足的问题,在信息技术提供商的支持下纷纷在互联网上建立了自己的网站,积极推出网上证券交易系统。客户可以从券商网站下载或者由证券公司提供活动交易软件,通过交易软件进入证券公司营业部的服务器进行证券交易。但由于当时我国互联网刚刚起步,上网人群较少,同时,网络证券尚属于新鲜事物,客户不是太了解,证券公司对交易业务不熟悉,因此互联网交易发展相对缓慢。1997—1999年我国证券公司网上交易系统推出情况表,见表3.2。

表3.2 1997—1999年我国证券公司网上交易系统推出情况表①

时 间	证券公司名称	网上证券交易系统
1997年3月	中国华融信托投资公司湛江营业部	多媒体公众信息网网上交易系统
1997年8月	福建闽发证券公司	深圳互联网证券经纪系统
1998年4月		上海互联网证券经纪系统
1998年10月		福建互联网证券交易系统
1999年	君安证券、广发证券、江苏证券、长城证券等	互联网证券交易系统

(2)成长期(2000—2012年):全面开展网上证券业务

2000年4月,中国证监会颁布《网上证券委托暂行管理办法》,这部法规是针对互联网证券交易活动进行规范的第一部法规,标志着互联网证券的发展纳入了规范化的发展轨道。这部法规不仅对互联网证券交易进行了规范,而且极大地促进了人们对互联网证券的理解和认识,一时间,各大证券公司纷纷拓展了互联网证券交易渠道。华泰证券的互联网证券交易占比高达12.5%,成为当年这一领域的佼佼者。在这之后,互联网证券交易规模的发展突飞猛进,呈现出连年递增的局面,互联网证券交易额不断扩大,其在整个证券交易的比重也是逐年上升的。截至2006年,互联网证券交易规模占沪深交易所的比例为19%,个人客户互联网证券交易平均占比为40%,2009年发展到70%,2012年已经超过90%。但在这一时期,互联网证券长期停留在网上交易和网上资金收付两个环节,网上开销户尚受限制。

随着证券市场的快速发展,传统的证券经纪业务、投资咨询业务已经不能满足客户的需求。2012年,证监会颁布了《证券公司代销金融产品管理规定》,明确了证券公司可代销符合要求的券商理财产品、证券投资基金、商业银行理财产品、信托公司信托计划、保险产品等各种金融产品,金融产品代销从制度上得以规范和放开。这也使得证券公司的业务范围进一步扩大,更高层次的满足投资者的服务需求。

但是,不能直接在网上开户与销户,是制约互联网证券发展的一大问题。这在很大程度上增加了证券公司开设营业部的成本,也给一些轻物理网点建设,重网络服务的证券公司的发展带来了很大的阻碍。相反,基金公司的网上开户模式在很大程度上为证券公司实行网上开户提供了借鉴。基金公司的客户在互联网上填写开户信息时,通过第三方身份证信息验证后即可开通基金账户,资金的划转以银行为通道,有账户密码保障。基金公司实行网上开户的几年时间里,客户交易情况良好,没有出现重大安全隐患。

基于互联网技术的飞速发展,网络信息安全技术也在逐渐成熟,证监会在大量的论证调研之后,2012年通过一系列相关政策规定,逐步放开了网上开户的政策限制(表3.3)。随着证券行业监管转型和业务创新逐渐深化,越来越多的证券公司开始加速互联网证券业务布局,互联网证券业务从网上交易发展到网上开户、开设网上商城销售理财产品、与互联网公

① 姚文平.互联网金融[M].北京:中信出版社,2014.

司合作导入流量,通过打造多层次互联网平台,整合升级线上线下资源,加速互联网证券业务创新,增强客户黏性。

表 3.3　2012 年以来互联网证券网上开户的政策推进

时　间	政策指引	核心内容
2012 年 5 月 11 日	《关于证券公司开展网上开户业务的建议》	提出网上开户的必要性和可行性
2012 年 9 月 14 日	《证券公司客户资金账户开立指引》	证券公司客户可离柜开户,即见证或网上开户
2012 年 12 月 3 日	《证券公司营业部信息技术指引》	降低了证券公司信息技术要求,将营业部分为 A、B、C 三类
2013 年 1 月 7 日	《证券账户非现场开户实施细则》	网上开户分为数字证书开户和实时视频验证
2013 年 2 月 2 日	《证券公司分支机构监管规定》	取消对证券公司分支机构业务范围的限制,取消分支机构数量和区域限制
2014 年 4 月	首批六家证券公司试点开展互联网证券业务	互联网证券试点业务主要集中在网上开户、开设网上商城售卖理财产品、与互联网公司合作导入流量等方面,核心焦点是理财账户体系和相应的资金清算交收安排

(3)成熟期(2013 年至今):正式进入移动互联时代

2013 年 1 月,证监会发布《证券账户非现场开户实施细则》等文件,进一步规范了网上开户流程,互联网券商的经纪业务得以实现真正意义上的线上化。同时,随着互联网金融浪潮的推动以及智能手机的普及应用,证券业不断试水和适应互联网金融的高速发展。一方面,券商将传统业务互联网化,充分发挥网络运营方便、快捷、成本低的优势,借助互联网和移动平台为客户提供更有效的服务;另一方面,券商基于互联网进行业务创新,在一定程度上脱离现有的各业务类别,依托大数据、社交网络、云计算等,促使投融资双方在线上直接对接。艾媒咨询数据显示,2021 年中国证券 App 用户规模达到 1.5 亿人,证券 App 数量超过 400 个,微信公众号 604 个,微博账号 139 个,小程序 138 个。① 互联网证券的发展已从产品、社区、渠道的阶段开始更加重视服务内容。从效果来看,证券与互联网的融合在促进券商拓宽营销渠道、扩大服务边界的同时,也加剧了同业竞争,促使券商的业务模式和重心加速转型。诸多互联网证券创业平台和投资兴起,与券商共同形成了互联网证券行业的全产业链,如图 3.6 所示。新兴服务包括社交投资、组合投资、大数据选股、平台配资、智能投股、跨境互联网券商等。

① 艾媒咨询,2021—2022 年中国互联网证券市场研究报告,2022。

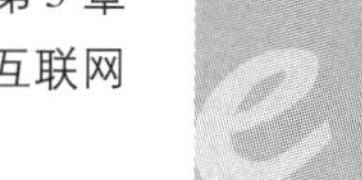

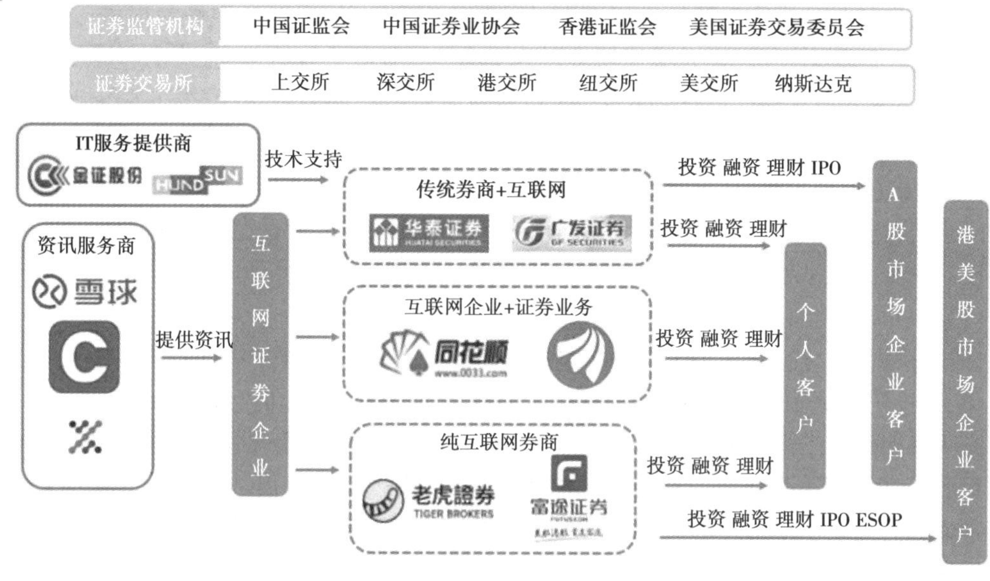

图 3.6 中国互联网证券全行业产业链

（图片资料来源：艾媒咨询，2021—2022 年中国互联网证券市场研究报告，2022。）

3.3.3 互联网证券的发展意义和发展趋势

1）互联网证券的发展意义

（1）互联网与券商的融合加速了券商行业的更新换代

纵观发达资本市场历史，佣金率下滑是必然趋势，这是证券行业“升级换代”的结果，在证券行业发展初期，经纪业务是券商行业赖以生存的基础，一般佣金率都受监管部门保护，但随着证券业务的发展，收入逐步多元化，价格管制也逐渐放开，经纪业务在市场竞争的情况下，佣金率必然趋于下滑。互联网证券的出现从两个层面加速了佣金率的下滑：一是互联网打破了区域之间的价格差异，短期对于佣金率较高的中西部地区的冲击较大；二是互联网模式进一步降低了经纪业务的成本，打开了价格下降的空间。

佣金率下降将是行业发展的必然趋势和要求，互联网的加入加速了经纪业务市场化的步伐，短期可能会对佣金率较高的区域型券商造成一定的冲击，但是站在更长的历史维度上，互联网和券商的结合加速了整个证券行业的更新换代，提升了整个券商行业的创新氛围，加强了中国券商行业的国际竞争力和影响力水平。

（2）互联网全面拓宽了券商行业的渠道

近年来，国内券商行业的发展速度远不及银行、保险等其他金融子行业，其中一个很重要的原因就是渠道明显不足，这直接导致了产品销售能力不足，客户规模不大，品牌影响力不够等诸多问题。以行业龙头作比较，银行业龙头工商银行的分支机构在 2 万个左右，客户规模 4 亿以上，而券商行业龙头中信证券的网点规模在 200 个左右，客户规模为 400 万 ~ 500 万。两者规模相差 100 倍，由此可知，券商的渠道和客户规模无法与银行相提并论。

互联网平台的加入为券商的逆袭提供了重要的机遇。首先,互联网平台提供了大容量、低成本的客户和渠道资源,提升券商行业的销售能力,缩小了与银行、保险的差距。以腾讯为例,其即时通客户规模已经达到8亿,远超任何金融机构的客户规模,券商若能与互联网平台实现较好的客户导流,必能实现客户规模的快速提升,并有望反超其他金融子行业。另外,互联网渠道为券商提供了一个打“翻身仗”的机会。互联网的渠道成本低于物理网点,在互联网营销时代,银行、保险庞大的物理渠道反而造成成本端的巨大压力,券商物理网点的不足反而成为其大举发展网络渠道的有利条件,并最终在渠道成本上胜人一筹。

(3)互联网为券商更好地服务中小客户提供了重要手段

证券市场散户化一直是中国资本市场的重要特征,具体表现在以下两点:一是投资主体散户化,即投资者更倾向于技术分析,忽视价值投资,投资行为短期化,换手率较高(中小散户的换手率明显高于高净值客户)。在这样的资本市场生态环境下,中小散户为证券公司贡献了很大一部分收入和利润。尤其在经纪业务领域,表现尤甚。但与收入贡献构成鲜明对比的是证券公司对中小散户的服务同质化现象比较严重,用户体验较差。互联网的出现为券商更好地服务中小客户提供了重要手段。在服务中小客户上,相比传统模式,互联网模式至少在3个方面获得重大突破:一是打破时空限制,传统模式的大部分服务时间都限定在交易时间(工作日9:30—11:30,13:00—15:00),服务地点限定在营业网点,而在互联网模式下,服务时间有望扩展到7×24 h的模式,并且任何有网络的地方,用户均可享受到互联网方式提供的服务;二是服务内容更加多样化,传统模式下,券商为中小散户提供的服务主要是交易服务,在互联网模式下,中小投资者享受的服务将呈现多样化,包括交易、投资咨询、投资者教育、网上购买金融产品等;三是收费更加低廉,目前传统模式的交易佣金一般都在万分之五以上,而当前网上开户的交易佣金低至万分之二点五,未来随着制度的放开和互联网金融的发展,交易、信息服务等基础服务功能将逐步趋于免费,互联网模式的价格优势将更明显。

2)互联网证券的发展趋势

证券行业的互联网化在过去的二十多年间已逐渐从“技术革命”演进到“模式革命”,在政策支持、用户需求刺激以及近年新冠疫情倒逼之下,线上开户、投资交易、投顾咨询等已成为证券投资者的主要服务需求。未来,随着5G、人工智能等互联网信息技术的不断升级,互联网证券行业也将加速迭代,技术指标升级和投资顾问服务或将成为互联网证券新的盈利点,网络的承载力和稳定性是互联网证券公司应当关注的重点,互联网证券业务发展规范将日益完善,战略差异化、交易全面化、销售超市化、营销网络化、平台移动化等将成为其未来的发展趋势。

(1)战略重构,行业整合

针对互联网所具备的注重客户体验、比较适合“长尾”零售客户和简单的标准化理财产品等特征,不同的券商在金融互联网的战略布局上将呈现不同的侧重和路径。大型券商主打综合金融服务,中型券商适度综合特色兼顾,小型券商细分市场特色发展。预计中国券商将进入全面的发展时代,未来将出现大型综合券商、互联网券商与精品券商同台共舞的行业生态。

根据搜狐金融的研究数据分析，大型券商会将目光投向机构业务，放弃在网络零售业务上与中小券商竞争，而中小券商将加速拥抱互联网，强化零售业务，通过与第三方互联网企业等机构的合作，完成向互联网券商转型的过程。从美国、日本等国家的互联网经纪公司的发展历程中可以看出，并购是一个快速有效的发展手段。

(2)模式重构，生态完整

证券行业的互联网化将意味着对自身商业模式的改造和重塑，传统的以线下营业部为主要渠道、以经纪业务为主要盈利的模式将被改变，证券交易全面化、产品销售超市化、券商营销网络化将成为趋势。互联网证券将以用户为中心，利用大数据深度挖掘和识别客户的需求，构建由最佳客户体验和多功能账户体系组成的完整金融生态圈，根据不同的需求来划分和管理客户群，匹配给客户完善的产品体系，提供投资、融资、理财、支付、投顾、社交等一体化服务功能。未来预计将有更多的券商依托互联网金融策略，搭建开放的互联网金融社区和综合服务平台，充分满足客户的需求，为不同类型的投资者创造价值。目前，国泰君安、平安证券、华泰证券都在尝试打造自身的金融生态圈。

(3)移动引领，数字转型

手机等多元移动终端的广泛使用推动了移动金融的暴发增长，互联网证券的移动化成为未来发展趋势，证券App成了证券行业数字化转型的入口，是链接用户的核心桥梁，直接关系到移动互联网时代用户的基础建设。而证券数字化转型的主要挑战也还是基础设施升级，尤其是存、算、网三大基础能力的升级。随着数据传输网络的发展、AI技术的普及以及企业上云成为主流，互联网证券也走向了云网融合、高稳定、高质量以及智能化运维管理3个方向。云网融合的全新架构成为券商首选，高品质网络是证券业的刚性需求，智能运维系统则可以保证证券业务的连续性和稳定性，并确保风险可控。

3.4 互联网保险

3.4.1 互联网保险的定义和种类

1)互联网保险的定义

随着信息技术和互联网的高速发展，全球保险行业的营销模式和保险产品发生了日新月异的变化。在互联网金融的热潮中，互联网保险的概念应运而生。

互联网保险是一个指向性强、涵盖度高、内涵不断变化的概念。根据2015年7月中国保监会印发的《互联网保险业务监管暂行办法》的定义，互联网保险是指保险机构(包含保险专业中介机构)依托互联网和移动通信等技术，通过自营网络平台、第三方网络平台等订立保险合同、提供保险服务的业务，一般涉及投保、承保、核保、保全、理赔、退保、投诉处理等经营管理活动。其具体内容主要包括保险数据的搜集和分析、保险产品的设计和营销、保险需求的专业分析、保险产品的购买服务、在线核保和理赔服务以及在线互动交流服务等，如图3.7所示。

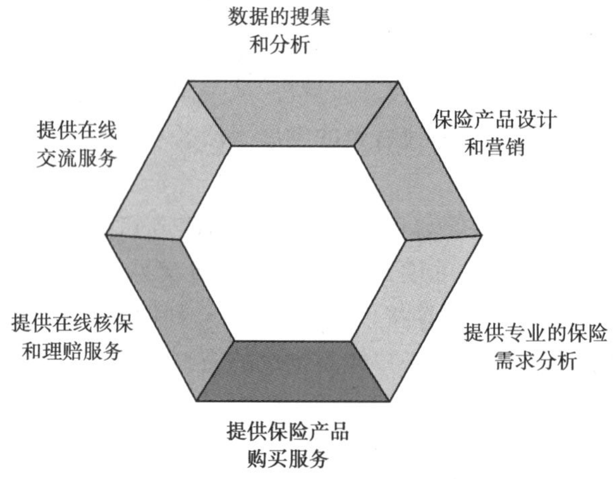

图 3.7　互联网保险的具体内容

为规范互联网保险业务，有效防范风险，保护消费者合法权益，提升保险服务实体经济和社会民生的水平，2020 年 12 月，中国银行保险监督管理委员会出台的《互联网保险业务监管办法》明确提出，互联网保险业务是保险机构依托互联网订立保险合同、提供保险服务的保险经营活动，必须同时满足以下 3 个条件：一是保险机构通过互联网和自助终端设备销售保险产品或提供保险经纪服务；二是消费者能够通过保险机构自营网络平台的销售页面独立了解产品信息；三是消费者能够自主完成投保行为。与传统保险相比，互联网保险不但具有传统保险的一般特点，还具有一定的虚拟性、直接性、时效性和跨域性。

概括起来，互联网保险可从 3 个维度来理解：一是渠道维度，即互联网保险是指通过互联网这个渠道销售保险产品；二是流程维度，即互联网保险是指借助互联网技术升级保险公司运营各环节的作业流程和方式；三是模式维度，即互联网保险是指基于互联网带来的商业模式的改变。保险公司应用于互联网技术的实践，如图 3.8 所示。

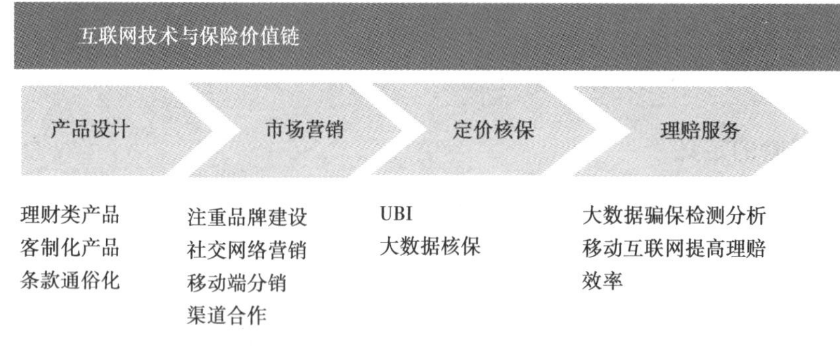

图 3.8　保险公司应用互联网技术的实践

2) 互联网保险的种类

(1) 按照销售模式划分

保险产品销售流程的参与主体主要有保险公司、具备网销资质的保险中介公司、第三方合作伙伴（如网站、微信、App 等推广平台）、中介机构代理人与保险公司代理人以及互联网保险技术平台（如互联网保险科技公司）等，如图 3.9 所示。其中，第三方合作伙伴不能作为保险销售主体,经保险公司授权后才可向消费者进行产品宣传活动;专业互联网保险公司没有分支机构,产品只能进行线上销售;互联网保险代理机构或代理人需要有执业证书。互联网保险产品销售模式主要有保险公司自建、保险代理合作、专业互联网保险3种类型。

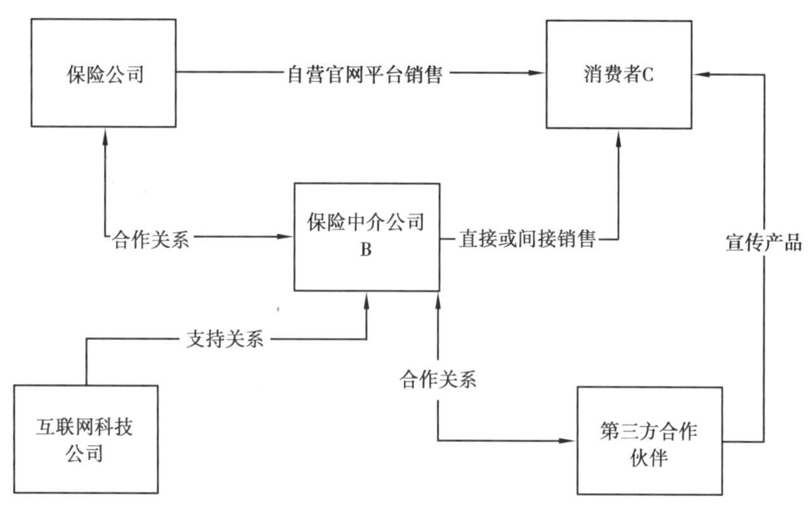

图3.9　互联网保险经营主体

①保险公司自建模式。保险公司自建模式是指保险公司通过自建网站而开辟的网上销售通道。保险公司网站模式是最早出现的也是目前最普遍的互联网保险模式。保险公司使用自己的品牌建立官方网站,方便客户查询搜索,并向客户介绍相关的产品和服务,部分保险公司也支持在线购买,并提供售后查询、理赔等服务。

保险公司建立网站通常需要具备充足的资金、丰富的产品体系以及较强的运营和服务的能力,互联网的最大特点就是透明,保险公司互联网营销的竞争其实就是后台运营能力和服务能力比拼。因此,这些条件通常只有大型保险公司能够满足。按照是否从事销售活动,可以进一步将保险公司网站细分为宣传型网站和销售型网站,前者只能算是"保险电子化",而非真正意义上的网络保险。而后者则是一种利用互联网优势所进行的模式创新,又被称为保险电商。国内的中国人寿、中国人保、平安、太平洋等保险公司都已推出自己的网上商城,消费者可以在其官网上购买保险产品。通过自建网站销售,保险公司对营销方式、产品设计和定价有完全的自主权,有利于其更好地维护形象、贴近消费者,可把消费者访问流量吸引到自家网站。

②保险代理合作建设模式。保险代理合作建设模式是指保险公司与其他代理方签订合作代理协议,利用代理合作方的网络平台来销售自己的保险产品和提供保险服务。根据代理合作方的不同,该模式又可以分为保险专业代理模式、保险兼业代理模式和第三方电商平台代理模式。

保险专业代理模式是指保险公司委托有资质的专业保险代理或保险经纪公司,通过签订协议在其网站上代理保险产品销售和提供服务。根据有关监管文件规定,只有获得经纪牌照或全国性保险代理牌照的中介机构才可以从事互联网保险业务。2012年2月,中国保监会正式批准了第一批具有互联网保险销售资格的名单,包括中民保险在内的19家网站获批，保险代理经纪模式的大门从此开启。网站通过自己搭设的交易平台，吸引众多保险公司参与，能够向消费者提供较为丰富的各家保险公司的产品和价格，消费者可以根据自身的需要，通过对比的方式选择适合自己的商品，完成保险的购买，网站靠从中收取较低的佣金或手续费盈利。该模式能借助产品和服务等综合优势为客户量身定做保险方案，协助客户投保甚至索赔等环节，协调保险公司和消费者之间的利益管理。

目前我国互联网保险产品合作的保险代理机构都是直接或者间接地向客户提供保险产品与保险服务，从而又形成了 3 种不同的互联网保险销售模式，中介机构通过代理机构或代理人对接客户的 B2A2C 模式、中介机构通过第三方合作伙伴及平台来对接客户的 B2B2C 模式、中介机构直接对接客户的 2C 模式等，运营模式如图 3.10—图 3.12 所示。

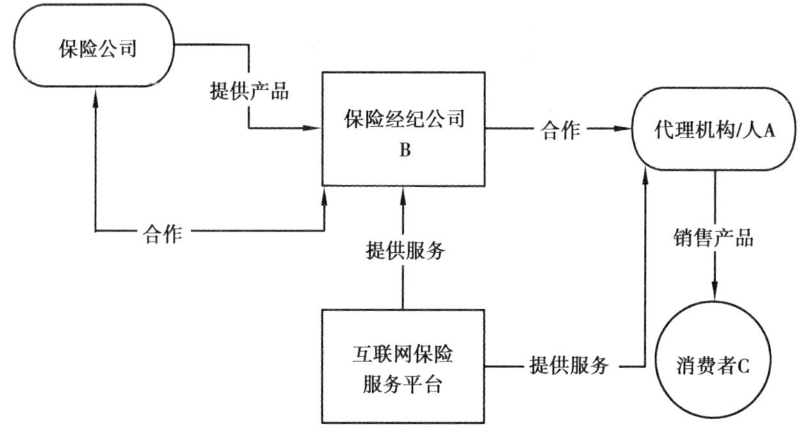

图 3.10　B2A2C 销售运营模式

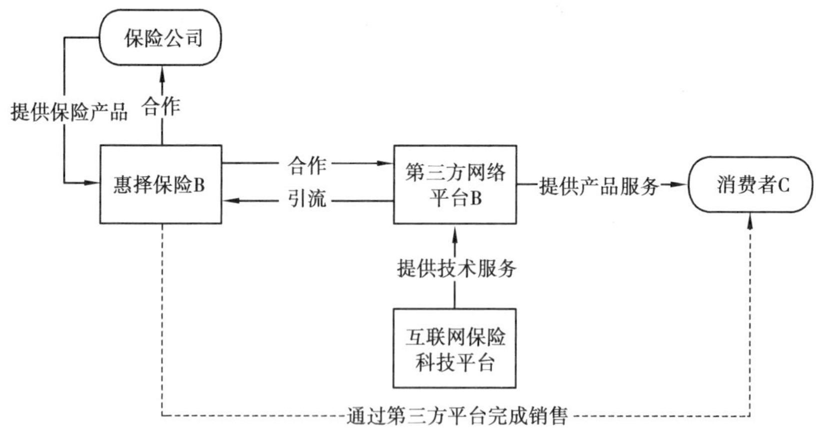

图 3.11　B2B2C 销售运营模式——以慧择保险为例

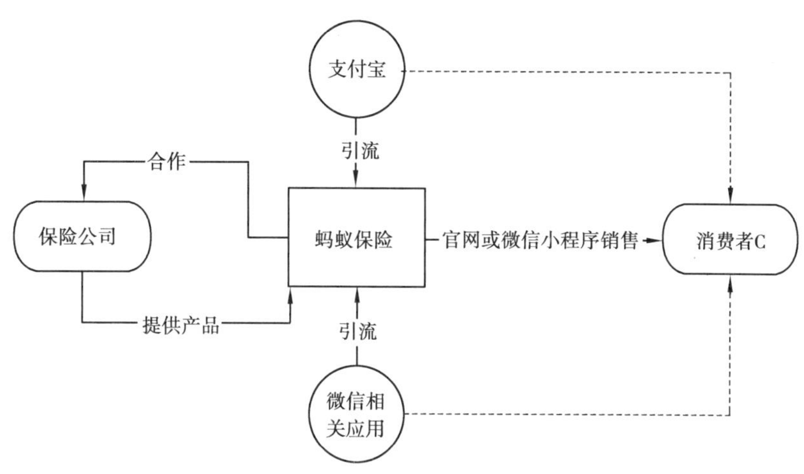

图 3.12 2C 销售运营模式——以蚂蚁保险为例

保险兼业代理模式是指保险公司委托银行、航空、旅游等非保险机构通过其网站来代理销售保险产品和提供相应服务的模式。这类合作如中国东方航空网站、携程旅行网、芒果网、翼华科技、工商银行等,其官方网站都有保险代理产品和服务。兼业代理销售的保险产品一般与其主业有关,如航空公司销售的航空意外险、银行销售面对理财客户的投连险和寿险产品等。该模式下往往可以实现合作双方的客户增值服务与代理收入的共赢,但有时因属于代理方的非主营业务,客户体验会受到不同程度的影响。

第三方电商平台代理模式是指保险公司借助独立于保险公司和投保人的第三方电子商务交易平台来销售产品和提供服务,如淘宝、天猫、京东等大型电子商城,甚至和讯、搜狐、新浪等综合服务型门户网站也都成了保险公司拓展互联网保险的合作伙伴。这种交易平台的提供商普遍没有保险代理资格,仅仅以平台模式运营,收取服务费。以淘宝网为例,在与保险公司缔结的《电子保险平台线上服务协议》中看到,淘宝主要是向保险公司提供信息发布、电子保单查询、订单服务以及维护网上交易平台的正常运行。不承担因销售电子保单所引发的争议、内容变更和退保等责任,所产生的纠纷由保险公司和购买者自己协商解决。

由于这些第三方交易平台拥有海量的用户和流量、成熟的网络交易平台和较高的知名度,其长期积累的专业性和安全性往往容易得到客户认可。大部分中小型保险公司考虑建立网站成本及流量问题,愿意将自己的网络营销渠道与其合作。但是这种模式下,保险公司对代理渠道的掌握度较低,往往会出现销售纠纷。近年来,监管明确规定了非保险机构的互联网保险业务行为边界,必须持牌经营。

③专业互联网保险公司模式。专业互联网保险公司模式是指保险公司设置专门的互联网保险企业来从事互联网保险业务的模式。该模式下,根据保险公司经营业务主体的不同,专业互联网保险公司大致分 3 种:纯网络保险的"众安在线"模式、产寿结合的综合性金融互联网平台和专注财险或寿险的互联网营销平台。

2013 年 9 月,众安在线财产保险股份有限公司成为国内首家获批的互联网保险公司,由蚂蚁金服、腾讯、中国平安等知名企业基于保障和促进整个互联网生态发展的初衷发起设立,拥有互联网和保险的双重"血统"。众安保险业务流程全程在线,全国不设任何分支机构,完全通过互联网进行承保和理赔服务,将大数据技术运用于产品设计、自动理赔、市场定位、风险管理等全过程。2015 年 6 月,保监会又批准筹建了易安财产保险股份有限公司、安心财产保险有限责任公司、泰康在线财产保险股份有限公司 3 家互联网保险公司。2017 年 9 月,众安在线在香港联交所主板上市。截至 2021 年末,众安在线实现保费收入 203.7 亿元,同比增长 21.9%;保险业务净利润 17.9 亿元,同比增加 79.9%,首次实现全年承保盈利。① 科技基因带来产品和体验创新。

(2)按照产品种类划分

总体而言,小额、数量大、标准化的金融类产品比较适合互联网销售。目前来看,互联网保险的产品种类主要有以下几种:

①车险、意外险及其他财产险。非寿险业务依然是互联网保险的主流,寿险公司主推的产品是意外险、旅游险等险种,非寿险公司主推车险和其他财产险。

②理财型险种。以万能险为代表的理财型险种支撑了互联网保险寿险保费收入的快速增长,该险种尤其是对中小保险公司互联网保险业务规模贡献度较高。

③定期保障、小额健康和医疗险。这些产品以短期或中期产品为主,有的产品投资门槛仅 500、1 000 元,利润率比较低。

④新型时尚险种。这类险种大多是为了提升公司品牌认知和积攒客户,在实际销售中大多是免费赠送或超低价销售。

⑤互联网安全保险产品。这类险种是由保险机构来提供因资金盗刷导致的损失赔偿,有助于提升客户对网上交易的认可度。

3.4.2 互联网保险的发展历程

1)国外互联网保险的发展情况

由于互联网技术方面的领先地位和优越的市场经济环境,美欧等国在 20 世纪 90 年代中期就开始出现互联网保险,大多数保险公司都已发展网上经营。美国互联网保险主流模式有官网直销模式和代理模式两种,欧洲更多的是采用网上直销模式。Fianaccord 调查数据显示,英、德、法、意、波兰、西班牙六国客户通过互联网平台购买家财险或车险的比例从 2008 年的 35.4% 提升至 2012 年的 42.3%,其中,英国是欧洲互联网保险最大的消费国,在 2012 年 69% 的汽车和家庭财产保单是通过网上实现销售的。除此之外,国外还有第三方比价平台、保单和资产管理模式、P2P 保险模式等。

近年来,国外互联网保险利用大数据及新技术精准定价模式在车险和健康险中应用较多。车险方面,欧美国家保险公司在制订保险费率上,除了考虑汽车方面的因素外,更多地引入驾驶员个人因素,例如驾驶年龄与驾驶习惯等。健康险方面,采用先进的技术手段,通过整合用户数据,建立软件模型,实现对用户健康状况的监测及预测,对不同健康状况的人群进行区分,并制订相对应的费率。

① 众安在线 2021 年年报。

2）国内互联网保险的发展状况

国内互联网保险虽然发展起步较晚，但发展势头迅猛，截至目前，主要经历了起步探索期、全面发展期和规范发展期3个发展阶段。

（1）起步探索期（1997—2010年）

1997年11月28日，北京维信投资顾问有限公司和中国保险学会发起成立的我国第一家保险公司网站——中国保险信息网，这是我国最早的保险行业第三方网站；同年12月，该网站为新华人寿保险公司（以下简称"人保"）开展的网络保险业务达成了第一单网络保险，这标志着我国保险业开启互联网化进程。

2000年，国内众多保险公司纷纷与互联网结合或者建立基于互联网技术的信息平台，开设网站，进行保险业务的营销推广。2000年5月，人保广州分公司与建行广东省分行合作推出网上保险业务；2000年8、9月，平安保险的"PA18新概念"和泰康保险的"泰康在线"电子商务平台分别建立，实现了在线保险销售，后者还是全国第一个应用数字认证技术的保险电上网站。2001年3月，太平洋保险北京分公司开通"网神"，推出了30多个险种，开始了真正意义上的保险网销。但由于此阶段电子商务和互联网尚未得到广泛应用，人们的保险意识相对淡薄，互联网平台保险销售的支付安全、信息安全等问题也缺乏相应的监管规范，互联网保险的发展具有很大的局限性。2004年阿里巴巴等电子商务平台的兴起为中国互联网市场带来了新一轮的发展热潮。伴随着新的市场发展趋势，互联网保险开始出现市场细分，一批以保险中介和保险信息服务为定位的保险网站纷纷涌现。在这一阶段，由于互联网保险公司电子商务保费规模相对较小，电子商务渠道的战略价值还没有完全体现出来，因此在渠道资源配置方面处于被忽视的边缘地带。保险电子商务仍然未能得到各公司决策者的充分重视，缺少切实有力的政策扶持。

2005年，《中华人民共和国电子签名法》的颁布实施为电子保单技术的有效运行提供了强有力的法律依据，大大推动了互联网保险业务的创新发展。中国人保财险公司实现了第一张全流程电子保单。之后，更多保险公司开发的保险产品通过网上平台出售，从产品线到承保、定损、理赔，积极探索运用互联网渠道进行保险产品的营销。2010年，华泰保险推出退货运费险，开启了基于互联网交易而衍生的在线保险市场。

（2）全面发展期（2011—2015年）

2011年8月，《中国保险业"十二五"规划纲要》要求全面推进保险行业的信息化建设，大力发展保险电子商务，推动电子保单以及移动互联网、云计算等新技术的应用，互联网保险发展开始爆发式增长。在这一时期，各保险企业通过其官方网站、保险超市、门户网站、离线商务平台、第三方电子商务平台等多种方式，全面开展互联网保险业务。

2012年8月，平安人寿发布了首个应用于寿险保单服务的App应用程序"平安人寿E服务App"，泰康人寿携手携程网、淘宝网打造互联网保险；12月，泰康人寿登录京东商城开通保险频道，在线推出了近10款保险产品；同月，国华人寿通过淘宝聚划算网络销售平台推出3款万能险产品，仅3天时间销售额达到1.05亿元，成为业界利用网络平台团购模式销售保险产品的第一家。2013年10月，阿里巴巴、中国平安、腾讯联合设立的众安在线财产保险公司获得国内第一个也是全球第一个互联网保险牌照。2013年11月11日，淘宝理财频道当天成交保费额9.08亿元，其中，国华人寿华瑞2号单品成交4.62亿元，刷新了互联网单品在线即时成交纪录。截至2015年末，国内开展互联网保险业务的保险公司超过了110家，互联网保险保费规模实现跨越式增长。2015年全年网络保险保费收入超过2 000亿元（其中，人身险保费1 465.6亿元，同比增长3.15倍；财产险累计保费收入768.36亿元，同比增长51.94%），这个数字是2014年的2倍多，是2011年的30多倍。互联网保险保费收入占行业总保费的比例超过5%，贡献了全保险行业保费增长率15%以上的份额，成为拉动保险业保费收入增长的最重要的驱动力。在互联网人身险保费收入中，包括万能险、投连险在内的理财型业务的保费占比83.2%，在互联网财险累计保费收入中，车险占比则高达93.20%。

在互联网保险迅猛增长的同时，互联网保险乱象丛生，个别互联网平台涉嫌非法从事保险业务，部分保险机构存在保险产品定价风险突出、线下服务能力不足、投诉纠纷较多等问题，亟待规范整治。

（3）规范发展期（2016年以来）

自2011年开始，保监会就启动了对互联网保险的制度规范。2011年9月正式下发了《保险代理、经纪公司互联网保险业务监管办法（试行）》，2013年9月发布了《中国保监会关于专业网络保险公司开业验收有关问题的通知》，尤其是2015年7月颁布的《互联网保险业务监管暂行办法》，以鼓励创新、防范风险和保护消费者权益为基本思路，从经营条件、经营区域、信息披露、监督管理等方面明确了互联网保险业务经营的基本经营规则。但是，互联网保险真正进入规范发展时期，是从2016年的互联网金融风险专项整治活动开始的。

2016年4月，根据互联网金融风险专项整治工作要求，中国保监会联合14个部门印发了《互联网保险风险专项整治工作实施方案》，通过摸底排查、查处整改和总结报告3个阶段工作的持续推进，重点整治以下问题：

①互联网高现金价值业务，重点查处和纠正保险公司通过互联网销售保险产品，进行不实描述、片面或夸大宣传过往业绩、违规承诺收益或者承担损失等误导性描述。

②保险机构依托互联网跨界开展业务，重点查处和纠正保险公司与不具备经营资质的第三方网络平台合作开展互联网保险业务的行为；保险公司与存在提供增信服务、设立资金池、非法集资等行为的互联网信贷平台合作，引发风险向保险领域传递；保险公司在经营互联网信贷平台融资性保证保险业务的过程中，存在风控手段不完善、内控管理不到位等情况。

③非法经营互联网保险业务，重点查处非持牌机构违规开展互联网保险业务，互联网企业未取得业务资质依托互联网以互助等名义变相开展保险业务等问题；不法机构和不法人员通过互联网利用保险公司名义或假借保险公司信用进行非法集资。

2020年12月，银保监会发布的《互联网保险业务监管办法》，正式取代了2015年出台的《互联网保险业务监管暂行办法》。这一历时5年的业务规定修订针对持牌要求、线上线下业务合作与分立、跨区域保险经营、互联网平台从事保险业的要求等都作出了相应的规定，不仅为保护消费者权益作出监管方向的努力，也同时驱动行业发展向移动化、智能化转型，使得互联网保险行业不断向正规化、多样化发展。2021年，“明确门槛、规范销售、严格服务”成为互联网保险市场强监管的核心。截至2020年末，我国开展互联网保险业务的公司已有134家，互联网保费规模已超过2 900亿元，如图3.13、图3.14所示。

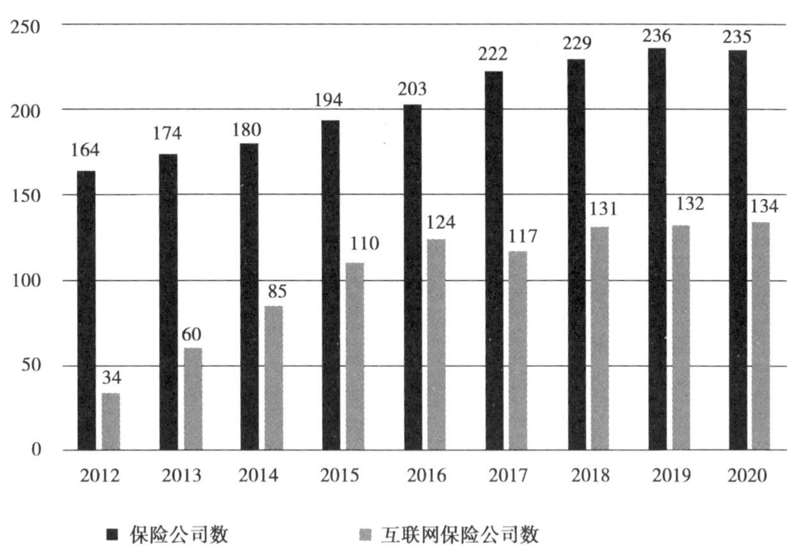

图 3.13　2012—2020 年中国经营互联网保险业务的公司数量（单位：家）
（图片资料来源：根据中国保险行业协会，中国保险年鉴，前瞻产业研究院整理。）

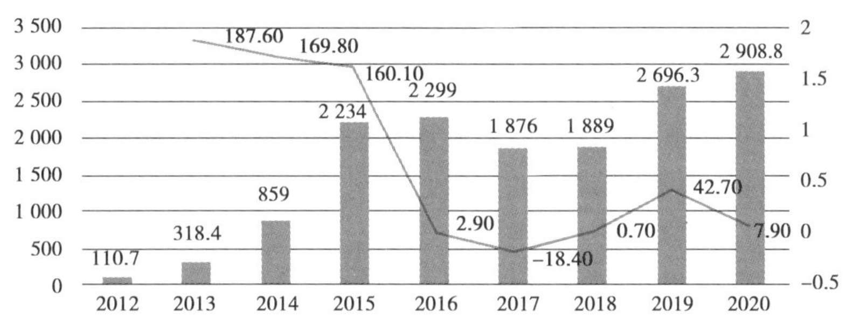

图 3.14　2012—2020 年中国互联网保险保费规模及变化情况
（图片资料来源：根据中国保险行业协会，前瞻产业研究院整理。）

3.4.3　互联网保险监管

互联网平台是虚拟且广泛的，具有一定的不确定性，当互联网平台出现问题必然会对互联网保险的发展造成一定的影响，因此，这就对互联网保险的监管提出了更高的要求。

1）建立多层次的互联网保险监管法律体系

中国互联网保险监管中面临立法时效性不足、法规较少等问题，要实现中国互联网保险更为长远的发展，就需要从建立一个更加完善的法律监管体系入手，形成互联网保险公司多层次监管法制体制。

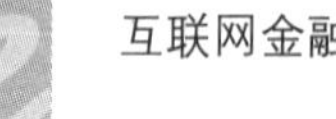

2)严格互联网保险的市场准入与退出机制

完善市场准入与退出机制,应设置多样化的标准。在准入方面,针对官方网站应着重监管其经营的安全系数和创新能力。对专业互联网保险机构,要重点监管其经营的专业性与合规性。对第三方网络平台的准入进行严格审查,明确第三方网络平台的义务和责任。在退出方面,应加强社会群众的共同监督,明确法律规范。对不符合《保险法》《互联网保险业务监管办法》等相关法规条例的保险产品和互联网保险机构,要加大责罚措施,使其整改,严重时命令其不得再经营此类产品或对此保险机构进行取代,同时处理好赔偿问题。

3)鼓励和规范互联网保险创新

互联网保险要想在白热化的行业竞争中站稳脚跟,就要持续进行创新。但是创新不能背离保险产品的基本原理,不能为了赚取消费者的资金而随意创新出明显不符合保险理念的产品。因此,银保监会要在大力促进互联网保险创新的基础上严格监管保险机构推出的新型保险产品,对产品资质进行审查,对产品进行严格把控,在规范各种保险产品的推出的基础上鼓励互联网保险创新。

4)强化消费者数据信息安全保护

对消费者的个人信息,保险机构应建立完善的客户数据管理系统,并在官方网站上将其信息收集规则进行详细披露。如果没有经过客户同意,保险公司不能泄露消费者的个人数据、个人信息。若存在保险机构或工作人员故意泄露客户信息,银保监会一方面要对违规的保险机构进行处罚,对违规人员或机构问责到底;另一方面也要充分保护保险消费者的权益,例如对消费者进行补偿与安慰,弥补数据泄露对其造成的损失,降低不利影响。

5)加大对互联网保险信息披露力度的监管

针对未履行信息披露义务的互联网保险公司,加强监督执行力度。一方面,应加大对监督执行情况的调查,积极寻找信息披露存在的重大问题,并根据这些问题出台相应的解决措施,从而解决信息披露监管的问题。另一方面,要明确规定揭示的具体内容,这些内容不但要涉及保险机构的经营资产、支付服务能力、险种覆盖范围、管理体系等,而且还应涉及金融机构资产流转、经营情况、年度报表、风险警示制度等。

3.4.4 互联网保险的发展趋势

与传统保险相比,互联网保险具备网络渠道流量大、客户多、产品费率低以及及时掌握客户需求、提供针对性产品的优势,但目前也暴露出了一些风险问题。例如,互联网的虚拟性会产生各种伪数据从而引致数据安全和数据定价风险,随意利用互联网创新噱头而引致的创新与声誉风险,还有信用与网络欺诈风险、信息安全和技术安全风险、操作风险等。随着各种监管规定的陆续落地,未来网络保险将在规范中沿着“渠道创新—产品创新—模式创新”的路径持续发展,并可能呈现出以下发展趋势。

1)基于互联网的智能化保险交易

互联网支持保险公司能够积极运用各种互联网技术,在保险销售渠道等方面进行创新。现在的互联网保险交易是以互联网为工具通过保险代理人或客服向客户提供保险需求等方面的服务。而智能型互联网交易是指不需要借助中介人,通过网络直接为客户匹配险种和提供智能的保险售后服务,相当于一个虚拟的智能保险公司。随着保险行业的市场化和技术的进步,基于互联网追求更高效率、更低成本的虚拟保险交易方式将是一种必然趋势。面对未来保险公司和互联网机构的竞争,紧紧抓住市场机遇,努力进行大胆的创新是保险公司的必然选择。从市场的长远角度看,监管机构将会更加鼓励保险营销模式的创新和保险市场的良性竞争,推动市场积极提高交易的效率和降低成交成本,同时也会加强对这种新的交易方式下违法违规行为的监管,防范可能导致的系统风险。

2)基于真实需求的多元化产品创新

有关调查显示,经过广泛的"噱头"类产品创新后,真实的保险需求已经成为业内外关于网络保险产品创新的明确方向。未来的网络保险产品创新领域将更为广泛和多元化,力求结合互联网可以设计出真正符合消费者需求的保险产品。创新方向将分为两大类:一是增量市场上的产品创新,将基于更为广泛的应用场景,配合互联网、大数据等新兴科学技术设计而出的互联网保险产品,有着"碎片化""高频率""场景化"等特点,例如,虚拟生活与虚拟资产、简单明了的专项重疾险、适合家庭群体特征的捆绑险、赔付灵活的意外险等;二是存量市场的产品创新,费率改革以及新的市场环境、政策环境下,传统保险产品势必在新的技术应用下,或主动、或被动地向更为接近消费者需求的方向演进,甚至承担起打通保险和不同产业融合的使命,如医疗、养老、环保、食品安全等。我国网络保险可以在互联网小微企业信用和贷款保证金保险、农村小额保险、网销食品等的责任保险、物流保险等与互联网金融、互联网消费等有关的领域积极发挥自身防范风险的能力,积极拓宽自己的发展空间,结合互联网优势开发出更多标准化和个性化的保险产品,促进互联网保险的发展。

3)基于大数据与人工智能的精算定价

作为金融机构,保险最为核心的地方就是对风险的定价。对于保险业来说,如果互联网技术能够通过丰富、完善和细化定价因子深入产品定价才是最有价值的。目前保险产品的定价都是基于传统的定价理论和模型(如寿险很多产品的定价仍基于生命周期表,产险定价主要假设是事故发生率)。伴随大数据与人工智能的发展,基于"云+端"的远程信息获取和处理,将会使保险定价出现颠覆性的变革,实现对各种风险更为精准、动态、差异化的定价。但科技的进步向来都是双刃剑。大数据对风险的精准定价其实保险业内仍存在争议。简单地说,保险是靠大数法则而生存运转的,假设未来大数据发展到极致,可以精准地定义每个个体的差异化的风险,对保险业的影响将会怎样?根据有关研究,就市场空间看,精细化定价对于保费总量应该具有一定正面的刺激效果,尤其是对于优质客户而言。就整体的利润率情况看,初期面临的"件均向下+新增优质客户",利润整体持平;后期面临的"件均恢复+客户分层显现",利润率或稳中略升。

4)基于整合的保险生态系统

技术的进步以及消费者行为的改变正在重塑全球保险业,而邻业进入者也促使保险业将整合成为更广泛的生态系统。对于保险公司而言,机遇与挑战并存。尽管目前行业整体数字化改良与创新程度不同,但保险公司毫无退路可言,内部中后台管理的数据化转型与变革已成必然趋势。德国安联、中国平安等保险巨头已在转型路上先行一步,而Oscar、Bought

By Many 等小而美的创新也让人充满想象。网络保险、互联网保险或许只是一个过渡性概念。不远的未来，当人们的衣食住行都离不开网络的时候，也就没人在意是所谓的“互联网保险”还是传统保险了。当互联网思维引发的全新模式早已融入保险产品设计和运用当中时，保险的核心竞争力应该是在跨界资源整合能力、便捷服务供应的效率和反欺诈技术的成熟度上。站在十字路口的中国保险业，亟待转变观念、厘清战略、构建能力，在网络保险重塑行业格局之际博得一席之地。

本章小结

1. 作为互联网金融体系中不可或缺的重要组成部分，金融互联网主要是指银行、保险、证券等金融机构运用互联网技术，通过将金融活动从线下向线上转移，并进一步将科技全方位赋能数字化运营，从而满足客户对金融服务高效便捷需求的金融发展模式。金融互联网主要表现在金融机构信息化、创新型金融机构服务模式和金融机构数字化 3 个方面，互联网银行、互联网证券、互联网保险等金融互联网的典型代表。

2. 互联网银行是指利用互联网为客户提供金融产品与服务的新型银行。按发展模式可分为线上线下结合和纯互联网银行两种。按表现形态可分为网上银行、电话银行、手机银行、直销银行和纯互联网银行等。

3. 互联网证券是指在“电子化—互联网化—移动化”趋势下，对传统证券业务实施从销售渠道、业务功能、客户管理到平台升级的架构重塑与流程优化，使其符合互联网商业惯例和用户体验的综合金融服务体系。其发展模式主要有自建网络平台、转型网络经纪商、第三方合作搭建平台、投资或出资互联网等类型。

4. 互联网保险是指保险机构(包含保险专业中介机构)依托互联网和移动通信等技术，通过自营网络平台、第三方网络平台等订立保险合同、提供保险服务的业务，一般涉及投保、承保、核保、保全、理赔、退保、投诉处理等经营管理活动。按照销售模式主要有保险公司自建、保险代理合建、专业互联网保险 3 种类型，产品种类主要包括车险、意外险、健康险等小额、短中期、简单化的保险产品。

复习思考题和检测题

1. 试述金融互联网与互联网金融的区别和联系。
2. 金融机构数字化主要包括哪些内容？
3. 什么是直销银行？什么是开放银行？
4. 互联网证券有哪些发展模式？不同的证券公司应如何进行选择？
5. 互联网保险有哪些模式？如何看待互联网保险的产品创新和监管？

检测题

案例分析

跨境互联网券商何去何从

近年来，不少境内的投资者开始参与境外美股与港股的投资，提供全球主要市场股票交易服务的跨境互联网券商也迎来了迅猛发展。2020 年之后，富途证券和老虎证券作为跨境互联网券商的两大代表机构借助资本市场的大牛市，其市值和股价持续飙升。从 2020 年上半年到 2021 年上半年，富途股价从 10 美元最高飙升至 200 美元，市值也一度达到 300 亿美元，并建立起了在中国香港及其他多个市场的“领头羊”地位，同期老虎证券的股价也从 3 美元冲到近 40 美元，在这一段时间里购买他们股票的股民可以说赚了个盆满钵满。

但是，缺少内地监管的“无牌照”状态注定使得富途、老虎等跨境互联网券商的业绩爆发也只是暂时的。富途证券称已经在中国香港、美国、新加坡及泛欧地区拿下了 35 张金融照牌和资质，老虎证券也同样在美国、新加坡、澳大利亚、新西兰拥有 33 张金融牌照和资质。但看似琳琅满目的金融牌照，却没有一张来自内地监管部门，这也正是跨境互联网券商的死穴所在，两家公司的股价从 2021 年 7 月开始暴跌。实际上，互联网券商本身在安全性的把控上就远低于银行等金融机构，像富途、老虎证券等境外证券经营机构在未取得境内相关牌照、仅持有境外牌照的情况下，利用互联网平台专门面向境内投资者提供境外证券投资服务都属于非法金融活动，跨境互联网券商也因此走在了悬崖边上。未来，跨境互联网券商如果想要继续在境内开展业务，在合法合规方面还需要做很多工作。

问题：根据案例，你如何看待互联网证券目前的发展状况？互联网证券的发展面临哪些机会和挑战？

第 4 章 第三方网络支付

学习目标

- 掌握第三方网络支付的基本含义、业务流程及运营模式。
- 理解第三方网络支付对金融业的影响以及当前存在的风险问题。
- 了解第三方网络支付的发展趋势。

知识要点

- 第三方网络支付及其业务流程和运营模式。
- 第三方网络支付的影响及其存在的问题。
- 第三方网络支付的发展趋势。

关键术语

支付体系;支付工具;支付系统;第三方支付;网络支付;互联网支付;移动支付;预付卡;银行卡收单;备付金;交易平台担保模式;鲶鱼效应;洗钱风险;沉淀资金风险。

案例导读

支付业 2.0:互联互通下的新格局①

2021 年 11 月 11 日,在第 13 个“双十一”活动中,网络支付领域出现了不少新景象。例如,在使用支付宝支付淘宝订单时,除了余额宝、银行卡快捷支付等,已开始支持银联云闪付付款;京东除了自身的白条支付,也支持微信支付与云闪付等;美国运通发起的国内首个中外合资银行卡清算机构“连通”首度通过支付宝参与“双十一”,从而实现了银联、网联、连通的首次聚首。这些新景象背后,是支付业互联互通在 2021 年以来的加速推进。随着支付宝、微信支付等不断开放生态,支付业进入更高段位和更高质量的 2.0 阶段。

近年来,第三方支付特别是以条码支付为技术路径的移动支付的快速发展推动了支付

① 根据零壹财经相关资料改编。

业的迅猛创新，同时也使支付产业链呈现出更复杂的结构，产生了新的兼容性问题，即支付宝、微信支付、银联云闪付等终端账户网络不能联通的问题。为解决上述痛点，近年来“聚合支付”业态兴起，聚合支付服务商为商户提供统一的收款码或扫码设备，扫码后可以自动识别多种支付App进行交易，在一定程度上为条码支付互通奠定了技术基础。但聚合支付服务商接触敏感支付信息，准入门槛较低，存在一定的市场风险和监管风险，只能算是市场过渡方案。

中国的非现金电子支付市场在21世纪发生过两轮重要的互联互通，第一次是2002年银联成立后主导的银行卡互联互通，第二次是2009年第三方支付“快捷支付”的开通。作为互联网行业互联互通的一部分，2021年支付机构间壁垒的加速消融，意味着支付业具有时代意义的又一轮互联互通开始了。在广阔的移动支付市场空间背景下，支付行业互联互通所带来的开放和充分竞争环境，将为终端消费者和商户带来明显收益。互联互通创造出了一个更有利于创新和可持续发展的市场环境，将倒逼支付行业提升运营效率、服务质量和创新激励。

随着互联网和信息技术的创新与应用层出不穷，支付市场上互联网和金融的跨界和融合日新月异。第三方支付作为互联网金融支付链条上的核心一环，其重要性不言而喻。本章将在互联网金融支付市场格局的大背景下，重点介绍第三方网络支付的业务流程、运作模式、风险管理以及发展趋势。

4.1 第三方网络支付概况

4.1.1 关于现代支付体系的基本认识

支付体系是国民经济运行的底层基础，是国家金融运行与发展的核心基础设施和制度安排之一。支付体系是在既定的法规制度框架下，由提供支付服务的中介机构和专业技术手段共同组成，通过支付工具的应用实现债权债务清偿及资金转移的一种综合金融安排。目前，我国已基本形成了以中国人民银行跨行支付清算为核心、银行业金融机构行内系统为基础、专业清算机构和第三方支付机构为重要补充的与市场经济发展相适应的支付服务市场体系和专业化分工格局。

从构成要素来看，现代支付体系主要包括支付工具、支付系统、支付机构以及支付监管4个部分，如图4.1所示。

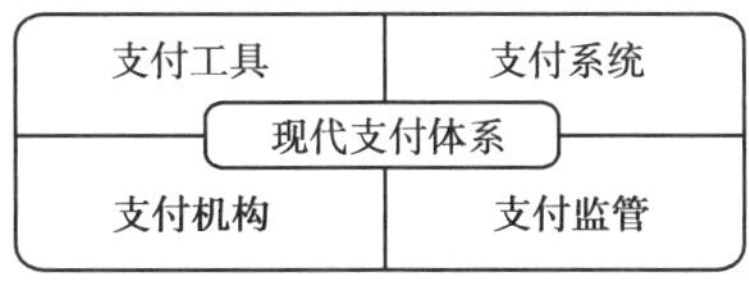

图4.1　现代支付体系的构成要素

1)支付工具

支付工具是用于资金清算和结算过程中的一种载体,可以是记录和授权传递支付指令和信息发起者的合法金融机构账户证件,也可以是支付发起者合法签署的可用于清算和结算的金融机构认可的资金凭证。它是加快资金周转、提高资金使用效率的保障。支付工具包括现金、票据、汇兑等传统支付结算工具,也包括银行卡以及网络支付等现代支付工具。

近年来,随着票据、汇兑、银行卡等非现金支付工具的大量使用,现金的使用相对量呈下降趋势。从 M0 占 M2 的比重来看,发达国家一般约为 5%,但我国在 2014 年就已降至 4.62%。2022 年 5 月更是降到了 3.78%。同时,在非现金支付工具中,支票等纸基支付工具的相对比重下降,而银行卡、汇兑等电子支付工具的相对比重呈上升趋势。此外,支付工具和支付方式的创新不断涌现,ATM 和 POS 等终端正在扩展其功能以提供更为广泛的服务;互联网和移动设备成为新的支付渠道;个人在线支付、电子票据提示和支付、数字货币等许多新的支付工具和方式层出不穷。同时,在一些国家和地区,银行行内系统与企业等客户的内部管理系统逐步整合,以实现支付交易的“直通处理”和自助化。

2)支付系统

支付系统是由提供支付清算服务的中介机构和实现支付指令传送及资金清算的专业技术手段共同组成的,用以实现债权债务清偿及资金转移的一种金融安排,有时也称为清算系统。支付系统是由于社会在经济活动过程中对债务清偿和资金转移的市场需求而出现、产生、发展并不断完善的。

目前,中国人民银行建设运行的中国现代化支付系统(China National Advanced Payment System, CNAPS)是我国支付清算体系的核心,它利用现代计算机技术和通信网络将商业银行的行内系统通过前置机联系在一起,能够高效、安全处理各银行办理的异地、同城各种支付业务及其资金清算和货币市场交易的资金清算,它是各银行和货币市场的公共支付清算平台,目前已经升级到了第二代。中国现代化支付系统主要由大额支付系统、小额支付系统、网上支付跨行清算系统、支票影像交换系统、电子商业汇票系统及境内外币支付系统构成,如图 4.2 所示。

3)支付机构

支付机构主要有银行类支付机构和非银行支付机构两大类,其中非银行支付机构主要是指第三方支付机构。严格意义上的支付机构主要有金融类支付机构和非金融类支付机构两大类。金融类支付机构主要是指银行类,非金融类支付机构则主要指第三方支付机构。作为互联网金融支付的组成部分,金融类支付机构表现为商业银行网络银行体系,非金融类支付机构表现为第三方支付的线上支付和移动支付。在传统的支付体系中,商业银行是最为主要的支付服务组织,目前商业银行在我国支付市场的总体份额仍占 90% 左右。近年来,第三方支付机构得到迅猛发展。我国对第三方支付实行牌照管理,并逐步推出淘汰机制。截至目前,中国人民银行共累计发放 9 批 271 张第三方支付牌照(即支付业务许可证)。近年来,监管部门持续对支付行业实行严监管,牌照数量不断减少。截至 2022 年 6 月,全国第三方支付牌照存量仅余 220 张。此外,我国还有为银行和非银行支付机构提供清算服务的银行间转接清算机构,如央行清算中心及其下属机构、中国银联、中国网联等。

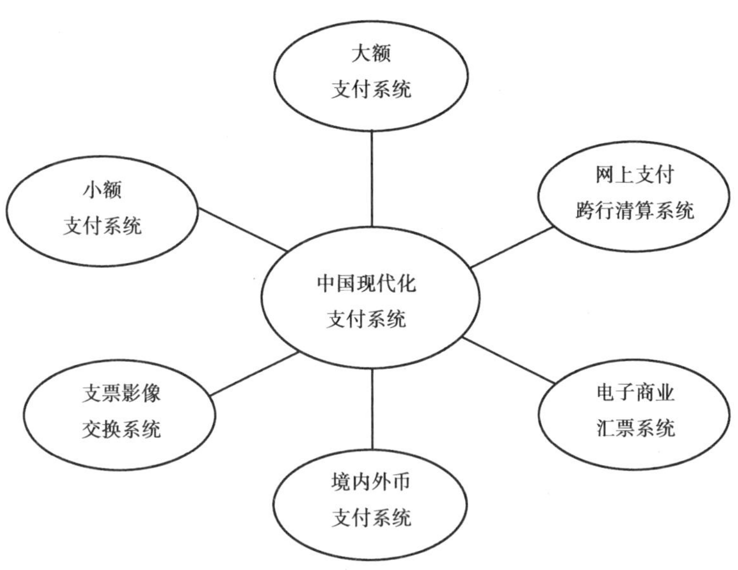

图4.2　中国现代化支付系统构成

在一些国家,部分大型的证券公司、投资基金和保险公司也成为支付服务的重要提供者,这些公司为其客户或自身进行大量的支付交易。此外,除自动清算所外,出现了其他一些专业的支付服务提供商,例如,专门的汇款公司(提供跨境支付服务的西联和MoneyGram)、电子货币公司(提供智能卡服务的Mondex公司)和银行卡组织(Visa、Master)等。由于技术进步,追求规模经济和范围经济以及金融结构的调整,支付服务市场的集中化趋势明显加强。在电子银行和电子商务领域,许多金融机构与非金融机构之间建立战略联盟或合资公司(如MasterCard和Europay之间的联盟),这也提高了市场的集中程度。在一些国家,通过将多个支付系统(如自动清算所)进行整合,也导致了支付系统经营者的集中。

4)支付监管

为了提高支付体系的安全与效率,尤其是减少系统性风险,各国政府都对支付体系进行监督管理。近年来,发达国家支付体系监管呈现出以下三大趋势:一是监管目标日益清晰,安全和效率成为各国中央银行支付体系监管的核心目标,此外,反洗钱、保护消费者、避免竞争缺失等也成为部分中央银行支付体系监管的目标。二是监管标准日益完善,越来越多的国家采用或参考国际通用的监管标准,支付体系监管的国际标准目前主要有3套,即《重要支付系统核心原则》《证券结算系统建议》和《中央对手(CCP)建议》。三是监管范围在不断拓宽,部分国家开始将大型代理银行纳入监管范围,从而防范可能造成的信用风险、流动性风险、运行风险乃至系统性风险。

以第三方支付为代表的非银行支付迅猛发展的同时,各种金融风险也在不断累积,第三方互联网支付业务成为近年来的支付监管重点领域。各国结合自身情况纷纷制订针对第三方支付业务的监管模式、监管原则和监管措施,确保第三方支付业务在规范的前提下健康可持续发展。

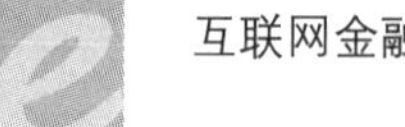

4.1.2 第三方支付的概况

1）第三方支付及其网络支付的含义

所谓的第三方，实际上是买卖双方交易过程中的“中间件”，也可以说是一种“技术插件”，是在金融监管下保障买卖双方利益的独立机构。一般而言，第三方支付是指经合法授权的非银行机构，借助计算机通信和信息安全技术，通过与各大银行签约设立相关结算系统关联的接口和通道方式，在用户与银行支付结算系统之间建立某种连接（直连或间连）的电子支付模式。

根据中国人民银行2010年《非金融机构支付服务管理办法》规定：“本办法所称非金融机构支付服务，是指非金融机构在收付款人之间作为中介机构提供下列部分或全部货币资金转移服务，即网络支付、预付卡的发行与受理、银行卡收单、中国人民银行确定的其他支付服务。”这里的非金融支付机构即第三方支付机构，2011年央行对第三方支付机构发放《支付业务许可证》后，第三方支付机构又称为“非银行支付机构”。根据该办法，第三方支付机构主要有网络支付、预付卡发行与受理及银行卡收单三大类业务。

（1）网络支付

网络支付通常是指依托公共网络或专用网络在收付款人之间转移货币资金的行为，包括货币汇兑、互联网支付、移动电话支付、固定电话支付和数字电视支付等。网络支付以第三方支付机构为支付服务提供主体，以互联网等开放网络为支付渠道，通过第三方支付机构与各商业银行或清算转接平台之间的支付接口，在商户、消费者与银行之间形成一个完整的支付服务流程。

根据《非金融机构支付服务管理办法》以及2015年12月中国人民银行发布的《非银行支付机构网络支付业务管理办法》的相关规定，非银行第三方机构依法取得《支付业务许可证》获准办理的网络支付业务，是指收款人或付款人通过计算机、移动终端等电子设备，依托公共网络信息系统远程发起支付指令，且付款人电子设备不与收款人特定专属设备交互，由支付机构为收付款人提供货币资金转移服务的活动，主要包括互联网支付、移动电话支付、固定电话支付、数字电视支付等业务。这里的收款人特定专属设备，是指专门用于交易收款，在交易过程中与支付机构业务系统交互并参与生成、传输、处理支付指令的电子设备。

2017年1月，央行发布《中国人民银行办公厅关于实施支付机构客户备付金集中存管有关事项的通知》，明确了第三方支付机构在交易过程中产生的客户备付金，今后将统一缴存至指定账户，由央行监管，支付机构不得挪用、占用客户备付金。2018年3月，网联清算有限公司（简称“网联”，2017年8月注册成立）下发《关于非银行支付机构网络支付清算平台渠道接入工作相关事宜》，督促第三方支付机构接入网联渠道，即以网联作为转接清算平台，明确2018年6月30日前所有第三方支付机构与银行的直连都将被切断（简称“断直连”），之后银行不会再单独直接为第三方支付机构提供代扣通道，如图4.3所示。

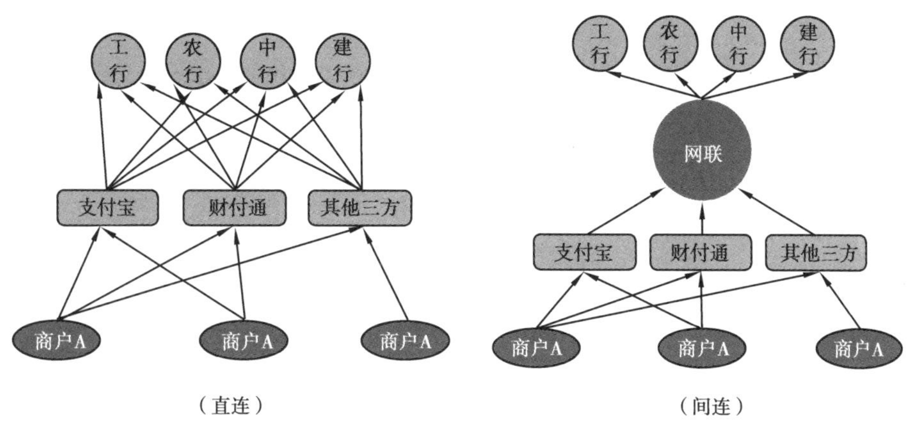

图4.3 第三方支付机构与银行的连接模式

根据网络支付服务具体业务流程的不同,网络支付尤其是其中的互联网支付,主要分为两种模式:支付网关模式和虚拟账户模式。其中,虚拟账户模式还可以细分为"信用中介型虚拟账户模式"和"直付型虚拟账户模式"两种。

①支付网关模式。又称为网关支付,是电子商务中使用较多的一种互联网支付服务模式。该模式的主要特点是在网上商户和银行网关之间增加一个第三方支付网关,由第三方支付网关负责集成不同银行的网银接口,并为网上商户提供统一的支付接口和结算对账等业务服务。在这种模式下,第三方支付机构把所有银行网关(网银、电话银行)集成在一个平台上,商户和消费者只需要使用支付机构的一个平台就可以连接多个银行网关,实现一点接入,为商户和消费者提供多种银行卡互联网支付服务。

作为最早出现并且发展最为成熟的支付模式,支付网关模式在国内被B2B、B2C等电子商务广泛采用。由于支付网关模式在技术实现上比较简单,而且企业进入门槛并不高,基于该模式的产品很容易被复制,因为是直连银行网关,所以其服务功能和性能也在很大程度上受制于银行,产品的便利性和安全性并不是很强。

②虚拟账户模式。虚拟账户模式是指第三方支付机构不仅为商户提供银行支付网关的集成服务,还为客户提供了一个虚拟账户,该账户可与客户的银行账户进行绑定或对接,客户可从银行账户等资金源向虚拟账户中充入资金,或从虚拟账户向银行账户注入资金。客户的网上支付交易可在客户的虚拟账户之间完成,也可在虚拟账户与银行账户之间完成。

虚拟账户支付模式加快了资金清算速度,减少了使用银行支付服务的成本。虚拟账户模式不仅具有支付网关模式集中银行支付接口的优点,还解决了交易中信息不对称的问题。一是通过虚拟账户对商户和消费者的银行账号、密码等进行屏蔽,买家和卖家都不能互知对方的此类信息,由此减少了用户账户机密信息暴露的机会。二是可为电子商务等交易提供信用担保,为网上消费者提供了信用增强功能,解决了中国互联网支付的信用缺失问题。由此可见,由于拥有款项收付的便利性、功能的可拓展性、信用中介的信誉保证等优势,虚拟账户模式较好地解决了长期困扰电子商务的诚信、物流、现金流问题,在互联网支付中具有较强的竞争力。当然,在具体业务操作过程中,当虚拟账户资金被真实转移到客户银行账户之前,是汇集起存放在第三方支付机构的银行账户中的,这导致了该模式在用户交易资金管理上可能存在一定风险。

在虚拟账户模式下,虚拟账户是非常重要的,是所有支付业务流程的基本载体,根据虚拟账户承担的不同功能,虚拟账户模式又可细分为“信用中介型虚拟账户模式”和“直付型虚拟账户模式”两大类。

信用中介型虚拟账户模式是指提供信用中介型支付模式的第三方支付机构将其自身的商业信用注入该支付模式中:交易发生时,先由第三方支付机构暂替买方保存货款,待买家收到交易商品并确认无误后,再委托第三方支付机构将货款支付给卖家。支付宝提供的虚拟账户支付服务就是一种典型的信用中介型支付模式。

直付型虚拟账户模式的交易流程较为简单,支付平台中的虚拟账户只负责资金的暂时存放和转移,不承担信用中介等其他功能。如果要实现直付型虚拟账户支付模式,买卖双方首先在支付平台上设置虚拟账号,并进行各自银行账户与虚拟账户的关联。在交易过程中,支付平台根据支付信息将资金从买家银行账户转移到买家虚拟账户、再从买家虚拟账户转移到卖家虚拟账户,并最终划付给卖家的银行账户,整个交易过程对于买卖双方而言,都是通过虚拟账户进行操作并实现的。提供直付型账户模式的第三方支付机构也很多,国外知名的公司有 PayPal,国内则有快钱、盛付通。

(2)预付卡发行与受理

预付卡是以先付费后消费为支付模式、以营利为目的而发行的、可购买商品或服务的有预付价值的卡,包括磁条、芯片等卡片形式。预付卡与银行卡相比,它不与持卡人的银行账户直接关联。

目前市场上流通的预付卡主要可分为单用途预付卡和多用途预付卡两大类。

单用途预付卡是企业通过购买、委托等方式获得制卡技术并发售的预付卡,该卡只能在发卡机构内消费使用,主要由电信、商场、餐饮、健身、美容美发等领域的企业发行并受理。本书所提到的预付卡仅指多用途预付卡,多用途预付卡主要是由第三方支付机构发行,该机构与众多商家签订协议,布放受理 POS 终端机,消费者可以凭该卡到众多的联盟商户刷卡进行跨行消费。

多用途预付卡在国内和国外的发展模式有明显不同。在国外,多用途预付卡主要由金融机构发行,利用金融机构的网络和终端进行广泛的流通和交易。最典型的如 VISA 和万事达发行的礼品卡、工资卡、保险理赔卡等。这些预付卡使用 VISA、万事达等银行卡清算组织现有的支付基础设施,商户直接利用其金融终端和网络,银行卡清算组织每日进行交易结算。在国内,由于相关政策规定,国内银行和非银行金融机构未经批准均不能发行预付卡。根据相关监管规定,多用途预付卡的发卡主体目前也被纳入第三方支付机构中进行监管。

预付卡发卡机构接受的是客户用于未来支付需要的预付资金,不属于发卡人的自有财产。如果对其监管不到位,第三方支付机构很容易挪用平台中的大量客户备付金,并易成为洗钱、套现、偷逃税款以及行贿受贿等非法活动滋生的温床。

(3)银行卡收单

银行卡收单业务是指收单机构通过银行卡受理终端为银行卡特约商户代收货币资金的行为。其中,受理终端是指通过银行卡信息读入装置生成银行卡交易指令要素的各类支付终端,包括销售点(POS)终端、转账 POS、电话 POS、多用途金融 IC 卡支付终端、非接触式接受银行卡信息终端、有线电视刷卡终端、自助终端等类型;收单机构是指与特约商户签订银行卡受理协议并向该商户承诺付款以及承担核心业务主体责任的银行业金融机构和非银行支付机构。本章所指的银行卡收单特指当第三方支付机构作为收单机构,通过受理终端为签约商户代收货币资金的支付结算服务。

传统的收单业务为“四方模式”(“四方”即特约商户、发卡银行、收单机构及清算组织),如图 4.4 所示,但随着互联网金融和第三方支付机构的迅猛发展,一些市场份额较大、创新能力较强的第三方支付机构依托强大 C 端和线上优势,通过直连发卡银行方式,建立起短平快的互联网支付“三方模式”,并迅速垄断移动支付市场。在“三方模式”下,第三方支付机构并不参与银联等清算组织的网络清算,而是自行向发卡行进行清算,第三方支付机构承担了事实的转接清算角色,如图 4.5 所示。互联网金融创新一方面丰富了支付业态,也使得服务更加便利,但另一方面也使得一些第三方支付机构借助创新绕道发展,野蛮生长,造成支付市场乱象,影响了支付领域的价格体系和市场秩序。因此,根据我国“断直连”的相关监管要求,从 2018 年 7 月 1 日起,第三方支付机构切断直联发卡银行模式,受理的网络支付业务全部通过网联平台处理,支付产业将重建“四方模式”。

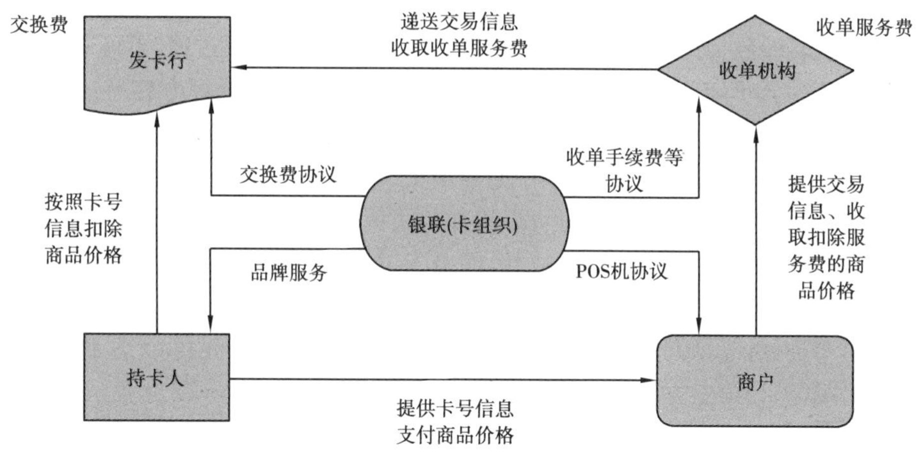

图 4.4 银行卡收单的“四方模式”

(图片资料来源:周万山. 国内商户收单业务价格体系分析与建议[EB/OL]. 中国经营网,2019-01-09.)

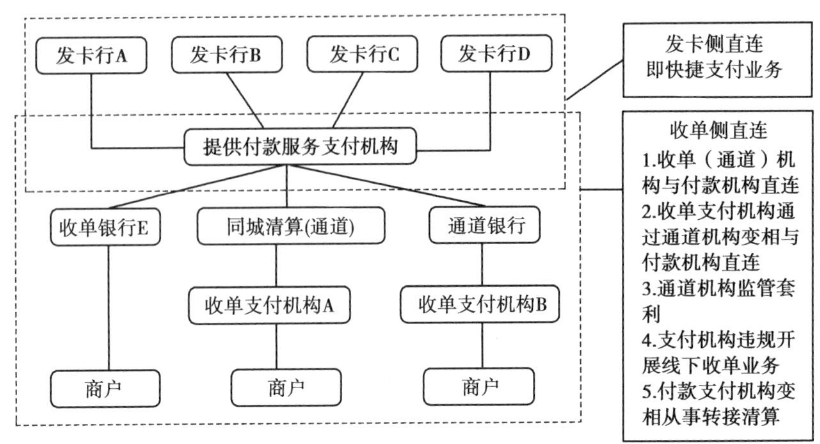

图 4.5　银行卡收单业务的"三方模式"

（图片资料来源：周万山. 国内商户收单业务价格体系分析与建议[EB/OL]. 中国经营网，2019-01-9.）

2）第三方网络支付产生的背景

第三方支付是为解决异步交换中所产生的买卖双方之间的信任风险而产生的。在社会经济活动中，结算从属于贸易范畴。贸易的核心是交换，交换是交付标的与支付货币两大对立流程的统一。在自由平等的正常主体之间，交换遵循的原则是等价和同步。同步交换就是交货与付款互为条件，是等价交换的保证。

在实际操作中，对现货标的的面对面交易，同步交换比较容易实现。但许多情况下，由于交易标的的流转验收（如商品货物的流动、服务劳务的转化）需要过程，不可避免地会出现货物流和资金流的异步和分离的情况。而异步交换，先收受对价的一方容易违背道德和协议，破坏等价交换原则，故先支付对价的一方往往会受制于人，自陷被动、弱势的境地，承担一定的风险。电子商务就是一种非常典型的异步交易。

在现实的有形市场，异步交换权且可以附加信用保障或法律支持来进行，而在虚拟的无形市场，交易双方互不认识，不知根底，故此，网络支付问题曾经成为电子商务发展的瓶颈之一。卖家不愿先发货，怕货发出后不能收回货款；买家不愿先支付，担心支付后拿不到商品或商品质量得不到保证。博弈的结果是双方都不愿意先冒险，网上购物无法进行。为迎合异步交换的市场需求，第三方支付应运而生。

第三方是买卖双方在缺乏信用保障或法律支持的情况下的资金支付"中间平台"，买方将货款付给买卖双方之外的第三方，第三方提供安全交易服务，其运作实质是在收付款人之间设立中间过渡账户，使汇转款项实现可控性停顿，只有双方意见达成一致才能决定资金去向。第三方担当中介保管及监督的职能，并不承担什么风险，因此确切地说，这是一种支付托管行为，通过支付托管实现支付保证。

支付宝是国内领先的第三方支付平台，2004 年由阿里巴巴集团创立，始终以"信任"作为产品和服务的核心。2014 年第二季度开始成为全球最大的移动支付厂商，与国内外 180 多家银行以及 VISA、MasterCard 国际组织等机构建立战略合作关系，成为金融机构在互联网支付领域最为信任的合作伙伴，业务范围主要包括支付及理财服务。但支付宝最初仅是出于解决淘宝网络交易安全所设，采用“第三方担保交易模式”，由买家将货款打到其在支付宝开设的账户上，由支付宝向卖家通知发货，买家收到商品进行确认后，指令支付宝将货款放给卖家，至此完成一笔网络交易，从而解决了买卖双方的信任问题。

3）第三方网络支付的基本交易流程

一般情况下，第三方网络支付的主要参与主体有付款方（买方）、收款方（卖方）、商业银行、第三方支付机构。其基本交易流程如图 4.6 所示。

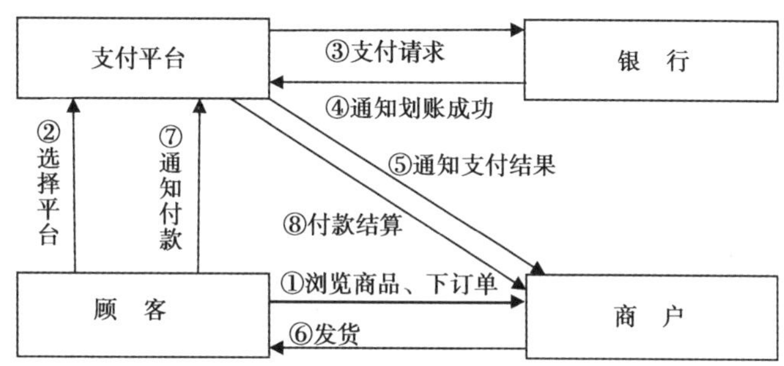

图 4.6 第三方支付的基本交易流程图

①客户在电子商务网站上选购商品，最后发出订单指令决定购买，买卖双方在网上达成交易意向。

②客户选择第三方支付平台作为交易中介，并确定所关联的银行卡。

③第三方支付平台向关联银行发出支付请求。

④通过银行卡将货款划转到第三方支付账户。

⑤第三方支付平台将客户已经付款的消息通知商家，并要求商家在规定的时间内发货。

⑥商家收到发货通知后按照订单发货。

⑦客户收到货物进行验证后通知第三方支付平台。

⑧第三方将其账户上的货款划入商家账户中，交易完成。

在第三方支付的交易流程中，商家只负责按照客户订单指令发货，并不能看到客户的银行卡信息，客户避免了银行卡信息在网络上多次公开传输而导致信息被窃。

4）第三方网络支付的交易类型

第三方支付根据其交易类型的不同分为移动支付和 O2O 支付两种。

移动支付是指交易双方为了某种货物或者服务的债权债务清偿，使用移动终端设备为载体，通过移动通信网络实现的商业交易。移动支付所使用的移动终端可以是手机、PDA、移动 PC 等。根据完成支付所依托的技术手段，移动支付可分为远程支付和近场支付。

远程支付也称线上支付，是指利用移动终端通过移动通信网络接入移动支付后台系统，完成支付行为的支付方式。根据交易对象，远程支付也分为远程转账（个人对个人）和远程在线支付（个人对企业）。一个典型的远程支付流程是，用户通过移动终端在电子商务网站购买产品后，按照商家提供的付款界面，跳转至手机银行或第三方移动支付页面完成支付。此外，通过短消息服务、互动式语音应答等方式进行的移动支付也属于远程支付。

近场支付是通过移动终端，利用近距离通信技术实现信息交互并完成支付的非接触式支付方式。常见的近距离通信技术包括蓝牙、红外线、RFID 等。目前近距离无线通信(Near Field Communication,NFC)技术是移动支付领域的主流技术。此外,通过外接读卡器使智能手机具备 POS 终端刷卡功能的“类 Square 模式”,也被划分为近场支付范畴。

O2O(Online To Offline)是指将线下的商务机会与互联网结合,让互联网成为线下交易的前台,通过 O2O 将线下的消息推送给互联网用户,从而将线上客户转化为线下客户,一般适用于必须到店消费的商品和服务,比如,理发、健身、电影、餐饮等消费领域。其支付模式一般采用在网上下单并支付,然后到店消费。这也是第三方支付的一种重要形式。

案例 4.1

翼支付——移动支付

中国电信于2011 年成立了中国电信天翼电子商务有限公司,主要负责移动支付业务拓展,同时推出自有品牌翼支付。翼支付属于移动通信支付平台模式,该模式中移动通信运营商处于主导地位,由移动通信运营商管理交易账户和制订支付流程,整个流程中移动运营商直接与用户联系,银行参与程度降至最低,减少了技术成本。翼支付能够实现远程支付和近场支付功能。中国电信为每个用户在后台开设一个翼支付账户,用户开通激活并存入资金后,即可利用通信或通信网络进行远程支付。要实现近场支付功能,只需到电信营业厅办理一张翼支付卡,即可利用手机在中国电信线下加盟商的 POS 机上刷手机进行消费。线下推广曾是移动通信运营商支付模式的薄弱环节。翼支付于 2013 年 11 月与银联商务、通联支付和杉德银卡通 3 家国内线下 POS 收单企业达成合作,中国电信主要负责发展翼支付的用户规模,拓宽线下支付资金来源,银联商务等主要负责线下消费商圈拓展。

5)第三方网络支付的主要特征

(1)独立性

第三方支付平台是一个为网络交易提供保障的独立机构,不仅具有资金传递功能,而且可以对交易双方进行约束和监督。采用第三方支付平台的清算模式本身就是为了避免拒付和欺诈行为的发生,创造出良好的、使买卖双方彼此信任的交易环境。第三方清算保证模式采用了在网站与银行之间进行二次结算的方式,使得支付平台不再单纯地作为连接各银行支付网关的通道,而是作为中立的第三方机构,能够保留商户和消费者的有效交易信息,为维护双方的合法权益提供有力的保障,从而也更具公平性。

(2)安全性

第三方支付平台具有雄厚的资金和先进的技术作为支撑,能够建立完善的安全支付平台。一方面,第三方支付平台采用目前最成熟的电子支付相关技术,与各银行的支付网关相连,用户在支付时输入的账户和密码都将直接传给用户账户所在的银行,通过银行本身支付网关就能提供足够的支付安全保障;另一方面,第三方支付平台自身拥有非常好的安全防护体系,对用户的关键数据传输使用国际流行的 SSL 128 位加密通道并合 PKI 密钥体系,为用户提供了更强的支付安全保障。

SSL(Security Socket Layer)全称是加密套接协议层,它位于 IP 协议层和 TCP 协议层之间,用于建立用户与服务器之间的加密通信,依靠数字证书来实现确保所传递信息的安全性。使用 SSL 安全机制的通信过程如下:用户与服务器建立连接后,服务器会把数字证书与公用密钥发送给用户,用户端生成会话密钥,并用公共密钥对会话密钥进行加密,然后传递给服务器,服务器端用私人密钥进行解密。只有 SSL 允许的用户才能与服务器进行通信。PKI (Public Key Infrastructure)密钥体系即公开密钥体系。PKI 技术就是利用公钥理论和技术建立的提供信息安全服务的基础设施,它是国际公认的互联网电子商务的安全认证机制,它利用现代密码学中的公钥密码技术在开放的网络环境中提供数据加密以及数字签名服务的统一的技术框架。在这一体系中,加密密钥与解密密钥各不相同,发送信息的人利用接收者的公钥发送加密信息,接收者再利用自己专有的私钥进行解密。这种方式既能保证信息的机密性,又能保证信息具有不可抵赖性。目前,公钥体系广泛地被应用于第三方支付平台提供支付的安全保障。

(3)便捷性

便捷性为第三方网络支付的核心属性,适合小额高频应用场景。第三方支付平台提供一系列的应用接口程序,将多种银行卡支付方式整合到一个界面上,负责交易结算中与银行或清算转接平台的对接,使网上购物更加快捷、便利。用户在与第三方支付平台合作的电子商务网站上进行支付活动时,用户无论拥有哪个银行的户头,都可通过这个界面进行支付,不需要在各个网上银行的界面中来回操作,极大地方便了用户的操作,既帮助消费者降低了网上购物的成本,又帮助商家降低了运营成本;同时,还可帮助银行节省网关开发费用,并为银行带来一定的潜在利润。

(4)开放性

第三方支付平台是一个开放的体系,几乎所有第三方支付平台都能支持全国范围大多数银行的几十种银行卡和全球范围的国际信用卡的在线支付,为用户提供支持银行卡种类最多、覆盖范围最广的支付服务。另外,第三方支付平台现在的支付终端也产生了多元化变化,它不仅支持各种银行卡通过 PC 机终端进行支付,而且还支持手机、电话等多种终端的支付操作。由于第三方支付平台采取多银行、多卡种、多终端支付方式,因而具有极大的开放性。尤其是近年来"聚合支付""互联互通"的发展标志着第三方网络支付不断迈向进一步的开放和充分竞争。

4.1.3 第三方网络支付的发展状况

近二十年来,由于创新科技在支付领域中的应用以及电子商务的迅速发展,各国的零售支付体系均出现了网络化的趋势。在这一过程中,非银行机构在零售支付体系中开始扮演越来越重要的角色。从美国、加拿大、澳大利亚、中国等 30 家成员国中央银行所反映的 122 项重要零售支付创新中,有一半左右有非银行机构的参与,这些创新主要集中在移动支付、互联网支付这两个银行不具有传统优势的网络支付领域。

1)国外第三方网络支付发展状况

(1)美国

第三方支付起源于20世纪80年代美国的独立销售组织(Independent Sales Organization)制度,简称ISO制度。第三方支付服务商通过和银行、运营商、认证机构等合作,并以银行的支付结算功能为基础,向企业和个人用户提供个性化的支付结算服务和营销增值服务。20世纪90年代末期,美国的信息技术和互联网、金融服务等行业发展迅速,企业之间、企业与个人、个人与个人之间的网上交易十分频繁,原有的销售组织不再适用。由于信用卡和支票在美国已成为主要的线下支付工具,且以银行为主体的网上基础建设和业务流程早已成形,因而到第三方支付企业兴起时,其金融基础建设的改造成本较低,发展很快。目前,以PayPal、MoneyGram等为代表的第三方支付平台机构在全球第三方支付市场中占据领先地位。

另外,美国的相关监管组织体系和监管法规也已发展成熟。美国对第三方支付采取的是多元化监管方式,主要分为两个层次,即联邦层次的监管和州层次的监管。每个州可以根据本州的法律制定对第三方网络支付的监管措施,同时,第三方支付企业需要在美国财政部的金融犯罪执行网络进行注册并且接受联邦和州两级反洗钱监管、及时汇报并保存可疑交易记录。总体来说,美国第三方支付机构至少要接受注册、电子转账、消费信用、账单信息、公平贸易、消费者隐私保护、存款保险以及反洗钱等诸多方面的监管。

(2)欧洲

欧洲的电子商务发展比较迅速,但是各个国家的发展状况不平衡,呈现从北到南依次递减的状况,北欧国家比如丹麦、瑞典、芬兰、挪威发展比较领先,中欧国家如德国、英国、法国和其他中欧国家的发展处于中等,而意大利、希腊等南欧国家的发展较为缓慢。比较知名的第三方机构有荷兰的GlobalCollect,英国的Money Bookers、Worldpay和Ukash等。欧盟规定网上第三方支付媒介只能是商业银行货币或者是电子货币,这就要求第三方支付企业必须获得商业银行的牌照或者电子货币公司的牌照才能开展第三方支付业务。实际上,欧盟对第三方支付的监管就是通过监管电子货币的交易状况实现的。

(3)亚洲

在亚洲地区,第三方支付发展较早的是日本,韩国、新加坡、中国、印度紧随其后,尤其是中国的第三方支付行业后来居上。日本第三方支付的快速发展原因有两个:其一是企业之间的纽带关系;其二是日本既有的支付基础设施。日本企业在长期的经营发展过程中形成了中小企业围绕核心大企业的生态体系,资本雄厚的大企业利用其资本和技术的优势带动中小企业参与电子商务,进而促进第三方支付的发展。而新加坡的第三方支付明显带有政府的痕迹,其第三方支付的发展是新加坡政府对中小企业鼓励和支持的结果。对于中国和印度而言,第三方支付的发展是在不成熟的网上支付和买卖双方信用状况的推动下的逆势发展。

(4)其他地区

澳大利亚和新西兰等国家采用的是市场化的运作方式,致力于降低网络、数据库建设以及运营管理的成本,改善信息资源的配置状况,这些政策以及措施使得第三方支付在这些国家也得到了快速的发展。澳大利亚的eWAY、Paymate都是国际知名的第三方支付机构。

综上所述,国外发达国家第三方支付的发展,得益于良好的金融基础设施建设、成熟的信用体系、完善的监管体制、规范的法律法规指引以及政府的积极参与等。这些都是我国第三方支付发展中值得借鉴的经验。

2)我国第三方网络支付发展状况

国内第三方支付平台的产生和发展与电子商务的繁荣和网络购物的兴起密切相关。1999年,随着易趣网、当当网的相继成立,为了适应网上支付的需求,国内首家第三方支付公司——首信易支付(PayEase),自1999年3月开始运行,是中国首家实现跨银行、跨地域提供多种银行卡在线交易的多功能网上支付服务平台,主要为B2C网站服务,提供指令传递,把用户的支付需求告知银行,转接到银行网上支付页面。

2003年"非典"之后,网民消费习惯进一步形成,支付行业进入快速发展阶段,但支付方式的单一以及买卖双方的信任问题制约着电子商务发展的瓶颈,国内各商家纷纷涉足第三方支付平台的服务领域。2003年10月,淘宝网首次推出"支付宝"服务,开始推行"担保交易"。2004年12月,支付宝正式独立上线运营,并逐渐发展成为中国最引人注目的第三方支付公司。2005年9月,腾讯旗下的在线支付平台"财付通"成立,随后全球最大的第三方支付公司PayPal进入中国,马云在当年的瑞士达沃斯世界经济论坛首次提出了第三方支付平台的概念。与此同时,快钱、易宝等在内的一大批国内专门经营第三方支付平台的公司纷纷出现。第三方支付已不仅仅是扮演"通道"角色的支付网关模式,而是进化为买卖双方提供资金保管的支付账户模式(即买卖双方在第三方平台上开设虚拟账户)。

之后,第三方支付在互联网技术发展和企业信息化进程的推进中不断向各种行业渗透,支付结算市场日益拓展。到2009年时,第三方互联网支付市场规模已达5 766亿元,第三方支付机构也达到300多家。但由于当时该行业的监管处于空白期,各类挪用沉淀资金、信用卡非法套现之类的问题逐渐凸显。2010年6月,央行颁布《非金融机构支付服务管理办法》,确定通过申请审核发放支付牌照的方式,正式将第三方支付机构纳入国家监管体系之下。2011—2015年,央行分九批累计为270家第三方支付企业发放支付牌照;2016年没有发放新牌照,并于当年4月下发文件对支付机构实施分级分类监管,且5年期满之后续展从严;2017年6月发放了第271个牌照企业,之后不仅再未发放新牌照,而且在期满后因审核不合格注销了不少牌照企业,如图4.7所示,这对于中国金融结算市场的健康发展以及金融服务体系的完善有着深远意义。截至2022年6月,支付牌照注销数量已增至51张(以预付卡牌照居多),全国第三方支付牌照存量仅余220张。金融强监管之下,支付牌照逐渐成为稀缺资源,在牌照注销的同时也有多张牌照易主,主要为互联网支付牌照和移动电话支付牌照,这两类牌照的商业价值日益凸显。

从中国第三方支付市场整体发展趋势来看,经过了二十年的发展壮大,第三方支付市场已成为互联网金融领域最为成熟的行业,并作为基础服务广泛应用于各行业。易观分析统计数据显示,2021年中国第三方支付机构综合支付市场交易规模保持平稳较快增长,高达362.05万亿元,其中,移动支付市场交易规模为310.3万亿元,同比增长22.5%;互联网支付市场交易规模为 29.1 万亿元,同比增长 16.4%,[①]如图 4.8 所示。

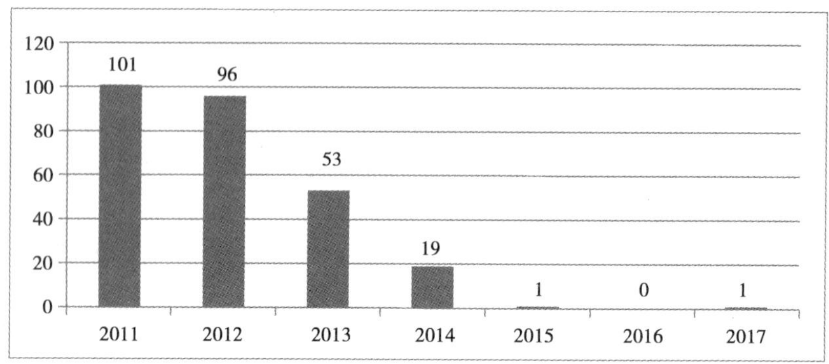

图 4.7　第三方支付牌照发放情况

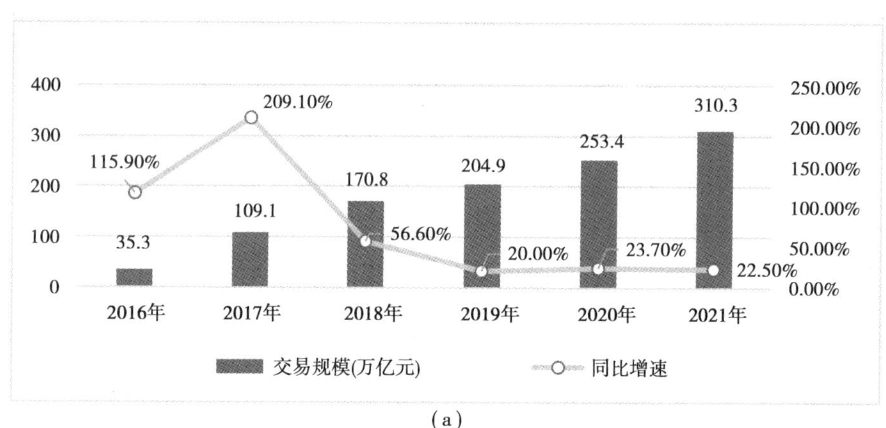

(a)

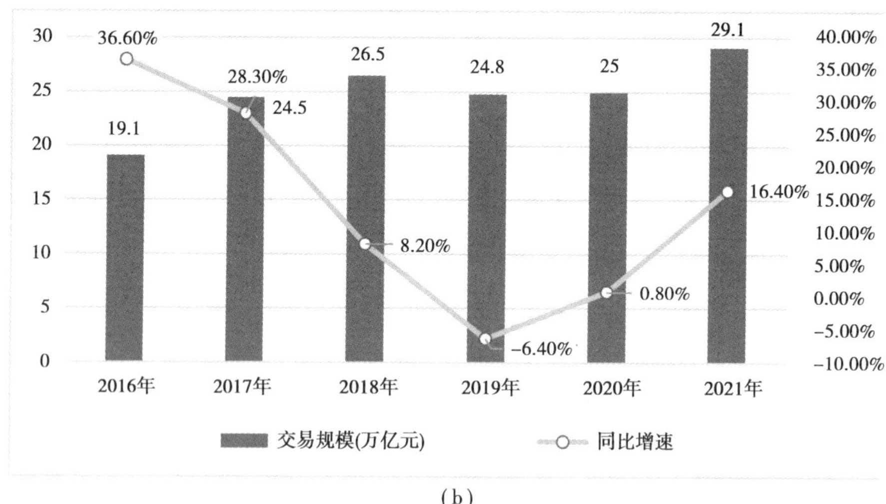

(b)

图 4.8　2016—2021 年中国第三方移动支付和互联网支付市场交易规模及同比增速

① 易观分析,2022 年中国第三方支付市场专题分析,2022。

从具体业务渠道类型看,第三方支付大体可分为线上和线下两种,其中,线上主要为互联网支付(电脑终端)和移动支付(手机支付),线下主要为银行卡收单业务(一部分银行卡收单业务也有线上模式)。目前网络支付尤其是移动支付的交易量仍处于快增阶段,线上和线下市场正在通过移动技术、O2O等形式不断进行融合,支付行业已形成完整的业务闭环。虽然行业中支付宝、财付通、银联商务三大巨头的优势依然明显,但未来随着市场竞争的逐渐充分以及监管的不断完善,第三方网络支付的市场集中度会略有下降。支付清算协会的统计数据表明,网络支付交易金额排名在全国前10位的支付机构业务量之和占支付机构网络支付业务总金额的96.25%,较上年下降0.48%个百分点,移动支付仍然是第三方支付巨头争夺的焦点。

4.2 第三方网络支付的运营模式及其影响和趋势

从用户积累和发展路径看,第三方网络支付机构的运营模式可归为三大类:一类是独立第三方支付模式,一类是交易平台担保支付模式,还有一类是依托电子商务网站模式。

4.2.1 第三方网络支付的运营模式

1)独立第三方支付模式

独立第三方支付模式是指第三方支付平台完全独立于电子商务网站,不负有担保功能,仅仅为用户提供订单处理与支付系统解决方案。以快钱、易宝支付、汇付天下、拉卡拉等为典型代表。

在这种模式中,独立的第三方支付平台分别与消费者、银行、商户签订合同并提供服务,是单纯的中介机构。其前端联系着各种支付方法供网上商户和消费者选择,同时,平台后端连着众多的银行,平台负责与各银行之间的账务清算。独立的第三方支付平台实质上充当了支付网关的角色,但又不同于早期的纯网关型公司。

独立第三方支付企业最初凭借支付网关模式立足。在支付网关模式中,支付平台是银行金融网络系统和Internet之间的接口,为需要的商家提供网上支付通道,但不接触商家。这种模式起源于全球最大的支付公司PayPal。支付网关模式所提供的服务相似度极高,只要攻破技术门槛模式很容易被复制,行业同质化竞争相当严重。第三方支付要树立起竞争壁垒,领先于行业需要依靠"增值服务"——为用户提供信用中介、商户CRM(客户关系管理)、营销推广等服务。这种增值服务的基础是用户信息,于是可以获得用户注册与登录信息的支付账户模式应运而生。它们开设了类似于支付宝的虚拟账户,从而可以收集其所服务的商家的信息,用来作为为客户提供支付结算功能之外的增值服务的依据。

独立第三方支付平台的建立比较简单,只需要相应的技术支持,无须很强的资金保障,但是无法单独运营,需要依靠相应的网络支付平台,如图4.9所示。

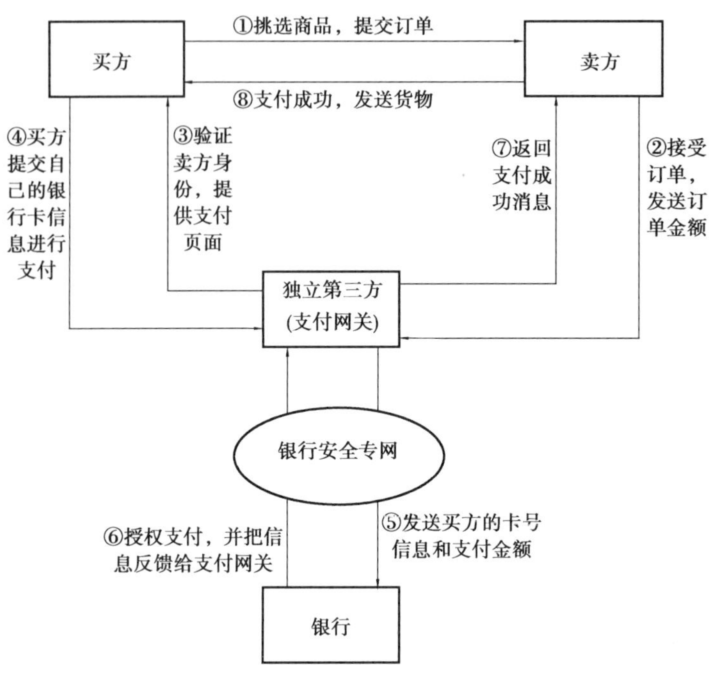

图 4.9 独立第三方支付模式图

案例 4.2

快钱——行业综合解决方案

作为独立第三方支付企业的领军者之一，快钱的成功清楚地证明了独立第三方支付平台的价值。快钱成立于 2004 年，2011 年 5 月获得了央行的《支付业务许可证》，它所获批的业务类型涵盖了货币汇兑、互联网支付、固定及移动电话支付、预付卡受理（全国）、银行卡收单（全国）。但在 2016 年到期续展时，快钱主动终止了固定电话支付和预付卡受理业务。

在业务范围上，业内只有支付宝可与之匹敌。但是，快钱与支付宝走的却是完全不同的道路。因为没有支付宝占据网络购物市场的先天优势，快钱另辟蹊径，它没有把自己定位于网上支付公司，而是定义为电子支付平台。即使是在电子商务网站的交易中，网上支付也只占 30%，其他大量的交易使用的是货到付款。也有一大部分企业是线上交易，线下结算。在发掘企业的线下支付需求后，快钱整合了线上线下支付方式，为企业提供综合解决方案。线上可提供覆盖几乎所有银行的银行卡，并提供大额支付服务；线下则提供 POS 机以及信用卡无卡支付等丰富便捷的方式。

快钱线下业务规模已占据整体业务规模的一半以上。以母婴用品零售商丽家宝贝提供电子支付解决方案为例，可以清楚地看出像快钱这种独立第三方支付企业在提高资金流转效率上发挥的重要作用。丽家宝贝是行业内母婴用品种类最齐全、商品最丰富的零售商。作为连锁企业，丽家宝贝在全国拥有 60 余家直营连锁专卖店，分布广泛且数量庞大，其银行开户情况复杂，不仅在资金调拨方面比较棘手，而且资金回笼过程烦琐漫长，难以进行整体收支的监控。面对资金管理难题，丽家宝贝使用了快钱推出的一站式连锁企业电子支付解决方案，先后接入包含大额网银支付、POS机支付、第三方预付费在内的多种支付产品，全面满足丽家宝贝门店销售、网站销售等多样化收款的需求。而在网上商城销售渠道，丽家宝贝从2009年起就接入快钱大额支付产品，帮助消费者突破普通网银支付额度的限制，满足丽家宝贝消费者的个性化支付需求，从而提升订单成功率，同时提升预定业务交易量。

在连锁门店，快钱POS机支付帮助丽家宝贝突破了跨地申请及管理的瓶颈，只需集团总部统一申请并签署服务费率，各地门店直接安装且不受区域限制。在解决通过POS机刷卡收款问题的同时，还增加了对现金收款交易的管理和结算功能；并通过快钱提供完善的财务管理后台，无缝集成收单与管理系统，实现了信息流与资金流的完整匹配，提高了财务效率。

案例4.3

易宝支付——垂直行业解决方案

在支付过程中不存在行业的差别，因此，快钱提供的是跨行业通用性的解决方案，这种方案力求最大限度地覆盖行业的差异。与之对应的是充分发掘行业差异性的垂直解决方案。易宝支付和汇付天下都是这类模式。此类独立第三方支付机构深耕特定行业，针对行业企业做垂直行业支付，把产业的上下游都揽入直付体系，提供立体式解决方案。这样一来即可通过统一的支付环节提高市场效率和信息透明度。

易宝支付从产业链的各个环节出发，针对不同行业、不同领域制订完整的支付解决方案。在航空旅游业，易宝支付以ePOS、电话支付、SAAS、授信支付等满足航空公司和代理人机票分销及直销的双重需求。

在教育领域，考虑考生分散在全国各地，部分区域开通网银很不方便，易宝支付为考试提供神州行支付方式。考生不需去银行开通网银、安装网银电子证书、购买U盾等，只需在缴费页面输入神州行充值卡的卡号、密码即可完成报名缴费。

易宝支付还针对出租车行业集中化加剧的现象，推出了出租车行业支付方案。租车行业的用户支付环节比一般的服务交易更为复杂，涉及押金、预授权、二次预授权、退款等步骤，人工操作环节多、财务人工耗费大。易宝支付通过支付系统与业务系统的对接，帮助租车行业企业客户提升门店操作效率、简化财务处理流程，从而大幅度提升消费者租车消费体验，加强租车行业整体竞争力。

案例4.4

汇付天下——顺应需求行业深挖

根据客户需求开发产品，这是每个做企业的人都知道的，关键是如何一步步落实。要做出有针对性的设计产品，就必须弄清楚一个企业在产业链所处的位置，才能做到有的放矢。

虽然航空业已经有电子支付，比如B2C，但是很多旅客不会通过航空公司买票。2007年，汇付天下针对消费者推出了电话支付业务。此前，旅客电话预订机票，要多次通电话才能完成：旅客打电话订购机票；然后银行回拨一个电话，确认相关信息；最后旅客在语音提示下输入密码。南方航空公司成为汇付天下的第一个客户。

2008年汇付天下针对航空代理人推出的另一个业务——“信用支付”，则是针对航空代理人。比如，旅客通过携程订机票，携程需要先到航空公司订票，要付现金，但旅客可能款项未到账，或者携程还有下一级的代理人，跟他两三天结一次账。这样，对携程这样的代理人来说，资金压力就会很大。如果代理人使用了“信用支付”，汇付天下会代他们预先垫付给航空公司，他们从下游拿到款，然后归还给汇付天下。这样，代理人资金使用效率得到了提高。“信用支付”所带来的一个是杠杆效应，代理人资本金加上汇付天下垫付部分，放大代理人实际可用资金。另一个是周转率明显提高，根据汇付天下提供的数据，代理人年周转率，可以从使用“信用支付”以前的 14 次提高到 120 次。

但是垫付资金并不只是局限于汇付天下一家，因此还需更进一步提升服务。于是汇付天下设计了一个小工具“支付窗”，安装在代理人的计算机桌面上，只要登录一次，就可以在一个界面完成各大航空公司的订票。出票速度也快，以前可能两三分钟，现在几秒钟就能完成，支付方式仍然是通过汇付天下。汇付天下与全国 5 000 多家一级代理商、10 万个出票终端建立了业务关系。凭借在航空业的优势，汇付天下在成立 26 个月后就开始盈利。同时也推动了整个航空业电子支付的占比不断攀升。

案例 4.5

拉卡拉——商户数字化经营服务

拉卡拉支付股份有限公司（以下简称“拉卡拉”）成立于 2005 年，是国内领先的第三方支付企业，2011 年首批获得中国人民银行颁发的《支付业务许可证》。2019 年 4 月 25 日，拉卡拉支付在深交所成功上市，成为第一家登陆 A 股市场的第三方支付企业。

近年来，随着 C 端流量见顶，B 端支付正成为第三方支付的重要增长点。从单一的支付服务向全产业链的数字化升级服务的转型已经成为产业支付市场的必然发展方向。拉卡拉已经将自己定位为“商户数字化经营服务商”，致力于构建“支付+”的上下游生态圈，加强“支付科技、跨境科技、金融科技、供应链、拓客”五大 SaaS 科技平台建设，从支付、科技、货源、物流、金融、品牌、营销等方面，帮助用户实现数字化经营。拉卡拉打造了五大 SaaS 平台，服务目标客户既包括商户，也包括中小银行，还有供应链上的经销商、品牌商等；在服务内容维度上，包括支付解决方案、拓客管理、供应链运营、店铺数字化经营等各个领域。同时，由于数字人民币应用场景已从 C 端延伸到 B 端，贯穿了企业经营各环节，企业统一资金流和信息流的需求为支付机构落地数字化服务提供了契机。

2019 年，拉卡拉宣布发力产业互联网后，发布了 4 款云战略产品：云小店、收款码、汇管店、云收单。以拉卡拉云小店为例，它是基于云设施，专为中小微实体企业打造的一站式门店经营解决方案，重点聚焦母婴、生鲜、快消 3 个行业。拉卡拉云小店通过“门店收银+线上 H5 商城+小程序商城”线上线下一体化的服务模式，打通线下线上的不同消费场景，还可无缝对接达达、美团等配送平台。云小店本身并不是一个支付云，而是基于打通上下游供应链的整体解决方案设计，这是拉卡拉结合自身优势和企业实际痛点切入产业服务细分市场的逻辑。在产业支付生态阶段，支付只是入口，服务才是落脚点。

总体而言，独立第三方支付运营模式下，平台主要面向 B2B 市场，为有支付结算需求的商户和政府、企事业单位提供支付解决方案。它们的直接客户是企业，能够面向客户积极提供个性化的定制支付方案，从而有利于企业上下游的资金周转，并通过企业间接吸引消费者。独立第三方支付平台的线下业务规模较大,收益主要来自与银行的手续费分成以及为客户提供定制产品的收入。

2)交易平台担保支付模式

交易平台担保支付模式是指依托于自有 B2C、C2C 电子商务网站提供担保功能的第三方支付模式,以支付宝、财付通等为代表。相比较而言,独立第三方支付模式下的平台立身于企业端(B),而交易平台担保模式的第三方支付平台则立身于个人消费者端(C),前者通过服务于企业客户间接覆盖客户的用户群,后者则凭借用户资源的优势渗入行业。

在此类支付模式中,买方在电商网站选购商品后,使用第三方平台提供的账户进行货款支付,待买方检验物品后进行确认,就可以通知平台付款给卖家,这时第三方支付平台再将款项转至卖方账户。交易平台担保支付即信用中介模式,为买卖双方提供信用担保与代收代付的服务,运作流程如图 4.4 所示。采用这种模式的第三方支付平台所占的市场份额较大。

在担保支付模式中,虚拟账户是核心。因为此类第三方支付平台需要暂时保存买卖双方的交易资金,而交易双方的交易资金记录是通过第三方支付的虚拟账户来实现的。第三方支付平台的每个用户都有一个虚拟账户,记录自己的资金余额,其实其背后对应的是该第三方支付平台的银行账户。当达成付款意向后,由买方将款项划至其在第三方支付平台的虚拟账户中,其实是将自己在银行的资金转到第三方支付平台的同一银行账户,从而形成自己在虚拟账户中的资金。此时卖家并不能拿到这笔钱,只有等买家收到所购买的商品或者服务并确认无误后,买方再次向第三方支付平台发出支付指令。第三方支付平台扣减买方虚拟账户资金,增加卖方的虚拟账户资金。最后第三方支付平台将自己在银行账户中的资金向商户的银行账户划转以后,卖家才可以从账户中拿到这笔资金。

非银行支付机构为办理客户委托的支付业务而实际收到的预收代付货币资金,即用户阶段性存放在虚拟账户中的待付货币资金又称为备付金。根据央行公布的数据,截至 2016 年三季度,267 家支付机构的客户备付金余额多达 4 600 多亿元。到了 2021 年 12 月末,支付机构备付金规模为 20 929.64 亿元。根据监管规定,自 2019 年 1 月 14 日开始,支付机构备付金实行 100% 交存。

案例 4.6

支付宝——信用中介型虚拟账户模式

我国的电子商务出现在 1998 年,但是由于信任、资金、物流等问题尚未解决,因此发展并不理想。直到 2003 年,国内非典型性肺炎大规模暴发,传染率极高,人一旦被传染将面临较大的生命危险,因此,大多数人不敢出门,给了电子商务一个崛起的时机,刺激了原本发展并不理想的网购市场。电子商务的崛起,使作为底层技术的移动支付应运而生,如今在移动支付市场占据半壁江山的支付宝,便诞生于这一年。

由于电商平台上商家良莠不齐,信用问题无法解决,2004 年 12 月,阿里正式推出了第三方应用平台支付宝。支付宝采用“担保交易”的模式,设置了充当信用中介功能的虚拟账户,让买家确认满意收货后,才将买家虚拟账户中的货款打给卖家,从而降低消费者网上购物的风险,也保证了商家的收款。最初,支付宝仅为淘宝服务,与淘宝网的购物场景相结合,在淘宝网充当支付工具的角色,用来打造电子商务的闭环,迄今为止,“信用中介”仍是支付宝的重要属性。

为了扩大支付宝的使用范围,阿里在2005年推出了支付宝“全赔”制度,开始陆续与中国工商银行、农业银行等银行达成战略合作协议;与此同时切入网游、航空公司、B2C等网络化较高的外部市场,还陆续进入水、电、煤以及通信费等日常费用场景,引导、教育用户使用支付宝在网上完成支付,从而培养消费者的使用习惯。截至2019年6月末,支付宝及本地钱包合作伙伴已经服务超过12亿的全球用户。

案例 4.7

财付通——移动互联+支付+O2O

在微信支付被舆论炒得沸沸扬扬的时候,背后真正较量的主体实际上是财付通和支付宝。做快捷支付,赖智明带领团队花了9个月的时间。曾有人建议他直接和银联这样的组织合作,可以省不少事,但他却坚持与每家银行实现直联,做到多触点。因此,他不得不一家一家去谈。由于每家银行的IT系统各不相同,财付通必须一一修改对接。这为之后的微信支付上线奠定了基础。

在广州研究院,腾讯的另一个团队,微信也开始和银行接触,联合招商银行推出微信银行,通过绑定银行卡实现查询、转账等功能。2012年年底,赖智明和微信掌门人张小龙会合,财付通与微信共同推动微信支付项目。增强用户的交互性是微信团队的强项,它负责流量;而后台包括银行商家接口、数据等后台运营则由财付通承担。包括外界曾提出的微信支付牌照问题,也通过使用财付通的支付牌照轻而易举化解。据赖智明介绍,目前大商户和银行的对接工作均由财付通负责,而一些中小商户则由两个团队共同对接。此外,也会通过一些代理公司完成。处于纽带位置的财付通完整地将微信、银行和商家无缝对接起来。

这似乎是一个共赢的格局。对于银行而言,微信的普及率降低了其用户进入门槛,无须单独下载银行自己开发的App;对于商家而言,增加了一个信息展示平台和支付渠道;而对于微信和财付通而言,流量所带来的直接收益和未来的创新机会则更是无法估算的。通过微信,完整的实现了信息流和资金流的合二为一,形成一个闭环。这是一个O2O最佳商业模式的场景。随着微信支付的上线,赖智明曾想象的移动互联网、支付和O2O概念首次成功地结合在了一起。

3)依托电子商务网站的模式

这种模式是指一些以销售特定商品的购物网站为了自身发展的需要,而特地建立的第三方支付平台。由于提供特定商品的购物网站越来越多,为配合发展需要,这些网站建立起自身的第三方支付平台,但是这种支付模式仅是电子商务网站的配套服务方式,只为其隶属的网站服务。同时该电子商务网站往往资金雄厚,能为其提供强有力的技术支持,不过与上述两种第三方支付模式相比,它的不足之处为欠缺独立性。这种支付模式主要存在于B2B、B2C电子商务模式中,服务于专门的电子商务平台。比如云网支付以及早期的苏宁易付宝、京东钱包。但是随着网站的发展以及在消费者中的影响力越来越大,这种模式的第三方支付已逐步消失或向信用中介模式转变。

案例 4.8

云网支付——淡出市场的电商依托型平台

北京云网公司曾经是国内成功的电子商务公司之一,自1999年成立以来一直致力于数字化商品在线实时销售系统的建立和不断完善,是首家实现在线实时配送商品的电子商务公司。成功地与招商银行、建设银行、工商银行等合作开通的支持全国范围内网上实时支付系统,并一度成为在线销售业绩最佳的商务网站。

进入2008年之后,云网的业务构成虽然有所多样化,但未能有关键性的突破,公司的支付业务主要范围仍以游戏卡、游戏币、邮箱卡、学习卡、影视卡等全数字化商品为主打,未能充分打开市场。至2009年之后,云网的主要合作伙伴已逐渐缩小范围为各大网络游戏公司,主要负责点卡业务,产品已越走越窄了。与此同时,支付宝、财付通第三方支付平台迅速崛起并挤占市场。2010年央行出台了《非金融机构支付服务管理办法》,全国数百家支付企业开始参加央行的大考。而此时的云网支付已沦为市场占有率不足10%的第二梯队,最终在"大考"中落败的云网在2011年9月1日零时起终止支付服务,并于2011年9月1日—2011年9月30日期间完成了商户的账户清算工作,自2011年10月1日起,关闭商户管理后台的登录服务,正式退出了历史舞台。

4.2.2 第三方支付对金融业发展的影响

第三方支付的兴起,对原有金融体系中作为支付主体的银行业形成了一定的冲击,不可避免地在结算费率及相应的电子货币(虚拟货币)领域给银行带来挑战。第三方支付平台与商业银行的关系由最初的完全合作逐步转向了竞争与合作并存。随着第三方支付平台走向支付流程的前端,并逐步涉及基金、保险等个人理财等金融业务,银行的中间业务正在被其不断蚕食。另外,第三方支付公司利用其系统中积累的客户的采购、支付、结算等完整信息,可以以非常低的成本联合相关金融机构为其客户提供优质、便捷的信贷等金融服务。同时,支付公司也开始渗透到信用卡和消费信贷领域。第三方支付机构与商业银行的业务重叠范围不断扩大,逐渐对商业银行形成了一定的竞争关系。未来,第三方支付机构与银行的竞合关系取决于金融监管是否能够进一步放开,监管部门对于第三方支付的监管定位将在很大程度上影响着第三方支付机构是否能够与银行业展开全方位的竞争。

1)对金融业转型发挥"鲶鱼效应"

第三方支付已成为我国支付体系中重要的组成部分,其与银行之间既合作又竞争的关系,大大促进了我国支付行业的发展,活跃了市场交易,形成"鲶鱼效应",推动了我国支付产业健康发展。从社会效益的整体角度来看,大大降低了企业和个人客户成本,提升了支付市场的创新能力,促进了社会生活方式的大变革,对我国金融业的健康发展有着积极的作用。

第三方支付机构纷纷进入银行传统领域,对银行的基础支付功能、传统中间业务领域构成威胁和挑战,推动银行机构加快业务和技术创新,开展网上银行、电话银行、手机银行等电子银行的建设,进行小微企业的信贷产品开发,应用大数据云计算新技术降低运营成本,改善用户体验等，进一步提高了商业银行市场反应灵敏度、创新能力和市场竞争力。

第三方支付机构业务的发展也带动了电子银行用户和交易的增长，推动了银行线上业务的发展，延伸了银行机构的服务领域和客户群体，带来了更多的收益。一是第三方支付机构资金划拨和清算始终必须依赖于银行机构，因此其发展壮大也依赖于与银行机构的合作，并将促进银行支付业务的发展。二是第三方支付平台同时也是银行服务触角的延伸和补充与银行实现客户资源的共享和业务优势的互补，特别是大量中小型银行，由于自身渠道和客户的数量限制，通过与第三方支付平台的合作可以大幅提高结算效率，实现资源的优化配置。

2）占据零售支付体系的主体地位

第三方支付机构在支付体系中主要扮演的是中介服务的角色，主要盈利模式是收取支付服务费用和交易手续费。凭借其支付便捷性和在用户体验、产品创新等方面的优势，第三方支付已成为我国零售支付领域最主要的支付方式，特别是以支付宝与微信支付为代表的移动支付，凭借丰富的场景优势和完整的服务生态，已渗透到消费者日常生活的方方面面，成为零售场景重要的金融基础设施。支付宝和微信支付两大平台瓜分了第三方移动支付市场近95%的市场份额，市场呈现双寡头格局。

但从整个支付体系的交易规模来看，银行账户依然是个人与单位参与社会经济活动时必需的基础支付结算工具，是对财富具有公信力的、直接的表示。基于安全性、合规性等方面考虑，银行支付业务是政府机关、企事业单位甚至个人之间的支付结算的首要选择。甚至从某种角度来说，银行服务是一种刚性需求，客户有时是完全被动的（如代发工资、纳税等）。相比较而言，第三方支付机构吸引客户主要是靠提供支付服务的灵活性和便利性、多种业务整合能力以及提供的其他增值服务。第三方支付机构对市场反应灵敏、机制灵活，通过细分行业差异化的支付需求特征来提供个性化的支付解决方案，满足个人和企业个性化支付需求的能力较强，因此，主要通过服务于电子商务企业以及产业链相关企业和个人客户，或者大企业的小额代收付、资金归集业务，明显具有单笔交易数额小、交易频率高的电子商务支付特点。中国人民银行的统计数据显示，2022年第一季度，商业银行非现金支付业务（含票据、银行卡、电子支付）合计967.30亿笔，交易金额1 149.85万亿元，笔均1.19万元；而非银行支付机构网络支付2 313.28亿笔，交易金额84.41万亿元，笔均364.89元。

3）对银行业发展产生战略性影响

一方面，第三方支付机构已对银行的结算、代理收付等中间业务造成了明显的竞争。相比传统银行机构，第三方支付机构对市场反应灵敏，用户个人体验较好，定价策略灵活。更为重要的是，第三方支付机构可以通过直接介入电子商务各流程，充分掌握客户交易行为、支付习惯、信用评价等多方面信息，为客户设计并提供更为完善的产品和服务。在企业客户层面，第三方支付机构从产业链上下游的资金流转入手，提供大额收付款、多层级交易自动分账和一对多批量付款等各种资金结算产品，其细分行业已覆盖航空、教育、保险、旅游、物流、游戏等。在个人客户层面，支付机构提供的服务早已从网络购物扩展到信用卡还款、转账汇款等各类生活应用服务。

另一方面,通过业务创新,第三方支付机构对银行机构存贷业务造成分流,形成竞争的关系。在存款业务方面,一是第三方支付机构虚拟账户的储值功能和支付功能分流了部分银行存款。二是第三方支付机构和传统基金、保险等机构合作,开展业务创新,使银行获取一般储蓄存款的能力降低 贷款业务方面,第三方支付机构以其所掌握的海量数据信息作为发展金融服务的跳 生态,形成闭环效应,通过支持中小企业和商户通过网络渠道融资等形式对 行机构贷款业务形成一定的分流。在中间业务方面,第三方支付机构将 ,使客户的整个支付行为可以游离于银行体系之外。总体而言, 行业务大量分流,导致银行机构面临“资本脱媒”和“技术脱媒”(又称支 性挑战。

4)对互联网金融的发展产生深远的影响

以第三方网络支付为代表的支付革新是互联网金融对传统金融造成巨大冲击和深远影响的根本原因。基于互联网商业模式的支付革命是互联网金融产生的市场基础,也代表着互联网金融的发展方向。互联网商业模式中买卖双方都存在信息不对称而导致的征信困难,正是这种对交易可靠度的担忧催生了第三方支付的出现。对于互联网金融来说,得账户者得天下,第三方网络支付尤其是移动支付,最显著的优势在于账户黏性,账户黏性决定了用户黏性,从而决定了市场份额。新型支付方式的发展,提升了支付效率,对整个金融资源配置效率提高起到倒逼作用,在宏观上对金融体系有着深远影响,这种改变甚至在整个货币体系或者是金融体系的稳定性、货币政策传导效率等方面都可能有所体现。未来一段时间内,随着互联网支付的更加普及,其对互联网金融、宏观金融体系的影响将更加明显。

4.2.3 第三方支付未来的发展趋势

1)互联网支付市场进入成熟期,未来市场规模稳定增长

经过近些年的发展,互联网支付格局已经形成,已经进入相对成熟的时期,市场规模进入稳定增长状态,第三方支付机构相对饱和,市场格局中龙头企业保持基本稳定,支付宝、财付通、银联商务仍将占据第三方互联网在线支付交易规模市场份额前三名。未来央行再发支付牌照的可能性和数量规模均会减少,打破竞争格局的主要方式将是收购,因此未来新竞争者获得支付牌照的最快捷径就是收购。收购主要在两个方面展开:首先,无支付牌照的商务企业收购有支付牌照的企业,以完善自身商业生态;其次,强强联合,以求更丰富的业务范围和市场份额。

2)跨境支付政策友好,数字人民币支付前景可期

随着跨境支付顶层设计的逐渐完善,支付机构跨境业务办理范围由货物贸易、服务贸易拓宽至全部经常项目下,这有助于第三方支付机构开辟新的增量市场,跨境支付机构迎来了更广阔的发展机遇。与此同时,数字人民币作为一项重要的基础性金融创新备受地方重视,各省市纷纷将数字人民币试点纳入发展规划,数字人民币将向更多场景、城市、用户开放。从严格意义上讲,数字人民币与支付宝、财付通等第三方支付并不存在竞争关系,但在零售支付场景的使用过程中,无论是依凭的支付终端还是支付体验,数字人民币都与现有的第三方支付在诸多方面存在重合。数字人民币在安全性、便捷性、费用成本等方面都存在相对优势，可能会对第三方支付平台造成流量挤压。在数字人民币的发行推广前期，用户习惯培养和场景开发是重心，对第三方支付的影响可能并不明显。但随着一部分数字人民币运营主体（如银行）用户基数的增加和应用场景的下沉，第三方支付机构参与数字人民币运营体系的深度使相关影响存在诸多变数。

3）产业支付发展提速，持续赋能数字化转型

服务实体经济是第三方支付机构发展的出发点和落脚点。随着数字经济发展方向的确立，如何帮助产业端的商户和企业实现数字化升级，使其在规避风险、降本增效、产品创新等层面得到真实收益，这是摆在第三方支付企业面前的首要问题。2021 年，我国产业支付市场规模为 3 214 亿元，同比增长 41.03%，中小企业数字化、智能化升级需求迫切，未来第三方支付机构必将不断通过探索支付技术创新，为消费者和商家提供安全便捷的支付服务体验，用技术帮助商家机构和金融合作伙伴实现数字化转型升级。一方面，要助力商家机构降本增效提质，通过小程序、IOT 智能设备等建立属于自己的数字化经营阵地，利用支付、搜索、会员等工具，定制个性化的高效运营链路，在降低成本的同时，提升数字化经营能力。另一方面，将参与金融机构数字化升级，将自主研发的核心能力进行开放或科技输出，帮助中小金融机构建立“科技底座”；建立线上自运营体系，提供丰富的数字化技术工具，帮助中小金融机构利用数字化做全流程管理，帮助中小金融机构更好地实现产品和服务匹配；借助大数据和 AI 技术，帮助中小金融机构确保数字化风控与安全。

4）借助隐私计算应用，加强数据安全合规建设

近年来，数据治理和数据安全合规建设不断提速。能兼顾信息安全的同时，满足多方应用需求的隐私计算发展未来可期。第三方支付机构本身拥有庞大的数据来源，特别是近几年数字化升级、支付与 SaaS 结合等趋势，更使得支付企业拥有海量的优质数据。但同时，过去几年支付企业为 P2P 网贷、消费贷提供了许多数据服务，助长了灰黑产的发展。隐私计算的发展，如图 4.10 所示，将为第三方支付机构开辟新且合规的数据应用方向，进而开拓新的业务。

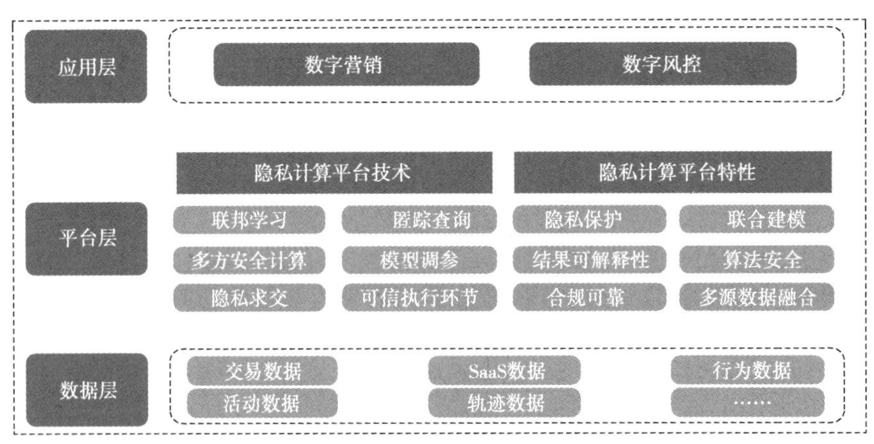

图 4.10　第三方支付行业隐私计算应用框架图

4.3 第三方网络支付的风险防控与监管

4.3.1 第三方网络支付发展中存在的风险

迅猛发展的第三方网络支付一方面通过提升支付效率、扩大金融普惠性提升了社会福祉,另一方面也为支付体系带来了新的风险与不安全因素。特别是2013年以来,伴随我国互联网金融的兴起,第三方网络支付创新速度加快,出现了一些跨机构、跨市场、影响力较大的交叉创新产品,对第三方网络支付的监管提出了新的挑战。

1)操作风险

(1)运营风险

对于第三方网络支付机构而言,交易流程风险作为经营风险的重要内生因素,其管理控制同样重要。从第三方网络支付的管理实践来看,交易流程风险管控需要面对的主要风险可以大致分为5种类型,具体包括内部欺诈、外部欺诈、用户、产品和业务活动的安全问题、业务中断、流程管理等。另外交易流程风险时常与其他问题相结合,诸如产品缺陷可能迅速引发外部欺诈团伙的聚集,而对用户建议不当和职业性的疏忽大意则可直接导致用户投诉到监管机构或媒体,引发声誉风险。此外,运营风险的管控与第三方网络支付业务的处理流程密切相关。内部、外部欺诈的防范机制、产品服务的创新活动与评价机制、业务恢复和系统应急预案,以及不同部门间的流程分工与彼此制衡都会影响运营风险的合理防范和运营效率的有效保障,进而影响网络支付服务的安全与效率。

(2)技术风险

由于第三方网络支付是一种线上交易,支付用户的个人信息泄露、遭窃、篡改是其主要的风险;支付系统本身所具有的漏洞可能被恶意利用,从而给客户带来损失,同时由于各种木马、病毒对系统的入侵,会造成用户信息丢失或泄露。第三方网络支付平台大都提供多家银行的网银接口,如果这些第三方网络支付平台的技术不过硬,用户的网银密码就会很容易被盗取,就可能给用户带来更大的损失,对整个网络银行体系也会产生较强的冲击。其次第三方网络支付平台提供的服务与专业银行提供的网上银行服务有类似之处,当前网上所发生的安全事件大多是针对银行的,由于假冒银行网站以及其他欺诈手段的出现使网上银行用户蒙受了损失,从而使人们对网上交易产生畏惧心理,这就对第三方网络支付平台起到了警示作用,要加强自身的安全防卫。

案例4.9

网络安全漏洞造成客户信息泄露

2014年3月22日,乌云漏洞报告平台(位于厂商和安全研究者之间的第三方安全问题反馈平台)在其官网公布的一条网络安全漏洞信息,指出由于携程网用于处理用户支付的安全支付服务器接口具有调试功能,使部分向银行验证持卡所有者接口传输的数据包(包括用户支付记录文本)均直接保存在本地服务器。同时,因为保存支付日志的服务器未作严格的基线安全配置存在目录遍历漏洞，安全支付日志可被遍历下载，导致所有支付过程中的调试信息可被“黑客”任意读取，大量用户银行卡信息（包含持卡人姓名、身份证、银行卡号、卡CVV码、6位BIN）遭泄露。事件曝光后，携程公司承认在技术调试过程中记录了用户的安全日志，确认共有93名用户的支付信息存在潜在风险，并通知相关用户尽快更换信用卡。尽管如此，该安全风险的发布给用户带来了很大的恐慌并对正常用卡造成影响，事后多家银行陆续接到用户电话要求挂失或更换信用卡。

2）金融风险

（1）洗钱风险

由于第三方网络支付机构的越来越多业务涉足金融行业，与银行的业务交叉也越来越多，第三方网络支付机构可以自主调动资金，网上交易的隐蔽性使得监管机构对其不合理的资金调动难以察觉，可能会构造虚假交易进行洗钱、贿赂、诈骗、套现等，使得监管机构难以进行有效的监管。由于网络交易的匿名性，第三方网络支付平台很难辨别资金的真实来源和去向，使得其可能被利用作为进行资金的非法转移、套现、洗钱、贿赂、诈骗、网络赌博以及逃税漏税等非法活动的平台，形成潜在的金融风险。通过第三方支付平台进行洗钱已成为一股暗流，不仅对我国电子商务的健康发展积累了巨大风险，更挑战了我国金融监管的底线。

案例 4.10

借助电商交易暗藏非法活动

2013年，湖北警方接到线报，有一家淘宝店铺十分古怪，可能暗藏非法交易活动。这是一家出售茶叶的淘宝小店，但该网店页面异常简陋，出售的商品只有两种铁观音的小包茶叶，每包6 g，单价10元。一个喜欢品茶的民警通过所留QQ和店主联系上，发现店主对茶叶并不懂行，且聊天深入后，店主就会引导是否要“货”。经过深入调查后发现，对方是一个以QQ及淘宝网络为平台，销售国家管制药品的涉毒卖家，其店铺交易记录中，每笔均只销售两三件“茶叶”，但销售数量大得惊人，而且该店有许多“回头客”。随后，湖北仙桃警方对淘宝店主张某进行了抓捕，在其租住处搜出了盐酸曲马多片剂、三唑仑片等国家管制药品45万余颗，分别为国家一级、二级精神类管制药品。此后又在广东警方的配合下将其上线郑某在揭阳抓捕归案。

后据张某、郑某交代，他们是以开设网店通过第三方支付平台来将毒资“洗白”。张某会先与买家在QQ上商议好购买毒品的数量和价格。随后买家会在张某、郑某的网店内购买与毒品等额的商品，这样毒资就会进入张某、郑某事先准备好的第三方支付平台账户中。之后，张某、郑某再将支付平台账户里的钱款转入不同的银行账户中，至此，贩卖毒品所得的“毒资”就堂而皇之地成了茶叶的货款。截至案发当日，两人已通过该方式获取毒资数百万元。

（2）沉淀资金风险

沉淀资金即前文所述的客户“备付金”。一是沉淀资金会造成第三方支付平台本身的风险。网上交易和第三方网络平台设计的初衷使得沉淀资金的留滞是不可避免的，根据交易规则,这笔资金在第三方账户上会存在三天到一周的时间,在这期间第三方网络支付平台肯定会得到一笔利息。在备付金集中上交的监管规定出台之前,这些平台中只有支付宝等少数账户把资金存在专用账户上,在缺乏有关部门监管的情况下,可能会出现越权使用资金的情况,因而加大第三方网络支付平台本身的风险。另一方面,沉淀资金的规模日益庞大,远远超过其注册资本,一旦出现沉淀资金损失,其自有资金根本不足以支付客户损失。

二是沉淀资金会造成第三方网络支付系统的流动性风险,尤其是卖方的流动性风险。由于沉淀资金在买方支付给第三方网络支付平台时仍属于买方,并且只有在买方确认之后才能将资金转移给卖方,这种形式的交易会占用卖方的资金量,使得卖方的流动性风险加大。

三是沉淀资金会引起道德风险,第三方网络支付平台可能会挪用资金进行投资。沉淀资金的规模迅速扩张,使用这些资金所获得的收益也越来越大,在没有有效监管的情况下,第三方机构是否会使用这些资金进行其他交易或者投资,客户是不知道的,如果第三方机构将其投资于高风险的项目很可能会出现资金不能收回的情况,这就会使得客户资金收回的风险加大。而且还可能会出现机构席卷客户资金出逃的事件,这些都会加大资金的风险。

四是沉淀资金会导致网络违法犯罪活动。由于网络交易的匿名性,监管具有一定的难度,银行并没有掌握交易数据,只是根据第三方的交易指令进行资金的转移,这会使得资金的非法转移、洗钱、套现、诈骗等活动有了可乘之机。

(3)信用风险

目前我国的信用评估严重匮乏,市场行为缺乏社会监督,信用落后与社会信用状况的恶化已严重制约了我国市场经济的健康发展,并成为互联网金融发展的瓶颈。由于信息不对称导致信任危机,信息优势者在追求私利的动机下,可能利用信息优势欺骗对方,由于第三方网络支付依附于虚拟经营,这种虚拟经营更容易产生信任危机。对于网络支付机构而言,其信用风险包括两大类:伴生信用风险(交易双方无法履约)和直接信用风险(授信、融资对象无力偿付)。伴生信用风险将会增加网络支付机构的运营成本和征信成本,而直接信用风险则会使网络支付机构面临类似银行不良贷款无法收回的损失。

第三方支付机构在担任信用中介的模式下,信用风险成为网络支付机构的伴生风险。融资者无法履约的行为容易引发用户对网络支付机构的信用度降低,同时会增加网络支付机构的运营成本和征信成本,进而影响和降低其运营效率。当网络支付机构为寻求新的利润点而深入产业链的各个层面时,为产业链的核心企业提供资金流转的行业解决方案或为用户提供融资服务时,如果借款企业无法按期兑付,就会使网络支付机构面临直接的信用风险。此外,因沉淀资金而引发的第三方网络支付机构的信用风险和道德风险等安全问题,一直是第三方网络支付机构的敏感地带。为确保用户资金的安全性,网络支付机构应采用客户备付金保障模式,在商业银行开立备付金专用存款账户管理备付金。

我国只有少数的第三方支付平台将资金存放在专用账户里,其他大部分的支付平台由于缺少监管,他们可以直接来支配交易资金。为了防止这种越权调用的状况发生。比如,2014 年 8 月,浙江易士企业管理服务有限公司挪用 5 420.38 万元客户备付金,公司民间借贷等各类债务高达 1.4 亿元,因其同时存在伪造变造交易和财务资料、超范围经营支付业务等重大违规行为,成为全国首例《支付业务许可证》被注销的第三方支付机构。2014 年 12

月，上海畅购企业服务有限公司发生挪用客户备付金事件，造成资金风险敞口达7.8亿元，涉及持卡人5.14万人；2014年，广东益民挪用客户备付金造成资金风险敞口达6亿元，引发兑付风险。

4.3.2 第三方网络支付的风险防控

1）第三方网络支付机构的风险自控

（1）坚持依法合规经营

第三方网络支付机构应坚持依法合规经营，摒弃单纯追求规模效益的观念，树立规范意识，遵守监管部门的各项政策法规，尤其是反洗钱、个人信息保护、跨境电商等重点领域的监管要求，将外部监管要求融入自身风险管理中。

（2）建立和完善内控制度

第三方网络支付机构应建立和完善内控制度，加强经营管理，积极防范洗钱、欺诈、信息泄露等各类风险。在设计内部风险控制体系时，必须要包括客户身份识别、异常交易监控、备付金账户管理、客户信息保护、反洗钱及反恐怖融资等内容。

（3）强化技术能力建设

第三方网络支付机构应重视系统建设，加强技术人员的培训，强化软硬件设施，对应用开发的软件进行严格的安全评估，并对此类软件开发形成一个完善的评估体系，及时修复漏洞。同时，做好应急备案，保障支付业务的连续性。

2）监管机构的监管创新与安全均衡

（1）加快完善监管规则体系

第三方支付机构的发展迅速加大了监管机构的监管难度，监管机构应在不阻碍第三方支付机构良性发展的同时，根据变化适时制定监管法案。要完善监管基础性制度，应尽快出台《非银行支付机构条例》，进一步明确支付机构性质，调整现有规章制度存在冲突的条款，统一监管规则。要完善消费者权益保护制度，加强反垄断和反不正当竞争，打击侵犯消费者权益行为，完善用户信息、交易数据安全、客户备付金等方面的监管制度。

（2）明确监管理念和监管目标

由于第三方支付机构的模式、技术、边界都在不断的创新和变化，监管部门应该改变传统监管思维，坚持依法依规、包容适度、分类监管、协同治理的理念，处理好发展与安全、自律与监管、支付监管与衍生业务监管、分类监管与一致性监管的关系，在创新与安全稳定之间取得平衡，实施动态监管。要坚持“法定职责必须为、法无授权不可为”的原则，推进第三方网络支付平台监管目标的调整和优化，探索重点突出、分类监管、创新可行的监管治理体系。

（3）加大反洗钱和反垄断监管

加强央行与银保监会、网信办、工信部等部门协同共管，重点推进第三方平台上的跨境异常资金及异常交易行为监管规则和实施细则的制定，完善和全流程无缝隙监管，探索加强离岸监管合作，加大跨境支付业务的监管力度。加强与政府反垄断机构的合作，完善并细化第三方网络支付行业反洗钱和反垄断监管规则，强化行业监督和平台自律。

(4)创新运用多种监管手段

推动银联和网联智能化升级,运用大数据、人工智能、区块链等技术丰富监管科技(Regtech)工具,明确行业技术标准规范,包括技术层面、交易流程、后续补救、风险管理等,特别是以二维码为代表的移动支付标准,从二维码编码、符号标识、应用规范、质量判定、公共服务等多领域多层面进行规范,保障交易信息传递和确认的完整性、一致性以及防篡改和不可抵赖性。探索引进监管沙盒(Sandbox)方法,建立机制化的第三方网络支付平台监管方式。

3)终端用户的风险防范

(1)重视个人信息保护

提高风险意识,重视个人信息的保密,养成良好的安全使用网络的习惯。妥善保存自己的身份证号、银行卡号、口令密码、地址、手机号码等个人核心信息,在网上尽量使用虚拟身份,非必要情况下,不要提交真实信息。

(2)采取必要的风控措施

使用银行卡、第三方网络支付进行交易时,应设置支付额度限制,开通资金变动通知服务。大额交易一定要采用必要的加密手段,采用电子认证 CA 证书等确保数据无法更改。慎重点击各类链接,慎重使用授权。不随意下载来路不明的 App,及时观察流量使用等。慎选交易机构,尽量选择一些信誉好的商业银行或者信用级别比较高的第三方支付机构。对自己的移动终端,不要刷机或者越狱,及时更新手机病毒库,防止病毒、木马的入侵。

本章小结

1. 支付体系是在既定的法规制度框架下,由提供支付服务的中介机构和专业技术手段共同组成,通过支付工具的应用实现债权债务清偿及资金转移的一种综合金融安排。支付体系主要包括支付工具、支付系统、支付组织及支付监管 4 个部分。

2. 第三方支付是指经合法授权的非银行机构,借助计算机通信和信息安全技术,通过与各大银行签约设立相关结算系统关联的接口和通道的方式,在用户与银行支付结算系统之间建立某种连接(直连或间连)的电子支付模式。第三方支付机构主要有网络支付、预付卡发行与受理及银行卡收单 3 大类业务。根据第三方网络支付运营模式的不同,可分为独立第三方支付模式、交易平台担保支付模式、依托电子商务网站 3 种支付模式。

3. 第三方网络支付对传统金融业发挥着“鲶鱼效应”,占据着零售网络支付体系的主体地位,虽未动摇银行在支付体系中的主体地位,但从长期来看对银行业发展产生战略性影响。未来第三方网络支付的发展进入成熟期,跨境支付、数字人民币支付、产业支付等领域前景可期。

4. 第三方网络支付在给用户带来良好体验的同时,也给支付体系带来了新的风险和不安定因素。其风险主要有运营风险、技术风险、洗钱风险、沉淀资金风险、信用风险等,而风险的防控不仅需要第三方支付平台加强自身防风险能力的建设,也需要监管机构把控好监管创新和安全均衡,需要消费者提高风险防控意识并采取必要的防控措施。

复习思考题和检测题

1. 中国现代支付体系是如何构成的？第三方支付在其中的地位如何？
2. 第三方网络支付产生的背景是什么？具有什么特征？
3. 第三方网络支付有哪几种运营模式？它们有什么区别？
4. 第三方网络支付有哪些风险？如何防范？

案例分析

苹果公司遭欧盟反垄断机构指控，或面临超2 400亿元的罚款

2022年5月2日，欧盟反垄断监管机构正式指控美国苹果公司限制竞争对手使用其移动支付技术，苹果公司因此可能面临巨额罚款。

欧盟委员会2日表示，已向苹果公司发出一份书面声明，详细说明了苹果如何通过Apple Pay滥用其在移动支付领域的主导地位。声明说，近年来苹果一直以保护用户安全和隐私为由，限制用户在苹果设备上使用其他支付系统，并称苹果的这一反竞争行为可以至少追溯到2015年。欧盟委员会表示，有迹象表明，苹果设置壁垒限制第三方应用程序开发人员获得所需的关键技术，也就是用户在通过苹果设备使用Apple Pay时的NFC非接触式支付技术。如果这一指控成立，苹果将面临高达其全球年营业额10%的巨额罚款，按上一财年的营业额数据估算约为366亿美元(约合人民币2 418.64亿元)。不过路透社的报道也指出，欧盟的相关处罚此前很少按上限处罚标准执行。

苹果为自己的做法辩护称，即便没有点击支付选项，包括PayPal在内的Apple Pay竞争对手在iPhone上仍然很受欢迎，Apple Pay已经支持欧洲2 500家银行。它将“继续与欧盟委员会接触，以确保欧洲消费者能够在一个安全可靠的环境中选择支付方式”。

据悉，欧洲议会、欧洲理事会和欧盟委员会在今年3月就《数字市场法案》达成一致，旨在限制谷歌、苹果、亚马逊、脸书等科技巨头。如果相关企业违反《数字市场法案》，将面临高达其前一财政年度全球年营业额最多10%的罚款以及高达20%的再犯罚款。

问题：根据案例，你如何看待第三方支付的市场格局？如何实施反垄断？

第 5 章 互联网借贷

📖 学习目标

- 掌握互联网借贷的种类、模式和风控要点。
- 理解不同互联网借贷之间的本质区别。
- 了解互联网借贷的发展历程和监管要求。

📖 知识要点

- 互联网借贷的定义、种类及特点。
- 互联网借贷的主要运作模式。
- 不同互联网借贷的风险防控。

📖 关键术语

P2P 网络借贷;网络小额贷款;互联网消费金融;纯平台模式;债权转让模式;联合贷款;助贷;消费分期;现金贷。

案例导读

中国首家 P2P 平台完成清退①

2020 年 10 月 12 日,上海拍拍贷金融信息服务有限公司(简称"拍拍贷")在其官网发布公告称:"自互金整治工作开展以来,拍拍贷积极响应和配合监管'三降'要求,截至 2020 年 9 月,拍拍贷在监管指导下,基于保护出借人和借款人双方利益的原则,已经完成存量业务的清零和退出。"同时表示,"拍拍贷已经成功向助贷平台转型,致力于为有借款需求的借款人匹配适合的持牌金融机构资金"。至此,作为中国最早成立的 P2P 网络借贷平台,拍拍贷成为首家完成清退的上市网贷平台。此前,在拍拍贷发布的 2019 年第三季度财务报告中,已经正式宣布更名为"信也科技集团"(FinVolution Group),平台由撮合个人出借者和个人借

---

① 根据 2020 年 10 月 16 日中国银行保险报相关报道编辑整理。

款人的模式转型升级为连接金融机构和个人及小微商户借款人的金融科技开放平台模式。

P2P 网络借贷作为一种舶来品，2007 年进入中国，2013 年开始爆发式增长。有关数据显示，截至 2015 年 12 月底，我国网络贷款行业运营平台数量达到 2 595 家，相比 2014 年底增长了 1 020 家，而在 2013 年之前注册成立的平台占比不到 5%。P2P 网络贷款作为互联网金融的一种典型业态，在一定程度上缓解了小微融资难的问题，也倒逼了传统金融的改革，但是由于监管的缺位暴露出越来越多的问题，P2P 平台跑路事件频频发生，因其涉及的投资者众多，在投资者契约精神不完善的今天，很容易演变为社会事件。2016 年 4 月开始的互联网金融风险专项整治，标志着 P2P 行业"野蛮生长"阶段的结束。此后，关于 P2P 网络借贷的监管制度不断完善，网贷平台开始清退和转型。2021 年 1 月，央行副行长陈雨露表示，我国 P2P 平台已经全部清零，整治工作取得了重大成果。

支付与融资是经济主体最基本的金融需求，因此，互联网支付与互联网融资共同构成了互联网金融最基本的典型业态。根据融资特点的不同，互联网融资通常又被分为互联网借贷和互联网众筹两大类。本章主要介绍互联网借贷，围绕互联网借贷产生的背景和发展历程，着重介绍 P2P 网络借贷、网络小额贷款、互联网消费金融的定义、特点、运营模式以及与商业银行互联网贷款的关联与区别，并进一步揭示其风险控制和监管的重要性。

5.1 互联网借贷概况

5.1.1 互联网借贷的含义及特点

1）互联网借贷的含义

广义的互联网借贷是指所有通过互联网开展的线上借贷活动。随着互联网的蓬勃发展，互联网借贷的需求和供给一度成为金融领域的热点。从 1995 年世界上最早成立的纯互联网银行到后来的 P2P 网络借贷，再到持牌的小贷公司、消费金融公司以及商业银行的多方加入，互联网借贷的参与主体越来越广泛。

狭义的互联网借贷在不同的发展时期有不同的特定含义。在我国，2016 年互联网金融风险专项整治以前，互联网借贷主要是指 P2P 网络借贷；2016 年以后，伴随着互联网金融问题平台的出清，互联网借贷则主要是指持牌金融机构（包括商业银行、小额贷款公司、消费金融公司等）依托互联网开展的借贷活动，原有的一些大型互联网平台则转型成为持牌金融机构的助贷平台。在欧美，互联网借贷则主要是指 P2P 个人网络借贷以及面向小微企业的 P2B 网络借贷，特别是在欧洲，互联网借贷与互联网众筹都属于替代性金融（Alternative Finance）的范畴。

2）互联网借贷的特点

（1）金额小，期限短

由于互联网借贷的出借方和借款人并非面对面交易，彼此也不熟悉，都是在网上进行交易的，虽然网上也要对借款人进行信用评估，但是为了防范风险，出借方的授信额度不可能

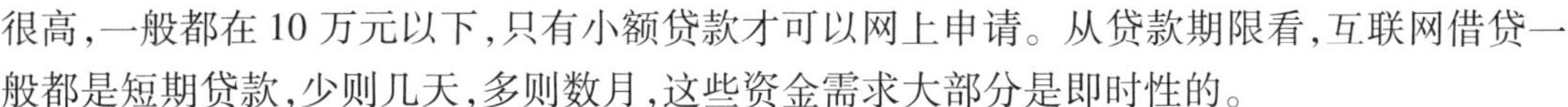

很高,一般都在 10 万元以下,只有小额贷款才可以网上申请。从贷款期限看,互联网借贷一般都是短期贷款,少则几天,多则数月,这些资金需求大部分是即时性的。

(2)放款快,效率高

传统的银行贷款业务手续繁琐,要传递书面材料,进行信用评估认证,费时费力。而网络借贷在借款人信息资料传递方面方便快捷,可以自动审批,快速决策,自动跟踪和自动化风险提示。此外,传统贷款到银行营业时间的限制,网络贷款业务可以提供 24 小时服务,能满足借款人及时性借款需求。

(3)门槛低,利率高

互联网借贷的目标客户面向大众,资金门槛和客户门槛相对于正常银行贷款较低,适合普通阶层。尤其是 P2P 网贷,从出借人的角度来看,低到几十元、数百元皆可出借。但是,互联网借贷的利率一般高于正常的银行贷款利率,我国早期 P2P 网贷的年化利率一般都是银行贷款利率的三、四倍,部分平台甚至具有高利贷的性质。后来受监管要求和利率市场化的影响逐渐下降,但总体上仍高于正常银行贷款利率。因此,从普惠金融的角度来看,互联网贷款具有“普”的特点,降低了大众贷款的难度,但并不完全具有“惠”的特点。互联网贷款对借款人来说最大的特点是便利,可以线上申请、自动审批、实时放款,虽然部分互联网贷款与消费或应用场景结合有一些促销手段,让借款人似乎感觉到一些“实惠”,但实际上这是由互联网贷款期限短、金额小所导致的单次贷款利息总额不大,极易麻痹借款人,只有采取年化利率的方式才便于借款人识别比较。

5.1.2 互联网借贷的种类

根据放贷主体的不同,互联网借贷主要包括 P2P 网络借贷、小额贷款公司网络贷款、消费金融公司网络贷款和商业银行互联网贷款 4 种类型。

1) P2P 网络借贷

P2P(Peer to Peer)网络借贷是指个体和个体(即点对点)之间通过互联网平台实现的直接贷款。这里的个体(Peer)其实包括自然人、法人和其他组织,也就是说,既包括个人,也包括机构。在此基础上,后来也有将专门针对机构的互联网借贷称为 P2B 借贷。P2P 和 P2B 网络借贷的典型做法是都由一个网络借贷公司(如 Zopa、Lending Club、拍拍贷)提供互联网平台,借贷双方在平台上自由竞价,撮合成交。网络借贷公司的互联网平台仅为双方提供信息流通交互、信息价值认定和其他促成交易完成的任务,不实质性地参与到借或贷的任何一方,借贷双方直接发生债权债务关系,属于直接金融的范畴,网贷平台向借贷双方收取一定的服务手续费维持运营。因此,我国监管部门将 P2P 网络借贷平台界定为“网络借贷信息中介机构”,美国监管部门则根据其金融活动的性质将其纳入证券交易委员会(Securities and Exchange Commission, SEC)的监管之下。

2) 小额贷款公司网络贷款

从广义上讲,网络小额贷款是指出借人通过互联网开展的小额贷款,贷款金额小到几百上千元,一般也不超过二三十万元。从这个意义上讲,P2P 网络借贷也是一种网络小额贷款。但是在我国,网络小额贷款主要是指持牌的小额贷款公司或者互联网企业通过其控制的持牌小额贷款公司利用互联网向客户提供的小额贷款。因此,网络小额贷款应遵守现有小额贷款公司的监管规定,发挥互联网优势,努力降低客户的融资成本。为进一步规范小额贷款公司的网络小额贷款业务,中国银行监会和中国人民银行于 2020 年 11 月 2 日发布了《网络小额贷款业务管理暂行办法》(征求意见稿),向社会公开征求意见,对网络小额贷款业务的从业资格、经营范围、平台资质等基本规则作出界定,在一定程度上对网络小额贷款公司及网络小额贷款业务进行明确规范。

3)消费金融公司网络贷款

互联网消费金融是指以互联网技术为手段,向各阶层消费者提供消费贷款的金融服务,是传统消费金融活动的电子化、信息化和网络化,但其本质还是消费金融,只要贷款的用途是消费,购房、购车、电子产品、装修等消费开支都可以获得消费金融的贷款支持。除了房贷,互联网消费金融基本上都是用在个人消费方面的互联网小额贷款。互联网消费金融的放贷主体不仅有消费金融公司,还有商业银行、互联网平台及销售公司等。

4)商业银行互联网贷款

如第 2 章所述,P2P 网络借贷以及纯互联网银行的出现对传统商业银行形成了一定的影响,越来越多的商业银行在互联网化的进程中推出了互联网贷款。商业银行的互联网贷款可分为两种情况:一种是银行通过自己设立的网络和终端开展贷款业务(如中国工商银行的"e 贷通"、中国建设银行的"快贷"、招商银行的"闪电贷"等),手机银行或直销银行推出的线上信贷产品比比皆是;另一种是银行利用互联网平台(如蚂蚁金科、京东数科、度小满等)开展的网络贷款业务,如助贷和联合贷款等。

由于商业银行往往有资金但缺乏场景与数据,面向小微群体的获客能力不足,尤其是一些地方性商业银行,因传统线下业务模式受阻,互联网转型的能力也不够,因此有着强烈的拓展信贷优质客户的需求。而互联网平台通常有获客能力,一些大型平台凭借其技术优势已经积累了丰富的大数据风控经验,但要么没有贷款资质,要么是取得了小额贷款资质但资金来源不足,于是商业银行和互联网平台联合推出了助贷和联合贷款的新模式。

(1)助贷

顾名思义,助贷就是帮助贷款。商业银行在转型发展互联网贷款的初期,由于线上的渠道尚未建立起来,缺乏客户流量,需要借助互联网平台的场景和流量优势帮助其展业。因此,狭义的助贷通常是指合作机构通过自有系统或者渠道进行目标客群筛选,完成自有的风险识别评估流程,然后将较为优质的客户输送给商业银行,经银行风控终审后,完成贷款发放的一种业务。而在广义上,凡是参与互联网贷款的从营销获客到逾期清收各环节的合作机构都可以称为助贷机构。

按照助贷机构是否参与贷款增信,助贷可以分为增信助贷和非增信助贷。助贷机构增信的方式多种多样,如保证金模式、信托分级模式、融担/保险模式等。按照助贷机构的资质情况,助贷可以区分为持牌机构助贷、无牌照纯引流助贷(App、公众号、电话等)以及技术服务助贷(数据、系统、催收等)。

值得注意的是,在商业银行与助贷机构的业务合作中,需要明确细化贷款管理和自主风控要求,履行贷款管理主体责任,加强信息数据管理和贷款资金管理,规范合作业务管理,加

强消费者权益保护，促进平台经济健康发展。

（2）联合贷款

在助贷的基础上，一些拥有小额贷款公司牌照的大型互联网平台与商业银行合作，共同出资开展互联网联合贷款。联合贷款原本是商业银行的一项传统贷款业务，是指由两家或数家银行一起对某一项目或者企业提供贷款，金额小于银团贷款，组织形式比银团贷款简单，没有主牵头行和牵头行之分。互联网联合贷款与传统联合贷款的主要区别在于合作对象和放贷渠道的变化，银行的合作对象不是银行而是互联网平台或其他持牌金融机构（如小额贷款公司和消费金融公司），放贷的渠道是线上。

2020 年 11 月网络小贷新规之前，我国商业银行互联网借贷中联合贷常见的出资比例约在 1%：99% 到 20%：80% 的范围内，合作方出资比例较低，杠杆率较高，同时地方商业银行借互联网贷款突破异地经营限制的情况比较突出。根据银保监会公布的统计数据，截至 2021 年末，我国银行业金融机构互联网贷款余额为 5.75 万亿元，同比增长 21.8%。其中，用于生产经营的个人互联网贷款和企业流动资金互联网贷款同比分别增长 68.1%、46.3%。①有机构初步估算，头部助贷平台主导的互联网贷款余额占比约 50% 以上。②

5.1.3 互联网借贷的影响和发展趋势

1）互联网借贷的影响

互联网借贷是多层次小微金融服务体系的重要组成部分。多元化的互联网放贷主体利用互联网技术开展网络贷款业务，在提高金融服务普惠性、改善金融服务质效和降低金融服务成本等方面发挥了一定作用，并与传统金融形成互补，但同时也存在许多问题。

互联网借贷的实质是互联网平台与持牌金融机构在竞争与合作中实现信用资本收益化的一种途径。其中的风险并不在于互联网平台对金融业务的介入，而是源于新型金融模式本身的特性及其与金融监管模式之间的错配，包括互联网借贷对象的错误定位。如果忽略对贷款对象的贷款用途、还款能力和偿债意愿进行审查，对非理性的投资或消费提供贷款支持，不仅会隐含贷款风险，也有违社会责任。不同的互联网借贷模式所存在的问题和风险虽然有所不同，但普遍存在属性定位、准入门槛、运作模式、利率定价、杠杆比率、信息披露、行业自律等方面的风险隐患，需要从宏观审慎和微观审慎的双重角度，构建基于资金和数据的双要素监管体系。

2）互联网借贷的发展趋势

当前，在金融科技应用不断深入以及社会大众需求稳步增长的背景下，社会秩序的稳定与实体经济的复苏紧密相连，互联网借贷作为普惠金融直接的载体，其“金融毛细血管”的作用将进一步加强。新冠肺炎疫情以来，作为“非接触式”金融服务的互联网贷款扶持中小微企业、助力复产复工的话题颇受关注。各国政府出台了多项政策对中小微企业进行各方支持，为小微企业减轻负担、援企稳岗。互联网借贷在提高贷款效率、创新风险评估手段、拓宽

① 数据来源：新京报。

② 数据来源：消费金融频道。

金融客户覆盖面等方面发挥着积极作用，适时推动互联网借贷业务的再深化符合纾困小微的政策导向。同时，由于互联网借贷本身缺乏贴近业务逻辑的统一规定，业务发展和创新中暴露出一系列问题和风险隐患，加快互联网借贷规范健康发展也具有紧迫性。

(1)P2P 网络借贷模式面临严峻挑战

从全球范围看，P2P 网络借贷在经历了迅猛发展期后，其运作模式受到来自监管和市场两个方面的挑战，尤其是我国的 P2P 网络平台在经历了 2015 年的顶峰之后开始问题频现，经过几年的专项整治，目前已经整体退出，如图 5.1 所示。除了彻底退出市场，一部分平台向持牌的网络小额贷款公司或互联网消费金融公司抑或是非持牌的互联网助贷平台转化。但是转化的条件比较严格，比如必须满足合规条件、转型期限条件、资本条件、存量风险消化承诺条件以及杠杆率上线要求等。就连美国最大的 P2P 网贷平台也因盈利模式的可持续性在寻求转型。

(2)网络小额贷款将接受更严格的监管

目前，对网络小额贷款公司的监管正在逐渐加强。属地化管理将使网络小额贷款牌照大幅缩水，对控股股东的财务状况、出资比例、股权转让等也有了更为明确的要求，注册资本提高可以提升抗风险能力，规定杠杆率上限将使暴利成为历史，对借款人借款金额和比例的限制，有助于坚定普惠金融的客户定位。未来，头部的网络小贷公司凭借扎实的客户基础仍有望获批进跨省经营，但在联合贷款出资比例限制下或将更加依赖消费金融公司和互联网银行牌照，中小网络小贷公司将要聚焦和深挖体内场景及属地客户资源，兼顾监管、规模和效率指标。

(3)互联网消费金融规范化、多元化发展

国民经济增长与逐步提升的居民消费水平是消费金融行业蓬勃发展的沃土，当前中国已成为全球第二大消费市场。狭义的消费信贷渗透率已逼近美国水平，网上零售额占比不断提升，为互联网消费金融发展创造了良好的市场条件。近年来，消费金融兼顾开放与监管两个方面，带动了互联网消费金融进入规范发展阶段。2021 年，中国互联网消费金融行业放款规模达到 20.2 万亿元，余额 5.8 万亿元，已经形成了商业银行、消费金融公司和互联网平台为主体的市场格局。未来，互联网消费金融将在技术服务商转化、自营持牌经营、延续深化助贷以及征信数据产品等方面提升核心竞争力，多元化转型发展。

(4)商业银行互联网贷款

商业银行数字化转型是大势所趋，通过开展互联网贷款业务，开辟线上渠道从而触达更多的客群也是势在必然。但是金融科技本身并不能提高借款人的道德水平和信用水平，也不能改善借款人的还款能力。从长远发展看，无论是自营线上贷款业务还是助贷抑或联合贷款业务，未来要实现互联网贷款业务的高质量发展，商业银行需专注于贷款的核心风险控制环节。既要加强对借款人财务、信用、经营等方面的持续监测，完善数据的搜集、存储、整理、分析、预警和跟踪反馈，形成体系化、规模化的互联网贷款管理体系，也要严格落实金融管理部门对征信、支付和反洗钱等方面的要求，防范贷款管理“空心化”，高质量发展一定是规范的、可持续的发展。商业银行互联网贷款属于“互联网银行”的范畴，本章不再赘述。

5.2 P2P网络贷款概况

5.2.1 P2P网络贷款的含义及特点

1)P2P网络贷款的含义

P2P网络贷款(简称"P2P网贷")来自于英文Peer-to-Peer lending,即点对点借贷。P2P网络贷款是指借款人与投资人通过独立的第三方网络平台进行的借贷活动,即由P2P网络贷款机构作为中介平台,借款人在平台发放借款标,投资者进行竞标向借款人放贷的行为。其基本交易流程如图5.1所示。

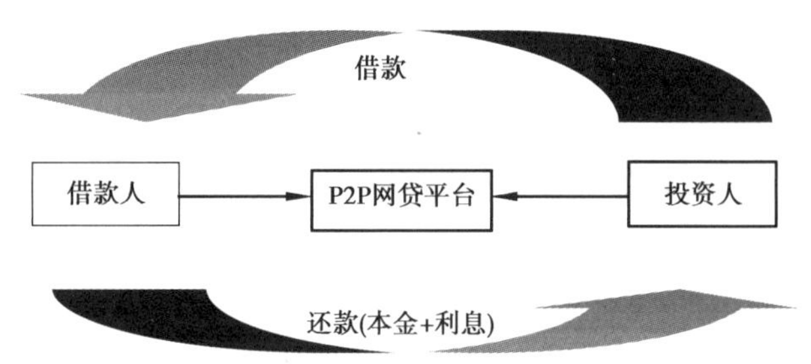

图5.1 P2P网贷交易流程

根据中国银监会等四部委2016年8月发布的《网络借贷信息中介机构业务活动管理暂行办法》,P2P网络借贷是指个体和个体之间通过互联网平台实现的直接借贷,属于民间借贷范畴。网贷业务是以互联网为主要渠道,为借款人和出借人实现直接借贷提供信息搜集、信息公布、资信评估、信息交互、借贷撮合等服务;网络借贷信息中介机构(简称网贷机构)是指依法设立,专门从事网络借贷信息中介业务活动的金融信息中介机构,其本质是信息中介而非信用中介,因此其不得吸收公众存款、直接或间接归集资金设立资金池、不得自身为出借人提供任何形式的担保等。

2)P2P网络贷款的特点

从P2P网络贷款的上述定义可以看出,P2P网络贷款有着不同于传统银行贷款的以下特点:

(1)直接融资,灵活方便

P2P网贷是不同于银行借贷的直接融资方式,出借人与借款人可直接签署个人对个人的借贷合同,可根据需要自行决定借贷金额、利息、还款期限和还款方式,并且每一笔贷款可以有多个投资者,每一个投资者可以投资多笔贷款,参与方式非常灵活。P2P网贷平台只承担信用认定、信息配对、利率制定以及法律文本起草的责任,不能介入借贷之间充当信用中介,也不能替出借人分担风险,借贷违约风险全部由出借人承担。

(2)操作简单,参者广泛

P2P网贷的一切认证、记账、清算和交割等流程均通过网络完成,简化了正规金融机构烦琐的层层审批模式,整个借贷流程比较简单,操作起来非常方便。借贷者只要有良好的信用记录,即使缺乏担保抵押也能获得贷款,投资者即使拥有的资金量较少,对期限也有严格要求,同样能够找到匹配的借款人。并且,P2P 网贷是基于网络平台的,信息共享能够克服传统借贷方式地域上的限制,使借贷主体有效匹配,因此参与主体较传统信贷更为广泛。

(3)公开透明,创新渠道

P2P 网贷的借款者和出借人可通过网络中介平台,一对一地了解对方的身份信息和信用状况,投资者可通过对借款者的资信评估,选择合适的投资对象,在借贷过程中也可及时了解借款者的还款进度和生活状况的改善,最真切、直观地体验到自己为他人创造的价值。这种方式打破了传统借贷的原有局面,为借贷提供了一种创新思路。

(4)利率较高,风险较大

P2P 网贷属于民间借贷,没有充足抵押品的情况较多,因此利率相对于银行借贷来说较高。我国央行明确规定年复合利率超过银行利率 4 倍的借贷不受法律保护,因此网贷的风险也相当高。除此之外,P2P 网贷风险还主要来源于外部政策和监管风险、借款人信用风险以及 P2P 网贷平台自身的信用与经营风险。

5.2.2 P2P 网络贷款的产生背景和发展历程

1)国外 P2P 网络贷款的产生背景和发展历程

P2P 网络贷款的出现要追溯到孟加拉国尤努斯 1979 年创办的“穷人银行”——格莱珉银行的小额借贷。格莱珉银行是根据普惠金融的思想创办的,它主要是为那些达不到传统银行的贷款要求但是却有资金需求的穷人提供小额贷款。小额贷款发展初期,主要侧重扶贫功能,大力倡导普惠金融理念,并且主要是通过线下进行资金的借贷活动。

P2P 网络借贷的发源地在英国。英国是银行业相当集中的国家,五家大型银行几乎垄断了整个行业,这种垄断也增加了个人与中小企业贷款的难度。随着互联网用户的普及和技术的进步,2005 年 3 月,一家名为 Zopa 的网站在英国伦敦开始运营,提供的是 P2P(Person to Person)社区贷款服务。其创立者先是组建了英国最大的网上银行,因看到网络借贷的巨大商机,转而创立 Zopa 网络贷款平台。Zopa 最初仅在英国国内运营,后来将发展触角伸入全球,在美国、意大利、日本等国都有所发展。虽然仅有 65 名员工,但截至 2014 年年底,其累计贷款总规模已超过 7 亿英镑,仅 2014 年就创造了 3 亿英镑的收入。

凭借着先发优势和后续政府的积极支持与规范监管并重,在整个欧洲市场,英国的 P2P 网贷累计成交量占据了 84.8% 的市场份额。英国政府积极制定法律法规,实行行业监管和协会自律组织相结合的政策,并采取将 P2P 网贷投资纳入免税计划、政府主动投资 P2P 网贷平台等措施,大力扶植本国 P2P 网贷平台发展,形成了个人信贷平台 Zopa、企业贷款平台 Funding Circle、兼做个人信贷和企业贷款的 RateSetter、票据理财平台 MarketInvoice 等一系列具有国际知名度和竞争力的 P2P 网贷平台,并且在细分领域不断涌现出新的特色平台,如房地产贷款领域的 LendInvest 和 Wellesley & Co,新老平台共同巩固了英国 P2P 网贷的优势。除了英国,欧洲经济的“火车头”德国和法国,以及北欧国家,都各自有一些不错的 P2P 网贷平台,但成交量尚小,与英国差距较大,如图 5.2 所示。

在英国首创了 P2P 网贷之后,2005 年 11 月开始,美国陆续也成立了几家 P2P 网贷公司,包括成立最早、发展势头迅猛的 Prosper、非营利公益性质的 Kiva 和后来成为全球最大网贷公司的 Lending Club。其中 Lending Club 于2014 年底成功在纽交所挂牌上市,引起业内的巨大关注。美国 P2P 行业长期处于双寡头垄断格局,Prosper 和 Lending Club 在美国的市场占有率超过 80%。这一方面是因为美国的金融市场较为成熟,融资渠道多元化;另一方面也是因为美国对 P2P 网贷实施较为严格的监管。2008 年 10 月,美国证券交易委员会(SEC)对 Prosper 下达了暂停业务的指令,认定 Prosper 出售的凭证属于证券,要求 Prosper 必须提交有效的注册申请。而 Lending Club 则于2008 年3 月就主动申请在 SEC 注册并进入静默期,付出 400 万美元的成本后在 10 月获得 SEC 认证重新开业,成为第一家按 SEC 标准提供 P2P 贷款的企业,之后将业务拓展到美国大部分州,并迅速超越了 Prosper,成为美国 P2P 借贷市场的主要服务平台。登记注册的要求也阻止了其他潜在市场进入者。2015 年,美国允许非认证投资人(non-accredited investor)公开投资的平台仍然只有 Lending Club 和 Prosper 两个,但是根据 JOBS 法案最新的"Regulation A+"条款,两家以房地产担保产品为主的互联网金融平台 Groundfloor 和 Fundrise 先后实现了"半公开"发行 P2P 网贷产品。

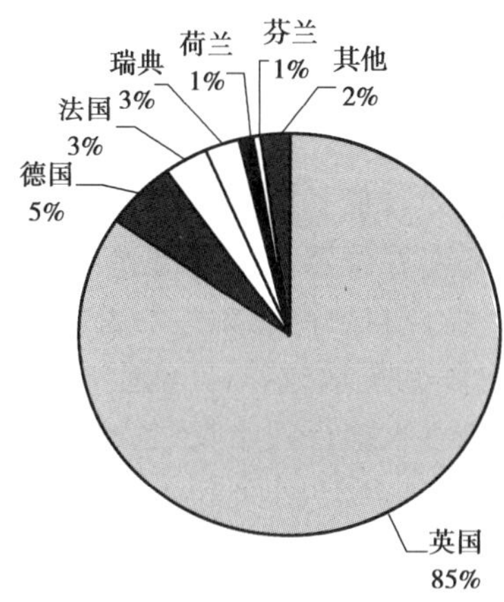

图 5.2 欧洲主要国家 P2P 网贷平台累计成交量占比

(图片资料来源:AltFi、盈灿咨询、网贷之家。)

2016 年以后,国外 P2P 网络借贷逐渐暴露了运营模式的弱点,尤其是盈利模式的可持续性受到挑战。2020 年,美国的 Lending Club 和英国的 Zopa 先后关停了 P2P 网贷业务。Zopa 拿到了全银行资质,正式转型为一家数字银行,主要经营线上个人借贷和汽车金融。Lending Club 通过收购 Radius 银行转而致力于成为基于互联网银行的综合金融服务提供商。

2)中国 P2P 网贷的产生背景和发展历程

我国 P2P 网贷的产生背景和发展历程大致经历了以下 4 个阶段:

(1)第一阶段:2007—2012 年(以信用借款为主的初始发展期)

2007 年,国内首家 P2P 网络借贷平台拍拍贷在上海成立,让很多敢于尝试互联网投资的投资者认识了 P2P 网络借贷模式,其后一部分具有创业冒险精神的投资人随之尝试开办了 P2P 网络借贷平台。这一阶段,全国的网络借贷平台大约发展到 20 家,活跃的平台只有不到 10 家,截至 2011 年底,月成交金额大约 5 个亿,有效投资人 1 万人左右。

P2P 网贷平台发展初期,绝大部分创业者都是互联网人员,没有民间借贷和相关金融经验，只要借款人在平台上提供个人资料，平台进行审核后就给予一定授信额度，借款人基于授信额度在平台发布借款标。但由于我国公民信用体系并不健全，平台与平台之间缺乏联系和沟通，随之出现了一名借款人在多家网络借款平台同时进行信用借贷的问题。基于以上问题，各网贷平台于 2011 年底开始收缩借款人授信额度，一些借款人不能及时还款。以信用借款为主的网络借贷平台于 2011 年 11 月—2012 年 2 月遭遇了第一波违约风险，此时网络借贷平台最高逾期额达到 2 500 万元，不少平台逾期额超过 1 000 多万元，经过多年坏账仍旧无法收回。

(2)第二阶段:2012—2013 年(以地域借款为主的快速扩张期)

这一阶段的网贷平台开始发生变化，一些具有民间线下放贷经验同时又关注网络的创业者开始尝试开设 P2P 网络借贷平台。同时，一些软件开发公司开始开发相对成熟的网络平台模板，每套售价在 3 万 ~8 万元，弥补了这些创业者开办网贷平台的技术欠缺。国内 P2P 网贷平台从 20 家左右增加到约 240 家，截至 2012 年底，月成交金额达到 30 亿元，有效投资人为 2.5 万 ~4 万人。

这一阶段开办平台的创业者大多具备民间借贷经验，他们吸取了前期平台的教训，采取线上融资、线下放贷的模式，以寻找本地借款人为主，对借款人实地进行有关资金用途、还款来源以及抵押物等方面的考察，有效降低了借款风险，这个阶段的 P2P 网贷业务基本真实，但由于个别平台老板不能控制欲望，在经营上管理粗放、欠缺风控，仍然在挤兑倒闭的情况。

(3)第三阶段:2013—2015 年(以自融高息为主的风险爆发期)

这一阶段的网贷系统模板开发的更加成熟，在淘宝店花几百元就可以买到前期的网贷平台模板。同时由于 2013 年国内各大银行开始收缩贷款，很多不能从银行贷款的企业或者在民间有高额高利贷借款的投机者从 P2P 网贷平台上看到了商机，他们花费 10 万左右购买网贷系统模板，租个办公室简单进行装修就开始上线圈钱。P2P 网贷平台从 240 家左右猛增至 3 400 多家。

该阶段上线平台往往以高利率吸引出借人，月息可达 4% 左右。这些平台通过网络融资后偿还银行贷款、民间高利贷或者投资自营项目，自融、高息加剧了平台风险，2013 年国庆期间这些网络借贷平台集中爆发了提现危机。从 2013 年 10 月至年末，大约 75 家平台出现倒闭、跑路或者不能提现的情况，涉及总资金在 20 亿元左右。但从总体上看，一边是问题平台不断涌现，一边是新的平台不断加入，P2P 行业规模继续扩张，2015 年达到顶峰。

(4)第四阶段:2015—2021 年(以规范监管为主的调整退出期)

为促进 P2P 网络借贷健康发展，政府监管部门着手调研制定相应的监管制度。2015 年 7 月，央行等十部委联合发布《关于促进互联网金融健康发展的指导意见》，对包括 P2P 网络借贷在内的互联网金融各业态都提出了相应的监管要求。2016 年，伴随着互联网金融风险专项整治工作的开展，P2P 网络借贷全面进入规范监管。从 2016 年 8 月—2017 年 8 月，银监会牵头相关部委先后发布“一个办法、三个指引”(详见 5.2.4 节)，形成了关于 P2P 网络借贷的基本监管制度框架体系，明确了 P2P 网贷机构信息中介的本质属性，确立了 P2P 网贷平台的备案管理，建立了 P2P 网贷资金存管机制，提出了强制信息披露的要求。

2018 年之后，P2P 网络借贷行业经历了一个相对密集的清盘期。监管部门通过一系列文件的下发，一是明确了该行业的监管方向，坚持以机构退出为主要方向，除部分严格合规的在营机构外，其余机构能退尽退，应关尽关，加大整治工作的力度和速度；二是备案条件越来越严格，不断向持牌金融机构靠拢，对少数在资本金和专业管理能力等方面具备条件的机构，允许其申请改制为网络小额贷款公司、消费金融公司等；三是加征信体系建设，要求在营P2P 网贷机构全部接入中国人民银行征信系统；四是妥善处置存量风险，要求 P2P 网贷机构良性退出，主动处置化解存量业务风险，最大限度地减少出借人损失，维护社会稳定，促进普惠金融规范有序发展。截至 2019 年末，全国在线运营的 P2P 网贷平台已降至 427 家，如图 5.3 所示。2022 年 2 月，中国人民银行发布的《2021 年第四季度中国货币政策执行报告》指出，国内 P2P 网贷平台已全部退出经营。

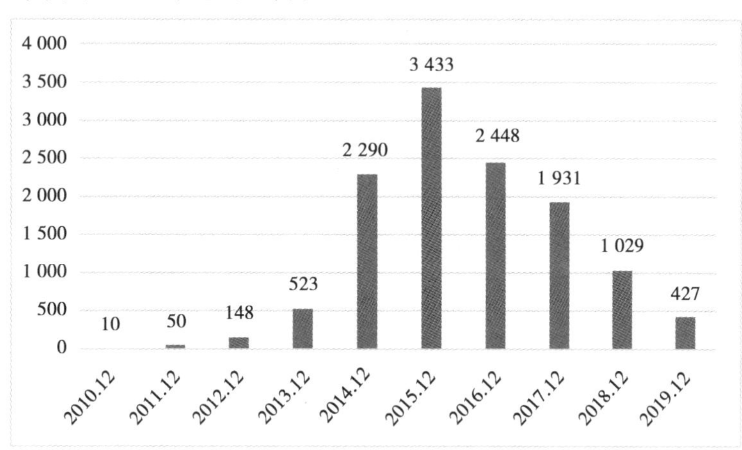

图 5.3　2010—2019 年我国 P2P 网络借贷平台数量变化（单位：家）

（图片资料来源：网贷之家研究中心、前瞻数据库。）

英国、美国、中国分别是全球 P2P 网络借贷平台发展最早、最大、最快的 3 个国家，除中国全面清退 P2P 网贷外，目前英国的 Zopa 和美国的 Lending Club 均已关停 P2P 业务，转型为数字银行。P2P 网络借贷在全球发展的历程显示，任何金融创新都应遵循金融的本质及其发展规律，遵循有利于支持实体经济发展、有利于防范化解金融风险、有利于保护投资人或借款人的合法权益的基本原则。学习和研究 P2P 网络借贷的运营模式和风险控制，有助于深入认识金融风险的本质，把握好创新与风险的平衡点。

5.2.3　P2P 网络贷款的运营模式

1）国外 P2P 网络贷款的运营模式

（1）英国 Zopa 模式：贷款人手续费+投资者管理费+逾期费用

Zopa 提供的是比较小的贷款，一般在 1 000～25 000 美元，他们运用信用评分的方式来选择他们的借款人。Zopa 并不保证出借人的收益或资金安全，坏账交给催收公司。但它采用了多种措施来降低出借人的风险，比如，强制要求借款人按月分期偿还贷款、借款人必须签署法律合同、允许出借人将一笔钱贷给几位个人借款人。Zopa 会自动将出借人的资金分割为 50 英镑的小包，出借人再选择对每个借款人如何分配。Zopa 对投资者收取每年 0.5% 的管理费，对借款人收取 0～190 英镑的固定费用。Zopa 模式的特点在于分散贷款、划分信用等级、强制按月还款，并与信用评级机构合作对借款人的信用状况进行评级，根据评级结果确定借款的利率。而 Zopa 主要负责借贷交易相关法律文件的提供、借款人的信用认证、利率制定、借贷双方匹配以及雇佣代理机构为出借人追讨欠债等。

但由于长期亏损,Zopa 2016 年开始调整 P2P 网络借贷业务,提高投资人门槛,拉长产品周期,并向英国金融行为监管局(Financial Conduct Authority, FCA)和审慎监管局(Prudential Regulation Authority, PRA)递交了银行牌照申请文件。2017 年,Zopa 首次实现全年盈利。为了获得银行牌照,Zopa 展开了多轮融资,2019 年底又获得了 IAG Silvertriptripe Partners 提供的 1.4 亿美元融资,帮助其达到了银行机构的资本要求。2020 年 6 月,Zopa 宣布获得英国完全银行牌照,并就此正式进军数字银行领域。

(2)美国 Prosper 模式:借款人手续费+投资者管理费+逾期费用

Prosper 是一个 P2P 在线贷款网站,经营模式类似于在线拍卖模式。投资人根据借款人的个人经历、朋友评价和社会机构的从属关系来进行判断选择。借款人可以创建最高 2.5 万美元的借款条目,并设定一个愿意支付给投资人的最高利息率。像拍卖一样,投资人开始通过降低利息率进行竞拍,拍卖结束后,Prosper 作为拍卖师,将最低利率的投资人的资金组合成一个简单的贷款提供给借款人,并监督后续流程。Prosper 的收入来自借贷双方,从借款人处提取每笔借款的 0.5% ~4.5% 手续费费用,从投资人处按年总出借款的 1% 收取服务管理费。Prosper 模式是比较单纯的中介模式,出售平台服务并收取服务费,逾期贷款会追加相应的费用。

Prosper 从成立至 2008 年 9 月累计贷款额超过 1.7 亿美元,惊天的交易额引起了美国证监会的注意并对其进行彻查,强制要求其整改。在不到一年的时间内,Prosper 完成了产品的注册并重新开业,运作模式也有较大转变。Prosper 作为纯中介型的借贷平台,主要负责传递信息,完成交易。Prosper 相较于 Zopa 的一项重要改进是引入了“客户组”的概念,按照客户组进行信用评级,客户组内任何一个借款人如果未能及时还款,就将直接影响该客户组的整体的信用水平,从而使其所有成员借款利率的优惠程度下降。

(3)美国 Lending Club 模式:借款人手续费+投资者服务费+收款手续费+逾期费用

Lending Club 的经营模式略有不同,起初它只是 Facebook 上一个简单的应用程序,后来经历了从本票模式到银行模式再到证券模式 3 个阶段的演变。在监管要求的证券模式下,Lending Club 的借款会员作为贷款人在平台上提交借款申请,获得批准后开始向投资者会员募集资金,募集完成即贷款成功。另一方面,平台审核后符合条件的贷款申请组成资产包供投资者会员购买,并监督借款人按月还款。Lending Club 不采取竞标方式,而是根据不同的借款人的信用等级有不同的固定利率。借款人在进行贷款交易前必须要经过严格的信用认证和 A ~ G 分级。出借人可浏览借款人的资料,并根据自己能够承受的风险等级或是否是自己的朋友来进行借款交易。除此之外,Lending Club 模式利用网民交际平台为自己服务,借款人可以在 Lending Club Facebook 应用中发出借款请求,因为 Facebook 中多为朋友圈,大多数借款人认可其成功率,同时也不必公布自己的信用历史,增强了私密性,这也是一个创举。

Lending Club 为借款人和投资人提供投融资平台,从中收取手续费作为收入来源。贷款人的手续费取决于个人条件,一般为贷款总额的 1.1% ~1.5%;投资者的管理费统一为 1%。催收和逾期另外收一部分费用。Lengding Club 的商业模式并不具备强有力的核心竞

争力,只是依靠外部环境获得先发优势,2016 年因违规交易市场信誉度下降,投资者开始撤离,连带美国 P2P 行业也陷入低潮。

(4)美国 Kiva 模式:非营利性公益平台

Kiva 成立于 2006 年 1 月,是美国境内主要的非营利性 P2P 贷款网站,主要面对的借款人是发展中国家收入非常低的企业。Kiva 的运作原理非常简单,主要基于同世界各地小额贷款机构的合作。想要在 Kiva 上获得贷款,借款人首先要向当地与 Kiva 有合作关系的小额贷款机构(Microfinance Instution, MFI)申请贷款,MFI 通过走访等形式审查后将资金贷给借款人,然后再将这些借款需求发给 Kiva,由 Kiva 整理后发布在官方网站上。每一个贴出借款请求会详细提供借款人简历、贷款用途、借贷金额、贷款时限,以及贷款的潜在风险。网站根据前期贷款偿还情况、经营时间和贷款总金额等内容把申请者分级。Kiva 带有扶贫的性质,采取的是"批量借款人+小额借贷"模式,即每位投资者仅出资 25 美元即可进行投资。在投资人选择完放贷对象,将资金转移给 Kiva 后,Kiva 使用 PayPal 将贷款转账给 Kiva 的当地合伙人(即 MFI),MFI 负责找寻、跟踪和管理企业,同时负责支付和收集小额贷款,最后将到期的贷款收集齐后返还给 Kiva,Kiva 再通过 PayPal 返还给出借人。

Kiva 向小额贷款机构提供资金并不收取利息,其资金来源于有空闲资金的个人,这些人并不十分在乎经济回报,更在意精神上的回报,愿意以从事慈善事业的心态提供资金。而 Kiva 的本身的运作成本不高,而且还得到了部分捐助。因此得以通过这些渠道获得资金,以免息或以极低的利息向小额贷款机构提供资金,让这些机构贷款给穷人。

通过以上 4 种 P2P 企业的典型分析可以看出,国外 P2P 网贷的经营模式也是在探索中发展。就其运营模式来看:Zopa 介入交易较多,通过制度设计来保障投资人利益,主要是强制借款人每月还款、负责坏账追讨;Prosper 则是典型的市场化借贷中介平台,在此投资人和借款人完全是自主交易,它介入交易的程度比较小;Lending Club 相比之下也是介入交易程度较大的,主要表现在根据借款人信用评级规定不同的固定利率;Kiva 是为发展中国家的中小企业提供融资的非营利的公益借款平台。

2)中国 P2P 网络借贷的运营模式

P2P 网络借贷从国外引入中国后,运作模式发生了改变,有的开辟了线下模式,有的介入了借贷交易中,不仅仅作为一个中介平台,而是作为一个借贷资金流转的中转站。

(1)按借贷流程分

按借贷流程分,可分为纯平台模式和债权转让模式。

①纯平台模式。纯平台模式是指平台本身并不介入交易,只负责审核借款人信息、展示借款信息及招标等工作,平台通过收取账户管理费和服务费作为收益,投资者可根据平台显示的信息自行选择借款人和借款金额。这种模式业务流程简单,运营成本低,借贷双方直接接触,能够减少平台自身代偿风险,但是也存在着明显的缺点,即投资人的资金损失风险较高。典型代表如拍拍贷。

成立于 2007 年的我国第一家网贷平台拍拍贷就一直采用纯平台模式。拍拍贷的借款具有小额、短期的特点,一般不超过 6 个月,额度一般不超过 10 万元。具体来说,拍拍贷采用的是竞标的方式来撮合借贷双方的交易的，如图 5.4 所示。首先，借款人发布需要借款的金额和能够担负的最高年利率，汇总成借款列表，若干贷款人对借款人的列表进行投标（投标金额、合适的利率等），当投标结束，最低和较低的年利率的投标金额就会组合成为借款人的一笔借款，该借款人每月把当月的还款金额打入拍拍贷账户，拍拍贷系统自动将金额存入贷款人的账户里，直到将借款还清为止。

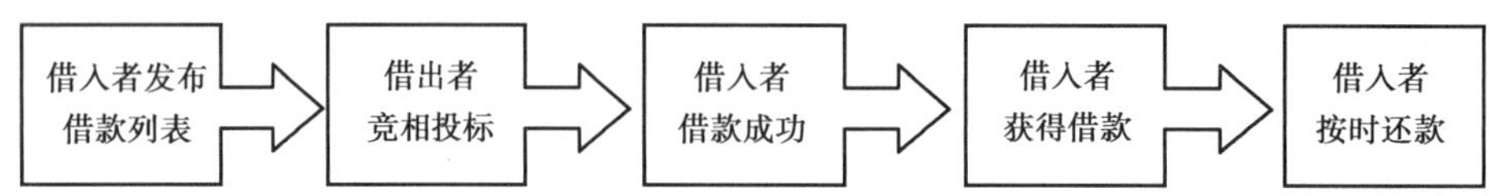

图 5.4　拍拍贷操作流程示意图

纯平台模式保留了最初 P2P 网贷的面貌，即出借人根据需求在平台上自主选择贷款对象，平台不介入交易，也不承担坏账风险，只负责信用审核、展示及招标，以收取服务费和账户管理费作为利润来源。

②债权转让模式。债权转让模式是指借贷双方不直接接触，而是由 P2P 网贷平台先放款获得债权，再将债权转让给投资者。一些 P2P 平台会将优质债权分割打包成理财计划供投资者选择，并且负责贷后管理。这种模式又被称为“居间人”模式或“专业放款人”模式，通常需要平台人员的线下操作，不利于业务的扩张，同时由于平台存在资产池，容易陷入非法集资的法律风险。这种模式的典型代表如宜信。

宜信公司是国内较早采用债权转让模式来运行的 P2P 平台。具体操作流程如图 5.5 所示。首先，宜信通过其强大的线下分支机构，寻找有借款需求的客户，审批合格后由宜信 CEO 唐宁与客户签订一份个人间的《借款合同》，合同中写明借款的金额、期限、约定的借款利率、还款日期和还款方式。然后，资金就从唐宁的账户上被转移到客户的账户中。这就完成了借款人和宜信的交易环节。然后，宜信再去寻找潜在的投资者，将唐宁名下的债权进行金额拆分或期限拆分，将其打包成类固定收益的组合产品，以组合产品的形式销售给投资者。经过拆分的债权变成多笔小额、短期的债权，相比之前整体的一笔债权来说，销售难度大幅降低。这时投资者与唐宁签订《债权转让合同》，钱从投资者的账户中转移到唐宁的账户中。这就完成了宜信和贷款人的交易环节。

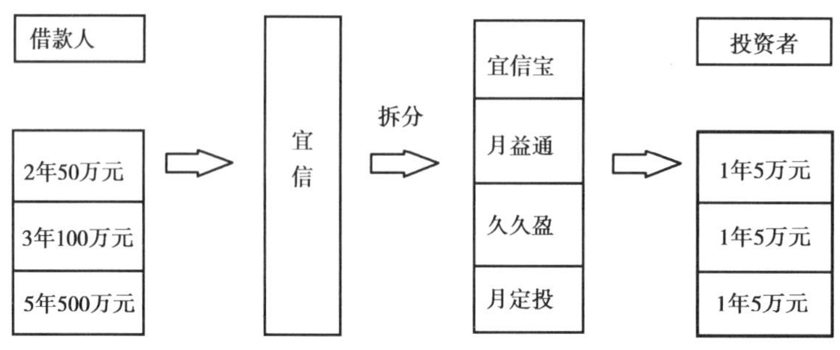

图 5.5　宜信的债权转让模式流程图

在宜信的这种债权转让模式中，出借人对于自己债务人的情况是不了解的，具体投资的项目是由宜信的后台系统进行匹配，并不是由出借人自行决定的。出借人如果希望获取债

务人的信息,还需通过宜信平台。

从商业逻辑来看,债权转让模式能够更好地连接借款者的资金需求和出借人的投资需求,主动地、批量化地开展业务,而不是被动地等待各自匹配,从而实现了规模化的快速扩张。但是由于信用链条的拉长以及网贷平台与第三方个人的高度关联性,债权转让的P2P网贷模式受到很多质疑。因为宜信是以自然人债务担保的方式进行类银行的业务,一边是不断涌进的大量社会闲置零散资金,一边是不断对债权进行拆分和配对,宜信起到了信用中介的作用。这种模式实质上就是利用债权拆分和转让进行了资产证券化,进而实现流通。如果份额超过200份就触犯了《证券法》的规定,是非法发行证券。

(2)按融资渠道分

按融资渠道分,可分为纯线上模式和线上线下相结合模式。

P2P网贷在国内创立之初,平台仅作为信息中介,制定交易规则并促成交易,但平台自身并不参与到借贷的利益链条中,借贷双方直接发生债权债务关系。但由于我国征信体系不健全,个人信用情况难以判断,所以很多线上的网贷平台转而向线下发展,从线下获取用户,进行信用审核等。

①纯线上模式。在纯线上模式中,借款人的信用审核、借贷双方签署合同到贷款催收等整个借贷过程主要在线上完成。由于没有线下实地对借款人进行审贷的环节,通常是通过搭建数据模型来完成对借款人的信用审核,对采集到的信息利用相关模型进行分析,从而给予借款人一个合理的信用评级。这也是Lending Club采用的方式。但对于我国的网贷平台来说,如何获得进行信用测评的个人或者企业的征信数据是一大难题。以拍拍贷为例,其调用的是借款人的网络社交圈数据,网络朋友圈被作为借款人信用等级系统的重要组成部分之一。

拍拍贷的信用审核过程可分为两步:首先,拍拍贷与全国十几家权威数据中心(如公安部、工商局、法院等)合作,借款人需先通过上述数据中心认证,核准真实姓名和身份信息。其次,待借款人身份验证完成后,拍拍贷会将贷款人在互联网上留下的碎片信息(如微博、QQ等社交信息),再按照自身建立的风险模型对这些信息以及银行信用度等财务信息进行拼凑和评估,对用户的信用进行评定。

在纯线上的模式中,利用数据建模的方式对借款人信用进行审核节省了人力成本,但基于缺失的数据建立起来的数据模型也存在着一定的问题,这些问题导致的直接后果就是信用审核可靠性降低,风险控制不成熟,逾期率和坏账率普遍较高。

②线上线下相结合模式。线上线下相结合模式被称为O2O(Online to Offline)模式。在这种模式中,线上主要展示理财产品,展示借贷业务信息及相关法律服务流程,并进行借贷的交易环节,而线下则主要开展借款人(资产端)开拓、信用审查和贷后管理等工作。借款人在线上提交借款申请后,借款人所在地的平台服务部门会实地考察借款人的资信和还款能力等情况。为了降低违约风险,P2P平台将包括借款审查、贷后管理、抵质押手续等风险控制的核心业务都放在线下进行,所占比例达到50%以上。典型代表如人人贷。

成立于2010年4月的人人贷,起初对用户的审核采取纯线上模式。首先要让用户填写各种表格，搜集用户的大量资料，然后按照自己的信用评分系统生成信用等级，从高到低分为 AA、A、B、C、D、E、HR 7 个等级，借款人可以通过提交“可选信用认证”提高信用分数，良好的借贷记录也会增加其信用分数。2012 年，为了拓展对网络并不熟悉的客户群体，人人贷与其子公司友众信业商务顾问有限公司合并，将 P2P 网贷业务搬到线下，友众信业在成立之初就专注于对线下优质客户的挖掘、探索，人人贷与其合并之后一方面组建起自己的营销团队和风控团队，公司职员由 100 多人扩充到 2 000 多人。另一方面利用友众信业遍布全国的 48 家门店协助拓展其优质客户，进行有效的贷后管理，实现了由纯线上模式向 O2O 模式的成功转变。人人贷的借款标的主要有信用认证标、机构担保标、智能理财标和实地认证标等，其中人人贷与友众信业共同推出的产品，在人人贷原有平台审核的基础上增加了友信对借款人实地走访审核调查以及后续的贷中、贷后服务环节，进一步加强风险控制。实地认证标一度成为人人贷上金额占比超过 80% 的贷款标的。

(3)按有无担保机制分

按有无担保机制分，可分为无担保模式和有担保模式。

①无担保模式。无担保模式是 P2P 网贷模式的最原始形式，平台不对借出的资金进行信用担保，仅发挥信用审核和信息撮合的功能，出借人根据自己的资金流动情况和风险承受能力自主匹配平台列出的借款项目。若发生贷款逾期和坏账，则完全由出借人自己承担，网站没有建立本金保障机制对投资者的本金和利息进行保障。

②有担保模式。为获得出借人信任，有效拓展客户，提高平台的知名度和交易量，许多平台推出了担保机制，以保障出借人的利益。有担保模式按照担保委托方不同又可分为第三方担保和平台自身担保两种模式。

第三方担保模式是指 P2P 网贷平台与第三方担保机构合作，由第三方担保机构为投资人提供本金保障服务，有担保资质的小额贷款公司或担保公司可成为第三方担保人。P2P 网贷平台作为中介，不吸储、不放贷，仅提供金融信息服务。这一担保模式的代表主要有陆金所等。

由平安集团创建的陆金所借助集团信贷风险管理数据对每位借款人进行借款风险评估。借款交易达成后，如需违约赔付由平安集团旗下的平安融资担保公司提供。一旦借款人逾期超过 80 天，平安融资担保公司承保的出借人均可申请平安担保履行保证责任，由其代偿借款人尚未偿还的本金、利息及逾期利息。陆金所模式的竞争力在于平安集团的金融优势，对于出借人来说，平安集团的信誉甚至高于借款人信用。一旦离开平安融资担保，陆金所的交易链可能无法形成。在某种程度上，陆金所模式就是平安融资担保业务的网络化，如图 5.6 所示。

引入第三方机构担保是国内 P2P 网贷公司控制平台风险的重要手段。在这种模式中，小贷公司和担保公司对 P2P 网贷平台上的项目进行审核和担保，P2P 网贷公司给予其一定比例的渠道费和担保费。这种模式省了风控和业务成本，降低了平台风险，搭建起了借款人、风险控制机构、P2P 公司等多方共赢的平台，流程简单、合作双方权责清晰，有利于平台的扩张。但是，这种担保模式只是实现了 P2P 网贷平台上的风险转嫁，平台上的投资风险并没有消失，坏账率受 P2P 网贷平台合作伙伴的运营能力的制约。

平台担保模式是指由 P2P 网贷平台利用自有资金或向借贷双方收取相关费用形成类似保险金额为出借人的资金安全提供保障，在这种模式中，通常借贷双方签署的协议中会注明若借款人发生贷款逾期超过规定期限，则出借人可将债权转移给平台，由平台先偿付出借人的资金并保留对逾期贷款的追偿权。引进这种模式的是来自深圳的红岭创投。

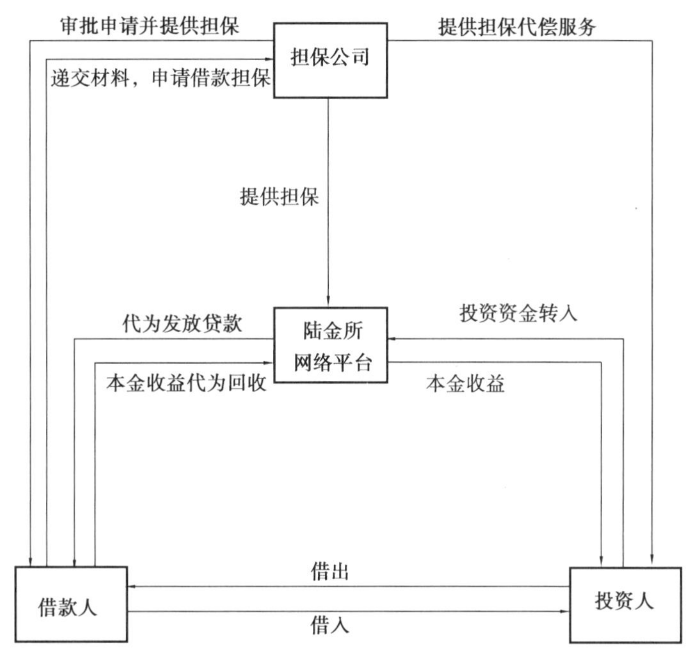

图 5.6　陆金所交易流程图

成立于 2009 年的红岭创投，最初成绩平平，自从公司在 2011 年推出保本计划后，公司的成交量和知名度迅速提升，一时间网站上的出借人多于借款人。除红岭创投以外，人人贷也采用风险保证金制度。所不同的是，红岭创投采用的是平台的自有资金进行偿付，而从贷则采用专门的风险准备金偿付。由于 P2P 网贷平台的准入门槛没有强制性法律规定，平台自有资金相对于小额贷款公司、融资性担保公司普遍偏低，因此第一种方式并不具有普遍性，实践中采用较多的担保方式还是风险准备金模式。

以人人贷为例，为了迎合出借人也就是投资人要求，人人贷设立了一个风险基金，对平台上的所有借款项目都实行本金保障制度。平台每发生一笔借款时，借款双方的账户就会被扣掉一部分资金用于建立“风险备用金”，存放在人人贷的“风险备用金账户”。当借款出现逾期超过 30 天时，平台启用“风险备用金”，向投资人未收回的本金和利息进行垫付。表 5.1 为《人人贷风险备用金账户——产品垫付规则明细表》。人人贷通过本金保障计划降低了投资人的资本损失风险，但“风险备用金账户”资金对投资者损失金额的补偿以该账户的资金总额为限，如果该账户的余额为零时，则不会继续对投资人进行偿付，直到有新的风险备用金补充到这个账户中。

表 5.1　人人贷风险备用金账户——产品垫付规则明细表

<table>
<tr><th>产品类别</th><th colspan="2">成交借款风险金计提比例</th><th>逾期借款风险金垫付范围</th><th>垫付资金来源</th></tr>
<tr><td rowspan="7">信用认证标</td><td>AA 级用户</td><td>0%</td><td rowspan="7">未还本金</td><td rowspan="7">人人贷风险备用金</td></tr>
<tr><td>A 级用户</td><td>1%</td></tr>
<tr><td>B 级用户</td><td>1.5%</td></tr>
<tr><td>C 级用户</td><td>2%</td></tr>
<tr><td>D 级用户</td><td>2.5%</td></tr>
<tr><td>E 级用户</td><td>3%</td></tr>
<tr><td>HR 级用户</td><td>5%</td></tr>
<tr><td>智能理财标</td><td colspan="2">≥1%</td><td>未还本金;逾期当期利息;垫付等待期利息</td><td>人人贷风险备用金</td></tr>
<tr><td>实地认证标</td><td colspan="2">≥1%</td><td>未还本金;逾期当期利息</td><td>实地认证机构风险备用金;人人贷风险备用金</td></tr>
<tr><td>机构担保标</td><td colspan="2">0%</td><td>未还本金;逾期当期利息</td><td>合作机构</td></tr>
</table>

5.2.4　P2P 网络贷款的风险控制与监管

从全球范围看,P2P 网络借贷自 2005 年诞生后,头十年的发展非常迅猛,但自 2015 年后,无论是在欧美国家还是在中国都暴露出越来越多的问题,风险事件不时爆发,不仅整个行业的信誉度严重受损,还因涉及较多投资人利益而影响社会稳定,全球 P2P 网贷行业都进入了转型调整期。

1)P2P 网络借贷的风险

P2P 网络借贷不同于传统金融,在没有明确纳入监管之前,不可避免地暴露出较多的风险。即使在已建立严格监管的国家,来自于技术和金融两个方面的潜在风险也都被高度关注。概括地说,P2P 网络借贷主要存在以下 6 个方面的风险:

(1)资质风险

传统的金融机构一般实施的是"净资本"管理,无论是银行还是信托公司都要有自己的注册资本,少则上亿,多则十几亿甚至几十亿,且其不用于经营,而是一种保证、一种"门槛"。但 P2P 网贷机构资本门槛低,缺乏明确的资本监管要求。同时对其管理者也缺乏明确的从业经验要求,不少 P2P 网贷平台对金融活动的本质认识肤浅,欠缺风险意识和风控管理能力,认为做 P2P 网贷只是做信息流或平台,风险无专人控制,最后只能落在投资人的头上。

(2)模式风险

P2P 网络借贷看似是投资者简单地通过网络平台把资金借给需求者,实则情况复杂,运作过程中潜含多个环节的经营管理风险。P2P 网贷属于新兴金融模式,市场成熟度不够,无论是投资人还是借款人对这种模式都缺乏理性认知,监管者也需要探索适当的监管方法。金融风险具有跨期对冲的特点,收益的当期性很多人看到了,但对风险的滞后性却认识不足。很多投资者是冲着高收益而出借的,资金需求者是奔着套现而借款,网贷平台是冲着收益而开设的,这并非真正金融意义的 P2P 网贷模式。一个合格的 P2P 网贷平台,应在取得经营许可的前提下,坚守信息中介定位,严守合规性要求,具备较强的风险管理意识和互联网风控技术能力,建立风险管理制度和信息披露机制,同时能够实现商业可持续发展,否则这种模式就难以维系。

(3)资金风险

在 P2P 网贷平台的运作模式中,投资人的资金流向至关重要。一些互联网平台打着 P2P 网贷的名义建立资金池,给自己的母公司或负责人筹集资金,自融自用,一旦母公司出现问题,网贷平台也就在劫难逃。还有一些平台,未将资金托管到正规的银行等金融机构,利用管理不严的托管平台欺骗投资人。相当一批平台为了吸引投资人,名义上承诺对借款提供担保,出现坏账时却无法履行担保承诺,导致投资者资金无法收回,形成资金风险。

(4)标的风险

每一个网贷平台的贷款标的都是经过网站平台的审核才发标的,但是仍需分析。首先,要看标的申请资料的披露情况,是简单的个人身份证明和收入证明,还是对该贷款的真实用途、还款能力等所做的客观证明,如果证明过于简单或相关资料无法查阅,标的可能存在风险。其次,要看平台是否披露了历史还款情况,如到期还款率、坏账率、贷款利率等。投资人在 P2P 网贷平台上出借资金时要进行一定的分析,对贷款标的要有自己的判断,谨慎投资。

(5)经营风险

网贷平台的经营风险是指因经营不善导致平台资金链断裂而形成的风险。作为一个新兴行业,P2P 网络平台在成立初期往往由于缺少客户资源、成本过高而难以盈利,加之竞争激烈更是延长了各平台“烧钱”的期限,长期不能够获得盈利的平台将不得不停止经营。曾经号称“中国最严谨的网络借贷平台”的哈哈贷上线一年半即关停,期间哈哈贷吸收了近 10 万会员,盈利达 30 万元,但投入成本已超 200 万元。其创始人坦承,公司关闭主要因资金链断裂。类似情况频繁出现在这一野蛮生长的新兴行业中,大量运营不佳的平台被淘汰出局。

(6)法律风险

P2P 网贷行业面临的法律风险主要是指平台属性、经营模式创新等内容是否符合现有法律法规的风险。基于监管部门对其信息中介的属性界定,P2P 网贷平台不能揽储、不能放贷、不能提供担保的,但许多网贷平台在金融创新的名义下纷纷开展债权转让业务和担保业务。债权转让模式很容易形成“资金池”,这就需保证投资行为的发生先于资产转移。而不当的资金托管方式可能会涉及非法吸收公众存款。网贷平台大多都有一个资金托管账户,在现行的金融法律体制下,只有银行等金融机构才能吸收公众存款,如果资金托管在第三方支付平台,这些沉淀资金一旦进入 P2P 网贷平台或其个人账户,就难以避免造成非法吸收公众存款。

此外,国家对民间借贷利率有相关的法律制度规范。根据 2020 年 8 月最高人民法院最新司法解释,民间借贷利率的司法保护上限为一年期 LPR(Loan Prime Rate,即贷款基础利率)的4倍,取代了原来的"以24%和36%为基准的两线三区"的规定,合理范围内的利率受国家法律保护,如果投资回报率高得离谱,那么将面临较高的法律风险。此外,所有从事贷款的机构在进行营销时,应以明显的方式向借款人展示年化利率,贷款年化利率应以对借款人收取的所有贷款成本与其实际占用的贷款本金的比例计算,并折算为年化形式,年化利率采用复利计算的应使用内部收益率法,采用单利计算的也应说明。一些P2P网贷平台的贷款利率标往往给的是日利率或者月利率,很多投资者不明就里,容易产生利率纠纷。

2)P2P网络贷款的内部风险控制

(1)P2P网贷的风控环节

针对上述风险,P2P网贷的内部风险控制主要包括贷前、贷中和贷后3个环节,但国内外P2P网贷的风控做法有所不同。

从贷前环节看,国外P2P网贷的整个信用审核手段都是以线上系统化为主,网贷公司只是提供了一个撮合双方交易的信息平台,但国内绝大多数的网贷公司则以线下审贷人员的经验为主,这跟中国的信用环境有很大关系。而且国内大多数P2P平台借款人的数据是用户自己提交的,在真实度上会大打折扣,存在较大的漏洞和风险。国外的做法则大多是通过大数据的采集和购买第三方数据等方式获取的,相对保证了资料的客观性和真实性以及效率。

从贷中环节看,国外P2P网贷重视信用评级,特别强调用户的信用记录和信用评级,使出借人可以根据借款人的信用等级、借款金额、借款时限以及能接受的贷款利率提供贷款。而国内P2P平台更偏重对用户银行卡交易流水等财务状况的审核分析,注重线上线下相结合以及第三方担保。这种区别直接带来国内外P2P平台人员成本上的差异。比如,国外P2P企业如Zopa,公司总共有65人,其中只有20人是风控人员,而且这20人身兼风控与客服于一身;而国内整个P2P行业中信用审核人员占比非常大,这对平台成本的控制和效率很不利。此外,英国Zopa选择的客户往往是银行信用比较好的客户,平台只是比银行更有效率、更便捷、更便宜,为客户创造价值,做了10年的Zopa不良率只有1%。而国内P2P大多做所谓的银行不做的不太好的客户,定价更高,不良率也较高。

在贷后环节,国外P2P行业信息透明,平台需要让出借人充分知道他把钱借给谁了,信息越清晰、越透明,违约率越低,所有的借款客户也能知晓出借人是谁。国内P2P平台的出借人和借款人之间的信息是不完全透明的。绝大部分平台出于不同的目的,针对每笔交易的信息披露都十分有限,有些甚至连借款人的基本信息都写得十分模糊。目前国内P2P行业鲜有公开任何形式的资产质量报告,即使有坏账率也是自己报的,缺乏公信力。还有一些平台在用"居间"模式,更易造成信息不对称。贷后催收部分国外更多采取外包催收,运用很多科技手段,黑名单共享,甚至出现了暴力催收的现象。

(2)P2P网贷的风控体系

对于一家P2P网贷平台来说,风险控制是生命线,是核心竞争力,也是吸引用户投资的保证。而做好风险控制的前提条件是建立起完整的风险控制体系,一整套的风险控制体系至少需要涵盖以下3个方面:

①合规性保障。合规性保障是平台风险控制体系能够成立的前提条件。一切游离在法规红线之外的风险控制体系,无论做到怎样的严格和成熟,都是"伪"风控,随时都有崩盘的

可能,因此合规是大前提。2015 年以前,合规性保障在我国可能还得不到投资人和平台的足够重视,能够注意的也仅局限在平台运营证照、注册信息等流于表面的法规保障。但在 2015 年以后,特别是 2016 年下半年以来,监管部门规定对 P2P 网贷有了严格的要求,所以升级合规性保障迫在眉睫。

一家平台的合规性保障包括但不限于以下几个方面:一是平台提供居间撮合服务的合法性;二是投资人及借款人之间的借贷关系的合法性;三是投资人通过平台获得的出借投资收益的合法性;四是平台产品和业务活动符合监管规定。

②技术安全保障。互联网技术应用是平台安全和投资人资金安全的重要保障,也是平台风险控制体系内的重要一环。近些年黑客攻击 P2P 平台的案件逐渐增多,有平台因黑客攻击而导致系统瘫痪,深陷挤兑泥潭,最终倒闭的案例。因此平台技术安全能力往往也是监管的硬性要求。比如,应按照国家网络安全相关规定和国家信息安全等级保护制度的要求,开展信息系统定级备案和等级测试;需配备完善的防火墙、入侵检测、数据加密以及灾难恢复等网络安全设施和管理制度;建立信息科技管理、科技风险管理和科技审计有关制度,配置充足的资源,采取完善措施和技术手段保障信息系统安全稳健运行,保护出借人与借款人的信息安全;记录并留存借贷双方上网日志信息、信息交互内容等数据,定期展开全面的安全评估,接受国家或行业主管部门的信息安全检查和审计;应当建立或使用与其业务规模相匹配的应用级灾备系统设施等等。

③平台产品信用风险控制。平台产品信用风险控制已是一个老话题。国内所采取的模式各具特点,但都存在一定的不足,主要原因在于我国征信制度的不完善。如前所述,目前国内有些平台选择纯粹的线上交易,将社交数据分析作为风险控制的手段;也有一些平台选择和第三方渠道合作,从第三方渠道处获得借款人;还有一些平台用自有的线下审核队伍对于大部分的线下借款人进行审核,进行直接风险控制。

从专业的风控角度看来,在我国征信制度尚不健全的背景下,坚持线下审核,提供反担保,特别是具有较高变现能力的抵押品是控制风险的一个较好方式。不过,无论采取哪种模式,形成贷前、贷中、贷后联动优化的风控闭环,特别是完善贷前风控体系,才能真正有利于平台良性发展、降低产品信用风险。

3)P2P 网络贷款的外部监管

(1)我国 P2P 网贷行业的监管

在我国 P2P 网贷行业的发展过程中,监管滞后是其主要障碍之一。由于前期监管思路不明确,P2P 网贷行业鱼龙混杂,资质良莠不齐。2014 年 4 月,银监会开始启动 P2P 网贷监管细则的研究工作,提出在鼓励发展创新的同时,要明确 4 条边界:一是要明确平台只是一个信息中介;二是要明确平台自身不能提供担保;三是要明确平台不得搞资金池;四是要明确平台不得非法吸收公众存款。2015 年以后,金融监管部门开始频频出台相关监管措施,力求将 P2P 网贷发展引至规范的道路上。从风险发现到合规治理再到良性退出,主要监管政策见表 5.2,总体上已形成了相对完整的监管体系。

表 5.2　监管部门出台的 P2P 网贷监管政策文件一览表

序号	时　间	部　门	名　称	阶　段
1	2015 年 7 月	中国人民银行、工业和信息化部、公安部、财政部、工商总局、法制办、银监会、证监会、保监会、国家互联网信息办公室	《关于促进互联网金融健康发展的指导意见》	鼓励发展阶段
2	2015 年 7 月	国务院	《国务院关于积极推动“互联网+”的指导意见》	
3	2015 年 8 月	最高人民法院	《最高人民法院关于审理民间借贷案件适用法律若干问题的规定》	
4	2015 年 9 月	国务院	《国务院关于加快构建大众创业万众创新支撑平台的指导意见》	
5	2015 年 12 月	中国人民银行	《非银行支付机构网络支付业务管理办法》	
6	2015 年 12 月	国务院	《推进普惠金融发展规划（2016—2020 年）》	
7	2016 年 2 月	国务院	《关于进一步做好防范和处置非法集资工作的意见》	发现问题阶段
8	2016 年 4 月	中国人民银行	《互联网金融风险专项整治工作实施方案》	
9	2016 年 4 月	中国人民银行、中央宣传部、中央维稳办、国家发展改革委、工业和信息化部、公安部、财政部、住房城乡建设部、工商总局、国务院法制办、国家网信办、国家信访局、最高人民法院、最高人民检察院共 14 部门	《非银行支付机构风险专项整治工作实施方案》	
10	2016 年 4 月	工商总局、中央宣传部、中央维稳办、国家发展改革委、工业和信息化部、公安部、财政部、住房城乡建设部、中国人民银行、国务院法制办、银监会、证监会、保监会、国家网信办、国家信访局、最高人民法院、最高人民检察院共 17 部门	《关于开展互联网金融广告及以投资理财名义从事金融活动风险专项整治工作实施方案》	

续表

序号	时　间	部　门	名　称	阶　段
11	2016 年 4 月	国务院	《关于印发互联网金融风险专项整治工作实施方案的通知》	发现问题阶段
12	2016 年 4 月	银监会	《P2P 网络借贷风险专项整治工作实施方案》	
13	2016 年 7 月	中共中央、国务院	《国家信息化发展纲要》	
14	2016 年 8 月	银监会、工业和信息化部、公安部、国家互联网信息办公室	《网络借贷信息中介机构业务活动管理暂行办法》	"1+3"监管模式正式形成
15	2016 年 11 月	银监会、工信部、工商总局	《网络借贷信息中介机构备案登记管理指引》	
16	2017 年 2 月	银监会	《网络借贷资金存管业务指引》	
17	2017 年 8 月	银监会	《网络借贷信息中介机构业务活动信息披露指引》	
18	2017 年 4 月	银监会	《关于银行业风险防控工作的指导意见》	合规治理阶段
19	2017 年 6 月	互金整治办	《关于对互联网平台与各类交易场所合作从事违法违规业务开展清理整顿的通知》	
20	2017 年 11 月	互金整治办	《关于立即暂停批设网络小额贷款公司的通知》	
21	2017 年 12 月	网贷整治办	《关于规范整顿"现金贷"业务的通知》	
22	2017 年 12 月	网贷整治办	《小额贷款公司网络小额贷款业务风险专项整治》	
23	2017 年 12 月	网贷整治办	《关于做好 P2P 网络借贷风险专项整治整改验收工作的通知》	
24	2018 年 3 月	互金整治办	《关于加大通过互联网开展资产管理业务整治力度及开展验收工作的通知》	

续表

序号	时　间	部　门	名　称	阶　段
25	2018 年 5 月	网贷整治办	《关于提请对部分“现金贷”平台加强监管的函》	合规治理阶段
26	2018 年 8 月	网贷整治办	《关于开展 P2P 网络借贷机构合规检查工作的通知》《网络借贷信息中介机构合规检查问题清单》	
27	2018 年 7 月	地方各互金协会	P2P 网贷平台退出指引	良性退出阶段
28	2018 年 12 月	互金整治办、网贷整治办	《关于做好网贷机构分类处置和风险防范工作的意见》	

（图片资料来源：杜连军，褚智林. P2P 网贷平台监管政策梳理及刑事风险透视，天达共和法律观察，2019-06-04。）

①监管主体。早在 2015 年 7 月央行等十部委联合印发的《关于促进互联网金融健康发展的指导意见》中，就已经明确了 P2P 网贷业务由银监会负责。2016 年 4 月，国务院办公厅发布了《互联网金融风险专项整治工作实施方案》，提出建立由央行相关负责人担任组长的互联网金融风险整治工作领导小组（简称“互金整治办”），说明央行在互联网金融和 P2P 网贷行业的重要性，作为 P2P 网贷行业自律组织的中国互联网金融协会也是由央行牵头创立的。按照《P2P 网络借贷风险专项整治工作实施方案》的规定，银监会（后与保监会合并成立银保监会）是该项工作的统筹部门，而各省金融办（后改为地方金融管理局）与银保监会省级派驻机构共同牵头负责本地区分领域的具体整治工作。因此，在我国“一委一行两会”的金融监管体系下，P2P 网络借贷的监管，总体上是由央行负责宏观审慎监管，银保监会负责搭建制度框架和穿透式行为监管，地方金融管理局负责机构监管和整改、验收、备案，而互联网金融协会负责行业自律。

②监管框架。我国 P2P 网贷行业的监管制度框架主要体现在“一个办法、三个指引”。《网络借贷信息中介机构业务行动管理暂行办法》以负面清单的形式划定了 P2P 网贷的业务边界，强调 P2P 网贷机构要符合普惠金融、信息中介、线上经营、小额分散、专注主业的五大特征，引导行业从野蛮生长逐步回归到规范发展的轨道上来。《网络借贷信息中介机构备案登记管理指引》明确了机构监管和行为监管并行的基本监管框架，将备案作为监管的前提和基础，按照“新老划断”的原则，对存量机构进行资质甄别，合规一家备案一家，杜绝监管套利。《网络借贷资金存管业务指引》要求商业银行与 P2P 网贷机构按照平等自愿、互惠互利的市场化原则，积极开展资金存管业务，防范资金挪用风险，保障资金安全。《网络借贷信息中介机构业务活动信息披露指引》要求网贷机构要客观、真实、全面、及时进行信息披露，规定了应向公众、出借人、借款人披露的信息内容、方式和渠道，创造透明、公开、公正的经营环境，实现行为可监测、过程可监控，增强市场信心。

③分类处置。为了加快 P2P 网络借贷行业的风险出清，引导网贷平台良性退出，2018 年 12 月底，互金整治办出台《关于做好网贷机构分类处置和风险防范工作的意见》，将机构分为已出险机构和未出险机构，已出险不能正常运营的网贷机构分为已立案机构和未立案

机构;未出险机构则按照存量业务规模进行分类,分为僵尸类机构、规模较小机构、规模较大机构,其中,规模较大机构根据风险状况进行分类又可分为高风险机构、正常机构。以机构退出为主要方向,加大整治力度和速度,稳妥有序地推进风险处置,分类施策、突出重点,精准拆弹,确保行业风险出清过程有序可控,守住不发生系统性风险和大规模群体性事件的底线。

(2)国外 P2P 网贷的监管

①英国的三重监管模式。作为 P2P 网贷发源地,英国的 P2P 网络借贷行业发展经历了从宽松到严格的阶段性转变,形成了相对完善的三重监管模式。一是行业协会,2005—2011 年是英国 P2P 行业的野蛮生长阶段,既无行业自律又无政府监管,2011 年由 Zopa、RateSetter、FundingCircle 三家 P2P 网贷公司领头成立自律组织 P2P 金融协会(Peer to Peer Finance Association),要求履行“8 个必须”和 10 项协会原则,为之后的相关立法和全球 P2P 网贷行业的发展做出示范。二是政府监管,2012 年确定金融行为监管局为其主要监管者,2014 年实施《关于网络众筹和通过其他方式发行不易变现证券的监管规则》,对 P2P 网贷行业运营细则进行规定。三是客户资金管理与争议解决及补偿机制,规定客户资金必须与公司资金隔离并单独存放在银行账户,如果平台没有二级转让市场,投资者可以在 14 天内取消投资而不承担违约责任,但投资者不能享受类似存款保险的保障。

②美国的双重监管机制。美国的 P2P 网络借贷监管框架具有联邦与州并行的双重监管机制,除了遵守联邦机构监管规定外,还要遵守各州的相关法律法规。2008 年以前对借款人资格限制较少,次贷危机爆发后确定 P2P 网络借贷平台开始接受证券交易委员会的监管,并形成了多部门分领域监管框架,主要涉及证券监管、电子商务监管和消费者保护监管 3 个方面。

两国对 P2P 网络借贷的监管有很多共性。首先,两国均设置准入门槛。英国对资本金要求采取了阶梯形计算标准,并规定过渡期为 2 万英镑最终为 5 万英镑的最低资本要求,而美国几百万美元的登记成本,提高了准入门槛,限制了市场的发展,最终形成了目前的寡头垄断市场。其次,两国均建立了信息披露制度。美国的披露制度较为严格,证券交易委员会要求平台注册时提供风险措施等全面信息,定时披露财务状况及重大事项,及时披露借款人的信息。甚至要求平台每天多次向证券交易委员会提交贷款列表信息并予以公布,用于法律诉讼时证明是否存在错误信息误导消费者。英国的披露制度只是规定平台须公平、清晰、无误导地告知投资者其商业模式、违约贷款评估方式、金融推广等内容,平台要定期向英国金融行为监管局报告客户资金情况和投诉情况及上一季度贷款信息等。最后,两国均设置了破产后备计划。英国规定,如果平台破产,应继续对已存续的借贷合同继续管理,对贷款管理做出合理安排。美国规定,如果平台面临破产,第三方机构可以接管继续经营,使投资者的投资不受损失。

纵观全球,P2P 网贷行业的健康有序发展,不仅有赖于行业自身的风险控制以及外部的国家监管共同努力,也有赖于整个社会的信用环境建设以及运营模式的商业可持续性提升。尽管 P2P 网络借贷给互联网金融发展带来了沉痛的教训,但互联网技术与金融相结合的大趋势未变,数字金融仍然是重要的宏观经济稳定器,仍然代表着未来金融的发展方向。互联网金融、金融科技、数字金融的本质都是金融,要遵循金融发展的基本规律,避免盲目求新,采用穿透式监管和科技监管来管理创新。

5.3 网络小额贷款

5.3.1 网络小额贷款的含义及特点

如前文所述,广义的网络小额贷款不仅包括网络小额贷款公司所从事的小贷业务,也包括 P2P 网贷平台、互联网消费金融公司以及商业银行所开展的线上小额贷款。本节所学特指狭义的网络小额贷款。

与其他几种网络小额贷款相比,狭义的网络小额贷款特指放贷主体(即出借人)为取得放款资质的持牌小额贷款公司(包括控股持牌小额贷款公司的互联网企业)所从事的互联网小额贷款业务,而不像 P2P 网络借贷那样,放款人是分散的个人出资者,P2P 网络借贷平台则不具有放贷资格。因此,网络小额贷款公司相对于 P2P 网络借贷而言,在各国普遍受到较为严格的资质监管。

线上、小额以及放贷主体为有资质的法人机构,这是网络小额贷款的基本特点。此外,从贷款用途来看,网络小额贷款既可以用于满足小微企业的生产经营性需求,也可以像互联网消费金融那样用于满足个人家庭的各种消费需求。

5.3.2 我国网络小额贷款的发展历程

脱胎于小额贷款公司的网络小额贷款是中国互联网金融生态发展的伴生品,也是金融创新与监管博弈夹缝中的产物。小额贷款作为为低收入者或者微型企业提供资金支持的一种信贷服务方式,起源于 20 世纪 70 年代孟加拉国著名经济学家穆罕默德·尤努斯教授的小额贷款试验。尤努斯教授针对穷人难以获得银行贷款来摆脱贫穷现状的问题,成立了以互助组织为基础的一种小额贷款模式。1994 年,中国引入了这种小额信贷的模式,起初只是国际援助机构和国内非政府组织为了解决农村扶贫贴息贷款计划中存在的问题而进行的一种尝试,1996 年开始受到政府重视,进入以政府扶贫为导向的发展阶段。到 1998 年底,联合国援华的小额贷款项目资金已达 300 万美元。2000 年以后,伴随着以农村信用社为主体的正规金融机构试行并推广小额贷款,中国小额贷款发展开始进入以正规金融机构为导向的发展阶段。而小额贷款公司的正式起步是从 2005 年开始试点的。

1)小额贷款公司的探索与尝试

2005 年 12 月,我国在山西平遥、四川广元、贵州江口、陕西户县以及内蒙古东胜五地陆续开展了小额贷款公司试点。在此基础上,2007 年 10 月,银监会放宽试点范围,将 2005 年确定的 5 个省份扩大至全国 31 个省区。2008 年 5 月,中国银监会和中国人民银行联合颁布《关于小额贷款公司试点的指导意见》,对小额贷款公司的性质、设立、资金来源、资金应用、监管和终止等方面作出了规范要求,其中明确界定:"小额贷款公司是由自然人、企业法人与其他社会组织投资设立,不吸收公众存款,经营小额贷款业务的有限责任公司或股份有限公司。"该指导意见至今仍是小额贷款行业的最高层级的法规。此后,小额贷款公司进入行业快速发展阶段,并在 2015 年上半年达到顶峰。根据央行公布的小额贷款统计数据报告,截至 2015 年 6 月末，小额贷款公司数量为 8 951 家，贷款余额 9 594.16 亿元，从业人员 11.4 万人。此后，一方面由于实体经济进入结构调整期，另一方面由于小额贷款公司属地化经营和资金来源限制，行业发展陷入困境。小额贷款协会关于 2015 年底的调研数据显示，个别省份超过 1/3 的小贷公司已经不能正常营业。

2016 年开始，小额贷款公司行业逐步进入整治引导发展时期。截至 2022 年 2 季度末，全国小额贷款公司降至 6 150 家，贷款余额 9 258 亿元，从业人员已不足 6 万人。在全国小额贷款公司发展总体递减的背景下，江苏、广东、重庆表现仍然比较突出，机构缩减比较严重的主要是中西部城市，小贷机构、资金、资产越来越集中在较发达地区，见表 5.3。从小贷资金流向看，一部分经营范围受限的机构主要从事涉农小微信贷，一部分互联网大厂旗下的网络小贷则依托控制方场景，独自或与银行等机构发放联合贷款。

表 5.3　小额贷款公司地区情况统计表

地区名称	机构数量/家	从业人员数/人	实收资本/亿元	贷款余额/亿元
全国	6 150	59 733	7 692.63	9 258.45
北京市	112	872	139.27	129.51
天津市	75	1 276	94.3	106.33
河北省	393	3 554	235.15	230.81
山西省	207	1 746	139.97	121.36
内蒙古自治区	160	1 304	136.26	133.09
辽宁省	366	2 688	270.42	250.84
吉林省	167	1 302	79.42	61.26
黑龙江省	193	1 239	171.74	158.06
上海市	116	1 090	200.20	199.63
江苏省	584	4 690	700.39	771.38
浙江省	281	2 604	476.71	520.52
安徽省	280	2 720	298.31	361.93
福建省	115	1 081	255.57	268.56
江西省	128	1 281	158.56	179.28
山东省	259	2 509	376.04	425.18
河南省	211	2 163	193.63	208.19
湖北省	241	2 106	272.50	265.80
湖南省	73	628	54.19	58.59
广东省	416	6 047	913.22	885.82
广西壮族自治区	288	2 621	248.93	183.26
海南省	55	472	73.59	87.64

续表

地区名称	机构数量/家	从业人员数/人	实收资本/亿元	贷款余额/亿元
重庆市	245	3 879	1 166.62	2 581.45
四川省	199	3 693	403.24	465.15
贵州省	90	709	31.86	32.49
云南省	146	1 158	74.98	72.50
西藏自治区	19	112	19.91	12.92
陕西省	249	2 101	228.15	230.05
甘肃省	246	1 965	135.42	118.75
青海省	55	445	32.33	33.96
宁夏回族自治区	60	856	27.18	23.99
新疆维吾尔自治区	121	822	84.58	80.16

注:由于批准设立与正式营业并具备报数条件之间存在时滞,统计口径小额贷款公司数量与各地公布的小额贷款公司批准设立数量有差别。

(数据来源:央行2022年二季度小额贷款公司统计数据报告。)

2)网络小额贷款公司的诞生与发展

严格来讲,网络小额贷款并不是一块单独的业务牌照,而是包含在小额贷款公司资质的业务审批中。早期的重庆、浙江、江西等地的地方金融办利用试点权限,使一些小额贷款公司获得了可以开展线上贷款业务的资质,后来发展成为一项独立业务。2010年3月,全国第一家网络小额贷款公司——浙江阿里巴巴小额贷款股份有限公司(简称“阿里小贷”)在杭州正式成立,由此拉开网络小额贷款公司设立的序幕。但在2013年之前,网络小额贷款公司处于探索阶段,发展十分缓慢,数量较少,游离于主流视野之外。直到2014年前后,以租房分期、3C(计算机类、通信类、消费类等电子产品)分期为代表的场景金融业务开始出现,加之各地陆续出台了鼓励和扶持政策,网络小额贷款进入了快速发展轨道。

2015年,中国人民银行等十部门发布的《关于促进互联网金融健康发展的指导意见》提出:“网络小额贷款是指互联网企业通过其控制的小额贷款公司,利用互联网向客户提供的小额贷款。网络小额贷款应遵守现有小额贷款公司的监管规定,发挥网络贷款优势,努力降低客户融资成本。网络借贷业务由银监会负责监管。”随后网络小贷业务牌照数急速增加,2017年呈爆发性增长。网络小贷打破了传统小贷的地域限制,虽在一地注册,但通过互联网实际上实现了全国展业,业务领域除生产经营贷款外还可以涉足消费金融,不少有实力的上市公司纷纷申请此牌照开展业务。上市公司可以综合利用网络小额贷款平台、产业链和大数据等优势,向上下游中小企业开展贷款业务,有利于其加强与客户之间的合作和联系,增加资金的流动性。

网络小贷业务具备普惠属性,在服务小微、三农层面发挥了较多作用,受到社会各界的广泛关注,但从整体来看也存在不少风险,经营能力良莠不齐,竞争环境日趋激烈。从2010

年阿里小贷成为全国第一家线上跨省经营的公司开始，到 2017 年末网络小额贷款展业审批被叫停，据不完全统计，全国开展网络小贷业务的小额贷款公司约 280 家，主要集中在粤、渝、江、浙、沪等地，其中多数在 2017 年暂停批设前获得许可，少数由 P2P 网贷机构转型而来。

3）网络小额贷款的规范发展

网络小额贷款经过 2015—2017 年的急剧发展之后，首付贷、校园贷甚至裸贷问题屡屡爆发，缺乏消费应用场景的现金贷业务存在高利贷、暴力催收以及非法集资的风险，加上 P2P 平台爆雷日益严重，互联网金融平台政策迅速收紧，网络小额贷款行业也进入了整治与引导并行的新阶段。2017 年 11 月，监管部门紧急下发《关于立即暂停批设网络小额贷款公司的通知》，要求各级小贷公司监管部门即日起一律不得新批设网络（互联网）小额贷款公司，禁止小贷公司跨区域经营；12 月，《关于规范整顿“现金贷”业务的通知》发布，其主要内容包括暂停发放无特定场景依托、无指定用途的网络小额贷款，禁止小额贷款公司通过互联网平台或地方各类交易场所销售、转让及变相转让本公司的信贷资产，以信贷资产转让、资产证券化等名义融入的资金应与表内融资合并计算，从业务开展、资金来源等方面对小额贷款公司的业务加以规范。2018 年以来，各省市地方金融监管局（办）取消了省内部分小贷公司试点资格。此后，监管一面加强对网络借贷业务的强监管和平台清理工作，大力整治互联网金融乱象，一面仍在梳理对正规网络小贷公司的监管思路。2020 年 11 月，银保监会发布《网络小额贷款业务管理暂行办法（征求意见稿）》，以期规范小额贷款公司网络小额贷款业务，统一监管规则和经营规则，促进网络小额贷款业务规范健康发展。

5.3.3 网络小额贷款的运作模式

网络小额贷款在业务运作时，由小额贷款公司利用大数据、云计算、移动互联网等技术手段，运用互联网平台积累的客户经营、网络消费、网络交易等内生数据信息以及通过合法的第三方渠道获取的其他数据信息，分析评定借款客户的信用风险，确定贷款方式和额度，并在线上完成贷款申请、风险审核、贷款审批、贷款发放和贷款回收等流程。

网络小额贷款按照用途可分为个人消费信贷和生产经营性贷款。个人消费信贷属于互联网消费金融范畴，将在下一节介绍。生产经营性小贷的运作模式是由贷款企业向网络小贷平台提交申请，网络小贷平台将根据自身积累的大数据信息以及客户提交的信息进行审核，同时设立第三方审查机构对客户收集相关资料，提供给小贷公司作为补充信息进行审核，小贷公司付相应的信息费。在完成贷款系列业务后，进行贷后监控并对客户进行信用评级，建立信用数据体系。典型代表如阿里小贷，如图 5.7 所示。

阿里小贷在 2010 年正式独立运营之前，已经完成了前期的数据和经验积累，主要客户来源于阿里集团的电子商务平台，如淘宝和天猫（合称“大淘宝”）平台。阿里小贷 80% 的业务集中在“平台建平台”模式，即 80% 专注服务于大淘宝的 B2C 平台客户，为平台商户提供信用贷款和货物抵押贷款，20% 也为 B2B（阿里巴巴客户平台）提供阿里信用贷款，并且获得了快速发展。

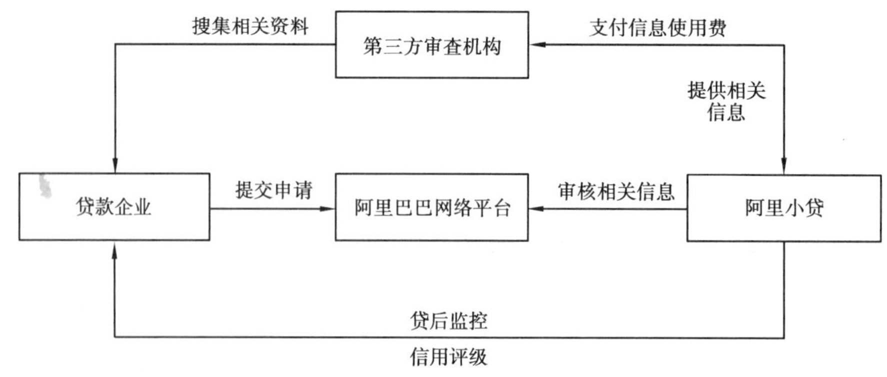

图 5.7　阿里小贷运行模式

(1)B2C 信贷模式(又称“大淘宝信贷”)

在贷前调查阶段,阿里小贷团队通过贷款人自行提供资料、调查购买第三方征信数据(如海关、税务、电力、水力等部门数据)以及直联央行征信系统等方式,建立了自己的信贷模型(如客户分层模型、收入预测模型、破产概率模型、风险预警模型等)和信贷流程。在自身基础平台和流程的基础上,对单笔金额较小的贷款能够做到几分钟之内审查完毕。单笔贷款超过 20 万元的信用放款,则需要进行在线视频调查,并与第三方机构获取的信息进行交叉验证。这个审核过程通常需要花费 2 个工作日。

在实际放贷过程中,包括人行征信等在内的外部数据非常重要,其对信贷决策至少有 20% 左右的影响。贷后检查阶段,阿里小贷继续通过大淘宝平台和支付宝系统随时监控企业的交易状况和现金流,任何可能影响正常履约的行为都会被预警。若客户出现违约,阿里小贷可以通过支付宝切断客户现金流,即截断包括买家支付给客户的货款在内的一切资金来往,同时执行网络店铺关停机制,由此可以有效提高客户违约成本,控制贷款风险。

(2)B2B 信贷模式

与大淘宝平台不一样的 B2B 网站类似于“黄页”,起到一个展示功能,买卖双方通过平台认识以后,会私下就交易产品、支付方式、交割方式等进行多次沟通。但是 B2B 平台并不掌握交易是否达成、成交金额以及买家的评价如何。因此,B2B 平台的数据积累有限,不足以支撑自动化的大淘宝贷款模式,而且商家之间的交易也不需要借助支付宝,贷后控制力较弱。因此,B2B 模式下的贷前调查除了需要对潜在客户进行在线视频调查外,小贷团队还将实地勘察工作外包给当地的第三方机构,有专门的人员负责对第三方机构的调查员进行过程管理,并将调查数据进行交叉比对。一般来说,一周之内可以完成放款。贷后检查主要靠严把每一个还款节点,若出现一次违约,则对该企业进行征信调查,进行催款收款。

5.3.4　网络小额贷款发展中存在的问题及其监管

1)网络小额贷款发展中存在的问题

与同样开展互联网贷款业务的消费金融公司和互联网银行相比,经营网络小贷业务的小贷公司在客群、场景、风控等业务流程方面有着极为相似的经营路径,但在准入门槛、经营范围和部分监管要求方面存在差异。近年来,网络小贷业务规模扩张过快,一方面通过跨省经营，突破经营区域限制，迅速将业务拓展至全国；另一方面通过多种方式融入资金，突破融资杠杆约束，急剧放大杠杆倍数。特别是一些互联网公司通过小贷公司发放网络贷款，野蛮进入信贷领域，经营管理粗放，侵害消费者权益，也影响金融稳定。

(1)机构属性认定问题

关于小额贷款公司是不是金融机构的问题一直以来都有争议。从刑法意义上讲，金融机构的认定应当既重实质又重形式，网络小额贷款公司在形式上具备金融主管部门批准的金融监管属性，在实质上具备从事放款的金融活动，应该是具有刑法意义上的金融机构。但在实践中，由于金融机构性质认定不一致的问题，部分地方的网络小额贷款业务无法享受金融机构在开展“小微”等业务所对应的税收优惠和涉及机构落户、增资扩股、人才引进等方面的各类补贴和扶持政策。

(2)经营资质审批问题

网络小额贷款业务经营资质审批涉及主管审批部门的确定以及发起股东资质、借款人来源、互联网场景、内生数据基础和数字化风控技术等方面的经营资质要求。无论是借网络小贷牌照从事非法现金贷款业务的主体，还是凭线下小贷牌照从事线上小贷业务的公司，抑或是根本没有小贷牌照却经营贷款业务的企业，都是存在风险隐患的。

(3)经营资金来源问题

网络小贷公司主要利用自有资金开展贷款业务，其资金来源显得尤为重要。目前网络小贷公司的资金主要来源于股东缴纳的资本金、捐赠资金以及来自不超过两个银行业金融机构的融入资金等。虽然部分地区适度放开了网络小贷公司的融资渠道，在上述融资渠道之外，还可通过资产证券化、向主要股东定向借款等方式融资进而开展业务，但仍会受到严格的融资杠杆限制。

此外，违规跨区经营、变相高杠杆放贷、借款人综合成本畸高、涉嫌高利贷、暴力催收等问题和风险也时有发生。

2)网络小额贷款的监管

针对网络小额贷款业务发展中存在的问题，关于网络小额贷款的监管制度也在不断完善。尤其是 2020 年 11 月由银监会、中国人民银行联合发布的《网络小额贷款业务管理暂行办法(征求意见稿)》，对未来网络小贷业务的发展给出了明确的监管思路。

(1)厘清监管体制

该办法厘清了网络小额贷款业务的定义和监管体制，明确由银监会负责制定监督管理制度和经营管理规则，督促指导省、自治区、直辖市人民政府确定的金融监管部门对网络小额贷款业务进行监督管理和风险处置。小额贷款公司经营网络小额贷款业务应经监督管理部门依法批准，并取得网络小额贷款业务经营许可证，明确网络小额贷款业务应主要在注册地所属省级行政区域内开展，未经银保监会批准，不得跨省级行政区域开展网络小额贷款业务。

(2)提高经营门槛

提高经营门槛主要有以下 3 种方式：

一是提高网络小额贷款资本金门槛，经营网络小额贷款业务的小额贷款公司注册资本不低于 10 亿元，跨省经营需实缴注册资本金 50 亿元，且均为一次性实缴；二是网络小额贷款业务应遵循小额、分散原则，个人借贷原则上不超过30万元及最近3年年均收入的三分之一，机构借贷原则上不超过100万元；三是对网络小额贷款业务的联合贷款作出限制，小额贷款公司出资比例不低于30%，约束小额贷款公司通过联合贷款过快扩张，且不得将授信审查、风险控制等核心业务外包，不得为无放贷业务资质的机构提供资金发放贷款或与其共同出资发放贷款，不得接受无担保资质的机构提供增信服务以及兜底承诺等变相增信服务。

(3)限定融资杠杆

经营网络小额贷款业务的小额贷款公司通过银行借款、股东借款等非标准化融资形式融入资金的余额不得超过其净资产的1倍；通过发行债券、资产证券化产品等标准化债权类资产形式融入资金的余额不得超过其净资产的4倍。

(4)加强信息披露

针对小贷公司暴力催收等乱象以及对金融消费者保护力度不足的问题，该办法明确要求经营网络小额贷款业务的小额贷款公司应做好金融消费者权益保护工作，业务办理应遵循公开透明的原则，充分履行告知义务，使借款人明确了解贷款金额、期限、价格、还款方式等内容，并在合同中载明，禁止诱导借款人过度负债，禁止通过暴力、恐吓、侮辱、诽谤、骚扰等方式催收贷款，禁止未经授权或者同意收集、存储、使用客户信息，禁止非法买卖或者泄露客户信息。

5.4 互联网消费金融

5.4.1 互联网消费金融的内涵和特点

1)消费金融与互联网消费金融

消费金融(Consumer Finance,CF)是为了满足各阶层家庭个人的消费需求而提供消费贷款的现代金融服务方式。个人信贷业务是传统银行难以全面惠及的领域，建立专业化的个人消费金融体系，能够更好地服务于家庭部门。

消费金融分为广义和狭义两个层面的内容。广义的消费金融包括商业银行、持牌消费金融公司以及商业企业等向消费者提供的(住房按揭贷款、汽车贷款、信用卡、分期付款等)个人信贷。狭义的消费金融则仅指除房贷、车贷以外的针对个人耐用消费品和一般日常消费品的小额信贷，如图5.8所示。本节使用狭义的概念。

随着互联网技术与金融业的全方位融合，现代信息科技开始被广泛应用于消费金融领域，进而产生了互联网消费金融。简单地说，互联网消费金融就是依托互联网技术向客户提供消费贷款及相关金融服务的，是传统消费金融与互联网技术、理念、渠道进行全面有机融合的产物。传统消费金融与互联网消费金融的产品、渠道和风控等有所不同，见表5.4，在提高金融效率、降低交易成本、减少信息不对称性方面发挥着难以替代的重要作用。

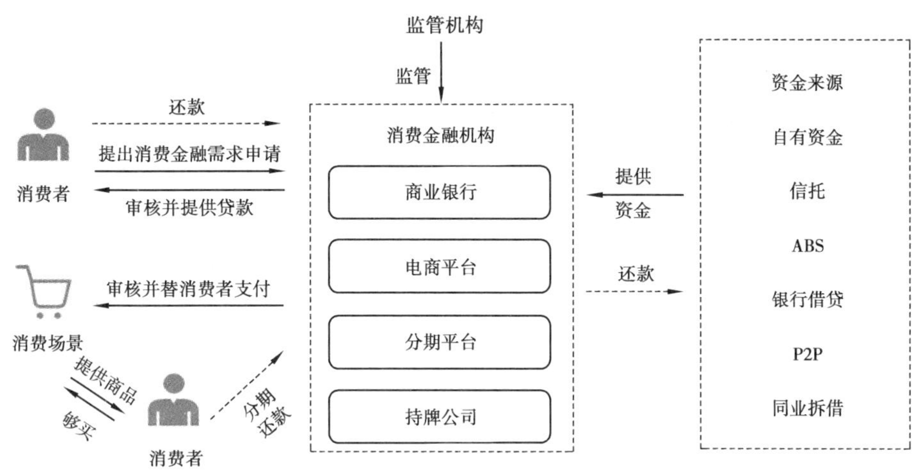

图 5.8　中国消费金融模式

(图片资料来源:海投学院,全球消费金融市场前瞻,2019-05-30。)

表 5.4　互联网消费金融与传统消费金融的不同

类　型	传统消费金融	互联网消费金融
目标客户	银行优质客户	年轻客户、中低收入客户
产品种类	大额消费贷款、信用卡	消费分期、现金贷
产品特征	大额、低频	小额、高频
放款速度	2 周左右	几分钟
服务渠道	线下申请面签	移动渠道申请
风控方式	央行征信、人工审核	大数据征信、机器审核

2) 互联网消费金融的特点

(1)参与主体和运作模式多样化

互联网消费金融的市场参与主体包括商业银行、消费金融公司、小额贷款公司、电商平台以及部分消费分期平台等,参与主体众多,资质和资源各异,由此形成了多样化的运作模式,不仅为金融消费者提供了多样化的选择,也增强了行业竞争性,促使各互联网消费金融主体更加关注风险控制、产品创新和消费者体验提升,有利于营造竞争、有序、良性的行业生态。

(2)技术应用和场景嵌入深入化

随着大数据等互联网技术的广泛应用及消费群体的逐步细分,消费金融与消费场景的结合日益紧密。通过人工智能、生物验证等手段,贷款申请手续越来越简化;依靠场景数据评估模型,线上贷款审批效率不断提升;应用新技术优化支付流程,场景使用的便携度越来越高;采集和积累客户交易数据,智能化风控模型不断优化迭代;持续追踪消费者行为,客户识别的精准度及产品个性化程度得以提升。

(3)社交媒体和软件应用广泛化

消费金融产品的推广越来越依托社交媒体(包括综合性社交媒体、垂直领域社交平台以及短视频、直播服务等新媒体),消费场景的搭建也越来越依赖社交应用软件。社交应用软件具有较大的用户唤醒频次,为互联网消费金融产品提供更广的基础客源,消费金融产品的知名度及应用范围与消费者在社交平台的分享行为和曝光度密切相关。

5.4.2 互联网消费金融的种类和模式

1)按照贷款主体的资质划分

互联网消费金融按照贷款主体的资质不同可分为商业银行、消费金融公司、电商平台、互联网金融平台以及小额贷款公司(本节不再赘述)等。这里主要介绍前三种模式。

(1)商业银行模式

商业银行以往主要占据的是传统消费金融的存量市场,产品以房贷、车贷、信用卡为主。随着信用卡增速下降和互联网消费的兴起,传统主流客群增长触及天花板,商业银行开始尝试互联网消费金融。商业银行的互联网消费金融服务模式相对简单,一种途径通常由消费者通过银行 App 进行申请,经银行审核后再发放贷款,消费者得到资金后可以在银行自建的或第三方的电商平台网购产品及服务。另一种途径是通过战略入股互联网企业从而抢占互联网消费场景,如招商银行战略入股滴滴打车,与滴滴在资本、支付结算、金融、服务和市场营销等方面开展深度合作。

此外,以微众银行为代表的互联网银行也推出了如微粒贷、小鹅花钱等互联网金融产品。微粒贷为信用贷款,无须面签即可放款,额度上限 20 万元,大部分用户能贷 5 万元左右,日利率不超过银行信用卡;小鹅花钱是微众银行与持牌消费金融公司联合提供的一款产品,额度上限为 5 万元,日利率万分之五,应用场景丰富。

(2)消费金融公司模式

消费金融公司是指不吸收公众存款,以小额、分散为原则,为居民个人提供以消费为目的的贷款的持牌非银行金融机构。消费金融公司在获客、审批、风控等业务环节以互联网手段提升运营效率。借款人通过消费金融公司 App 或官网申请贷款,消费金融公司线上自动审核用户信息后,为用户线上线下消费提供信贷资金支持。根据主要出资人身份背景的不同,消费金融公司又可分为银行系和非银系两类。

银行系消费金融公司在资金实力和风控能力方面有着明显的优势。如招商银行和中国联通公司共同出资设立的招联消费金融公司,其主要产品有“零零花”和“好期贷”,全部通过线上申请和审批;除了用手机 App 获客,“零零花”还入驻了联通网上营业厅,借款人可直接通过该产品分期购买手机;“好期贷”则入驻了支付宝平台。

非银系以海尔集团、苏宁电器、重庆百货等工商企业为代表,先后组建了海尔消费金融公司、苏宁消费金融公司和马上消费金融等。此类消费金融公司最大的优势是有传统产业入口,一开始就充分接入互联网技术进行获客、审批和风控,根据重心不同,可分为金融支持主业型和主业培育金融型。金融支持主业型是海尔消费金融公司,其重心运用金融支持海尔的家电产业,所以海尔的消费金融利率优惠,甚至有零利率产品,目的在于抢占智能家电市场;主业培育金融型的代表是苏宁消费金融公司和马上消费金融公司,在通过消费信贷扩

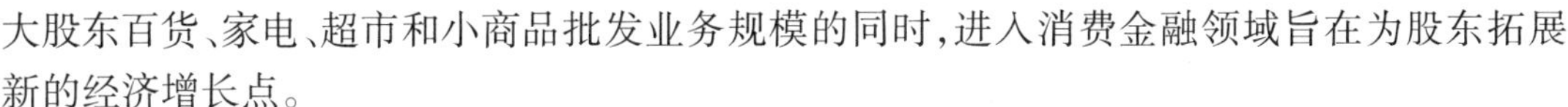

大股东百货、家电、超市和小商品批发业务规模的同时,进入消费金融领域旨在为股东拓展新的经济增长点。

(3)电商平台模式

电商平台自然与现金流、物流、数据流紧密相连,具有发展消费金融、建立"商业-金融"生态圈的两个有利条件,即大量的活跃用户和海量的交易数据,因此,在互联网消费金融细分领域拥有很强的市场竞争力,其中具有代表性的是"京东白条"和"蚂蚁金服"。电商模式的互联网消费金融主要依托电商平台向网购用户在线提供消费分期和现金贷。

2)按照是否依托消费场景划分

互联网消费金融按照是否依托消费场景可分为两大类:一类是基于消费场景的消费分期,该类业务门槛较高,主要由蚂蚁、京东、腾讯、美团等头部机构开展,集中度较高;另一类则是缺少消费场景的现金贷,这类业务主要由 P2P 平台通过获得网络小贷牌照后转型成为小贷公司进行运营,集中度较差,且资产质量参差不齐,受到监管清理整顿。

(1)消费分期

消费分期类似于信用卡分期,在平台给予的授信额度下,消费者可以在购买商品或服务时选择分期付款,年化利率一般不超过 18%,近年来无息分期也较为流行。图 5.9 是一个蚂蚁花呗分期付款购买手机的消费场景。平台是消费分期业务中风控的提供者,也是业务能够稳定运营的核心。平台通常拥有大量的交易数据和个人信息,数据量甚至比银行征信更为全面,在进行风控时拥有较大优势。消费分期的交易金额通常较低,从资产角度看风险可控。

图 5.9 蚂蚁花呗分期付款消费场景——购买手机

(2)现金贷

现金贷起源于国外的发薪日贷款(Payday Loan),通常是指 30 天以内的个人短期纯信用贷款。国内现金贷业务兴起于 2015 年,自 2017 年开始,现金贷作为互联网消费金融领域的重要分支迅速发展,一度发展到上千家,见表 5.5。国内互联网消费金融的现金贷业务的目标客户主要为银行征信难以覆盖、收入较低的年轻客户群体,既有蓝领也有大学生,负债消费观念强。尽管产品的名义贷款利率一般在 24% ~36%,但实际操作中年化贷款利率超过 36% 的例子比比皆是。

表 5.5　部分头部机构现金贷产品数据汇总

产品名称	小米消费贷	微博借钱	蚂蚁借呗	腾讯微粒贷	京东金条
借款金额	1 000 元～20 万元	最高 20 万元	1 000 元～30 万元	500 元～30 万元	最高 20 万元
还款期限	6、9、12 个月	3、6、9、12 个月	最长 12 个月	5、10、20 个月	1、3、6、12 个月
入口渠道	小米金融 App、小米贷款 App	微博、新浪 App	支付宝、网商银行	微信钱包、QQ 钱包	京东金融 App

5.4.3　互联网消费金融的风险和监管

早在 20 世纪初，消费金融已在西方国家诞生，并逐渐在欧美发达国家形成了较为成熟的运作模式，成为金融市场的重要组成部分。我国消费金融发展起步较晚，中国人民银行 1999 年下发的《关于开展个人消费信贷的指导意见》，标志着个人消费金融在中国正式破冰；2009 年银监会颁布《消费金融公司试点管理办法》，表明了中国在发展消费金融，促进经济从投资主导型向消费主导型转变方面的决心。互联网消费金融作为全新的商业模式，由于发展时间短暂还未形成完整的理论体系，在快速发展的同时衍生出一系列问题与挑战。

1）互联网消费金融的主要风险

（1）个人征信体系不健全

相较于发达国家的征信法律而言，我国在立法的质量、数量和范围上都存在较大的空间。主要体现在：一是我国法律法规长期欠缺有效的数据共享与隐私保护条款；二是地方性征信法律法规和行业性规范在适用性与规范性方面存在偏差；三是失信惩戒机制不够完善，对一些失信行为惩罚不足为戒，反而成了变相"激励"；四是征信共享机制没有打通，数据孤岛问题严重。

（2）市场经营规范不到位

一是综合利率畸高的司法规范问题，互联网消费金融利率畸高问题广受争议，尤其是现金贷的服务费、手续费、逾期费、滞纳金等利率折算后，年化利率大部分超过 36%，有些甚至达到 100% 以上。二是互联网消费金融的准入标准问题，目前该行业机构众多，虽然业务相同，但是因监管主体不一致导致了严重的监管套利问题（公司套利、地区套利等），需设立准入标准，防范风险乱象。三是行业自律性规范不足问题，互联网消费金融行业协会于 2018 年 10 月成立，时间较短，行业自律性规范不到位的问题比较突出。四是缺乏强制信息披露制度。

（3）场景消费金融发展不足

由于金融科技的发展，互联网营销与获客更加便捷与高效，大数据风险控制变得更为有效，但在互联网消费金融发展的进程中，一段时间来有场景、有用途、有群体的场景消费金融的发展，反而赶不上缺乏场景支撑的现金贷，现金贷异常繁荣，场景消费金融不足，这就脱离了消费金融助推实体经济转型发展的初衷。

（4）产品差异化创新不够

现金贷产品大同小异，产品设计与管理相似，所不同的主要是综合利率。消费分期产品高度同质化,行业差异化竞争不够,一部分市场场景竞争过度,另一部分急需普惠金融的场景,如农村消费场景、蓝领消费场景等领域供不应求。

2)互联网消费金融的监管

针对互联网消费金融的主要问题,风险监管应从宏观和微观两个层面入手。从宏观层面上,一是应构建互联网消费金融的统一监管体系,由中国人民银行实施宏观审慎监管(Macro Prudential Assessment, MPA),防范互联网消费金融的过快发展可能引发的系统性风险;由银保监会实施微观审慎监管,对具体的互联网消费金融业务发展实施机构和行为监管;同时,为加强金融消费者权益保护,可以考虑建立专门的消费者金融保护局。二是实施功能性、穿透式监管,只要是从事互联网消费金融业务,不管业务主体是谁,均应由统一的监管机构实施监管,防止市场乱象和监管套利。三是建立以央行为基础、多元化征信主体并存,依据金融科技手段、个人征信与企业征信协同发展的中国特色的个人征信体系建设,打通征信共享机制,建立有效的失信惩戒机制。四是制定和完善互联网消费金融的法律法规,明确准入门槛和底线,实施综合监管,采取"监管沙盒"等创新型监管模式,平衡创新发展与风险防范的关系。

从微观层面上,一是要加大场景消费金融的发展力度,谨防现金贷风险,探索挖掘更多的细分消费场景。二是加强互联网消费金融的风险管理能力和体系建设,强化大数据风控技术、智能审批体系、智能催收、智能精准营销、智能客服等的技术研发,建立风险识别、评估、应对、监察、披露的全面风险管理体系。三是完善互联网消费金融公司信息公开机制和金融消费者投诉受理、处理机制,保护金融消费者的合法权益。

本章小结

1. 广义的互联网借贷是指所有通过互联网开展的线上借贷活动。根据放贷主体的不同,互联网借贷主要包括 P2P 网络借贷、网络小额贷款、互联网消费金融和商业银行互联网贷款 4 种类型,是多层次小微金融服务体系的重要组成部分。

2. P2P 网络贷款是指借款人与投资人通过独立的第三方网络平台进行的借贷活动,平台性质属于信息中介。按借贷流程划分,有纯平台模式和债权转让模式;按融资渠道划分,有纯线上模式和线上线下相结合模式;按有无担保划分,有无担保、第三方担保和平台自身担保 3 种模式。由于运作模式不成熟以及风险频发,国内外 P2P 网贷行业均处于转型调整期。

3. 广义的网络小额贷款不仅包括网络小额贷款公司所从事的小贷业务,也包括 P2P 网贷平台、互联网消费金融公司以及商业银行所开展的线上小额贷款。狭义的网络小额贷款特指持牌小额贷款公司所从事的互联网小额贷款业务,按用途可分为生产经营性贷款和消费贷款,生产经营性贷款主要包括 B2B 和 B2C 两种模式。

4. 互联网消费金融是指依托互联网技术向客户提供消费贷款和相关服务的现代金融方式,按放贷主体可分为商业银行模式、消费金融公司模式、电商模式等;按是否依托消费场景可分为消费贷(包括消费分期)和现金贷。

复习思考题和检测题

1. 商业银行为什么需要助贷和联合贷款？应注意哪些问题？
2. P2P 网贷有哪些特点？面临哪些风险？如何进行风控？
3. 网络小额借贷存在哪些问题？如何进行监管？
4. 互联网消费金融主要有哪些模式？存在哪些风险和问题？

案例分析

名不副实的蛋壳长租终将引发爆雷①

近年来,长租公寓新兴模式成为企业“钻空子”的外衣。在“金融+长租公寓”的消费分期模式被广泛运用的同时,其背后潜藏的金融风险也被频频引爆。深圳蛋壳公寓则是典型代表。从逻辑上讲,房屋租赁大多为中介模式且赚取的是租客与房东的租金差价,但是蛋壳公寓做的是一种变相圈钱的资本游戏。

起初蛋壳公寓为了抢占市场,以高价收购房源并低价出租,随后为了让高进低出的游戏运作下去,采取了期限错配的“庞氏”玩法,诱使租户线上办理合作银行的“租金贷”。蛋壳公寓与租客的合同中并没有说明租客的消费分期实质是租金贷,也没有提示租客租金贷合同与租赁合同相互独立,这就意味着租客即使中途停止租房,也不得不按月还贷。蛋壳公寓通过这种“以长补短”的时间差,快速聚集起庞大的资金池。

除此之外,蛋壳公寓还存在服务质量差、双重收取税费等严重问题。深圳的张先生由于租赁的房屋漏水问题遭到楼下居民投诉,被强制关闭用水。多次协调未果,直接影响了租户的正常生活。租赁合同中规定房屋租赁税费由租客承担,但蛋壳公寓同时要求房东业主承担相应税费。深圳市场稽查局认定蛋壳公寓经营者存在加重消费者责任、采取格式条款免除自身责任、排除消费者权利等 6 种违法行为,并与蛋壳公寓母公司进行了警告约谈。

蛋壳公寓归根结底就是因房源成本过高,导致经营盈利困难,不得已最后押注在“租金贷”“ABS”等金融产品上去扩张盈利。这种拆东墙补西墙的方式注定是不可持续的运营模式,当长租公寓偏离了租赁本源,异化为圈钱融资的工具时,爆雷跑路也就成了高概率的事件。

问题:根据案例,请问你如何认识消费分期及存在的风险隐患?

① 资料来源:消费财经,消费金融行业咨询;零数科技,能链科技月刊。

第 6 章
互联网众筹

学习目标

- 掌握互联网众筹的基本含义及运作模式。
- 理解互联网众筹的风险控制和监管要点。
- 了解互联网众筹的发展趋势。

知识要点

- 互联网众筹的定义和种类。
- 互联网众筹的主要运作模式。
- 互联网众筹的风险及其控制。

关键术语

互联网众筹;产品型众筹;捐赠型众筹;债权型众筹;物权型众筹。

案例导读

一家跨境电商的海外众筹之路①

2021 年 5 月,在海南举行的首届消博会上,优秀国产品牌用"智造"硬实力刷新了国内外消费者对中国品牌的认知。其中,国产蓝牙降噪耳机领军品牌"派美特"(Padmate)在耳机领域艳压群芳,被央视和新华社连续报道表扬。"派美特"品牌注册于 2012 年,集研发、设计、生产、销售、运营于一体,聚焦于音频(智能穿戴)及电子创新产品,共有 600 多名研发和生产人员,合作伙伴遍布亚洲、欧洲、美洲等 30 多个国家。"派美特"品牌跨境出海选择的道路是海外众筹,从 2018—2019 年,"派美特"一共在海外众筹网站上进行过三次网络众筹。

2018 年 5 月,"派美特"Pamu X13 产品在美国 Indiegogo 平台首次众筹,获得近 2 万人支持、94 万美元的众筹业绩,开启了品牌出海之路。同年 11 月,产品 Pamu Scroll 在该平台继

① 资料来源:根据全景看文有关报道及派美特官网信息改编。

续众筹,获得 6 万多人支持、超 330 万美元的众筹业绩。2019 年 6 月,Pamu Slide 产品在 Indiegogo 平台发起第三次众筹,最后以超 8.2 万人的支持、659 万美元的众筹金额创造了 Indiegogo 平台四项众筹项目纪录:全球音频产品众筹金额最高的项目、Indiegogo 众筹史上支持人数最多的项目、2019 年至今 Indiegogo 众筹金额最高的项目以及 Indiegogo 众筹 11 年来最成功的中国项目。此外,Pamu Slide 产品还荣获了 2019 韩国 K-Design 和中国台湾金点奖两项设计大奖。

海外众筹不仅给"派美特"带来了资金上的支持,还帮助企业迅速积累起了一批种子用户,建立起粉丝群,提高了品牌知名度,以真实的用户印证了市场需求,吸引了更多的投资者、合作伙伴和经销商。企业通过海外众筹走出了品牌出海的第一步。

作为互联网金融的重要分支,互联网众筹是一种新兴的、创新于传统金融体系之外的大众投融资方式,它的纵深发展正在重塑着人们对互联网经济和互联网金融的认识。本章在重点介绍互联网众筹的种类和运作模式的基础上,进一步分析互联网众筹的发展现状和发展趋势以及风险控制和监管。

6.1 互联网众筹概况

6.1.1 互联网众筹的含义和特点

1)互联网众筹的含义

关于互联网众筹的具体定义,目前仍然没有定论。在欧洲,英国金融行为监管局对互联网众筹的表述是"一种人们可以通过在线门户(众筹平台)为了他们自己的活动或企业进行融资的方式";法国将互联网众筹称为"参与性融资",是一种允许以一个创新项目或企业融资为目的,向一大群人筹集资金的金融机制,主要通过网络进行;意大利则将互联网众筹定义局限为"创新初创企业通过网络门户筹集风险资本"的金融活动;而欧盟委员会认为,互联网众筹是"一种向公众公开地为特定项目通过互联网筹集资金的行为"。

目前中国大多数人对互联网众筹的理解,都是翻译自美国学者迈克尔·萨利文 2006 年提出的 Crowdfunding 一词,即大众筹资或群众筹资,也被译为"群众集资"和"群众募资",是一种"预消费"模式,用"团购+预购"的方式,向公众募集项目资金。

2011 年 11 月,Crowdfunding 作为新型金融术语被收录于《牛津词典》,即"通过互联网向众人筹集小额资金为某个项目或企业融资的做法。"也就是说,现代众筹主要是指通过互联网方式发布筹款项目并募集资金,互联网众筹主要利用互联网和 SNS 传播的特性,让小企业、艺术家或个人对公众展示他们的创意,争取大家的关注和支持,进而获得所需要的资金援助。通俗地讲,互联网众筹就是一群人看中了你的项目并愿意投资,你用筹到的资金为这群出资人作出预期的产品或服务。因此,互联网众筹也可表述为:为了实现某一具体项目或者为某个企业融资的目的,通过互联网从大量出资人处筹集小额资金的直接融资方式。

众筹的参与者主要包括 3 个:筹资者(发起人)、众筹平台运营方和投资者(支持者),其简易交易流程如图 6.1 所示。

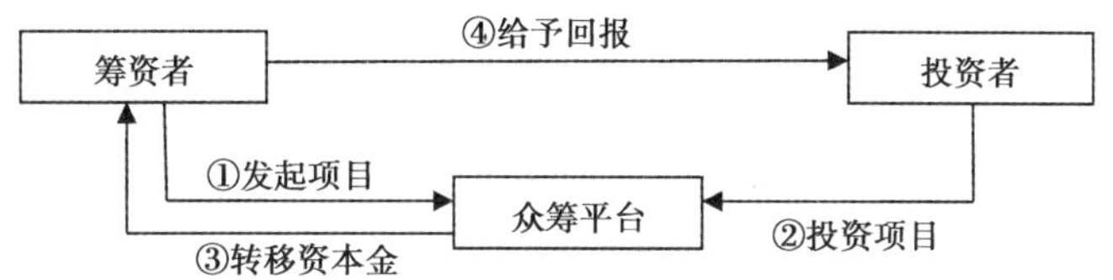

图 6.1　众筹的简易交易流程

一般来说,筹资人就是项目发起人,在众筹平台上创建项目,介绍自己的产品、创意或需求,设定筹资期限、筹资模式、筹资金额和预期回报率等;平台运营方就是众筹网站,负责审核、展示筹资人创建的项目,提供服务支持;投资人则通过浏览平台上的各种项目,选择适合的投资目标进行投资。众筹平台既是项目发起人的监督者和辅导者,也是出资人的利益维护者。首先,要拥有网络技术支持,根据相关法律法规,采用虚拟运作的方式,将项目发起人的创意和融资需求信息发布在虚拟空间里;其次,在项目筹资成功后要监督、辅导和把控项目的顺利展开;最后,当项目无法执行时,众筹平台有责任和义务督促项目发起人退款给出资人。

(1)发起项目

项目发起人在众筹平台发起项目申请,为融资项目制作宣传资料,确定融资金额和进度等目标;众筹平台对该众筹计划进行审查和筛选,保证项目质量,控制风险;审核通过后,在平台网站上展示项目,积极发挥发起人和投资人之间的桥梁作用,吸引潜在投资者。

(2)投资项目

投资者根据自己的偏好对平台公布的筹资项目进行投资。

(3)转移项目资金

如在规定的时间内项目所有人达到融资目标,则融资成功,项目融资人获得款项;反之,众筹平台会将融到的资金退还给投资者,项目停止。

(4)给予回报

融资成功后,项目进入实施阶段,发起人向投资者实现之前所承诺的回报。

相对于传统的融资方式,互联网众筹更为开放,能否获得资金也不再是由项目的商业价值作为唯一标准。只要是网友喜欢的项目,都可通过互联网众筹方式获得项目启动的第一笔资金,为更多小本经营或创业的人提供无限的可能。

在上述流程中可以看出,众筹活动中存在 4 个比较重要的机制:融资机制、回报机制、信息沟通机制和投资者保护机制。

2)互联网众筹的特点

作为一种新兴的有别于传统金融的融资方式,互联网众筹以互联网为依托,借助信息平台和社交网络,实现投融资双方需求的对接与撮合,满足了创意经济、小微经济的需要,并具有以下特点:

(1)开放性

无论身份、地位、职业、年龄、性别,只要是有想法有创造能力的人都可以发起项目;无论出资金额多少,无论是否有投资经验,只要对项目感兴趣都可以为项目投资;互联网众筹为普通民众提供了直接参与金融市场的渠道,缓解了资本市场资金紧张而民间资本投资无门

的双重问题。

(2)多样性

互联网众筹的领域具有多样性,在中国的点名时间网站上的项目类别涉及科技、设计、音乐、影视、食品、漫画、出版、游戏、摄影等多种行业。

(3)大众性

依靠大众力量,支持者通常是普通的草根民众,而非公司、企业或是风险投资人;额度小,门槛低,从数百元开始,大多为1万~10万元的规模,聚少成多。

(4)社交性

互联网众筹融资实际上是发动网络上的"陌生人"参与项目投资,借助于互联网的社交属性,让互不相识的投融资双方在众筹平台上进行交流,了解项目的创新性和可行性,从而促成融资成功,众筹平台的获客能力和网络社交影响力在很大程度上决定了项目融资的成功率。

(5)风险性

尽管互联网众筹通过分散化的方式可以降低投资风险,但作为一种新兴的金融模式,它仍有其自带的风险性。比如,项目没有达到预期众筹金额后的退款难产,因供应链产能问题导致的未按期发货等。众筹平台有项目审核和风险预警的义务,但不可能对风险完全兜底,更多是承担信息撮合的角色。

以上特点相结合,使得互联网众筹具有普惠金融和金融平等价值,由此形成的市场机制、信用机制和技术机制,对促进整个社会的创新创业氛围、缓解小微业融资难问题、引导民间资本转化为投资等方面有着极大的实践意义。

6.1.2 互联网众筹的种类

关于互联网众筹的种类划分,现在常见的有两大类:一类是根据众筹所运作的行业领域的不同;另一类是按照投资回报形式的不同。

1)按运作行业领域的不同划分

根据互联网众筹运作的行业领域的不同,可以细分为很多种,诸如房地产众筹、农业众筹、科技众筹、影视众筹、音乐众筹、体育众筹、公益众筹,随着互联网众筹在越来越多的行业领域的拓展和细分,众筹的行业种类也在不断增加。

比如房地产众筹,可以简单理解为与房地产相关的众筹项目,指房地产开发商将房地产开发项目放置到网络众筹平台上,经过网站注册的投资者登录平台浏览相关信息,寻找感兴趣的房地产项目进行投资,当筹资金额达到预期目标时众筹项目宣告成功,所筹得的资金将被打入指定账户,投资者自此将收到有关项目进展情况的最新消息,最终促成房地产项目的建设,获得该房产的所有权或者获得投资收益的现金分红,如租金等。

而农业众筹的本质对用户来说就是"团购+预购",就是通过互联网和社交网络,改变原有的农业生产流通流程,把原有的零售流程倒置,将销售前置,让大众消费者参与到农耕之中,提前汇集订单,使得农业生产者可以根据销售预定情况了解市场的需求和行情,并可以提前在判断销量后组织生产,形成以订单驱动生产的方式。这种先销售再生产的模式解决了一些农户资金不足的问题,也在一定程度上将销售风险掌握在可控范围之内,而其中既作为投资者又作为消费者的用户一方,也可通过事前对项目的了解进行考量和选择。

2)根据投资者获取投资回报形式的不同划分

这种方法可以把互联网众筹划分为产品型众筹、捐赠型众筹、债权型众筹、股权型众筹和物权型众筹5种主要形式,这也是当前有关众筹最为主要的分类方式,见表6.1。

表6.1 5种众筹种类的比较

类别	产品型众筹	捐赠型众筹	债权型众筹	股权型众筹	物权型众筹
众筹发起人	初创企业或个人	非政府组织(如教育机构、宗教团体等)	企业	初创企业	企业
投资者	社会大众	社会大众	社会大众	特定投资者	社会大众
融资金额	较小	较小	较大	较大	较大
回报	与投资金额价值相对应的实物产品或虚拟服务	无回报或象征性回报(如感谢信、明信片等)	贷款利息	股东权利	经营分红、租金分红和物权增值收益
风险	较低	低	较高	高	较高

(1)产品型众筹

产品型众筹又称为回报型众筹、奖励众筹、商品众筹、消费众筹,是最常见的一种众筹类型,主要用于科技、设计、影视、演出、聚会等创意,创新产品筹集研发和生产资金,为这些产品投资的用户成为支持者,他们获得的回报一般就是产品本身。因为回报直观、支持简便,在众筹行业中,商品众筹平台的数量最多,用户也最活跃。这一模式适用于很难利用传统融资渠道在熟人圈子中获得充足启动资金的项目,鼓励了个人和小型创业团队的创意和创新行为,但经常也充满失败风险。

(2)捐赠型众筹

捐赠型众筹又称为公益众筹,实际上就是做公益,通过众筹平台筹集善款,将慈善项目或弱势群体的困难进行宣传,以引起社会上的热心人士关注和无偿募捐。公益众筹既可通过网络平台的宣传,扩大慈善项目的影响,也可通过增加账目的透明度,对慈善资金的募集和使用进行跟踪和更新,来吸引大量投资人员。捐赠型众筹是对传统慈善机构的一种补充。

(3)债权型众筹

债权型众筹是指投资者对项目或公司进行投资,获得其一定比例的债权,一定期限后通过获取利息收益并收回本金。债权型众筹包括P2P、P2B以及购买P2P公司发行的债券。债权型众筹的受益对象多以个人或者小微企业为主,这些人往往被排斥于传统金融服务之外,借由众筹平台形成融资通路。一方面他们可以享受正当的金融权利,由此改善生产经营;另一方面很多债权众筹网站包含某种形式的安全条款,在借款人无力还款的情况下仍能给投资人以保障。

(4)股权型众筹

股权型众筹是指公司出让一定比例股份,利用社交网络服务(Social Networking Service, SNS)传播的特性向普通投资者募集资金,投资者通过投资入股公司以获得未来收益的一种互联网融资模式。相比前几种,股权众筹更为复杂。企业 IPO 上市实际上是一种公开型"股权众筹",只是门槛更高、投资人更多、市场更公开、涉及资金额更大,因而受到的监管更严格。而股权众筹则是非公开的,投资的对象是非上市公司,并侧重于初创企业、创新企业。

(5)物权型众筹

物权型众筹是指社会大众通过互联网共同出资购买实物资产的物权或者物权份额(产权比例),并通过该实物资产或者资产份额的升值、经营、变现等方法获取收益,具体回报方式包括经营分红、租金分红以及实物资产增值和变现收入等,是一种创新的众筹模式。物权型众筹主要用于对房子、汽车、先进医疗设备甚至飞机等高价值物产的收购和投资。其中,房产众筹和二手车众筹是物权型众筹的两大主力市场。

6.1.3 互联网众筹的产生和发展

1)国外互联网众筹的产生和发展

众筹融资的雏形最早可追溯到 18 世纪欧洲文艺作品的订购。早在 1713 年,传统的众筹已初露端倪。英国诗人亚历山大·蒲柏在着手翻译《伊利亚特》15 693 行的古希腊诗歌之前,承诺给每位订阅者一本 46 开的译本。在 575 名订阅者的支持下,筹集到了 4 000 多几尼(旧时英国的黄金货币)来完成翻译。作为回报,这些支持者的名字也列在了早期的翻译版的《伊利亚特》上,被称为"世界上前所未见的高贵的诗译作"。这一案例正是突出了欧洲传统众筹的典型特点:集中于文学、艺术领域;发起人有较高声誉;有预付性质又带有资助或赞助性质。

在美国,世界闻名的自由女神像曾因为资金短缺问题而无法顺利地安置在纽约港口。1884 年,著名的新闻家 Joseph Pulitzer 运用当时最流行的和大众交流的工具——报纸发布了这则消息。他通过他的报业 New York Word 发放宣传单,鼓励纽约市民为自由女神像的底座捐款,以维护纽约市的荣耀。这个大众集资项目运行了大约 6 个月的时间,最终筹募了 12.5 万人的捐款,筹募到的款项约值当今的 220 万美元。

众筹真正作为一种融资的商业模式起源于美国。早在 2001 年,互联网众筹的先锋平台 ArtistShare 就诞生于美国,在该平台获得资助的音乐人多次获得格莱美奖。2006 年,美国学者迈克尔·萨利文建立了一个名为 Fundavlog 的融资平台,第一次使用 Crowdfunding 一词解释了 Fundavlog 的核心理念。该平台允许发起人采用播放视频的方式在互联网上吸引潜在投资者进行项目融资。尽管该平台建设最终以失败而告终,但由此互联网众筹进入了公众视野。2008 年,定位于综合类互联网众筹平台的 Indiegogo 正式上线。2009 年 4 月,世界最负盛名、最大的互联网众筹平台 Kickstarter 网站正式上线,并很快就为进入的创意项目成功募集到资金。由此,这种全新的融资模式引起了社会的广泛关注。随后,麦克米伦词典和牛津辞典分别于 2010 年 2 月和 2011 年 11 月收录了 Crowdfunding。美国作为众筹模式的来源国,其众多的互联网众筹平台相对成熟和多样化。而在欧洲市场中,互联网众筹与小微企业发展和重振市场密切相关。欧盟将互联网众筹纳入"2020 战略",将之视作提升就业水平和欧洲企业发展的新型而重要的途径,从而达到欧盟 2020 年的经济发展战略目标。互联网众筹在欧洲各国发展迅速,不仅产生了多样的模式,而且规模也逐渐扩大,引起监管者的关注,各国政府在鼓励众筹发展的同时,也需要应对各种潜在问题。

从全球互联网众筹的发展状况来看,主要呈现出以下特点:一是众筹融资规模增长迅猛,根据前瞻产业研究院公布的统计数据,截至 2016 年全球众筹融资规模达 1 989.6 亿元,同比增长 77.2%(图 6.2)。另有世界银行报告预测,2025 年发展中国家众筹总额将突破 960 亿美元,亚洲占比将大幅增加。二是商业模式多样化,众筹起初被广泛认知是因为回报型众筹的发展,但其后又出现了债权型众筹、股权型众筹、募捐型众筹多种类型的模式,尤其是基于股权的众筹模式在快速增长,在欧洲的一些国家及澳大利亚等地发展迅速。随着分割方向的垂直化和行业化发展,众筹所覆盖的领域已延展到音乐、电影、图书、教育、医疗、科技、旅游、体育、计算机、房地产、汽车等越来越广泛的行业。三是监管逐步规范,在外部环境和内部风控的双重压力下,2012 年 4 月,美国政府签署 JOBS 法案,股权众筹在权益众筹和公益众筹之后走向合法化,促进了众筹行业的大发展,并逐步从欧美蔓延到亚洲、中南美洲和非洲等地区。

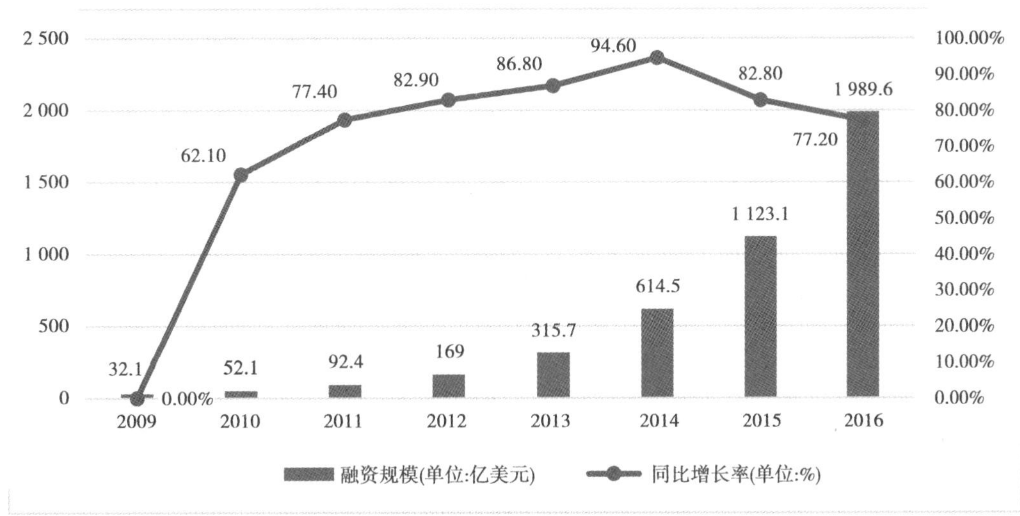

图 6.2　全球众筹融资交易规模和增长率

(图片资料来源:前瞻网。)

2)中国众筹的产生和发展

在中国历史上,“凑份子”可以说也是一种典型的众筹现象。人们在参加婚丧嫁娶红白喜事时,会进行随礼凑份子。收到礼金的人会在以后对方举办红白喜事时再去“还礼”。这种“礼尚往来”的“凑份子”实际上就是有借有还的债权众筹。再比如标会,在有些地方又被称为“抬会”,由相互比较熟悉、人数相对固定的村民组成,通过定期开会竞标来相互融通资金。每次开会时,大家都各自带一笔数量相同的钱过来,凑成一笔较大数目的资金,然后通过对使用这笔钱的利息高低进行竞标,出利息最高者就可以获得这笔资金的使用权。但下次开会时,获得资金使用权的人就不仅要带着一笔和大家相同数目的钱,还要把利息也带来,并且不能再参与竞标,由剩下还没有获得资金的人来相互竞标,以保证一轮之后每人都可以获得一次融资机会。这种被学术界称为“轮转储蓄和信贷”的民间合作金融,其实质也是一种债权众筹。“凑份子”“标会”等这些债权众筹的融资方式是中国千百年来重要的融资方式,支持了古人生活中遇到的各种各样的融资需求。

互联网众筹在我国正式出现的时间比美国晚十年。我国正处于产业升级和经济转型的关键期,金融监管较为严格,资本市场准入门槛高,中小企业融资难,作为个人创业者,融资更难。众筹模式满足了大众创业、万众创新的现实需要,增加了新的融资渠道,改变了产品研发及销售模式。从 2011 年至今,我国互联网众筹大约经历了萌芽、崛起、调整 3 个时期。

(1)2011—2013 年:萌芽期

2011 年 7 月,国内首个根据 Croowdfunding 模式建立的互联网众筹网站“点名时间”正式上线,先后完成了《十万个冷笑话》《大鱼海棠》等国内原创动漫作品的众筹项目,引起社会广泛关注。此后行业整体规模扩展迅速,模式、产品不断创新,平台如雨后春笋般出现。2011 年 11 月,国内最早的股权众筹平台天使汇正式启动;2012 年 3 月,淘梦网上线运营,这是国内较早的垂直类产品众筹平台,主要面向微电影领域;2013 年 12 月,淘宝的众筹平台成立,意味着电商巨头开始挺进产品众筹行业。据不完全统计,这个时期全国的互联网众筹平台累计不超过 50 家。

(2)2014—2016 年:崛起期

2014 年,互联网众筹进入加速发展时期,阿里、京东、浦发银行等重量级选手纷纷加入该行业,当年行业总体融资规模累计 9 亿多元,其中,四季度占比超过一半。① 从结构上看,股权众筹平台的融资规模明显高于产品众筹,京东众筹和淘宝众筹的优势比较突出。2014 年被业界称为中国的“众筹元年”。2015 年,政府工作报告提出将开展股权众筹融资试点,《关于促进互联网金融健康发展的指导意见》也鼓励“发挥股权众筹融资作为多层次资本市场有机组成部分的作用,更好地服务创新创业企业”,由此正式拉开了股权众筹蓬勃发展的序幕。融 360 大数据研究院和中关村众筹联盟联合发布的《2016 中国互联网众筹行业发展趋势报告》显示,截至 2015 年底,全国正常运营的众筹平台达 303 家,分布在全国 21 个省份,其中,2015 年一年新增 125 家(图 6.3);到了 2016 年 6 月,正常运营的互联网众筹平台数量为 350 家,筹资额为 35 亿~40 亿元。由于当年物权型众筹的异军突起,使得 2016 年成了互联网众筹运营平台数量最多的一年。

(3)2016 年下半年至今:调整期

2016 年下半年以前,众筹平台跑路的情况相对较少,但在其迅速发展的过程中,不同类型的互联网众筹出现了各式各样的问题。2016 年 4 月,为期 6 年的互联网金融风险专项整治工作开始启动,互联网众筹进入发展与规范并重的阶段,股权型众筹因监管趋严而进入发展拐点。此后,互联网众筹行业风险逐渐出清,不少平台停止运营或转型。

众筹家的统计月报显示,截至 2020 年 4 月底,我国处于运营状态的众筹平台仅余 59 家。其中,互联网非公开股权融资型(简称“股权型”)平台有 21 家,但实际融资额只有 164.55 万元;权益型(即产品型)平台 22 家,仅小米、苏宁、摩点、淘宝和京东等 5 家众筹平台的融资约

① 数据来源于融 360 于 2015 年 1 月发布的《中国互联网众筹 2014 年度报告》。

1.62 亿元;物权型平台 5 家,公益型平台 4 家,综合型平台 7 家(图 6.4)。产品型众筹因其在支持科技创新、大众创业、乡村振兴等方面发挥的积极作用以及相对稳健的运营模式而成为互联网众筹的主要存在模式。近年来,不少国内创新企业在发展过程中,通过海外众筹的方式,利用国外大型互联网众筹平台如 Kickstarter、Indiegogo 等获取全球投资者的资金支持,推动民族品牌走出国门。

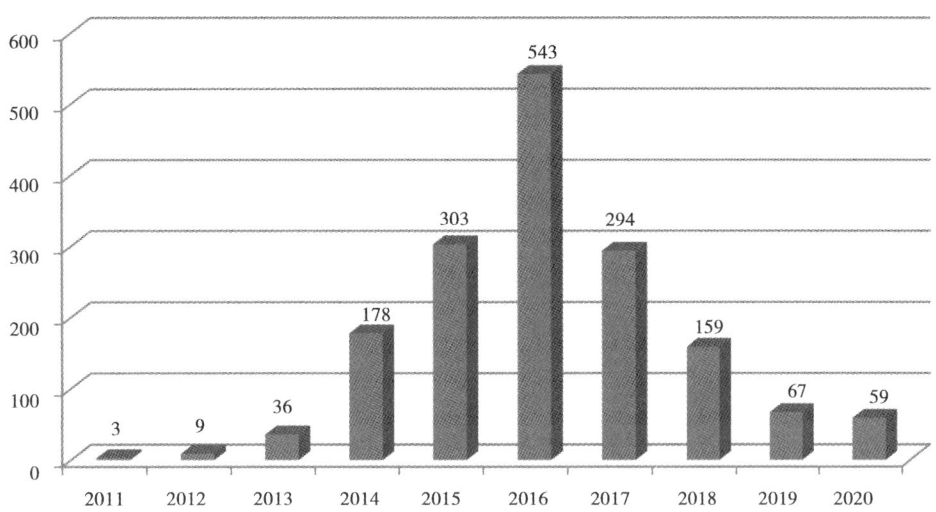

图 6.3 国内众筹平台发展情况

(图片资料来源:融 360 和众筹家。)

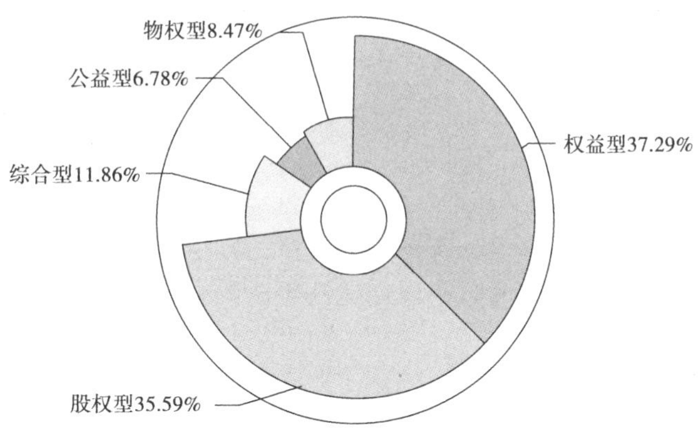

图 6.4 2020 年 4 月运营中平台类型分布

(图片资料来源:众筹家。)

6.2 互联网众筹的运营模式

6.2.1 产品型众筹

产品型众筹又称为奖励众筹、回报众筹、权益众筹，是目前采用较多的众筹模式，投资者对项目或公司进行投资，一般在项目完成后会给予投资人一定形式的回馈品或纪念品，回馈品大多是项目完成后的产品，往往基于投资人对于项目产品的优惠券和预售优先权。

产品型众筹表现出来的特点很像是预售或团购，但又有所不同。两者的相似之处在于都通过在网络上发布"活动（或项目）"来吸引大众参与者的支持；明确规定所需的支持者人数（或金额）下限和截止期限；在截止期限内达到或超过预设的目标人数（或金额）下限，活动（或项目）方可生效，否则，资金将被返还给项目的支持者。两者的不同之处在于，产品型众筹较团购或预售多了一重期货性质，换言之，产品型众筹更像是一种团购和预售相结合的产物。"买家"（即众筹平台的项目支持者）无法在支付后立即获得"卖家"（即众筹平台的项目发起者）售出的"商品"（即众筹平台项目的回报）。通常，根据项目的不同性质，项目发起者会在项目成功后的几天甚至几十天内向项目的支持者兑现事先所承诺的回报。

产品型众筹的典型代表国外有 Kickstarter、Indiegogo 等，国内有点名时间、众筹网、京东众筹等。

1）Kickstarter 的运作模式

（1）平台简介

Kickstarter 于 2009 年 4 月在美国纽约成立，是一个专为具有创意方案的企业筹资的众筹网站平台，其定位是网络创意融资平台。按照其官方说法，Kickstarter 网站致力于支持和激励创新性、创造性、创意性的活动。最成功的全额资助项目主要是音乐和电影、棋盘游戏、产品设计、时尚和旅行装备等。通过网络平台面对公众集资，让有创造力的人可能获得他们所需要的资金，以便使他们的梦想有可能实现。2015 年 9 月 22 日，众筹网站 Kickstarter 日前宣布重新改组为"公益公司"。

Kickstarter 运作方式简单而有效：该平台的用户一方是有新创意、渴望进行创作和创造的人；另一方则是愿意出钱、帮助他们实现创造性想法的人，达成一致的双方共同见证新发明、新创作和新产品的出现。

（2）盈利模式

Kickstarter 的盈利模式非常清晰，如果项目筹资失败，发起方无须承担任何费用。如果项目筹资成功，它会从募集资金中向项目发起方收取 5% 的资金作为盈利，同时发起方还要抽出筹资金额的 3% 的作为第三方支付平台 Amazon 的费用以及每笔 0.2 美元的费用。在筹资过程中，Amazon 作为资金的第三方托管平台履行监管职责，在筹资成功结束后，Amazon 公司根据 Kickstarter 网站的指示向发起人拨款，并直接在款项中扣除佣金。但 Kickstarter 对网站上的项目不拥有任何权利，它只是提供一个平台。

值得关注的是,Kickstarter 于 2015 年重组为公益公司,成为公益性公司。实际上既是一个盈利实体,又是一个公益企业,盈利和追求股东价值最大化不再是 Kickstarter 的唯一目标和最终目标,利用私有企业的力量来创造公共利益、满足严格的环境和社会责任标准也成为 Kickstarter 经营的准则。重组成为公益性公司是为了激活 Kickstarter 创造公共福利的力量,这是一个既可以保证收益、又不会偏离为创意项目众筹的公司使命的制度转变。对于公益性公司而言,利润也绝非业务的唯一目的。Kickstarter 明确承诺每年捐出 5% 的税后利润,一半用于在纽约市的低收入区进行儿童和青少年的艺术类培养活动;另一半资金将捐给 NGO,致力于消除不同人种和性别之间的不平等现象,为受到歧视的人群提供更多成功的机会。这一转变的公司立场能够吸引志同道合的人,特别是那些更关注整体使命而不是股票价值的人。

(3)项目数据分析

Kickstarter 官网数据显示,截至 2022 年 7 月 22 日,Kickstarter 已经为将近 223 850 个项目成功融资超过 68 亿美元,支持者总数超过 2 124 万人,支持者及项目发起人遍布全球。Kickstarter 众筹金额排名前三的类别一直都是游戏类、设计类和科技类,约占 Kickstarter 总收入的 68%。许多众筹项目不只是为了赚钱,如歌曲、绘画、雕塑、纪录片、公益活动、科学研究等,它们甚至获得过格莱美和奥斯卡奖。

2)Indiegogo 的运作模式

(1)平台简介

Indiegogo 成立于 2008 年,当时主要针对电影项目,目标是成为大型而多元的投资公司。有特定的服务对象,Indiegogo 不希望限定他们的客户类型,它从多元化的融资方式中获得了商机。CEO Slava Rubin 表示:"从肝脏移植,购买新专辑或者开饭馆,我们都可以为客户满足资金的需求。"

(2)盈利模式

Indiegogo 的服务费用收取有两种模式:固定的和灵活的。选择固定费用模式,则只有在项目达到筹资目标时平台才会收取 4% 的服务费用,但是如果没有达到筹资目标,则已筹得的款项会被退还给供款人。选择灵活费用模式,不论项目是否达成筹资目标,只要平台给予了支持,就会收取总金额的 4%,但是筹款人可以保留筹得的钱。此外,灵活模式支持信用卡和第三方支付平台进行资金支付,前者需再支付 3%、后者需再支付 3% ~5% 的资金费用。灵活模式的目的是鼓励大家设置更合理的筹资目标,并且尽力去推广项目。此外还特别为非盈利项目提供 25% 的折扣。

(3)项目案例分析

Indiegogo 网站每月客户访问量高达 1 500 万人次,用户来自 235 个国家和地区,服务对象不仅仅是初创企业,也有通用电气(GE)、孩之宝(Hasbro)这样的世界 500 强公司。对于大型公司来说,每年都有巨额的资金用来支持研发新产品,筹集资金当然不是他们的目的。实际上,他们的困扰是,实验室中的新项目和点子太多了,有时会不知道该真正量产哪些。如果量产的产品遭遇市场冷落,公司将面临巨大的损失。众筹则是一个测试消费者意愿的好方法。有人愿意花时间关注,甚至直接付款支持足以显示新产品的受欢迎程度。和其他众筹项目一样,Indiegogo 从筹集的资金中抽取 4% 作为佣金,它也会给这些客户提供诸如挑选项目、优化文字描述和视频等服务。

例如，通用电气在 Indiegogo 上发起的第二个众筹项目是一款家用制冰机，众筹价格是 399 美元，而正式的发售价格将是 499 美元。通用电气预计在 2016 年中才开始向支持者发货，但它依然非常受欢迎。上线 1 小时内，这个项目就获得了 10 万美元的资助，随后的 48 小时内获得了 60 万美元的资助。最终，在 30 天内，这个项目获得了来自 6 177 名支持者 264 万美元的资助。而这个页面也被浏览了 51 万次，并获得了 15 000 次 Facebook 转发。“实际上，通用电气已经在研发实验室中为这个制冰机努力了 20 年，但是他们一直没找到把它推向市场的正确方式。”Indiegogo 的企业合作负责人说道，“他们不知道是不是有家用制冰机的需求，也不知道花费几百万美元量产它的结果到底会怎样。”通用电气的电器项目研发负责人介绍，Indiegogo 的众筹帮他们做了决策，最后只花了 4 个月，就让这款制冰机从概念到最终量产。此外，即使项目失败了也不用担心。因为众筹的成本很低，如果按照传统的方式，量产一款产品最终失败可能损失上千万美元，而众筹的成本仅是其 1/20。

3）点名时间的运作模式

（1）平台简介

点名时间是中国最大的众筹网站，也是中国最早最深入了解智能硬件产业的专业平台，是一个支持平凡人的不平凡梦想的舞台。平台 2011 年 7 月正式上线，创立初期，无论是出版、影视、音乐、设计、科技，甚至公益、个人行为的项目都可以在点名时间发布。然而，从 2013 年初开始，平台正式将重心和方向放在智能硬件领域，2013 年底开始不再接受非智能硬件类的项目。2014 年 7 月，点名时间在成立三周年之际，正式宣布脱离众筹模式，转向智能产品首发模式。但由于点名时间的转型跨度较大，商业模式不清晰，后来又不得不重返众筹平台，恢复全部众筹项目类型。资料显示，点名时间最后一个众筹项目停在 2015 年 12 月 27 日。2016 年 7 月，点名时间被 91 金融收购。

（2）盈利模式

平台上线初期，点名时间唯一的盈利模式是通过对成功得到支持的项目收取手续费来运营。手续费是最终金额的 10%，并且手续费只对达到资金目标的项目发生，且不可涉及现金、股票等。点名时间不同于一般的商业融资方式，项目发起人享有对项目 100% 自主权，不受支持者控制，完全自主。而对于项目支持者来说，若项目在规定时间内支持金额未达到 100% 将全额退回。在点名时间展示项目，或者募集时间截止仍没有得到预期的支持金额，平台不会收取任何费用。

在 2014 年转型之后，点名时间不再是一个众筹平台，而是一个包装平台，它会帮助智能硬件创业者度过最困难的冷启动期——“首发”。点名时间接到一个项目时会对项目本身进行分析，然后将所有国内外同品类的智能硬件产品的功能价格都列出来，寻找其与其他产品在价格和功能上的差异点。做好功能和价格上的定位之后，再根据这一组合对潜在消费者进行分析，有时甚至会对产品的外观和颜色提出一些改进意见。之后再制订出详细的广告、营销和互动方案，在这期间同时告诉厂商应当如何收集用户反馈，如何改善产品，如何建立客服、售后体系等。此外，在面向厂商一侧，点名时间的另一项变化是它不再像众筹平台那样只要项目达到筹资目标就立刻放款给厂商，而是只有智能硬件产品发货，并由支持者确认收货后，款项才会一笔一笔地打到厂商的账户中。

4)众筹网的运作模式

(1)平台简介

京东众筹作为京东金融的第五大业务板块于2014年7月1日正式诞生,在新消费升级的背景下,京东众筹不仅是一个为用户提供与众不同的趋势性产品体验的品质生活平台,更是一个为创新创业企业发展提速的筹资与孵化平台。京东众筹从京东具有优势的智能硬件、流行文化领域切入,通过产品众筹、众创生态和千树资本三大体系,为处在不同发展阶段的创新创业企业提供有针对性、完整性、延续性的解决建议和方案,帮助更多"双创"企业发现、验证、解决企业或产品发展过程中遇到的难题,为创新创业企业提供从0到1再到100的孵化及加速服务。其强大的供应链能力、资源整合能力能为筹资人提供从资金、生产、销售到营销、法律、审计等各种资源,扶持项目快速成长。

(2)盈利模式

发起人使用京东众筹平台服务,京东将向发起人收取募集总金额3%的平台服务费。项目筹款如未成功或众筹期限内发起人取消项目导致众筹失败的,不收取平台服务费。项目筹款成功后,支持者要求退款或存在其他纠纷的,由发起人负责,此种情况下不影响京东收取的服务费。

项目筹款成功后,京东会向发起人发送对账邮件,核对汇款金额及汇款账户,京东在收到发起人回复的确认邮件后的3个工作日内将募集总金额扣除平台服务费后剩余款项的70%向发起人汇出,并预留余下的30%作为确保项目成功并保证支持者获得回报的保证金。在发起人向支持者发放回报完毕且无纠纷的前提下,京东将把保证金交付给发起人。

(3)项目运作成效

京东产品众筹主要分为三大板块,分别为科技创新、文化创意、暖东公益。截至2017年11月末,京东产品众筹累计筹资额超过53亿元,共呈现12 000多个创新众筹项目,千万级项目80多个,百万级项目近800个。京东众筹不但帮助8 500多个创新创业企业获得发展急需的资金和用户,也帮助企业获得最直接的消费行为反馈,为后续产品变为商品、找准市场痛点提供有效的大数据支持。

6.2.2 捐赠型众筹

与传统的募捐活动不同,基于捐赠的众筹模式通常是为某一特定项目募捐,因此,捐赠者由于知道募捐的款项的具体用途,从而更愿意捐赠更高数额。通常,基于捐赠的众筹所涉及的项目主要是金额相对较小的募集,包括教育、社团、宗教、健康、环境、社会等方面。在捐赠型众筹模式下,通过众筹平台支持某个产品或服务从形式上看似乎和通过电商预购某个产品或服务没有太大差别。但是实际上众筹平台的项目支持者和电商商品的消费者的心理活动是存在差异的。如果说消费者通过电商购买某种产品看重的是"物有所值",那么捐赠制众筹模式下支持者对某个项目的"出资支持行为"则表现出更多的"重在参与"的属性,换言之,募捐型众筹的支持者几乎不会在乎自己的出资最终能得到多少回报,他们的出资行为带有更多的捐赠和帮助的公益性质。捐赠型众筹的典型代表如GoFundMe、创意鼓等。

1) GoFundMe 的运作模式

(1)平台简介

GoFundMe 是一家美国众筹网站,于 2010 年上线。GoFundMe 的目标是建成一个为个人需求、个人活动或是个人目标提供众筹募资服务的平台。GoFundMe 主要接受来自于北美、欧洲国家的众筹项目,全世界各地的人都可以在 GoFundMe 上进行捐赠。GoFundMe 的捐赠项目范围非常广,分为 21 个大类,包括重大灾难、医疗、志愿者、紧急事项、教育、纪念、体育、动物、生意、慈善、社区、竞赛、创意、节日、信仰、家庭、重大新闻、婚嫁、旅行、心愿和其他等。GoFundMe 上有约 17% 为医疗众筹项目,11% 为筹集学费项目,10% 为筹集旅行费用项目。

(2)运作模式

在 GoFundMe 上发起众筹项目十分简便,项目可以不设定时间限制和目标筹款金额,这意味着受赠人可随时提现而不会影响众筹进程;捐赠者进行捐赠也很容易,还可支持月捐。但值得注意的是,在 GoFundMe 上进行众筹并不免费,平台会从每个项目的募得资金里抽取 5% 作为手续费,第三方支付机构也会收取一定的手续费。GoFundMe 所收费用主要是运营费用,用于网站维持、人员工资等。GoFundMe 的收费政策使其具有很强的创收能力,无须外部资金输血。所以它直到 2015 年 4 月末才传出准备融资的新闻,那时其估值已超 5 亿美元。而 GoFundMe 自称平台上每天完成 350 万美元的众筹,也就是说,GoFundMe 每天的营业收入就有 17.5 万美元,相当于年营业收入达到近 6 400 万美元。

2)水滴筹的运作模式

(1)平台简介

成立于 2016 年的水滴筹是目前国内影响力最大的公益众筹平台之一,也是国内首个网络大病众筹零手续费的平台。水滴筹的主要服务场景是为大病患者提供筹款服务,依靠社交关系链在社交工具(主要是朋友圈、群聊等渠道)进行分发,筹款受众为筹款患者的亲朋熟人及一些善良的陌生人。2018 年,经审核评估,水滴筹成为民政部指定的 20 家慈善组织互联网募捐信息平台之一(图 6.5)①。2019 年 10 月,水滴筹所属公司——水滴公司(Waterdrop Inc.)入选"2019 胡润全球独角兽榜",估值 70 亿元。2021 年 5 月 7 日,水滴公司在美国纽交所上市。

(2)运作模式

水滴筹是水滴公司旗下三大业务板块之一,除此之外,水滴公司的业务还有水滴互助和水滴保险。其中,水滴筹负责吸引流量和获客,水滴互助用低门槛转化客户价值,水滴保险则通过向用户售卖保险获益,将流量变现。因此,水滴公司真正获利的是保险业务,而水滴筹自 2016 年 7 月上线以来,在 6 年的时间里,一直坚持大病众筹零手续费,由水滴公司其他业务全额补贴水滴筹平台的运营成本。直到 2022 年 4 月,水滴筹试运行收取筹款金额的 3% 作为服务费,用于维持平台运营,另外,第三方支付平台会收取筹款金额的 0.6% 作为支付通道费用,众筹合计费用为筹款额的 3.6% 。根据水滴公布的招股说明书,截至 2020 年

---

① 根据民政部的相关新闻信息整理,慈善组织互联网募捐信息平台是指可以为慈善组织提供募捐信息发布服务,但其他组织、个人包括平台本身都没有公开募捐资格。

末,3.4 亿多人通过水滴平台向 170 余万名患者捐赠了总计超过 370 亿元人民币的善款。水滴筹的捐款人基本上都是关注弱势群体、有同情心、愿意帮助他人并有一定经济基础的人群,水滴保险由此积聚了较好的优质客户资源。数据显示,2018 年、2019 年和 2020 年,水滴筹为水滴保险贡献的客户流量比例分别为 46.5%、23.0% 和 13.0%。2020 年水滴公司营业收入 30.3 亿元,其中,水滴保险的贡献度达 89.1%,另有管理费收入 3.6%(1.1 亿元)、技术服务收入 6.4%(1.9 亿元)等。

图 6.5　民政部指定的 20 家慈善组织互联网募捐信息平台

6.2.3　债权型众筹

从某种程度上,P2P 网贷平台可以看作债权型众筹的转型。P2P 网贷平台能切实掌握平台上企业的资金流水和财务情况,相当于建立了一个可查的企业数据库,在借款企业里挖掘成长性良好的企业,然后通过网络社区发布信息在融资平台上向投资人进行网络募股。

典型的债权型众筹如 Lending Club、国内的拍拍贷、人人贷等,运作模式上章已有详细分析,这里不再赘述。

6.2.4　股权型众筹

股权型众筹是近年来众筹领域发展较快的一种模式。进行股权众筹的融资公司,一般具有高新技术背景,市场成长空间较大,并且符合现代公司管理制度,自主拥有融资项目并能转让股权。但是需要投资者注意的是,股权众筹企业投资回报周期较长,退出渠道相对狭窄,流动性不高,投资风险较大。

国外的股权众筹的运营模式主要分为直接股权投资和基金间接股权两种。直接股权投资是指投资者通过股权众筹平台对筹资者发起的项目直接投入资金从而成为该项目原始股东的股权众筹方式。基金间接股权是指投资者对众筹平台发布的可投资项目的投资并不经过众筹平台，而是转入一家风投基金，由风投基金把投资者募集的资金注入项目公司的方式，投资者是项目公司的间接股东。美国的 Funders Club 采用此模式。

国内出现的股权众筹的运营模式可以分成 3 类：凭证式、会员制和股权式。凭证式股权众筹主要是指在互联网通过买凭证和股权捆绑的形式来进行募资，出资人付出资金取得相关凭证，该凭证又直接与创业企业或项目的股权挂钩。2013 年 2 月的“美微传媒凭证登记式会员卡”股权众筹方式推出不久即被监管部门以其不具备公开募股主体资格而叫停。会员式股权众筹指在互联网上通过熟人介绍，出资人付出资金，直接成为被投资企业的股东，如 3W 咖啡。股权式众筹更接近天使投资或 VC 的模式，出资人通过互联网寻找投资企业或项目，付出资金或直接或间接地成为该公司的股东，同时出资人往往伴有明确的财务回报要求。国内多数股权众筹平台以股权式运营为主，如天使汇、大家投等。

1) Funders Club 的运作模式

(1) 平台简介

股权制众筹平台 Funders Club 是美国 JOBS 法案的产物，于 2012 年 8 月建立。Funders Club 挑出那些有潜力的创业公司，供人们通过网络对它们进行投资，并获得真正的股权作为回报。如果某家创业公司被收购或者成功 IPO，投资者可以将股权变现。由于只有创业公司获得成功 Funders Club 才能赚钱，因此它会花大力气去挑选最好的创业公司。从根本上讲，Funders Club 是一个用来吸引投资者的孵化层机构。据 Funders Club 网站披露，在其第一个 3.5 年期间，其资助和支持的创业公司超过 150 个，他们已经建立约 8 亿美元的企业价值和提高约 800 美元的后续资金。

(2) 运作模式

Funders Club 严格筛选一批“高客户增长、钱途乐观、受投资者追捧和其他增长信号”的初创公司，供“合格的投资者”挑选，这些“合格的投资者”必须具备年收入超过 20 万美元或者净资产超过 100 万美元身价。这些投资者通过查询了解公司情况后，挑选他们认为值得投资的公司，投资额度最小为 1 000 美元，并获得真正的股权作为回报。潜在的投资者也可以看到初创项目的目标和当前已经参与投资的风投机构和天使投资人。这些初创公司的融资目标从几万美元到 100 万美元不等，待这些公司被收购或者上市后，投资者可以将股权变现获取回报。

Funders Club 不收取“合格投资者”会员费，同时免费其评估潜在的投资机会，其盈利主要来源于对初创企业的增值服务。主要包括：一是为企业融资收取的费用及部分混合基金管理费用。例如，Funders Club 并不直接经手资金，取而代之是为一家风投基金进行融资，然后再注入初创公司。Amazon Payment 则是整个交易过程中最重要的资金托管和交易平台，捐助者的钱会全部进入 Amazon Payment，融资者也只有通过 Amazon Payment 才能把钱转进自己的账户。Amazon Payment 会依照交易额的大小收取 3% ~5% 的交易费用。对于每个 Funders Club 基金来说，这些钱都保存在单独的托管账户内。二是 Founder Club 推出的更多的增值服务来帮助投资人与初创公司。比如，Funders Club Bundles 服务可以让投资者进行选择组合型投资，问答服务可以让投资者向创业者获取更多的信息，人工服务热线可以让投资者进一步了解平台的运作，举办活动让投资人和创业者之间面对面交流等。

2）天使汇

（1）平台简介

天使汇是中国起步最早、规模最大、融资最快的天使投资和股权众筹平台，于2011年11月正式上线运营，是助力天使投资人迅速发现优质初创项目、助力初创企业迅速找到天使投资的投融资平台。截至2015年8月，天使汇成功融资项目达到了363个，项目成功再融资率为15%；闪投项目平均融资额为357万元，项目平均估值达到3 058万元，其中超过500万的天使轮融资达到11%，超过5 000万估值的项目达到5%。在天使汇平台注册的创业项目主要集中在互联网及移动互联网领域，涵盖社交网络、企业服务、游戏、电商、O2O、教育、健康等门类。平台上已获得融资的项目融资额多集中在100万~500万元人民币。

（2）服务内容

一是平台服务，指天使汇金融基于天使汇为用户提供的一系列信息对接服务、平台软件系统支持等服务，包括但不限于发布/浏览信息服务、创建项目服务、在线投资/融资服务等，例如，天使汇天使阶段的“闪投”+“快速合投”服务。截至2015年7月底，天使汇“Speed Dating闪投”已在北京、深圳、杭州、广州等地举办多期，共189个项目，1 146人次专业投资人参加。平均每期9个闪投项目，50位投资人到场，50%项目现场达成超募，最高超募460%。二是创建项目服务，指天使汇金融基于天使汇为创业者提供的在天使汇平台创建项目的相关服务，例如，天使汇的“工商一网通”服务。三是在线投资服务。指天使汇金融基于天使汇为投资者提供的在线投资服务，包括但不限于提供项目信息、提供在线投资工具及其他相关服务，例如，“100×加速器”和“天使汇跟投指数基金”。

（3）盈利模式

天使汇的盈利模式总体上是基本服务免费、增值服务收费，主要包括：一是为企业提供融资服务，如快速合投通过标准化的投资条款和方便高效的投资流程，省去了大量的沟通成本和法律成本，带来了众多的投资人资源信用验证，融资成功前不收费，收取佣金为融资额的2%，若超募200%，佣金则免。二是提供信息化软件服务，如天使汇为领投人和跟投人提供方便的GP/LP管理系统，协助设立有限合伙企业，提供标准化的法律文本，收取5%的利益分成。三是提供增值服务和高级服务，如天使汇的私募发行，包括一对一创业指导等，不收取佣金，融资成功后，天使汇财务顾问公司收取1%企业股权。

3）大家投

（1）平台简介

“大家投”为深圳市大家投互联网金融股份有限公司旗下私募股权融资平台，是中国首个“众筹模式”天使投资与创业项目私募股权融资对接平台。于2013年7月正式在深圳上线。大家投平台和其他股权众筹平台的项目划分不一样，在网站首页划分为：启动板、初创板、影视板和高端服务。其中，影视板是2015年5月19日上线的新板块，这是股权众筹平台中第一个影视众筹项目。2015年上半年，大家投已为众多项目融资过亿元。其中，在成功融资的项目中，已有多个项目已获得下一轮天使投资或A轮融资。

(2)运作模式

大家投借鉴国际经验在国内首创了私募股权融资“领投+跟投”模式。例如,有一个创业者在大家投网站上宣布自己的创业项目需要融资 100 万元,出让 20.0% 的股份。然后有一定门槛和资质的领投人认投 5 万元,其余陆续有 5 位跟投人认投 20 万、10 万、3 万、50 万和 12 万元。凑满了融资额度以后,领投人会以此为注册资金成立有限合伙企业,办理投资协议签订、工商变更等手续,资金注入创业者的企业之后,该项目的天使期融资完成,投资人就按照各自出资比例占有创业公司出让的 20.0% 股份。而投资者的退出渠道是引进 VC、PE 或者通过新三板、股权市场进行股份出让。在整个过程中,领投人负责对项目进行尽职调查、项目考察、投后管理、项目分析等工作。大家投平台负责监督资金双方按照自己定下的规则去操作,投资发生风险后不需承担相应的责任。

(3)盈利模式

大家投对投资人的资质并无太多硬性要求,但投资人需缴纳相关费用才可进行投资。投资人注册后缴纳 100 元认筹诚意金和 400 元见证费,获得认筹资格后,只要投资人不反悔,永远拥有对每个项目认筹的机会。若项目通过大家投成功融资,则融资企业需向大家投缴纳项目融资居间费,费用为融资额度的 5%(含投资人集体成立有限合伙企业的所有费用);除项目融资成功后的居间费外,不收取其他任何费用。

值得注意的是,2015 年 8 月 3 日,我国证监会《关于对通过互联网开展股权融资活动的机构进行专项检查的通知》出台后,明确了股权众筹与互联网股权众筹在“公开性”与“非公开性”方面的差异,互联网股权众筹被界定为“互联网非公开股权众筹”,“非公开性”的要求使得互联网股权众筹企业的业务受到严格限制,发展进入拐点。

6.2.5 物权型众筹

物权型众筹是指通过互联网向大众筹集资金并用于购买实物资产,通过资产升值变现等方法获取利润的一种众筹种类,其收益可分为经营分红、租金分红以及实物资产的未来增值收益。物权型众筹是一种创新的共同出资购物模式,由“领筹人”在第三方物权平台或实物众筹信息平台上发起对某一实物资产的物权众筹项目后,召集大众“认筹人”共同购买,然后共享或者按份共有该实物资产和收益。在物权众筹项目中,实际上并不存在融资方和出资方这种“借贷”关系。无论是“领筹人”还是“认筹人”,都是实物资产的共同购买者,彼此间主要是出资金额大小或对应认购物权份额多少之间的差异。

作为全球物权众筹的创始者,2012 年美国的 Fundrise 率先在房地产领域引入众筹,我国的物权众筹是在 2016 年下半年众筹行业尤其是股权众筹遇冷的时间段内发展起来的,很快成为最受瞩目的众筹类型。2017 年 7—12 月的半年时间内,物权众筹平台数量增速高达 185%,主要有房产众筹和二手车众筹。房产众筹在国内主要有营销模式、经营模式和股权模式 3 种,后因涉嫌影响房价波动,房地产众筹被叫停,二手车众筹成为主流,但是物权众筹标的的特殊性决定了物权众筹会受标的所处行业的风险影响。

1)房产众筹——Fundrise 的运作模式

(1)平台简介

成立于 2012 年的 Fundrise 是一家新型社区房地产企业,总部位于华盛顿,致力于让社

区居民的闲散社会资金以持股方式进入社区地产投资。任何社区居民只要有 100 美元就可以入股投资地产项目(住宅、商铺、酒店、混合业态等),享受项目回报。Fundrise 提供股权、债券、夹层三大投资方式,覆盖美国 19 片区域,参与的地产投资项目平均回报率为 13%,远高于银行存款利率,风险也小于金融理财产品,与其他房地产信托投资基金(Reits)相比,Fundrise 提供的产品适用于非合格投资者。2014 年,Fundrise 将眼光瞄向在房产众筹领域仍处于发展初期阶段的中国市场,并于 2014 年 5 月获得由中国人人网领投的 3 100 万美元融资。2015 年 2 月启动 Cnfundrise,致力于打造中国最专业的房产众筹平台,一度被估值 8 亿美元,但是 Cnfundrise 面临着政策风险。2016 年后,Fundrise 逐渐放弃房地产众筹模式,开始转型房地产投资信托基金(Reits)。

(2)运作模式

Fundrise 的房产众筹运作模式主要是开发商在 Fundrise 平台上提供酒店、公寓等地产项目,投资者可按需购买地产项目份额,100 美元起步。根据投资占比,投资人可以从地产出售所得收入或房屋租金收入中获得一定比例的收入。Fundrise 的运作模式没有复杂的地产中介和银行贷款程序,去掉了中间佣金和贷款利率,使得整个项目信息更加透明、成本更加低廉。通常情况下,一个普通的美国投资者如果想要投资商户,需要经历投资经纪人(1% ~ 2% 的中介费)、养老基金(1% 的手续费)、私募股权基金(2% ~20% 的中介费)、地产经纪人(1% ~3% 的中介费)的层层收费,Fundrise 模式由公司直接买入地皮或物业,投资者可省去大量的中介费用,并能够实现量化收益。

截至 2021 年初,转型 Reits 之后的平台仍代表有约 15 万个人投资者管理着超过 10 亿美元的房地产投资资金。而国内的房产众筹有些转型为房地产电商平台,有些转型为房租租约证券化平台,有些转型为不良资产处置平台,也有的用作 VR 看房平台。

2)汽车众筹的运作模式

2016 年上半年,国内股权众筹进入规范发展,互联网金融风险转型整治全面展开,互联网众筹规模增速放缓、项目减少,一部分 P2P 平台在转型发展过程中尝试进入汽车众筹领域。汽车众筹是指平台以二手车为投资标的,通过"团购+预购"的形式,面向普通投资者筹集的一笔资金,用于众筹车辆的买卖、租赁等业务发展,并从买卖差价或租赁收入中获得未来收益。有些平台对二手车买卖的利润分配比例会按照销售周期长短分配,如图 6.6 所示。汽车众筹平台从 2016 年下半年开始迅速增加,但是繁荣之下鱼龙混杂,很快暴露出以虚假信息非法集资的各种案件,游离于监管灰色地带的汽车众筹亟须行业标准规范。

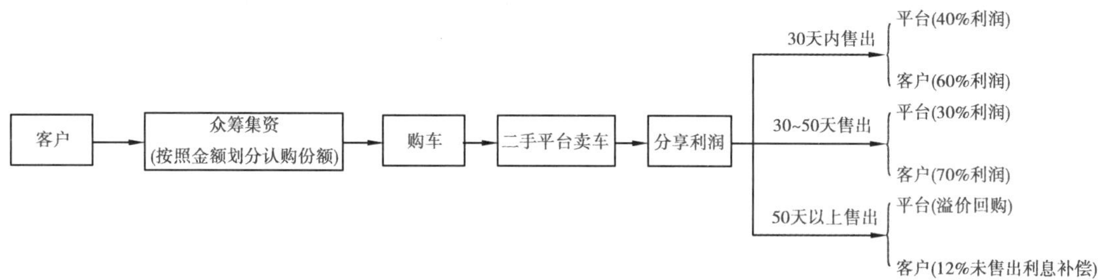

图 6.6　二手车众筹的运作流程及利润分配案例

6.3 互联网众筹的风险控制与监管

互联网众筹作为一种新型的金融形态，在其运作中暴露出的各种问题不容小觑，究其原因，主要表现在监管缺位、融资者诚信缺失、平台权利义务模糊以及合格投资者标准缺乏等方面。从风险表现的具体情况来看，既有共性问题，也有不同模式下的特殊问题。

6.3.1 互联网众筹的一般风险

传统资本市场有一整套完整的程序来尽可能地帮助投资者规避投资风险，如尽职调查、信息披露、财务审计、股东大会等，由各种金融中介辅助完成议价、定价、交易、股权流通等各个环节，减少投资人和企业之间的信息不对等。例如，股票市场的IPO过程，承销商承担企业的尽职调查工作，会计师事务所对企业的真实财务情况进行梳理和审核，律师事务所确保所有合规性问题，最后承销商与企业共同确定股票的发行价格区间，监管部门则对整个上市过程进行监管。即使是非公开发行，企业也需要对专业投资者公布这些经过专业机构背书的财务、法律等核心信息。如此苛刻的程序，主要目的就在于保护投资者，防范各种风险。

互联网众筹作为一种新兴的筹资模式，它的出现使得一些中小微企业的融资渠道进一步得到了扩展。众筹的出发点就是尽量拉近资金供求双方的距离，减少中介的作用，但由此也带来了新的问题。突出表现在信息披露机制不够健全、规范，投资者与创业者信息不对称；消费者保护原则不清晰，手段不健全；投后管理薄弱，创业者的道德风险难以抑制。

1)项目筹资前的风险

(1)信息披露机制不够健全

互联网众筹是一种基于互联网面向普通大众进行融资交易的模式。投资者对于项目发起者的信息很难准确获得，能获取的信息也完全来自众筹网站的信息披露。因此，如果网站发布的信息存在失真或欺骗，则就造成信息的不对称，投资者可能面临资金风险，提现甚至可能导致亏损。在这个过程中，众筹平台承担着审核项目的工作，只有审核通过的项目设计才会在平台中进行展示。项目一旦展示就会进入大众的视野。如果审核不严格或者是不恰当都会使一些质量不高的项目进入，甚至会引起非法发起人的项目从而演变成非法集资而使投资人的利益受损。

(2)众筹平台的道德风险

互联网众筹平台的收入依赖于成功筹资的项目，从国外众筹平台运行的状况看，筹资人与投资人的关系还不确定，投资人扮演着投资者、慈善家和客户的角色。筹资人与投资人之间的信息不对称，使得投资人处于信息弱势的地位，投资者的权益极易受到损害。在创业者与平台之间，平台与投资者之间，均存在信息不对称，这些不对称就造就了众筹平台道德风险的温床。因此，它容易存在降低项目上线门槛、允许更多项目进入平台进行筹资的冲动。这种冲动在股权众筹中更易滋生，因为股权众筹的投资回报周期长，回报不确定性高，投资者自担风险的意识强。从众筹平台的业务性质上讲，它首先是信息中介。但是这一信息中介应掌握、核实、披露多少信息并无严格规定。

(3)众筹平台的管理风险

传统金融市场的这一套程序被压缩和精简,所有环节均通过投融资双方的直接交流进行。投资者只能依赖自身的信息管道和过往经验作出风险与收益判断。最简单的例子是,股权众筹项目具体的出让金额和股权比例都由发起人单方面设定。即使众筹平台前期作出一定的调查和协调,例如,确定商业计划和发行价格,其中的科学性和专业性仍值得怀疑。

(4)众筹平台的法律风险

投资者只拥有决定是否投资的权力,缺乏足够的信息获取、风险判别和风险定价的能力,这是股权众筹的最大风险。美国的 JOBS 法案刚面世时就曾遭到质疑,原因就在于其中的某些条款(如放宽对企业的财务审计要求,允许营收额在 10 亿元以下的企业无须按萨班斯法案提交财报,企业可以采取秘密上市方式,在期限内无须公开上市申请材料等)被认为过于宽松,容易造成欺诈,缺乏投资者保护。

2)项目筹资过程中的风险

(1)众筹机制不完善的风险

在众筹模式中,由于决策权不对称和信息不对称,消费者处于弱势地位,因而遭受道德风险侵害的可能性更大。尤其是在资金投入之后,如何约束创业者按照事先约定合理使用这些资金,并尽最大努力保证消费者的回报,需要相关的程序与制度安排。从客观形态上看,商品众筹介于投资与预购之间,如何针对这种特殊形态提高信息披露水平、警示消费者风险、督促创业者履约,需要平台提供明确、合理的机制。这一机制的缺失,增加了消费者的风险。

(2)众筹平台的执行风险

项目延误乃至失败是众筹平台上最常见的问题,由于众筹项目的产品大多具有很高的创新性和独特性,项目发起人往往因为个人经验、技术基础、生产工艺、生产经验等客观因素制约工期,无法按期交货。从机制上讲,更为严重的情况是缺乏可量化的规则来判断一件产品究竟是出于主观故意的组织滥造还是受限于客观条件而不得不做出的修正,所以众筹平台并无足够手段保证投资者的满意度。

Kickstarter 也曾为此修改网站规则,要求项目发起人必须强调风险和挑战。但这些要求难以具化、落实,除了强调平台的监督作用和对项目的前期调查之外,Kickstarter 并无更好方案。最终的处理方式,还是不得不把判断和鉴别的义务交给用户,Kickstarter 称用户对上线项目享有最终决定权,言外之意就是投资者要对自己的决定负责。

中国的点名时间也在网站上标注出:项目发起人有责任履行他们对项目所做的承诺。点名时间在项目上线之前会做细致的实名审核,并且确保项目内容完整、可执行、不是天马行空等,确定没有违反项目准则和要求。同样,点名时间无法保证项目发起人是否有完成项目的能力,也无法保证项目 100% 能执行。点名时间规定,当项目无法执行时,项目发起人有责任和义务通过点名时间退款给大家。点名时间会在项目筹资成功后起到监督和督促的作用。但是,除非项目在无法执行时,资金还有余额,把这些余额按比例退给投资人尚有可能,而此时,往往大部分的资金损失已经造成,所退资金无非是对消费者的心理安慰。如果要求创业者全额退款,或者提供一定赔偿担保,则又失去了众筹鼓励创新、支持创业的初衷,提高了融资成本,轻重之间的平衡很难把握。

3) 项目筹资之后的风险

(1) 投后管理不完善的风险

创业投资是一种结合技术、管理与创业精神的特殊投资方式。投资人(消费者)的目标是追求特定条件(如特定资金量、特定时间周期)下投资回报最大化,创业者追求的是自身效益最大化,两者并不完全一致,导致双方均可能存在道德风险,例如,投资人盲目追求回报而试图杀鸡取卵,创业者我行我素而罔顾投资方的利益。

改善投后管理是众筹平台降低投资风险的重要环节。某些平台会要求创业者在融资成功后定期提交项目进展报告,包括具体的资金使用、日常产品开发、公司事务、人员变更等情况,部分平台还会定期举办线下交流活动。一些股权众筹平台提供了股票托管服务,帮助投资人处理相关的琐碎事物,定期通报公司状况等。领投人制度则指定专人监督、通报公司运营,甚至直接参与董事会。但总体而言,众筹模式的投后管理还有很长的路要走。

(2) 投资者维权难的风险

虽然众筹平台承诺在筹资人筹资失败后,确保资金返还给投资人,在筹资人筹资成功但无法兑现对投资人承诺的回报时,既没有对筹资人的惩罚机制,也没有对投资人权益的救济机制,众筹平台对投资人也没有任何退款机制,无法对投资者的收益进行保障。此外,众筹模式下投资者权益保护的棘手之处在于损失的认定、举证、计算与追偿都比较困难。因而维权成本高昂,投资者又不易维权。再以回报型众筹为例,项目失败是大概率事件,但项目失败本身并不是对投资权益的侵害。即使出现创业者的主观恶意,平台也往往归咎于投资者的能力不足。既然损失认定都难以成立,后续的举证、估算和追偿只能是无本之木,投资者也只好自认倒霉。

6.3.2 不同互联网众筹种类面临的特殊问题

严格来讲,在本章重点学习的产品众筹、捐赠众筹、股权众筹和物权众筹等几种类型中,具有典型金融活动特征、应明确归属金融监管范畴的是股权型众筹。而产品众筹、物权众筹和捐赠众筹具有典型的行业领域交叉特征。产品众筹和物权众筹是伴随在商品交易中的集资行为,捐赠众筹是伴随在慈善公益活动中的集资行为,不仅应符合商品市场交易规则和慈善捐赠的相关法律法规,还应避免踩踏非法集资的红线。

1) 产品众筹的风险

该方式众筹的产品多为新型产品,通常会存在很多瑕疵,项目方可能会通过众筹的方式用投资人做一次产品试验。当众筹的资金投入产品生产中后,如果产品生产失败或众筹失败,资金可能面临收不回的风险。发起众筹的项目方大多不是成熟的企业,"团购"性质过浓,产品众筹可能会沦为营销渠道,仅作为商家采取的一种变相的销售手段,投资人没有实际收益,在产品完成后,后期如果出现质量或软件优化等问题,售后服务很可能跟不上。此外,产品众筹主要是鼓励创新、挖掘创意,众筹的项目往往是半成品,知识产权权益可能受到侵犯,所众筹的产品还可能涉及侵权、抄袭、违规等法律问题。

2) 捐赠众筹的风险

捐赠众筹面临的主要风险是平台的法律风险和发起人的诈骗风险。根据《中华人民共

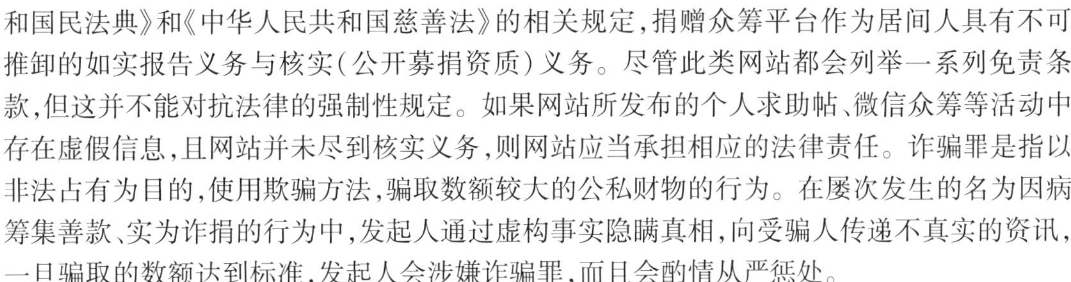

和国民法典》和《中华人民共和国慈善法》的相关规定，捐赠众筹平台作为居间人具有不可推卸的如实报告义务与核实（公开募捐资质）义务。尽管此类网站都会列举一系列免责条款，但这并不能对抗法律的强制性规定。如果网站所发布的个人求助帖、微信众筹等活动中存在虚假信息，且网站并未尽到核实义务，则网站应当承担相应的法律责任。诈骗罪是指以非法占有为目的，使用欺骗方法，骗取数额较大的公私财物的行为。在屡次发生的名为因病筹集善款、实为诈捐的行为中，发起人通过虚构事实隐瞒真相，向受骗人传递不真实的资讯，一旦骗取的数额达到标准，发起人会涉嫌诈骗罪，而且会酌情从严惩处。

3）股权众筹的风险

一是股权众筹的合法性通常会受到质疑。目前，互联网股权众筹又称为互联网非公开股权众筹，融资运营过程中时常伴有非法吸收公众存款和非法发行证券的风险。二是股权众筹的项目审核机制不规范，平台拥有对筹资者提交的项目进行审核的权利，在这一环节中无论是审核环境还是审核人员都缺乏相应的监督和透明度。三是投资人专业能力较为欠缺，非公开股权融资使得投资人大众化，与专业风险投资人相比，没有足够的能力筛选出优质项目。四是代持股风险，在非公开股权融资运营过程中，参与的项目方多为有限合伙企业模式，根据《中华人民共和国公司法》第二十四条规定："有限责任公司由五十个以下股东出资设立。"众筹项目所吸收的股东人数不得超过50人。五是股权退出机制有问题，非公开股权融资的退出一般通过分红、并购和IPO上市的形式来实现，但发起非公开股权融资的公司一般处于初创期，在成长阶段指望企业分红不太现实。对于并购或上市来说，少则3～5年，而且是极少数，目前非公开股权融资投资人退出较为困难。规模尝试阶段，行业还处于发展的初级阶段。股权类项目数量偏少，但已显示融资需求巨大，其融资需求占总融资需求的70.1%，这表示股权众筹具有巨大的市场需求，但平台尚未有效满足其需求。

4）物权众筹的风险

就房产众筹而言，以实体店铺众筹为例，一般面临着选址与市场风险、管理风险、道德风险以及投资人的随意性风险。实体店铺的成功与否与选址和市场定位密切相关，尤其是店铺的市场定位是否符合市场趋势是能否盈利的关键。实体店铺管理者对财务管控作用不重视也一直是传统实体店铺企业的通病，可能造成投资者的账目不清、资金去向不明、成本失控等一系列财务问题。此外，实体店铺所经营的产品是否合规、合法，管理者会不会携款潜逃或暗中做一些违法的事，投资者都无法确定。投资者往往只关注利润分红不关心过程，将实体店铺运营完全托付给运营者，对内部管理缺少监管，导致运营者的重大决策带有随意性，甚至为了利润铤而走险。

就汽车众筹而言，以二手车为例，主要会面临道德风险、二手车筛选和销售风险以及平台的信息披露风险。作为一个新生事物，在政府监管和相关政策未能触达的背景下，汽车众筹行业门槛低，行骗成本低廉。另外，平台车辆审核信息（如被抵押情况、事故情况、是否黑车）的完善度和客观度以及车辆的销售能力都会影响投资风险。绝大多数投资者只能在平台上浏览车辆的照片，加之目前监管方面没有对众筹行业的信息披露有具体规定，投资者只能无条件信任平台对车辆的信息披露。

6.3.3 互联网众筹的外部监管

1）国外众筹的监管环境

美国的 JOBS 法案开启了股权式众筹合法化的大门，但该法案只是概述一些初始的监管框架，具体的实施办法还有待美国证监会出台最终的监管规则。英国和德国已将股权式众筹融资看作合法的融资模式。2012 年 7 月，Seedrs Limited 获得英国金融服务管理局（Financial Service Authority，FSA）的批准，成为第一个被合法认可的、以买卖股权的方式来融资的众筹平台。但两国均没有专门针对股权众筹立法，而是将其纳入现有的金融监管法律框架。意大利在美国之后通过了类似的关于股权众筹的 Decreto Crescita Bis 法案，并于 2013 年 7 月率先签署了监管细则，成为世界上第一个将股权众筹合法化的国家。加拿大没有设定全国性的众筹监管规则，而是由各州的监管机构负责监管，股权模式的众筹融资在安大略省（Ontario）已被合法化，并受安大略省证券委员会的监管，但在加拿大其他省份仍属于违法的融资形式。

延伸阅读

美国 JOBS 法案详解

美国的股权众筹环境曾一度不甚理想，在 2012 年之后此情况有所改善，主要得益于奥巴马在 2012 年签订了 *Jumpstart Our Business Startups Act*（创业企业融资法案，即“JOBS 法案”）。JOBS 法案被认为是众筹行业最为成熟的法律，美国发达的金融市场也会对全球的众筹监管产生示范作用。

“JOBS 法案”共有 7 个部分，其中第 3 部分将“众筹”（Crowdfunding）这种具有显著互联网时代特征的新型网络融资模式正式纳入合法范畴，对以众筹形式开展的网络融资活动，包括豁免权利、投资者身份、融资准入规则、与国内相应法律的关系等方面都作出了具体的规定。JOBS 允许发行人通过中介向不特定个人投资者开展小额股权融资的全新形式，为股权众筹创制了豁免。具体规定主要如下：

（1）《证券法》中加入第 4(a)(6) 条，对股权众筹豁免注册（以下称为“豁免条款”），前提是符合三项特定条件，融资额上限、个人投资者投资额上限和中介交易。融资额上限指在交易发生日之前的 12 个月以内，发行人通过各种方式的筹资额累计不超过 100 万美元；投资额上限指年收入或其净资产少于 10 万美元的个人投资者所购累计证券金额不超过 2 000 美元或者年收入或净资产 5.0% 中孰高者；年收入或净资产超过 10 万美元的，则限额为年收入或净资产的 10.0%。

（2）《证券法》中加入第 4A 条，对于按豁免条款进行的众筹交易，发行人和中介必须向投资者和潜在投资者尽到一定的信息披露义务，特定行为必须向 SEC 尽到披露和通知义务。

（3）《证券法》中加入第 3(h) 条，豁免集资门户进行经纪商注册，由 SEC 制定细则。

（4）《证券法》中加入豁免资格取消条款，即当发行人或中介触犯某些规定时，取消他们的豁免资格。

（5）《证券法》中加入第 12(g)(6) 条，对于根据豁免条款发行的证券，所购证券豁免登记，由 SEC 制定细则。

JOBS 的上述豁免规定，为股权众筹减少了不必要的障碍，使小微企业可以较低成本发行数额较小的股票，并为股权众筹的监管搭建了基本框架。但这些规定过于笼统，难以满足实践操作和监管执法的具体需要。因此，JOBS 法案授权证券业主管部门 SEC 按法条要求，对《证券法》第 4(a)(6)条、第 4A 条和《证券交易法》第 3(h)条、第 12(g)(6)条拟定相应的实施细则，即《众筹条例》。在《条例》正式通过并生效之前，任何发行人或中介不得引用豁免条款进行证券发行。

2）国内互联网众筹的监管环境

众筹模式在 2011 年引入中国，一大批众筹网站相继成立并快速发展，但同时也引起了监管探索。2014 年 11 月 19 日，李克强总理在国务院常务会议上提出建立资本市场小额再融资快速机制，开展股权众筹融资试点，鼓励互联网金融等更好地向小微企业提供规范服务，“风口”上的众筹得到了国务院的肯定和支持。2014 年 12 月 18 日，国内股权众筹迎来了规范化监管的动作，中国证券业协会发布了《私募股权众筹融资管理办法(试行)(征求意见稿)》(以下简称《办法》)。该征求意见稿就股权众筹监管的一系列问题进行了初步的界定，包括股权众筹非公开发行的性质、股权众筹平台的定位、投资者的界定和保护、融资者的义务等。股权众筹以私募方式发行，与交易所市场互补，使得多层次股票市场又增加了一个新层次。《办法》未对进入标准提出过高要求，但对于投资者实施适当性管理制度。

《办法》将股权众筹纳入监管，也为各众筹平台划定了统一标准。一是非公开性，要求满足 3 个条件：投资者必须为特定对象，即经股权众筹平台核实的符合《办法》中规定条件的实名注册用户；二是投资者累计不得超过 200 人；三是股权众筹平台只能向实名注册用户推荐项目信息，股权众筹平台和融资者均不得进行公开宣传、推介或劝诱。《办法》规定，证券经营机构可直接提供股权众筹融资服务，在相关业务开展后 5 个工作日内向证券业协会报备。

2015 年 3 月，中国证券业协会对《私募股权众筹融资管理办法(试行)》进行了修改。修改后的《办法》对中介机构有了明确规定：中介机构指通过众筹平台开展私募股权众筹融资相关服务的中介机构，且对中介机构条件进行了 6 个方面的规定。修改后的《办法》要求，中介机构对募集资金要设立专户管理，对从事关联交易的，应当遵循投资者利益优先的原则，防范利益冲突，并履行信息披露义务；中介机构可以自建众筹平台，也可通过外包的众筹平台开展股权众筹融资相关服务。同时要求通过众筹平台开展私募股权众筹融资服务的中介机构，依然要求最近一期经审计的净资产需不少于 500 万元人民币。

2015 年 7 月 18 日，央行等十部委联合印发了《关于促进互联网金融健康发展的指导意见》，正式明确“一行三会”对互联网金融的监管权责，明确指出众筹归证监会监管。2015 年 8 月 7 号，证监会发布了《关于对通过互联网开展股权融资活动的机构进行专项检查的通知》(证监办发〔2015〕44 号)、《中国证监会致函各地方政府规范通过互联网开展股权融资活动》，决定对通过互联网开展股权融资中介活动的机构进行专项检查。此次检查不仅为后期规范股权众筹行业、监管股权众筹平台提供了事实依据，也为后期正规化发展股权众筹平台扫清了障碍，一些借用股权众筹进行违规活动的平台将会被限制。

2015 年 9 月，国务院正式印发了《关于加快构建大众创业万众创新支撑平台的指导意见》，这被解读为是对大力推进众创、众包、众扶、众筹等新模式、新业态发展的系统性指导文件。

2018 年、2019 年，中国证监会连续两年印发的年度立法工作计划中，均将制订出台的《股权众筹试点管理办法》作为重点项目，但截至 2022 年 8 月末，该办法仍未正式出台。

延伸阅读

我国最高人民法院关于非法集资的刑事司法解释

2022年2月24日,最高人民法院发布《关于修改〈最高人民法院关于审理非法集资刑事案件具体应用法律若干问题的解释〉的决定》,对原司法解释中有关非法吸收公众存款罪、集资诈骗罪的定罪处罚标准进行修改完善,明确相关法律适用问题,更好地贯彻宽严相济的刑事政策,依法惩治非法集资犯罪,维护国家金融安全和稳定。

修改后的《最高人民法院关于非法集资的刑事司法解释》(以下简称《解释》)中保留认定非法吸收公众存款罪的4个特征要件不变,即非法性、公开性、利诱性、社会性,结合司法新实践和犯罪新形式,增加网络借贷、虚拟币交易、融资租赁等新型非法吸收资金的行为方式,同时针对养老领域非法集资的突出问题,增加"以提供'养老服务'、投资'养老项目'、销售'老年产品'等方式非法吸收资金的"情形,为依法惩治P2P、虚拟币交易、养老领域等非法集资犯罪提供依据。

根据最新司法解释,"非法吸收公众存款或者变相吸收公众存款"行为需同时具备下列4个条件:一是未经有关部门依法许可或者借用合法经营的形式吸收资金,二是通过网络、媒体、推介会、传单、手机信息等途径向社会公开宣传,三是承诺在一定期限内以货币、实物、股权等方式还本付息或者给付回报,四是向社会公众即社会不特定对象吸收资金。未向社会公开宣传,在亲友或者单位内部针对特定对象吸收资金的,不属于非法吸收或者变相吸收公众存款。

此外,在未经有关部门依法许可或者借用合法经营的形式吸收资金,并且实施下列行为之一的,也以非法吸收公众存款罪定罪处罚:不具有房产销售的真实内容或者不以房产销售为主要目的,以返本销售、售后包租、约定回购、销售房产份额等方式非法吸收资金的;以转让林权并代为管护等方式非法吸收资金的;以代种植(养殖)、租种植(养殖)、联合种植(养殖)等方式非法吸收资金的;不具有销售商品、提供服务的真实内容或者不以销售商品、提供服务为主要目的,以商品回购、寄存代售等方式非法吸收资金的;不具有发行股票、债券的真实内容,以虚假转让股权、发售虚构债券等方式非法吸收资金的;不具有募集基金的真实内容,以假借境外基金、发售虚构基金等方式非法吸收资金的;不具有销售保险的真实内容,以假冒保险公司、伪造保险单据等方式非法吸收资金的;以网络借贷、投资入股、虚拟币交易等方式非法吸收资金的;以委托理财、融资租赁等方式非法吸收资金的;以提供"养老服务"、投资"养老项目"、销售"老年产品"等方式非法吸收资金的;利用民间"会""社"等组织非法吸收资金的;其他非法吸收资金的行为。

最高人民法院发布《关于修改〈最高人民法院关于审理非法集资刑事案件具体应用法律若干问题的解释〉的决定》自2022年3月1日起施行。

6.3.4 互联网众筹的风险防控

互联网众筹是一个有巨大发展前景的创新经济模式,但也正是由于其"新"的特质,如果诸多必要的配套制度无法迅速跟上,将会限制众筹行业的快速发展。

1)互联网众筹平台应加强风险控制意识

首先,众筹平台应加强对筹资项目的审核,严格设定相应的标准,比如项目投资人资质,资料的真实性,项目的可行性和项目的预期效果等。除此之外,对于审核通过的项目还要进行后期的追踪,保证项目发起人在网站上公布信息的真实可靠。对于信息披露会暴露发起人重要信息或者被抄袭风险方面,还要给予提示,以使项目发起人综合考虑披露的相关信息。

其次,众筹平台有义务在网站上详细介绍项目的运作流程,特别是在显要位置向支持者、出资方提示可能存在的法律风险,明确各方的法律责任和义务及可能发生争议时的处理方式。这样可以让投资者对自己的投资风险有比较明确的衡量,避免因权责不明而产生不必要的纠纷,保障投资者的合法利益。

最后,众筹平台应加强监督对资金的使用和项目的实施,尽可能地降低投资者与筹资者之间的信息不对称。要使众筹资金真实地应用到项目中,一方面要与项目投资人事先约定好,另一方面还要进行监督防止资金用于他用。另外,对于项目的实施也要进行监督,这对于财务回报的众筹方式来讲尤其重要。有些众筹网络平台通过分批拨款的方法来控制此风险,既可以监督资金的使用,又可以监督项目的实施。

此外,各众筹平台需要对自身方向有正确的定位,同时加强企业的创新能力,提升用户的综合体验。

2)投资者应理性认识互联网众筹模式

在中国,除专业人士外,普通大众对于金融、对于投资理财都欠缺专业的知识和系统的教育,这也是国内金融非法集资和诈骗案频繁出现的一个非常重要的原因。投资者应充分了解股权众筹融资活动风险,具备相应风险承受能力,进行小额投资。虽然众筹强调风险自担,但在提供产品信息服务的同时,附加金融教育是十分有必要的,并且会有很大的发展空间,中国的合格投资者教育还有很长的一段路要走。作为投资人,应谨慎参与众筹项目,做到审核相关文件、完善相关文书。

3)尽快完善信息披露等相关法律法规

互联网众筹平台有义务在网站上详细介绍项目的运作流程,特别是在显要位置向支持者(出资者)提示可能存在的法律风险、信用风险和道德风险,明确各方的法律责任和义务,以及可能发生争议时的处理方式。

传统的商品预售遵循民法典、消费者保护相关法律法规的要求。如果商品售卖者不能按期交付商品,或者交付的商品质量不合格,相关的赔偿、退款和召回程序有明确的法律可依,消费者损失的只是时间成本。但在商品众筹模式下,消费者的预付款兼具预购、投资和资助性质,一旦出现违约,如何挽回损失,是个悬而未决的问题。在法律适用方面,创业者、消费者和平台的意见也不统一,因此当前商品众筹的消费者保护处于模糊状态。

金融市场中的集资行为若是缺乏必要的监管与引导,往往容易触发"羊群"效应,投资者的盲目性所造成的跟风效应也容易使投资的人数与投资的规模都急剧膨胀,一旦风险发生便会酿成恶果。因此,法律对该类筹资行为无论是在筹资人数上还是在筹资条件上都有严格的规定,既要有进入门槛,也要有退出机制。股权众筹作为新兴的融资模式,以互联网作为融资平台，其涉及的人群之广、数额之大往往使其极容易触及法律禁止的“红线”。因此，单纯依靠平台自身运作方式的变通很难完全防范非法集资的风险，必须通过外部监管的加强才能保证股权众筹在法律的框架内稳定地运行。然而，要使外部监管能够有效地推进，首要环节便是要完善信息披露制度。平台要完善信息的披露制度必须要相应的法律进行明确的规定，提出明确的要求。

本章小结

1. 互联网众筹是指为实现某一具体项目或者为某个企业融资的目的，通过互联网从大量出资人处筹集小额资金的直接融资方式。互联网众筹的参与者主要有发起人(筹资人)、支持者(投资人)和中介人(众筹平台)。根据投资者获取投资回报形式的不同可以把众筹划分为产品型众筹、捐赠型众筹、债权型众筹、股权型众筹和物权型众筹5种主要形式，这也是当前有关众筹最为主要的分类方式。

2. 产品型众筹又称为奖励众筹、回报众筹、权益众筹。投资者对项目或公司进行投资，在项目完成后会给予投资人一定形式的回馈品或纪念品，回馈品大多是项目完成后的产品，往往基于投资人对项目产品的优惠券和预售优先权，其特点为“团购+预售”。

3. 捐赠型众筹又称为公益众筹，实际上就是做公益，通过众筹平台筹集善款，将慈善项目或弱势群体的困难进行宣传，以引起社会上热心人士的关注和无偿募捐。

4. 股权投资是指投资者通过众筹平台对筹资者发起的项目直接投入资金从而成为该项目原始股东的众筹方式。

5. 物权型众筹是指通过互联网向大众筹集资金并用于购买实物资产，通过资产升值变现等方法获取利润的一种众筹种类，其收益可分为经营分红、租金分红以及实物资产的未来增值收益。物权型众筹主要包括房产众筹和汽车众筹。

6. 互联网众筹作为一种新型的金融形态，运作中暴露出的各种问题，其原因主要表现在监管缺位、融资者诚信缺失、平台权利义务模糊以及合格投资者标准缺乏等方面。从风险表现的具体情况来看，既有共性问题，又有不同模式下的特殊问题。需要加强外部监管，提高平台风控意识，投资者也应理性选择。

复习思考题和检测题

1. 互联网众筹主要包括哪些类型？各有什么特点？

2. 不同种类的互联网众筹运作模式有何不同？

3. 以某种平台为例分析该类型的众筹模式在运营过程中面临的风险及其防控要点。

检测题

4. 结合国内外众筹发展现状，谈谈你对互联网众筹发展趋势的认识。

案例分析

从农业众筹到共享农业

2011 年互联网众筹被引入中国后，众筹领域不断细分，2014 年农业众筹在九大行业排行的末端，到了 2017 年，农业众筹提升到第二位，与排名第一的科技众筹只差 300 万元的筹资金额，但农业众筹参与人数是最多的，全国众筹人数中 7 成是农业众筹，由此可以看出农业众筹前景广阔。

农业众筹主要包括认领定制化农产品和土地私人定制两种模式，无论哪种模式，众筹项目方通过预售的形式，既可解决融资的问题，也能提前掌握市场需求。以网易未央养猪为例，2017 年 3 月，网易未央宣布了全国生猪养殖的众筹计划，分为类 4 类：1元、666 元、2 000 元和 5 000 元。1 元人民币的养猪项目总计 125 万份，价值 1 元人民币，每天限量发行。以购买 1 个为例，网易未央黑猪在年底开发后，可以退还募集资金 1 元，并获得 0. 1 元的黑猪生长奖励。用户可以登录网易考拉海购或网易三石两个平台参与众筹。最终，网易未央的全国养猪众筹资金在 4 天内突破了 1 130 万元，在 56 小时内众筹金额突破了 1 000 万元。它成功打破了中国数千万农业众筹总额和速度的双重纪录。该案例以网易品牌和未央养猪场为代言，形成了“品牌+流量”项目优势，赢得了超过千万的众筹竞标。土地私人定制通常采取土地认领的方式，土地认领后，土地认领者一般拥有租赁和经营土地的管理权、产出物的所有权、管理托管权（指定农业技术专业人员）、土地转租权、土地及农作物状况知晓权，此外，还有私人定制权（个性化 Logo）、旅游等权利。

一方面，人们的生活水平提升后对高品质个性化农产品的需求不断增加，现代农业新业态对农业资源提出了新需求，信息不对称导致优质农产品供需脱节的现象时有发生；另一方面，大量分散的农业资源没有得到有效利用，共享农业发展的时机越来越成熟。农田、农庄、农产品、农业机具、农助资金、农业技术、农业劳力等方面都需要进行资源的共享和重新配置，农业众筹将成为助力农业共享经济发展的重要方式之一。

问题：根据案例，你如何看待农业众筹的发展？发展过程中应注意哪些问题？

第 7 章
互联网财富管理

学习目标

- 了解互联网财富管理的概念及发展历程。
- 理解控制互联网财富管理现存风险的各种方式。
- 掌握互联网财富管理的运作模式。

知识要点

- 互联网财富管理概念及发展历程。
- 互联网财富管理运作模式。
- 互联网财富管理的风险及防控措施。

关键术语

财富管理;大众理财;智能投顾;数字化;平台化;穿透式监管。

案例导读

Personal Capital:投资理财的机器人顾问

提到"财富管理",以往人们脑海中浮现的都是理财顾问与客户在传统金融机构的会面场景,然而现在,随着机器越来越智能,大数据技术的广泛运用使得财富管理行业产生了新的变革,人们通过互联网就可以进行投资理财活动,打破了线下理财的规律,Personal Capital就是其中一家勇敢的颠覆者。

Personal Capital 成立于 2009 年 7 月,坐落于美国加利福尼亚州旧金山湾区雷德伍德城,是一家在线资产管理及投资理财顾问服务公司。Personal Capital 不同于其他财富管理公司,它改变了以往个人理财行业只为富裕人群服务的特点,旨在提供一家费用低廉的一站式整合型投资理财平台。它利用互联网金融"便捷""草根性""大众化"的优势,将目标客户定位在可投资资产为 10 万~200 万美元的中产阶层,为在传统个人理财行业中被忽视的中低净值客群提供智能投资建议。

Personal Capital 通过互联网信息技术汇总投资者所有的财务信息,为客户提供在线的整套投资管理、银行账户和个人金融服务,同时给出一些战略性的投资建议。目前 Personal Capital 主要提供免费的网页理财分析工具和收费的专职理财顾问两种服务。免费的网页理财分析工具通过用户将各种金融账户链接,来对其整体资产状况进行整理、跟踪和智能投资分析,并利用自动化算法为投资者提供资产配置、现金流量以及费用计算的分析工具。后者主要针对有进一步理财需求的投资者,账户余额在20万美元以上的客户可以享有两名专职顾问提供个性化的"一对一"人工投资咨询服务。该项服务通过更进一步地对客户需求的了解,帮助客户制定投资战略,并协助实施具体投资。公司主要收入来自投资顾问的咨询费用,费用按照客户的投资规模大小进行差异化设置。资金规模越大,费率则越低。

Personal Capital 利用互联网高效、低成本的优势,成功找到了一种"在线财富管理"与"私人银行"交叉的商业模式,从而使这部分以往长期被忽视的群体也能为公司产生足够的利润。

相对于国外,我国居民长期以来有着较为强烈的储蓄习惯,庞大的个人储蓄存款额意味着大多数人的投资渠道极为单一,同时也为我国互联网财富管理带来了极大的成长空间。本章围绕互联网财富管理,着重介绍其定义、类型、发展历程、运营模式和现存问题,并进一步揭示了互联网财富管理中的风险与防控。

7.1 互联网财富管理概述

7.1.1 互联网财富管理的定义及分类

随着中国经济的快速崛起,居民财富迅速累积,财富管理需求伴随着居民投资理财意识的增强而不断扩容,不仅成为新时代资本市场发展的重要使命,也为我国财富管理带来了更多的发展机遇与挑战。特别是互联网技术和第三方支付平台的迅猛发展,加速了互联网金融向财富管理领域渗透、延伸,由此互联网财富管理的概念被提出,财富管理开始走向新的发展模式。

1)互联网财富管理的定义

财富管理是一项以客户为中心的服务,根据客户的需求和风险承受能力,为客户提供个性化的服务,使其金融资产保值或者增值。其项目包括现金储蓄及管理、离岸资产管理、保险规划、信托服务、投资组合管理、不动产管理等。

根据这一定义,互联网财富管理的作用不仅限于线上获客和导流,更重要的是利用互联网数字化、智能化和平台化的优势为客户提供更为便捷的理财服务,根据其财富管理行为提供更为便捷的决策支持和增值服务。

2)互联网财富管理的分类

互联网财富管理平台根据平台参与者的不同可分为4类:互联网一站式财富服务平台、传统金融机构线上平台、独立财富管理平台和互联网金融平台,见表7.1。

表 7.1　互联网财富管理平台类型

平台类型	互联网一站式财富服务平台	传统金融机构线上平台	独立财富管理平台	互联网金融平台
参与者	互联网电商、社交平台等	银行、券商、基金公司、保险公司等	第三方财富管理机构、注册投顾等	互联网金融企业
特点	用户数量及流量大，知名度高，平台背景可靠，一站式金融理财服务为主	高净值客群和线下获客为主，金融实力强且安全性较高，单一业务场景	擅长服务如中高净值客户类特定人群以投顾服务为主，依赖顾问与客户间的信任	拥有较为稳定原始客群，客户黏性大，低费率和个性化服务
代表企业	京东财富、腾讯理财通等	摩根士丹利、中国银行、招商银行等	Personal Capital、财富派、宜人财富等	嘉信理财、陆金所、天天基金网等

总结来说，可将互联网财富管理再分为两大类：第一类是为广义高净值客群提供高质量全面服务的综合型财富管理机构，国外以全能型银行/投行为主，国内则以传统金融机构为主，投入成本和资产费率更高；第二类是为中低净值客群提供相对标准化产品服务的平台型财富管理机构，例如智能投顾、互联网电商、金融科技公司等，由于目标客户定位为大众化，故费率更低。

以我国为例，对互联网财富管理平台进行详细介绍：

(1)互联网一站式财富服务平台

此类财富管理平台由互联网电商、社交平台建立而来，如京东财富、蚂蚁金融、度小满理财等。互联网电商及社交平台具有天然的技术优势以及品牌效应，依托互联网布局财富管理业务可以转化其庞大的客户流量，业务收入也随之更加多元化。互联网一站式财富服务平台具有安全性高、广为熟知等特征，其产品种类繁多，可以为客户提供理财教育、综合指导、后期跟踪等一站式金融理财服务。

(2)传统金融机构线上平台

此类财富管理平台由传统金融机构自身业务的线上拓展而来，主要是通过建立直销银行、金融超市等方式进行开展。作为当前财富管理行业的核心力量，银行、券商、信托等传统金融机构在产品、分销渠道、客群和投资顾问等财富管理服务的关键要素上都具有很大优势，同样地，其线上平台也具有较强的金融实力。然而物理网点仍然是传统金融机构获取客户的主要渠道，因此相较于其他互联网财富管理平台而言，传统金融机构的线上业务场景比较单一。

(3)独立财富管理平台

此类平台主要由财富管理机构线上转型而来，部分为创业公司的业务拓展，如财富派、宜人财富、挖财网、钱景财富等。独立财富管理平台以客户为导向的特性使其在产品上更多针对的是私人定制性财富管理方案，也因此服务对象多为中高净值客户。特别是部分为创业公司的业务拓展，其在专业人才、风控能力等方面欠缺的问题导致平台背景安全可靠性较弱。

(4)互联网金融平台

此类平台由互联网金融企业或金融类互联网平台业务的升级转型而来,如陆金所、天天基金等。互联网金融平台普遍拥有坚实的用户基础,可以通过用户金融业务偏好迅速洞察其财富管理需求,发挥平台交叉销售的优势,进而为客户提供多元化的综合财富管理服务,提高客户的忠诚度。

7.1.2 互联网财富管理行业发展历程

1)2010—2012 年:萌芽阶段

互联网财富管理最初体现在传统金融机构应用网络数字技术服务,银行业开始建立网上银行。2010 年,招商银行推出招商银行 App 和掌上生活 App 两大应用软件,启动零售银行数字化转型战略。通过手机银行、远程银行等渠道分流了线下营业网点的压力,有效提升了招商银行的效率,初步形成了传统金融机构线上平台。

2011 年 5 月,27 家第三方支付公司正式获取由中央银行授予的支付牌照,财富管理开始摆脱银行支付能力的限制,用户不再需要到物理网点进行烦琐的业务操作,而是可以直接在线上购买金融产品,提升便捷度的同时也大大提升了银行业务效率和用户体验感。

2012 年 12 月,中国证监会发布规定,允许独立于银行、基金公司和证券公司的科技公司发行公募基金。东财顾问、好买财富、诺亚正行、众禄投顾 4 家机构获取了首批基金销售业务牌照,为三方机构未来布局互联网财富管理业务打下坚实基础。

2013 年 3 月,证监会进一步发布了《证券投资基金销售机构通过第三方电子商务平台开展业务管理暂行规定》,为基金销售机构在互联网平台安全有序开展基金销售活动提供了强有力的保障。

2)2013—2015 年:初步发展阶段

2013 年 6 月,蚂蚁金服与天弘基金共同推出余额宝。余额宝的出现向互联网电商及社交平台领域投下了一枚重磅炸弹,自此,互联网一站式财富服务平台正式登上历史舞台,拉开了“大众理财”的序幕。作为余额增值服务和活期资金管理服务产品,余额宝对接的是天弘基金旗下的货币基金,特点是操作简便、门槛低、零手续费和可随时存取。此时恰逢市场资金短缺,持续走高的货币基金利率让余额宝的七日年化收益率一度突破 6%,远远超过了当时银行 0.35% 的活期存款利率。在短短半年后,余额宝资金规模便达到了 1 853.4 亿元,一年后则高达 5 741 亿元,强势助推天弘基金登上了中国基金公司管理规模排行榜榜首。

2014 年,多家大型互联网金融平台纷纷与地方金交所展开合作,有效弥补了资产端的短板,互联网金融平台财富管理业务蓬勃发展起来。金交所旗下诸如定向融资工具、收益权转让、理财计划等理财产品,在蚂蚁金服、度小满理财、苏宁金融、陆金所等线上平台相继上线,产品数量多且份额大,互联网金融平台优质金融资产日渐充裕。

同年,证券公司开始进军互联网财富管理领域。2014 年 2 月,国金证券与腾讯实现战略合作,联合推出互联网金融产品“佣金宝”。“佣金宝”一经上线就吸引了广大投资者的注意:佣金费率仅为万分之二。极低的佣金费率加上极速的开户流程,使其只用了半个月的时间就成功网罗超过 25 万名用户购买。同年 4 月,华泰证券携手网易重磅推出一款手机理财服务终端“涨乐财富通”。证券公司与互联网平台各自都具备行业领先优势,此番深度合作,无疑成了传统金融机构布局互联网财富管理业务过程中一股不容小觑的力量。

2014 年 6 月,诺亚财富旗下子公司诺亚易捷推动“员工宝”平台上线,成立半年交易额就轻松突破 15 亿元,引领着大批第三方财富管理机构进入互联网市场。为适应业务发展,2015 年 10 月更名为“财富派”,定位为“高潜力在线综合金融服务平台”,从“企业”场景向更广泛的“高潜力”人群转变。

2014 年底,智能投顾的概念从海外流向国内,成为各方角逐互联网财富管理领域新的发力点。智能投顾一词是最早出现在 2002 年杂志 *Financial Planning* 中的一篇文章,随着技术的发展和 Betterment 等创业公司的兴起,智能投顾逐渐成为金融科技中必不可少的一种金融工具。智能投顾的诞生有效降低了传统理财行业的准入门槛,弥补了高净值以外的中低净值客户的投顾服务需求空白。相较于海外,我国智能投顾起步较晚,但发展较为迅速。自 2014 年我国首个智能投顾——“胜算在握”上线以来,我国传统金融机构就迅速在智能投顾这一蓝海市场开展布局。2015 年前后,诸如工商银行、招商银行、蚂蚁金服、广发证券等多家传统和新型金融机构相继涌入智能投顾领域,截至 2017 年,我国大部分金融机构皆已推出智能投顾服务或者宣布进入智能投顾市场,将专业的财富管理服务延伸到长尾客户。

以 2016 年 12 月招商银行推出的“摩羯智投”为例,简单介绍智能投顾的特点。摩羯智投并非以一个独立 App 形式出现,而是嵌入在招行手机 App 的理财板块中。从其宣发来看,摩羯智投引入了机器学习算法等新兴技术概念,以“人+机器”模式进行基金组合销售服务。区别于其他智能投顾,摩羯智投在客户评价方面跳过了客户问卷调查与风险测评,直接由客户自主选择投资期限与风险承受级别,在客户选择的同时,机器学习算法会自动根据客户的流动性安排和风险偏好进行分析,从而同步得出组合的模拟历史年化业绩和模拟历史年化波动率,并在下方给出风险度量的 VAR 值。此外,摩羯智投并不是只能为客户提供产品建议,而是涉及基金投资的售前、售中、售后全部服务环节,为客户提供了一套完整的资产配置流程服务。例如,在投资者设定一个收益目标和最大风险容忍度后,摩羯智投会根据市场最新情况计算出最佳的投资组合比例,并实时监测全球市场动态为客户提供该项组合的后续调整建议,在此模式下,客户可自行进行一键优化配置。

2015 年 6 月,中融信托推出中融金服,成为国内首个由信托公司与互联网金融合作组建而成的互联网金融平台。中融金服平衡了高端理财产品流动性与产品的便捷性、安全性二者之间的关系,成功吸引了大批用户参与。2016 年 9 月,“乐买宝”上线,此款消费信托理财产品由中信信托与蚂蚁金服合作推出,极高的收益率和“边消费边赚钱”的口号使其热度一度居高不下。信托行业的加入,拓宽了传统金融机构线上平台的服务内容与范围,为互联网财富管理的发展添砖加瓦。

延伸阅读

智能投顾

智能投顾(Robo-Advisor),又称为机器人投顾,是一种基于人工智能、大数据和云计算等技术,结合现代投资组合理论,为投资者提供个性化的资产管理服务。由于这个过程绝大部分由人工智能来完成,因此,具有快速、精准和自动化的特征。相较于传统投资顾问模式,智能投顾凭借着低门槛、低费率、高透明度以及24小时随时响应客户需求的便捷性这几大优势成功打开了庞大的中低净值客户市场,极大地拓展了投顾服务的范围。

典型的智能投顾服务过程主要包括以下步骤:

①客户画像:系统通过问卷调查来评价客户的风险承受能力和投资目标;

②投资组合配置:从备选资产池中向客户推荐符合其风险偏好的个性化投资组合;

③客户资金托管:客户资金转入第三方进行托管;

④交易执行:系统代理客户发出交易指令以进行资产买卖活动;

⑤投资组合再平衡:客户定期检测资产组合,平台对市场情况和用户的需求变化实时监测及调仓;

⑥平台收取相应管理费用。

智能投顾不仅限于全自动化模式,Vanguard、Personal Capital和嘉信理财都在智能投顾的基础上增加了人工投顾服务,将传统投顾和智能技术相结合。如Personal Capital,它采用了"免费在线平台+收费私人投顾"的模式,免费版本针对普通投资者,收费版本则针对高净值和超高净值客户,为他们提供额外的人工投顾服务,全方位地覆盖到了不同类型的投资者。嘉信理财推出的Schwab Intelligent Portfolios Premium(SIPP)则参考了流媒体平台的订阅付费模式,采用"初始费用+每月咨询服务订阅费",起投金额2.5万美元,除去首次缴纳300美元的注册费用,用户每个月缴纳30美元的咨询费就可以享受无限次的人工服务,享受人工投顾为其做出专属财富管理规划。

3)2016年至今:行业调整阶段

在此过程中,金融监管力度与金融创新速度存在明显错配,随着我国互联网财富管理行业的发展,互联网理财产品创新过快带来的弊端也日渐显露。进入门槛过低、制度不健全、行业管理机构和监管缺位等诸多问题导致市场上的互联网财富管理平台质量良莠不齐。加之相较于传统金融机构,互联网金融平台的风险控制体系并不完善、风险容忍度也较低,一些互联网财富管理平台存在资金池的现象,导致风险隔离不足,兑付危机频发。

2015年7月,中国人民银行等十部委联合发布《关于促进互联网金融健康发展的指导意见》,正式确立互联网金融业态监管框架,明确互联网金融主要业态的业务边界,落实监管机构的监管责任,由此中国互联网财富管理行业开始迈入行业调整阶段。

2017年,为整治银行业市场乱象,我国银监会组织开展"三三四十"检查,互联网金融的监管也因此越发严格。

2018年起,风光无限的P2P网贷平台行业突然频频暴雷,部分P2P平台暴力催收、裸贷、涉嫌集资诈骗等恶性事件更是在全国范围内引起了关注,不仅让整个网贷行业遭受重创,也对互联网财富管理领域造成了极大的负面影响。

2018年4月,互联网金融风险专项整治工作领导小组办公室发布《关于加大通过互联网开展资产管理业务整治力度及开展验收工作的通知》(以下简称为"29号文"),明确将利用互联网发行、销售各类资产管理产品等方式公开募集资金的行为界定为非法金融活动,并指出互联网资管业务属于特许经营业务,除具备金融牌照的机构一律不得开展该项业务。

2018年5月,证监会起草《关于规范证券公司借助第三方平台开展网上开户交易及相关活动的指导意见》(以下简称《意见》),向券商业界征求意见。《意见》中提出第三方机构只能为证券公司提供网络空间经营场所,证券公司不得利用第三方信息发布平台、链接跳转等技术向客户提供证券业务相关服务。这一指导意见通过限制券商在互联网平台的活动,将证券业务牢牢控制在证券行业内部。

2018 年 6 月,证监会与中国人民银行联合发布《关于进一步规范货币市场基金互联网销售、赎回相关服务的指导意见》,该政策规定销售主体只能由具备金融牌照的金融机构担任,将"T+0"快速赎回限额设定为 1 万元及以下,且也只有具备基金销售牌照的银行才能进行垫资。这一政策的出台严格制约了金融机构,特别是基金公司与互金平台的业务发展。以余额宝为例,其规模从 2018 年 3 月的峰值 1.69 万亿元降至 2018 年底的 1.13 万亿元,跌幅高达 33%。

同样地,无论是《信托公司集合资金信托计划管理办法》还是 2018 年颁布的《关于规范金融机构资产管理业务的指导意见》(以下简称"资管新规"),都释放出对资管行业监管收紧的信号,加大了信托行业走向互联网化的难度:中融金服启动不到两年即宣布终止运营,中信信托与蚂蚁金服合作的"乐买宝"还未真正走入群众便已悄然下线。

2021 年 11 月,多地证监部门下发《关于规范基金投资建议活动的通知》,文件明确要求不具有基金投资顾问业务资格的机构不得提供基金投资组合策略的投资建议,不得提供基金组合中具体基金构成比例建议,不得展示基金组合的业绩以及不得提供调仓建议。为配合监管要求,多家银行智能投顾业务被陆续"叫停",包括招商银行、工商银行、广发银行、江苏银行等多家银行在内的智能投顾服务都暂停了申购功能。尽管招商银行、工商银行和平安银行已在此节点之前获得基金投资顾问业务资格,但是在此业务上按下了"暂停键"。从长期来看,智能投顾的暂停并不意味着其退出了财富管理市场。我国商业银行对智能投顾尚处于探索阶段,无论是在合规度还是在算法模型上都有待改进,在未来仍有较大前景空间。

当前,中国互联网财富管理无疑进入了行业调整的严监管时代,但从财富管理需求端与供给端来看,中国财富管理行业依然处于高速增长阶段。尤其是 2020 年以来,受新冠肺炎疫情的影响,居民居家时间被大幅度延长,线下理财服务网点纷纷被迫休营,由于互联网具有无接触性、便捷、普惠等特征,线上理财的优势凸显,越来越多的传统金融机构开始寻求与互联网企业的合作。与此同时,居民财富管理理念与财富管理方式也在疫情期间发生着改变。一方面,疫情提升了居民对个人及家庭资产配置中负债端的谨慎,以及通过理财、保险等平滑消费、规避风险的需求,居民寻求财富保值增值的意愿愈加强烈。另一方面,疫情导致的居家隔离、居家办公等也显著提升了居民参与线上理财的程度,互联网财富管理成了居民日常投资理财的重要渠道。

新冠肺炎疫情的影响激发了居民更加旺盛的财富管理需求,对互联网财富管理平台的专业能力提出了更高的要求,互联网财富管理行业面临着机遇与挑战的双重考验。相信未来在牌照监管、行为监管和穿透监管"三管齐下"的全面穿透式监管模式下,我国互联网财富管理市场将逐步走向成熟,为更多的居民提供更便捷、更实惠的财富管理服务。

延伸阅读

银监会针对银行业开展"三三四十"专项治理

在中国银行业快速发展的同时，一些风险点有所积聚，突出表现在部分银行体系资金空转、层层嵌套规避监管投向限制性行业和领域，跨市场、跨业务交叉风险隐患较高。在中国经济由高速增长转向高质量发展阶段的同时，提升银行业发展质量成为监管更重要的任务。

针对银行业发展中的问题，银监会在2017年3、4月份，陆续印发了一系列文件：《关于开展银行业"违法、违规、违章"行为专项治理工作的通知》（银监办发〔2017〕45号）、《关于开展银行业"监管套利、空转套利、关联套利"专项治理的通知》（银监办发〔2017〕46号）、《关于开展银行业"不当创新、不当交易、不当激励、不当收费"专项治理工作的通知》（银监办发〔2017〕53号）和《关于集中开展银行业乱象整治工作的通知》（银监办发〔2017〕5号），简称"三三四十"专项治理工作。

概括起来，"三三四十"即是指"三违反""三套利""四不当"和"十乱象"。"三违反"即违反金融法律、违反监管规则、违反内部规章；"三套利"即监管套利、空转套利、关联套利；"四不当"即不当创新、不当交易、不当激励、不当收费；"十乱象"即指在股权和对外投资、机构及高管、规章制度、业务、产品、人员行为、行业廉洁风险、监管履职、内外勾结违法以及涉及非法金融活动十个方面存在的行业乱象。

"三三四十"专项整治行动对我国银行业的发展产生了深远影响，拉开了新一轮金融严监管的序幕。此后的几年来，银监会继续保持监管高压态势，严肃监管氛围，依法从严问责违法违规行为，特别是对那些问题查得不彻底、整改不到位、问责流于形式的加大处罚力度，真正使铁的制度、铁的纪律得到铁的落实，坚决打赢银行业风险防范化解攻坚战。

7.1.3 互联网对财富管理运作模式的影响

纵观近几十年来，我国经济整体呈现出高速发展趋势，由经济整体的发展折射到我国居民个体财富的飞速累积增长，伴随而来的是财富管理需求的急切。特别是我国居民人口数量庞大，面对当代人逐年增长的理财需求，金融机构开始不断扩宽财富管理市场范围，拓宽财富管理业务的服务触角。互联网金融的出现更是帮助了财富管理加速实现转型升级，其对财富管理运作模式的影响具体体现在以下几个方面：

1)互联网丰富了财富管理的业务渠道和发展空间

传统时期的财富管理只能采取线下一对一的模式，通过线下交流获取客户财富情况、客户需求等信息，再为客户"量身定做"出贴合其自身的财富管理产品，具有"个性化""定制化"的特征。而在互联网的发展带动下，金融部门可以利用多种信息手段开展营销获客、创新财富管理产品与服务、实现科技运营等一揽子的数字化、信息化综合服务。互联网的发展目前已催生出一系列的大数据、互联网公司，他们经过一段时间的发展与沉淀已成长为潜力巨大、信息安全可靠的公司，金融部门与其联合可多方合力共同打造出创新、完善且成熟的互联网财富管理模式，丰富了多层次的财富管理体系。

财富管理模式通过融入互联网、大数据、人工智能、云计算等数字化信息技术后，在一定程度上实现了为居民提供简单、便捷、低成本、低门槛的财富管理渠道。互联网财富管理运作模式的转型升级不仅仅是将传统的服务模式从线下转为线上，它重在助力数据赋能、科技赋能，提高整体的金融部门财富管理效率，创新财富管理方式，打破时空限制，拓宽财富管理的发展空间。

2）互联网拓宽了财富管理服务的客户覆盖面

传统的财富管理定位于高端金融服务，主要目标客户群集中在“少而精”的高净值人群，而如今在互联网的推动下，这项金融服务走向大众视野。普通居民因经济发展、财富增加得以有了“理财”的观念，而金融机构在面对如此庞大的客户群体时也意识到必须彻底改变原有的传统经营模式，降低客户财富管理的进入门槛与成本，重新定义服务客群，在新的市场上竞争获客。

在理财理念引发全民热点的同时，互联网信息技术的加持帮助财富管理抓住全民理财浪潮。通过利用互联网、大数据等信息技术，帮助传统服务升级改造，创新财富管理产品，打造出多层次发展的财富管理体系以满足市场需求。

3）互联网提升了财富管理工作效率

依托互联网手段加快财富管理数字化转型，助力金融部门打造线上线下、全流程的互联网财富管理产品体系，创新特色、个性化的财富管理产品，与第三方大数据等信息机构合作，通过数据加密通道挖掘出客户资产质量、信用水平、风险厌恶程度与投资偏好等信息，对这些相关信息进行数据处理、封装，用以综合评价客户水平以及精准匹配出适合客户的产品，更好地推动财富管理服务效率。

互联网财富管理业务将会成为金融机构新的业务增长点和重要发展方向。而在如何获取优质的客户、通过理财产品设计挑选目标客户，互联网下的财富管理运作模式与传统运作模式有着本质区别，依托于内外部数据通过风控策略和模型把控住金融风险，通过线上的流程提高工作效率和规范度，提高金融机构效能。

7.2 互联网财富管理的运作模式

7.2.1 国外互联网财富管理的运作模式

财富管理最初以私人银行的形式起源于瑞士，20 世纪 90 年代在美国盛行，并在欧洲、美洲等市场发展壮大，经过近三百年的发展，目前已趋于成熟，已成为许多金融机构最具盈利能力的核心业务之一。纵观世界各地典型的财富管理模式，可以归结为欧洲模式、北美模式和亚洲模式。

1）以摩根大通为代表的北美互联网财富管理业务的运作模式

（1）以客户为中心

客户导向的互联网财富管理运作模式是北美模式的首要特征。摩根大通将客户的多维度、标准化数据纳入自己建立的客户数据库中，通过数据清洗对客户的财富状况、信用情况、风险投资偏好等重要信息进行提取与分析，以此为依据，对客户为公司所能带来的潜在利润

进行评级，从而为顾客推送合适的产品和服务。

(2)产品驱动模式

北美模式面对的客户群体大多来自公司高管等高净值人群，这类的客户主体的特征趋同，一般表现为通过持有风险资产的方式对个人财富进行主动掌控。因此，通过交易驱动或产品驱动实现的全市场配置的服务模式是北美模式的主要服务模式。

摩根大通平均每位客户的产品数在全球同行企业中排名前列。其设计出了丰富的产品线，包括家族信托、贵金属交易、金融衍生品、税务筹划、服务咨询、退休计划和遗产安排等。此外，还为顾客提供量身定制的个性化服务，如分析家庭的资产负债、现金流状况和消费偏好等。摩根大通建立了覆盖在私人家庭和私人办公室银行，积极整合高净值客户资源与开发相应服务。

2)以瑞银为代表的欧洲互联网财富管理业务的运作模式

(1)锁定细分客群

以瑞银为代表的典型的互联网财富管理业务模式主要是锁定超高净值客群，对其针对性地渗透服务，以期从少量的客户中获取较高的利润回报。

瑞银以地区和资产规模对整体客户群体进行细分，将客户群体缩窄，寻找锁定的客户群，即高净值及超高净值客户。在北美以外地区要求较高，超高净值客户需要满足 5 000 万美元以上金融资产或 1 亿美元以上的总资产的条件；北美客户要求较低，要求有 1 000 万美元以上金融资产存托。产生这种地域划分的结果是由于瑞银在不同市场的地位，其在北美以外的市场几乎被垄断，市场地位较强势；而在北美地区财富管理市场竞争激烈，因此其要求条件也有所降低。

(2)提供全面多元的产品，主推委托类和融资类产品

欧洲财富管理运作模式是通过开设不同层次的综合性金融机构，利用综合化经营的方法，为高净值客户提供多元化的服务，满足不同客户的特别需求。瑞银提供的产品包括股票、债券、保险、基金、艺术品投资等，主推高附加值的委托类和融资类产品。

此外，瑞银根据客户掌握决策权的程度将财富管理服务划分为 3 种类型的委托服务，即全权委托、顾问委托和非委托。瑞银通过对不同类型的客户匹配划分不同层次的专业人员，具有针对性地满足不同类型的客户服务需求。

(3)多部门协同配合、职责清晰

瑞银以客户需求为中心设计服务产品，建立顾问和客户的紧密联系，涵盖市场研究、资产配置方案、产品选择等各个环节。瑞银采用团队协作模式，将不同领域的投资顾问划分为 5 ~ 50 人团队，形成稳定的职业规划。瑞银财富管理部下设首席投资办公室、客户策略办公室、投资方案平台三大部门，部门职责清晰，协同配合。理财顾问充分了解客户需求，首席投资办公室负责提供投资建议给出大类资产配置框架，结合客户策略办公室的客户行为和风险偏好分析，投资方案平台提供投资方案，形成投资组合。

(4)重视金融科技在中后台建设

瑞银高度重视金融科技在互联网财富管理领域的应用，每年至少将营业收入的 10% 投入科技领域，公司设有集团技术中心，业务部门以技术中心的科技力量为基石，提供领先的系统和解决方案。2017 年，瑞银打造出 One Wealth Management Platform，这一财富管理平台

最大限度地完成了瑞银的资源整合，以充分满足全球范围内投顾和客户的多样化需求。

3）以野村为代表的亚洲互联网财富管理业务运作模式

20世纪70年代，日本以去监管化为中心的金融自由化改革，以及以结构改革为焦点的金融“大爆炸”，这一系列监管的放宽为金融创新提供了良好的发展环境与支持。并且在欧美财富管理业务盛行时期，日本正与其往来频繁，更加速了其经营模式的成功转变。

（1）以收取服务费为主、收取管理费为辅的盈利模式

野村证券的零售型财富管理业务是以提供经纪业务来获取佣金服务收入为主、以销售理财产品获取管理收入为辅的综合化管理模式。经纪业务是野村证券为客户提供财富管理专业咨询服务，是早期主要发展的业务，也是主要的收入来源。后来由于市场竞争加剧，野村逐渐意识到，依靠简单业务的收入盈利难以支撑野村继续在现有市场上立足，于是开始积极寻找新的利润来源和增长点，即依靠原有经纪业务的客群优势以及长期经营建立的企业声誉，开拓了销售理财产品新市场，通过为投资者提供金融产品的销售服务来赚取管理费，帮助零售部门增加新的收入渠道。

（2）政府和市场协同配合

日本自20世纪末就展开了一系列防范金融风险的工程建设，成立了金融厅统筹监管金融机构，并实现了对所有金融行业和金融产品的一体化监管体制。日本政府通过对金融机构改组，牢固了金融机构资本基础，增加了公民对金融机构的信心，推动了野村证券财富管理业务的发展。

（3）注重客户体验

野村证券以线上线下相结合的方式为零售客户提供全面的产品与服务，线上及时获取客户实际理财需求和性格偏好、风险倾向等信息，不断跟踪市场变化、客户需求变化、已服务客户的表现，及时调整，从而优化产品与服务，将客户的体验作为工作重心。近乎全面覆盖的渠道优势以及日本本土优势使得外部竞争者进入财富管理市场的门槛高。

7.2.2　国内互联网财富管理运作模式

国内人均生产总值较发达国家差距较大。中国GDP总量规模为美国的70%，但人均GDP仅为同期美国的1/6。如图7.1所示，2020年中国个人持有的可投资资产总体规模达241万亿元人民币，2018年以来复合增长率为13%。2020年中国高净值（可投资资产超过1 000万元）人群达262万人，2018年以来复合增长率为15%；高净值人群可投资资产总规模达84万亿元人民币，年复合增长率为17%。

从图7.2中可以看出，当前我国居民财富在资本市场的配置比例仍然很低，其资产配置结构与发达国家仍存在较大差距。2019年，我国居民财富在资本市场的配置比例不足50%，而美国居民在股票、股权及证券投资基金等方面的资产配置比例明显较高。据调查，在我国的居民资产配置结构中，居民在现金、银行理财配置占比约34%，在股票方面的配置比例约14%，在权益类基金方面的配置比例约为14%。

此外，我国的财富管理模式从客户群体角度已与欧洲、北美的高净值客户有很大区别，国外的管理模式不适合也无法在国内运作开展。因此，必须基于中国的基本国情，依据中国居民的实际财富状况，选择出适合自身的财富管理模式。但无论如何创新，成功的财富管理

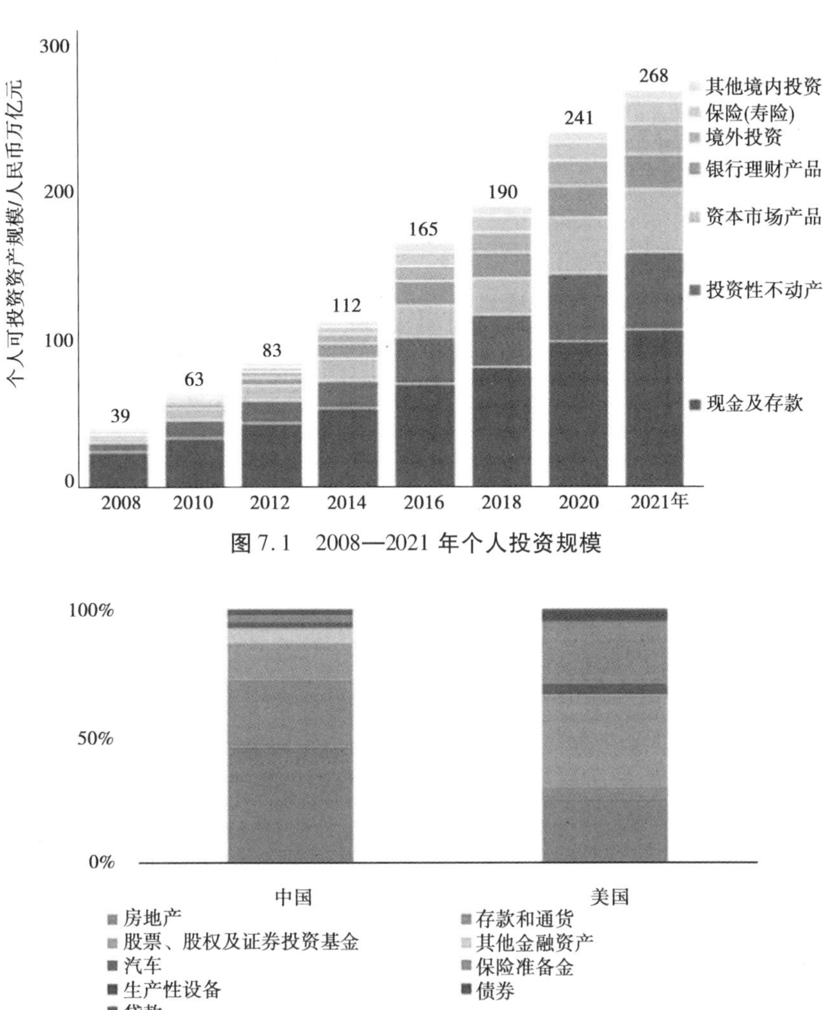

图 7.1 2008—2021 年个人投资规模

图 7.2 居民资产配置结构(2019 年)

模式都应以客户为中心,以用户需求为导向,这也是财富管理的关键性因素。

我国大部分的高净值客户群的家庭财富尚未从企业财富中完全剥离开,而互联网下的金融服务注重用户体验,这种商业模式成本较低,且价值链的创新发展速度较快,能最大限度地满足我国当下高净值客户的各种需求,同时由于我国人口基数大,需求的多样性更加突出。不同的互联网财富管理主体在运作模式上存在相似之处,从整体来说,我国互联网财富管理运作模式主要分为一站式服务模式、打造用户体验模式和线上线下结合模式三大类。

1) 一站式服务模式

一站式服务模式的服务主体与服务领域都较为广泛,客户可以是企业,也可以是个人。由于我国高净值用户的家庭财富并未从企业财富中剥离出来,因此二者仍不是两个独立的个体。从这一角度出发,一站式服务模式的服务领域不仅包括金融领域,如资产配置等,同时也包括非金融领域,如教育、养老消费等。基于一站式服务,金融机构提供了具有针对性和系统性的财富管理解决方案,其中最具代表性的就是平安集团。平安集团的营销策略较为成功,为支撑营销投入了大量的人力与成本,集团将销售业务团队作为主力军。大多数互联网电商平台的互联网一站式财富服务平台运作模式主要使用一站式服务模式。

2）打造用户体验模式

互联网金融下的财富管理模式推出的金融产品与服务大部分过于标准化，由于线上化的阻碍，反而无法灵活调整产品，得到高净值客户及时的反馈需求，从而在一定程度上限制了财富管理模式的发展。而用户体验模式从客户的需求出发解决了这一问题。财富管理机构在推出产品和服务前，应深入市场，针对客户的不同需求对市场分门别类，将个性化和定制化的需求融入产品和服务中去，以实现互联网金融下财富管理的普及，使产品和服务能符合不同客户的需求，适用于不同层次的客户。陆金所等财富管理机构为特定的高净值客户群体服务的独立财富管理平台就主要采用这一运作模式。

3）线上线下结合模式

如今，伴随着信息技术的发展，互联网技术与传统财富管理模式相互融合，催生出一批正处于高速增长的第三方支付平台，支付平台在政策支持、环境发展的推动下实现了全民普及化使用，极大地扩展了以往传统模式无法实现的服务触角，且具有服务效率高、成本低、实时更新、灵活便捷的优势。

但这并不意味着传统的线下一对一模式可以被完全取代，全流程线上化也会存在一定的弊端。数据是没有温度的，而财富管理营销获客最主要的因素即以客户为导向。两者既有显著优势，也有无法填补的弊端，二者结合才能最大化地发挥作用。在利用好大数据等信息技术的基础上，实现线上线下结合的模式，既可以巩固原有客户基础，也可以扩展新的客群。在以数据安全合规的基础上，为客户提供智能化、设计使用性强、标准化程度高、数据实际有机结合的财富管理产品与服务，同时也要注重线下了解客户需求变化、及时反馈已服务客户的使用体验，不断更新优化现有的财富管理体系，使供需双方的交互体验达到最大满意化，实现多方共赢。银行、保险公司等金融机构开展的传统金融机构线上平台，以及互联网金融平台主要采用线上线下结合的模式。

7.2.3 国内互联网财富管理运作模式案例

（1）光大银行"线上线下双曲线"模式护航财富管理业务发展

"双曲线"融合发展是财富管理的未来趋势，光大银行提出双曲线发展模式，在深入挖掘线下"第一曲线"的同时，全面发展线上"第二曲线"，从而打造双曲线增长，推动零售金融高质量发展。"第一曲线"主要依托线下队伍，聚焦财私客户、重型产品、线下场景；客户经理发起，利用线上内容素材，分享给客户激发客户需求，客户可通过线上自主成交或线下网点成交。"第二曲线"主要依托线上运营，聚焦长尾客户、轻型快销产品、数字场景，通过内容运营和场景营销，实现线上批量获客经营，开拓新的"赛道"和增长点。同时，借助视频投顾、智能派单、同屏讲解、社群运营等智能工具，打造联动营销服务的闭环，实现线上线下相互赋能。

为链接线上和线下服务的断点，形成服务闭环，光大银行在实践中尝试通过视频投顾的方式，形成对线下团队的客户输送，搭建手机银行、视频投顾和线下团队的服务闭环。目前，光大银行线上线下服务已经能够在一定程度上融合，除了视频投顾，通过手机银行的智能化运营，也能探查到客户需求，用智能派单的方式，让线下理财经理完成服务的"最后一公里"。

(2)中金财富一站式理财平台注重客户体验

“中金财富”是中金公司旗下经营财富管理业务的子公司,在财富管理行业中业务水平一直领先。在居民财富不断累积、理财需求扩张的背景下,中金财富以财富规划为导向是中金财富转型的要点。中金财富 App 秉承专业、有趣、正能量的理念,以数字化基础设施、数字化中台与数字化应用为依托,为广大投资者提供了轻松开户、即时行情、丰富新闻、安全交易、优质理财在内的一站式财富服务,满足大众、富裕、高净值等全光谱客群的多元化需求,根据客户需要,定制化提供独家深度研报、1v1 投资顾问、研选理财产品以及专业财富配置方案,已达成常规业务全线上化,高频业务全覆盖的目标。此外,中金财富 App 不断夯实技术“护城河”,加强自主研发能力,围绕“开户—转账—行情资讯—交易—资产查询”的核心旅程,不断优化客户体验,通过产业图谱、智能诊股等功能,为客户提供更全面的投资标的说明分析,辅助客户投资决策;小牛陪伴助手为客户带来感兴趣的活动、资讯、金融产品,以“不打扰”为原则,以投前、投中、投后全生命周期关怀为目标,建设个性化服务体系。

7.2.4 财富管理运作模式中存在的问题

国内的银行、证券、互联网公司等财富管理机构依据其自身发展阶段、战略方向等选择不同的运作模式,且大多数涉及财富管理的公司往往选择将多种运作模式相结合。理财通、平安证券、天天基金借助互联网这一渠道都在财富管理业务上得到不同程度的发展,但目前仍然存在一些问题。

1)财富管理理念缺乏创新性

在互联网发展不断深入、技术不断更新换代的背景下,为做好财富管理业务,财富管理理念的创新更应该引起金融机构的重视。但目前仍有一些金融机构没有认识到创新的重要性,只是一味地埋头发展旧业务,在财富管理能力和水平上没有提升。部分金融机构敏锐察觉到环境和需求的变化,准备对业务模式或产品进行调整,但事实上一推再推,没有将创新的想法付诸实践。财富管理主体主要包括商业银行、信托公司、基金公司等,虽然其内部管理人员大都来自名校,具有丰富的理论知识和实践经验,在专业水平上都是佼佼者,但是在互联网金融深入发展的情况下,这些公司由于各种原因并没有对现有的财富管理模式的改革进行深入的探寻,这体现在跟随其他公司步伐,产品换名但未有实际创新,公司内部技术开发人员较多,但实际上对产出贡献不匹配,各种监测沟通系统智能化,但利用效率不高,黏性不充分。这些问题必然会成为财富管理业务和相关服务工作有效开展的绊脚石。此外,竞争力不强的问题同样比较突出。

2)财富管理平台相对薄弱

一个更加合理、全面、高效的财富管理平台是公司不断前进发展、不断获益扩张的前提,是客户财富保值增值的基础,是财富管理行业规范化运行、平稳性上升的基石。但不少机构并没有做到这一点,进而使得客户并没有获得自己预想的管理效果。例如,“以客户为中心”的财富管理改革创新理念不受重视,与客户相关信息平台建设不健全;利用较为前沿的互联网技术进行科学建设的观念匮乏,与客户沟通缺乏黏性,只能为客户提供同质化服务,易造成客户流失;尚未有效整合各类理财,客户多样化的需求得不到满足,特别是一些还没有自

己独立的 App、没有构建官方网站、没有借助关联公司的平台开展理财服务的小公司。

3）财富管理机制不健全

“互联网+财富管理”模式的推行已成为财富管理重要的发展方向之一，与模式相配套的体制本应较为完善，然而现实并非如此，金融机构建立的资产管理机制不规范、不系统、不高效的问题明显。例如，一些金融机构尚未在财富管理中运用信息化、网络化、智能化技术，特别是不重视大数据技术在财富管理公司建设机制中的应用，在利用大数据技术开展客户关系管理、产品管理调查分析等方面相对薄弱，资产管理水平总体偏低。一些金融机构的管理机制范围并未包括建立完善的网络营销机制，“线上”营销与“线下”服务有机结合的意识和能力不强。

4）发展同质化

货架式基金代销是之前互联网财富管理的主要手段，流量的变现主要依靠用户在线上理财产品平台购买理财产品，但随着进入人数的暴增，竞争逐渐白热化，为争夺客源，各个平台宁愿减少收入也要降低费率，然而单一货架式代销和价格战的背后实际上是发展同质化问题。短期内同质化可能会提高企业收入，但从长远角度看，同质化会使企业陷入价格战旋涡，危害企业利益，甚至会阻碍整个行业发展。

5）行业监管力度不足

我国互联网金融比国外起步晚，早期与之配套的监管主体不明确、监管制度和政策不完善、监管体制不健全。互联网金融行业在初期经历了粗放式增长，其间企业虽然获益，但产品经营是否完全符合规定有待商榷。在互联网金融行业的迅速发展下，监管机构针对企业制度、报送产品、关联交易等多方面涌现出的问题给予重视，制订出企业经营和产品交易的相关措施。行业监管支持了好企业规模进一步扩大，迫使不符合规定的企业自觉退出，有利于树立行业规范、助力金融体系更加稳健。但目前监管从整体来说仍不够完善，灰色地带无法被有效发现并识别，科技的进步使得一些非法行为具有更强的隐匿性，这就对监管提出了更高的要求。相关部门对互联网金融企业的监督检查不充分、不全面、不完整，对发现的违法行为没有严厉地惩处，监管不足阻碍了互联网金融行业的有序发展，让一些居心不良的人有可乘之机。

7.2.5 运作模式优化策略

目前，国内已有千余家互联网财富管理平台，从市场主体来看，可分为传统金融机构、互联网巨头、垂直型平台、P2P 衍生平台、独立第三方财富管理机构。传统金融机构一般开设时间久，具有完备的公司制度、丰富的人才储备、众多的实体网点、成熟的运作经验及丰富的原始客户群，客户更倾向于信任传统平台；互联网巨头在推进支付便捷化方面扮演了重要的角色，其开发的零钱通、京东金融助推人们初步涉足财富管理，相较于传统金融平台，互联网巨头往往能提供更高的收益；垂直型平台等平台也有自身优势。各主体在运作模式上的优劣各有不同，总的来说，在财富管理理念的正确认识上有偏差，在客户服务上不充分，对客户信息了解利用不完全，在风险控制方面不精细等。针对财富管理主体存在的问题，可从以下几个方面进行优化处理。

1）优化财富管理理念

实践需以理念为基础和先导。各互联网管理平台在经营中都因其先树立正确的财富管理观念，始终坚持以客户为中心这一根本理念，在为客户提供服务的过程中替客户选择最优的方案，提供友好的服务。在管理理念上学习合规、运用合规、遵守合规、践行合规，使财富管理不越界不逾矩。同时，在理念上也要注重创新，同质化的理念易使自己泯然于诸多管理平台中，也会使自身无法获取预期的企业成果，此时借助互联网思维实施财富管理创新显得尤为重要，企业可以利用互联网技术改进原有财富管理流程，尽可能地为不同类型不同需求的客户打造针对性、符合切实需求的产品。此外，尽管不同财富管理平台是竞争关系，但不同平台在技术、客群等方面具有不同优势，具有比较优势的双方若能达成战略合作协议，对双方来说都是良好的助推器。

2）优化互联网财富管理平台

平台在互联网金融的发展上有着不可替代的作用，因而金融机构在开展财富管理活动的过程中需要侧重二者的有机结合，重点打造特色鲜明、个性鲜明、制度明确的平台。互联网财富管理平台运营的中心为客户，客户是诸多运营活动的规划和执行的起点和终点，其中，客户运营在财富管理平台的运营中发挥着核心作用，因此要着力推动现代以客户为中心的思维创新，有效搭建信息平台，即使不与客户面对面，也能利用互联网技术和客户达成充分的有效沟通。打造高效平台，对平台的整体结构要有成熟的设计，内化于心，外化于形。一方面要以官方金融网站为基础，实现客户对平台的初步了解；另一方面，还要开发自己独具特色的 App 平台，通过颜色设计、陈列方式、便捷程度等提升财富管理平台的多样性。在信息平台上展示不同产品的相关信息，为客户提供便捷入口，不断丰富平台的功能，考虑部分群体的需求，使管理平台界面清晰明了，让客户能够在短时间内快速上手，做到资讯及时更新、产品及时上新，不落于客户需求之后。

3）健全财富管理机制

互联网频繁接收输出多种信息，使人与人之间能即时进行充分的沟通交流，其开放便捷广泛的特性为互联网金融的成长提供了充分的前提条件，互联网金融在使人们的财富能够高效配置的同时也使人们不得不面临随之而来的诸多风险。平台若想将财富管理业务切实落实好就需要重点关注财富管理机制的建设。依托财富管理现代化和网络化目标，建立不同部门，分别负责前期信息的收集、中期与客户业务的具体对接、后期移动服务中心。调查客户风险接受能力、之前购买记录等对客户进行信息勾画，委任业务能力强的人员为骨干，牵头带领队伍开拓市场，在为客户服务上做到耐心、细致，使客户全面了解风险。

4）以客户为导向，优化产品导购

为解决同质化问题，互联网财富管理平台首先应利用互联网大数据洞察用户需求，在合乎规则的基础上最大化数据价值，在了解用户的前提下将合适的金融产品推荐给用户，改善理财用户的购物体验。按照传统模式，银行可将高利润的产品直接推荐给客户，或者在顾客容易看到的地方突出展示这些产品，以实现销售最大化，这就是典型的产品销售思维。在互联网时代，受外部环境影响和自身转型的需要，银行逐渐将传统思维转变为以客户为中心的思维，通过自己的内部系统或合作方软件评估客户的风险承受能力，通过精准的画像，用户购买行为记录等了解客户需求,他们可以更好地推荐匹配顾客的产品,帮助客户解决选购产品的疑问,交易后为客户及时反馈、及时追踪,让客户拥有更好的平台体验。

其次是借助互联网的融合性和技术应用的不断深化,逐步实现为用户提供全流程的金融陪伴服务,如投资前对用户的风险承受能力作出合理严密的评估,对用户的家庭收入状况作出全面的了解;投资中为客户制订完善、可灵活调整的今日计划;投资后及时与客户沟通思路和有待提高的服务模块。为客户持续传递市场信息和解读,让客户及时了解市场动态,把降低客户投资门槛、降低平台选品成本作为重点。此外,注重线上平台的建设,内嵌丰富有吸引力的亮点,持续提升线上用户体验,提升用户吸引力和平台留存率。

最后,将聚焦到特定的细分群体,深入研究他们的财富管理需求,同时根据人群特征提供合适的财富管理产品及财富管理服务。

借助智能推荐功能,根据客户过往所购商品的信息和风险等级,自动向客户推荐其他合适的商品,并加强平台的导购功能,让客户在各种商品中快速找到心仪的产品。通过积累底层客户大数据和不断迭代优化算法模型,不断加强平台的智能化推荐、个性化推荐等导购功能,并根据客户的各种属性,实现"千人千面"的产品推荐方式。

5)优化一站式服务模式

目前,大多数高净值客户的企业财富和家庭财富仍有交叉,二者并不是两个独立的个体。在此基础上,财富管理需要为企业和个人提供一站式的金融服务和财富传承服务,为其打造全新且有针对性的财富管理方案,在提供的服务中,不仅要管理好客户的公司市值、资产配置等方面,还要认真对待客户的家庭养老、法律帮助这些非金融领域。

一站式服务模式的优化需要以一站式服务为基础,集标准化和个性化于一体,将市场进行明确的划分,具体考虑产权比例、风险等级、投资领域等因素。此外,逐渐向综合金融服务靠拢,为高端和中低端客户做好服务。

6)完善互联网金融规章制度,树立互联网金融法律底线

我国互联网起步晚于国外发达国家,主要是在互联网金融发展中缺乏系统的、全面的规范用户行为的规章制度。在互联网资金借贷平台高速发展时期,人们在该平台上进行简单的操作即可借出或借入资金。借款人通过平台得到资金进行周转,放款人以高利率的形式获得不菲的收入。然而,随着互联网平台发展的逐渐深入,这种融资方式的弊端越来越明显,借款人的资金安全难以保证,贷款人无法承受不合理的高利率。部分平台因资金问题无法满足运营需求而放弃运营,扣留平台用户的押金。众多资本家不断加入行业中引发了一连串的恶性行业竞争,对金融市场正常的秩序造成破坏。财富管理具有一定的专业门槛,不健康的金融环境可能导致一些没有相关专业知识、不了解投资资讯、欠缺理财知识的用户的资金安全受到威胁。法律一直是互联网金融稳健发展的底线,底线一旦被跨越:一方面用户和市场的信息会受到难以衡量的损失;另一方面金融市场的改善之路也会受到阻碍。

因此,需要加强互联网金融行业规章制度建设。在实际执行中,要通过各种方式提示用户完善在线实名,按照已有的制度和标准核实企业是否具有齐全的证件、达标的资本金等,禁止怀有侥幸心理或缺乏资质的企业浑水摸鱼进入行业。通过多种规章制度,尽力做到层层把关,通过各种方式使网络环境得到净化,使互联网金融行业能合法合规发展,真正服务于实体,使人民受益。

7.3 互联网财富管理的风险及其防控

7.3.1 互联网财富管理的风险

互联网的开放性特征导致其对外部因素的变化较为敏感,由于外部因素的变化容易受到冲击。因此,机构在互联网金融中展开财富管理的工作具有业务周期长、内容复杂等特点,相比于其他行业来说更容易出现严重的风险隐患。互联网财富管理的风险呈现出多样化、影响范围、传播速度快等特征,这就要求开展互联网财富管理的金融机构在业务开展过程中需要注意对产品风险的监控以及产品信息的披露。金融机构应合理进行投资者风险承受能力分类、依赖互联网信息技术的优势将客户与产品、服务进行精准且快速匹配,确保将合适的金融产品销售给合适的投资者。

1)资产端与客户端错配风险

互联网财富管理简单来说就是线下传统财富管理业务的线上化,也意味着其与传统财富管理业务面临着同样的产品、服务、对象的问题。在资产端,互联网财富管理的产品具有多元化特征,基于基础产品的创新产品及创新产品组合也是千变万化的,众多投资者往往更加关注产品的收益而忽略其中的潜在风险。近年来,互联网财富管理机构对产品的设计及产品动态监管的不足,导致产品自身因素所带来的风险逐渐增加。在客户端,由于人们逐渐意识到财富管理的重要性,越来越多的人参与进来,海量的投资者涌入使互联网财富管理平台或金融机构面临在客户管理方面更大的挑战。国内的信托等财富管理产品主要以起投金额对投资者进行分类,将客观实力与主观风险偏好分离,亦或者是出于产品推介角度考虑,向客户推荐超过其风险承受能力的产品,无法做到产品与客户精准匹配,从而导致客户管理端面临风险。资产端与客户端的错配使产品不能有效的被推销,投资者也不能选择达到期望的投资产品,这也会增加互联网财富管理的风险。

2)平台治理问题严重

我国网络信息技术不断发展也促进了金融的改革与创新,许多传统的金融机构或者互联网平台纷纷加入互联网金融的行列中。新兴行业平台通常利用开放、有效的工具,在一定程度上降低了传统金融机构的服务门槛,也提高了中小投资者在金融市场上的地位,并为投资者提供了更加开放和包容的投资市场环境与更加便捷的投资体验。与此同时,宽松的监管环境降低了机构的准入门槛,并且行业管理没有明确的监管机构,最终会导致行业参与机构良莠不齐。行业目前处于抢占式发展阶段,风险隔离不彻底,一些平台违规组建资金池现象也加快了风险的传播,由风控体制的不健全导致平台面临兑付的危机,随之而来的是互联网金融平台的纷纷倒闭,也给大多数投资者造成了损失,引发了一轮清退热潮。

3)创新与监管风险

我国的互联网金融面临着创新过度、监管不足的局面。互联网行业是我国的朝阳行业,互联网与传统金融结合起来也呈现出金融领域新业态发展模式,互联网财富管理行业近年来因其快速迭代创新而实现了超常规的发展速度,然而目前监管机构资产管理制度落后于产品创新的速度，虽然监管机构早前也针对行业相关业务进行了一定程度的约束，但是其所销售的产品仍然有打擦边球的嫌疑，我们需要意识到产品的创新在成为行业发展的源泉与动力的同时，也是风险产生的根源。同时，互联网金融存在很多灰色地带，这无疑放大了互联网财富管理的风险。互联网金融的本质仍然属于金融，现阶段行业乱象丛生的源头便是借以创新之名却做出违背金融内部逻辑和客观经济规律的行为。创新业务中监管主体不够明确、法律条文约束力不足、监管措施有效性欠缺等问题，也是行业目前及未来有待解决的棘手问题。

4）信息技术安全风险

传统的财富管理业务中存在操作风险、道德风险、信用风险等。而传统的财富管理与互联网技术的结合也会带来新的风险。互联网财富管理更加依赖于互联网技术，将其运用至支付、结算等多种体系，使风险管理难度更大。目前互联网所引发的网络欺诈现象逐渐增加，钓鱼网站、木马病毒、非法集资等诈骗手段不断翻新。除了技术安全以外，信息安全对平台的管理也尤为重要，信息安全与投资者财产安全息息相关。网络本身的开放性导致网络信息泄露、被盗的现象频频发生，平台信息安全保护已成为平台线下需要解决的主要问题。

7.3.2 互联网财富管理的防控措施

1）加强产品与客户管理

在产品端风险管理方面，互联网财富管理机构应借助大数据等先进互联网工具，为了实现对资产的识别、筛选、风险等方面的评定，互联网财富管理平台应从风险政策、信用评级、信息披露、投后预警监控方面对产品进行管理。在风险政策方面，互联网财富管理机构应当在产品交易对手、底层资产及产品类型等方面制定相应的标准及准入政策，明确底线与业务运行的风险边界；依据产品特征进行风险评级。产品的准入依赖其风险评级的结果，也可以将评级结果运用在投后预警、风险定价等方面，即时进行信息披露。实现“买者自负”的前提是投资者能够充分了解所要投资的产品信息，因此，需要进行各个投资阶段的全流程信息披露，同时为投资者提供风险提醒服务。互联网财富管理平台要将风险等级、还款来源、底层资产、保障措施等关键点对投资者充分披露，并保证信息的真实与准确；产品投后预警监控。在达成交易后，互联网财富管理平台应通过财务指标和非财务指标对平台所有在售产品进行动态监测，建立预警机制，及时发现并处理有关问题，对异常产品调整相应等级，除此之外，还可以在线下配备专业团队进行定期检查。上述监控体系能够在融资项目或产品发生问题时，最大限度地减少损失。

互联网财富管理平台应利用大数据、云计算等手段对用户进行精准画像，兼顾客观实力与主观风险偏好，客观实力方面不仅考虑投资者的基本信息，还应利用机器学习、大数据的手段挖掘投资者的互联网海量数据用来分析其投资、消费行为，判断投资者的客观实力。通常可以通过问卷调查的形式来评判投资者风险偏好程度，问卷的内容应该包括对于投资的规划、风险认知程度、投资经验等。站在投资者适当性角度，要明确平台各种产品的收益与风险并通过信息披露的形式使投资者了解所购买产品的底层资产信息，以防因投资者体验感降低导致的客户黏性下降的情况发生。除此之外，对投资者展开投资者教育工作，举办讲座、模拟投资比赛等形式提高投资者风险认知水平，增加投资者投资经验，引导投资者理性行为。

资产和资金进行精准的匹配就是将合适的产品推介给适合的投资者，以减少不相匹配所带来的风险损失。这就需要相关产品风险适配系统支持，告知投资者风险承受能力评估结果与等级分类，在对产品进行识别与筛选后利用智能化的方式向投资者展示产品，并对产品信息进行披露。同时建立适配原则，首先需要明确各级别的投资者可投资的范围，不同级别的投资者适应不同风险程度的产品，在投资者选择高于其风险承受能力的产品时应当对投资者进行提示或者阻止其继续进行投资行为，同时展示出与其风险承受能力匹配的产品。加强相关适配系统建设从而实现有效匹配，将合适的产品推销给适合的投资者，这也符合一般投资逻辑。

2）建立金融产品风险管理体系

平台产品的创新不仅要满足多元化的市场需求更要培育健康的互联网财富管理市场，因此在鼓励产品、技术创新的同时也要关注出于躲避监管的创新，要兼顾创新与监管的平衡关系。加大对业务范围内各种产品的监管力度，确保客户的风险承受能力与产品风险水平相匹配，及时下架不符合规定的产品。实时监控和动态管理投资者账户，监控投资组合及底层产品表现情况，单独提供月报和季度基金回访报告，监控客户金融资产及金融交易风险，努力为客户提供优质的投资服务与体验，实现客户资产保值增值。

3）加强平台监管，扶优限劣

互联网财富管理行业存在鱼龙混杂、平台企业质量良莠不齐的问题，加大平台监管力度是当前行业发展的首要任务，以防止出现劣币驱逐良币的现象，同时要加大对优质企业的支持力度，加快建设互联网财富市场退出机制的步伐。除此之外，要提高机构准入门槛，提升行业质量。

互联网财富管理平台本身要加强自身风险管控能力。互联网金融平台在风险出现时传播非常迅速，而这些平台创新速度较快，因此，财富管理平台需要高效、敏捷的风险管理系统，以支持整个业务流程和产品生命周期的风险跟踪。一个全过程风险管理系统至少应该具有完整的业务覆盖、智能管理等特点。

4）完善法律、规范市场

为了推动互联网财富管理市场的良好发展，就有必要制定适当的法律法规来控制金融风险的蔓延。一是加强对互联网财富管理市场的监管力度，落实公开、公平、公正的原则，创造有利于的市场环境的良好氛围；二是明确互联网财富管理机构与平台的经营范围，加强平台企业的法律合规运营，奠定财富管理行业健康发展的基础。

5）加强信息技术安全建设

互联网财富管理平台应当注重加强信息基础设施建设，加大互联网信息安全保护的力度，对平台投资者信息泄露建立应急处理机制，及时阻止信息泄露事件的发生，减轻所带来的后果。针对平台建立信息技术安全评估体系，可以适当引入第三方审核、评估机构对信息技术安全进行评级，降低平台及软件自身缺陷问题所产生的风险。

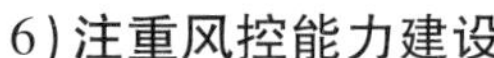

6) 注重风控能力建设

在互联网财富管理企业中，风控是决定平台成败的关键部分，将风控部门看作一个中后台的服务或者管理部门的认知是错误的。因此，平台日常运营中应将风控渗透在前台部门中，前台业务部门应合理设置风险管控岗位，对业务进行把关。除此之外，销售人员工作考评中也应体现其风控能力。加强风险评估体系建设，成功的风评体系应能将风控意识融入员工日常行为中，在全公司营造重视风险管理的氛围。

互联网为财富管理行业的发展和投资者教育提供机遇。为实现互联网与财富管理完美结合，需要财富管理平台在两个方面做出努力。一是思考如何利用互联网工具来加强财富管理过程中的风险控制与管理，如何利用互联网来创新产品，如何利用互联网提高业务效率以及流程设计的优化；二是要深刻理解互联网的思维与精神，要在发展过程中，始终坚持用户、平台、大数据、跨界意识。“用户意识”是站在客户需求的角度设计产品，强调制造用户环境；“平台思维”是指建设虚拟平台，资金供给方与资金需求方的有效对接；“大数据思维”是指通过对客户群体分类，将产品精准匹配到不同资产类型的客户群体，以此提升决策水平；“跨界思维”是指在开展业务过程中如何与其他金融机构合作达成共赢目的。

7.3.3　互联网财富管理的发展趋势

互联网财富管理是中国财富管理行业的蓝海，财富管理机构、互联网企业、传统金融机构都会借助互联网这一技术与平台向广大投资者提供理财、投资、咨询等各种各样的产品与服务，未来的互联网财富管理将呈现出全能性与综合性的特征，中国财富管理行业在国际市场中的地位也将逐日提高。我国互联网财富管理行业的未来发展趋势如下：

1) 多元化的行业业态及服务

互联网与财富管理结合的新兴模式及业态创新已逐步进入大众视野，在未来必将会出现更多的创新业务形态及服务模式，以往的互联网财富管理只是简单地将线下产品线上化，而没有将产品进行全方位的整合，线上财富管理产品仍处于碎片式资金管理、基础产品销售的阶段，而在未来将会转变成全方位产品展示、投资咨询系统化、定制化客户投资方案与服务，提高高端服务能力，以满足更高层次的财富管理新需求，建设综合的、多元化的行业生态体系。

2) 强调用户体验感

互联网财富管理得以发展的原因之一是其为投资者提供了全新体验感。互联网财富管理为客户提供了消费、支付、现金管理、余额理财、资产配置等各个领域的服务，逐渐融入日常生活中，成为生活链条中不可或缺的一部分。未来以客户体验感为核心的评价指标体系将作为判断互联网财富管理平台及产品实力的重要依据，通过指标评价可以判断客户群体的忠诚度以及客户的黏性，使财富管理成为日常生活场景之一。

3) 加深智能化程度

互联网财富管理从最初的“线下产品简单线上化”已经过渡到了目前的数字化阶段，未来将依赖更加先进的互联网技术工具从而迈入智能化阶段，并不断加深智能化程度。初期阶段只是提高了便捷化程度而没有体现财富管理的真正意义，现阶段平台已逐渐加大技术的投入，对投资者进行更加精细化的教育，提供更加优质的服务。在未来智能化阶段，随着监管的逐渐规范以及互联网财富管理平台底层资产的丰富化，平台将加强 AI 的投入与运用，智能投顾将成为互联网财富管理的最终归宿。

4）发展更加规范化

互联网财富管理目前处于野蛮生长阶段，这是因为它仍然是一种新兴业态，监管的缺位也会暴露出更多的风险问题。在未来，财富管理市场将处于优胜劣汰的环境中，随着竞争的不断加剧，财富管理行业必将经历一个自我完善的过程。只有在规范、合法的前提下运行才能实现长期可持续发展，只有规范化经营的机构才能在市场竞争中进一步占据主导地位。

5）群体更加大众化

2015—2021 年中国资管规模从 74.8 万亿元上升至 122.9 万亿元，年化增速达 8.6%。同时，财富管理的需求也在逐渐增加，根据国家统计局、中国人民银行、行业协会及第三方数据库等方面提供的数据进行处理后，中国居民财富总量近 700 万亿人民币，居全球第二，增速领先美国和日本。美国居民财富总量常年维持第一，2021 年突破 1 000 万亿人民币。中国居民总资产从 2005 年的 77 万亿元快速上升至 2021 年的 687 万亿元，年均复合增速高达 14.7%，如图 7.3 所示，增速远超美国和日本。中国家庭户均资产从 2010 年的 46.2 万元上升至 2020 年的 122.0 万元，年化增速达 10.2%，2021 年预计户均资产可达 134.4 万元。互联网财富管理所具备的成本低、便捷化、效率高等特点也使得财富管理更具有社会普及性和普惠性，可以更好地服务中低端客户，践行普惠金融的理念，满足大众的财富管理需求。未来随着经济实力的增加，社会大众将重构财富管理体系，逐步提升对财富管理行业的影响，成为其重要的组成部分。

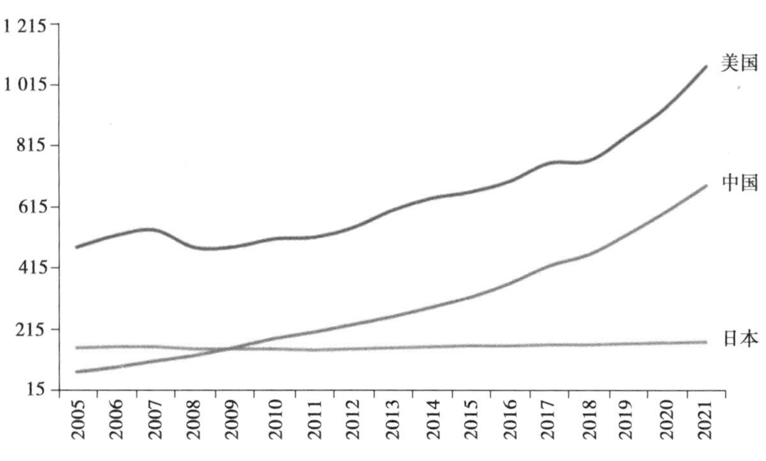

图 7.3　中国居民财富增速领先美国和日本

本章小结

1. 我国互联网财富管理根据参与平台不同可分为四大类：互联网一站式财富服务平台、传统金融机构线上平台、独立财富管理平台和互联网金融平台。

2. 我国互联网财富管理经历了 3 个发展阶段：第一阶段是萌芽阶段（2010—2012 年），主要体现在传统金融机构应用网络数字技术服务，银行业开始建立网上银行；第二阶段是初步发展阶段（2013—2015 年），传统金融机构、新兴金融机构及大型互联网平台开始涉足财富管理行业，银行引入智能投顾服务；第三阶段是行业调整阶段（2016 年至今），中国互联网财富管理进入了严监管时代。

3. 国外典型的互联网财富管理运作模式主要分为三大类：以摩根大通为代表的北美模式、以瑞银为代表的欧洲模式、以野村为代表的亚洲模式。国内互联网财富管理运作模式也主要表现为三大类：一站式服务模式、打造用户体验模式、线上线下结合模式。

4. 我国的互联网财富管理运作模式目前仍存在着财富管理理念缺乏创新、管理平台相对薄弱、管理机制不健全、发展同质化、行业监管力度不足等一系列问题。需要针对这些问题，进行优化改进。

5. 我国互联网财富管理目前面临资产端与资金端错配风险、创新与监管风险、平台良莠不齐以及信息技术安全风险，需要通过加强对平台、产品的监管力度，出台相应的法律法规并及时建立产品管理体系以提升风险控制能力，确保互联网财富管理行业健康发展。

复习思考题和检测题

1. 什么是互联网财富管理？有哪些分类？
2. 我国互联网财富管理经历了哪些阶段？
3. 互联网对财富管理运作模式的影响主要体现在哪些方面？
4. 国内外互联网财富管理的运作模式主要有哪几类？
5. 互联网财富管理运作模式存在哪些问题？如何改进？
6. 可以通过哪些方式对互联网财富管理存在的风险加以控制？

检测题

案例分析

东方财富——立足互联网，领跑财富管理

东方财富是从互联网财经门户起家，2012 年获得第三方基金代销牌照后开始尝试代销变现，公司在前期流量积累的基础上，打通变现渠道，形成以“基金代销业务+金融数据服务+证券业务”为基础的综合金融服务平台。2018 年，公司获得公募基金牌照，切入财富管理。公司凭借多年构筑的金融服务体系，完成了从获取流量→流量导入→流量变现的商业闭环。近年来，不断加码财富管理赛道，扩张财富管理生态圈。在布局财富管理业务上，东方财富通过东方财富网、股吧、天天基金网积累财经领域高质量流量；流量变现主要通过基金代销、证券业务及财富管理完成。2019 年，公司又收购了上海众心保险经纪，获得保险经纪牌照，业务布局进一步完善。同年，公司设立上海优优财富投资管理有限公司，随后推出“优优私募”，布局私募基金业务。“优优私募”作为公司旗下的私募基金咨询与交易平台，目标客群主要涵盖公司所有的合格投资者及超高净值和机构理财客户。“优优私募”能为客户提供私募信息数据服务、私募资讯交流平台以及全方位一体化的私募交易服务。根据优优基金数据，2020 年我国私募基金规模整体大幅度增长，私募证券类基金规模从 2020 年初的 2.45 万

亿增长到年底的约 3.76 万亿，年涨幅达 53.4%。“优优私募”凭借集团资源，有望获得流量、技术、运营等全方位支持，复制“天天基金网”模式，抢占私募销售市场份额，同时打造完善的公私募基金服务体系。此外，公司通过旗下的哈富证券为客户提供港、美股交易服务，满足客户的海外投资需求，哈富证券目前拥有香港证监会 1/4/9 类牌照，能够覆盖客户基本的港、美股证券经纪服务需求。公司旗下的东方财富网、天天基金等获客渠道有望在未来为哈富证券的海外业务持续吸引流量，在跨境经纪领域打出一片新天地。

问题：根据案例，你认为东方财富有什么值得借鉴的地方？企业应如何充分有效地利用互联网进行财富管理？企业在互联网财富管理业务中可能会面临什么风险？如何应对这些风险？

第 8 章
大数据金融

学习目标

- 掌握大数据金融的含义及特点。
- 熟悉大数据金融的应用领域和运营模式。
- 了解大数据金融的风险及其监管。

知识要点

- 大数据金融的优势和应用领域。
- 大数据金融的运作模式。
- 大数据金融的风险与监管。

关键术语

大数据;大数据金融;大数据风控;大数据征信;大数据营销;平台金融;供应链金融。

案例导读

拓尔思入选“2022 智能风控企业 50 强”①

2022 年 8 月 24 日,由中国科学院主管、科学出版社主办的《互联网周刊》正式发布“2022 智能风控企业 50 强”榜单。本次榜单评选主要从深度学习、品牌影响、技术创新等多个角度进行分析,综合评价企业的智能风控水平,最终评选出前 50 家企业。拓尔思信息技术股份有限公司(以下简称“拓尔思”)凭借其在金融智能风控领域领先的技术能力和丰富的实践经验成功登榜。

金融的核心是风控,目前以大数据和人工智能为核心的智能风控体系已成为越来越多金融机构的主流技术选择。智能风控以大数据为核心形成相关知识图谱,让金融行业的风控模式从过去的监管驱动模式转变为降低风控管理成本、提高客户体验、对冲未知风险的效

① 资料来源:拓尔思。

益驱动模式，目前已在银行、保险、证券三类金融领域实现全覆盖。拓尔思自研的数星智能风控大数据平台是重点面向金融机构风控、合规、投研、监管等核心应用场景的智能 SaaS 化平台，提供贯穿金融机构多场景、全流程的风险管理功能，可有效提升金融机构的风控能力。拓尔思子公司北京金信网银金融信息服务有限公司自研的冒烟指数金融风险监测平台，通过大数据分析挖掘，可针对海量企业主体风险、合规、信用、发展进行分级预警与量化评估，达到打击非法金融活动的目的，是对传统监管、监测、风控等领域数据化工作方法、大数据思维理念的创新，已成为金融监管部门预警金融风险的事实标准。目前，已服务于北京"市—区—街道乡镇"三级近百个地方金融监管部门，常态监测北京市 50 余万家企业，监测范围覆盖私募、小贷、房地产、电子商务、养老等 51 个重点行业领域。

互联网金融时代下，智能风控能够解决传统风控存在的数据获取维度窄、数据孤岛化、精准度低等痛点，满足金融企业全新的风险管理需求。未来，随着风控系统走向"数智一体化"，风控模型的精准度和人群覆盖度以及风险管理的效率等都将得到进一步提升。

大数据在金融领域应用的纵深发展，为互联网金融的发展模式延伸了更多的想象空间，既是承接，又是创新。本章在介绍大数据金融的定义和基本原理的基础上，重点分析大数据金融模式的发展现状、面临的问题以及监管要求。

8.1 大数据金融概述

大数据概念最初起源于美国，早在 1980 年，美国著名未来学家阿尔文·托夫勒在《第三次浪潮》一书中提出了"大数据"一词。大约从 2009 年开始，大数据成为互联网信息技术行业的流行词汇。2011 年，麦肯锡在题为《海量数据，创新、竞争和提高生成率的下一个新领域》的研究报告中指出，"大数据时代已经到来"，数据已渗透到每一个行业和业务领域，逐渐成为重要的生产因素。2020 年 4 月，中共中央、国务院发布《关于构建更加完善的要素市场化配置体制机制的意见》，明确了生产要素的范畴包括土地、劳动力、资本、技术、数据，指出要"加快培育数据要素市场"，将数据作为一种新型生产要素，全面提升数据要素的价值，充分发挥数据对其他要素效率的倍增作用，推进政府数据开放共享，提升社会数据资源价值，加强数据资源整合和安全保护，使大数据成为推动经济高质量发展的新动能。

8.1.1 大数据、金融大数据与大数据金融

1）大数据

大数据的内涵和外延在不断地拓展和变化，目前还没有一个业界广泛采纳的明确定义。当前被引用得比较多的是麦肯锡全球研究所在它的报告《大数据：创新、竞争和生产力的下一个前沿领域》中给出的定义：大数据是指无法用传统数据库软件工具对其进行抓取、管理和处理的大体量数据集合。研究机构 Gartner 给出的定义为：大数据是需要新处理模式才能具有更强的决策力、洞察发现力和流程优化能力的海量、高增长率和多样化的信息资产。而国际数据公司 IDC 在其年度数字宇宙研究报告《从混沌中提取价值》中提出，大数据技术是新一代的技术与架构，它被设计用于在成本可承受的条件下，通过非常快速的采集、发现和

分析，从大体量、多类别的数据中提取价值。在这个定义里，提到了大数据的“4V”特征，即海量（Volumes）、快速（Velocity）、多样（Variety）和价值（Value）。具体来说，“4V”特征的含义如下：

（1）海量的规模（Volumes）

数据体量巨大是大数据的首要特征。全球数据正以前所未有的速度增长着，每天都有数以百万兆字节的数据在互联网上产生。据估计，全球可统计的数据存储量在 2011 年约为 1.8 ZB，2015 年超过 8 ZB，2020 年达到 60 ZB，其中，中国数据量增速迅猛，预计 2025 年中国数据量将增至 48.6 ZB，占全球数据量的 27.8%。① 数据的爆炸式增长引发了数据存储和处理的危机，对数据安全的重视度日益提升。

（2）处理速度快（Velocity）

快速处理是大数据必须满足的要求。经济全球化形势下，企业面临的竞争环境越来越严酷。在此情况下，如何及时把握市场动态，深入洞察行业、市场、消费者的需求，并快速、合理地制定经营策略，就成为企业生死存亡的关键。而对大数据的快速处理分析，是实现这一目标的前提。

（3）多样化类型（Variety）

数据类型的日趋繁多是大数据的另一个特征。传统的数据可以用二维表的形式存储在数据库中，称为结构化数据。但随着互联网多媒体应用的兴起，图片、声音和视频等非结构化数据成了数据的主要组成部分。统计显示，目前全世界非结构化数据已占数据总量的 90%左右。如何有效地处理非结构化数据，并挖掘出其中蕴含的商业价值和经济社会价值，是大数据技术要解决的问题。

（4）价值密度低（Value）

大数据蕴含的整体价值巨大，但由于干扰信息多，导致有价值的数据占比较低，即价值密度低，这是大数据在价值维度的两个特征。挖掘出大数据的有用价值并加以利用，是数据拥有者的自然目标，但市场形势瞬息万变，因此，如何在海量的、多样化的、低价值密度的数据中快速挖掘出其蕴含的有用价值，是大数据技术的使命。

虽然后续不断有人增加对“V”的理解，如 Veracity（真实和准确），强调真实而准确的数据才能使对数据的管控和治理真正有意义；或 Vitality（动态性），强调数据体系的动态性等，这些词对大数据内涵的丰富都有一定的推动作用，但都不及开始的“4V”具有广泛性。

2）金融大数据

金融行业一直是大数据的重要生产者和消费者。金融系统中涉及的账户、交易、价格、风控、投资分析等都可以成为数据的来源，同时，金融行业也高度依赖数据进行风险识别、预警、测量以及产品定价，因此，金融业被认为是数据驱动的行业。随着大数据技术的应用，越来越多的金融企业也开始投身到大数据应用实践中。麦肯锡的一份研究显示，金融业在大数据价值潜力指数中排名第一，金融大数据被誉为“待挖掘的金矿”，其价值已经成为共识。通过引进大数据平台，构建大数据体系，大数据已成为金融机构核心竞争力的关键一环，而

① 数据来源：观研天下，2021 年中国数据安全行业分析报告：行业全景调查与发展动向研究。

数据中台、大数据平台已成为金融机构全面数字化转型的关键。

(1)金融大数据的类型

从数据类型上划分。金融大数据包括结构化数据、半结构化数据和非结构化数据三大类。

结构化数据来源于金融企业运营数据仓储(Operational Data Store,ODS)和数据仓库(EDW)。EDW 为企业提供分析决策服务,ODS 主要实现企业数据整合、共享和准实时运营监控等功能。而通过 Hadoop 等组件的应用可以将数月前甚至几年前的历史数据进行迁移保存。在分布式存储结构下,结构化数据的存储计算可以得到巨大的改善,可对海量离线数据进行离线分析,将离线数据优势最大化,为金融企业用户打造立体用户画像提供最全面的数据支撑。

半结构化数据的整合在数据整合中是最为复杂的。金融企业可对接来源于外部单位所提供的不同类型数据库或 Excel 等的数据。"打通"多源异构的数据是项目中遇到的最困难的部分,数据整合完毕可快速进行建模分析。

金融行业对非结构化的处理方法还是比较原始的。非结构化数据涵盖的范围比较广,有新闻、视频、图片以及社交网络等数据。

(2)金融大数据平台

金融大数据平台是企业级、分布式、开放、统一的大数据平台,主要包括数据接入、数据存储、数据处理、数据分析及数据服务相关组件。建设金融大数据平台或数据中台是帮助金融机构更高效快速地完成金融大数据应用的开发、部署和管理,从以交易为中心转向以数据为中心,以应对更多维、更大量、更实时的数据和互联网业务的挑战。

3)大数据金融

大数据金融通常是指将海量数据尤其是非结构化数据通过互联网和云计算等方式进行挖掘和处理后与传统金融服务相结合的新金融模式,可以从广义和狭义两个层面来理解。

广义的大数据金融是包括整个互联网金融在内的所有需要依靠发掘和处理海量信息的线上金融服务,几乎所有的互联网金融新模式的核心都是大数据金融,因为互联网金融如果没有大数据的支撑,就成了一个单纯意义上的平台。狭义的大数据金融主要是指依靠对商家和企业在网络上历史数据的分析进而对其进行的融资风险控制、信用等级评估以及精准营销等行为。本章重点介绍狭义的大数据金融。

无论是广义的还是狭义的定义,大数据金融的核心内容都是对商家和客户的海量数据进行收集、储存、发掘和整理归纳,使得互联网金融机构能够得到客户的全方位信息,掌握客户的消费习惯并准确预测客户行为。这样的做法无论是作为评级认定标准,还是作为目标客户进行营销宣传的理由,都能够使互联网金融机构对自己的风险进行控制,对自己的发展策略进行更详尽的规划。作为大数据的使用者,互联网金融机构必须为数据的采集和使用付出成本,如果不是同时作为数据的收集方进行原始数据的采集和整理,那么就要向数据来源的第三方支付使用费用。

无论大数据金融在互联网上采用的是什么样的模式,要使整个系统得以运行,原始数据的产生者、数据的收集者与上述大数据的使用者都必须有机地协调起来。在大数据分析面前,原始数据的产生者即互联网金融机构的服务者,要想尽可能地争取到方便、快捷、有保障

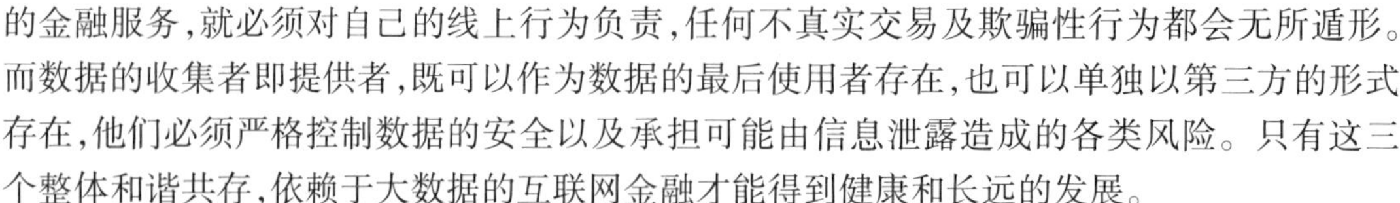
的金融服务，就必须对自己的线上行为负责，任何不真实交易及欺骗性行为都会无所遁形。而数据的收集者即提供者，既可以作为数据的最后使用者存在，也可以单独以第三方的形式存在，他们必须严格控制数据的安全以及承担可能由信息泄露造成的各类风险。只有这三个整体和谐共存，依赖于大数据的互联网金融才能得到健康和长远的发展。

8.1.2 大数据与金融结合的优势

大数据的产生、收集、归纳和整理属于技术手段，在一定意义上是脱离金融而独立存在的。然而要将大数据与金融相结合，使之能够为金融系统乃至现代经济体系服务，传统的大数据技术与传统的金融模式都需要进行改变。

1）大数据的技术优势

首先，依托于互联网而存在的大数据技术先天具有开放性和多边性。在完成了初期的原始数据积累后，通过对历史非结构化信息的归纳和演绎，其对未来行为预期有着无可比拟的准确性和参考意义。

其次，随着云计算技术的发展，对海量数据的发掘和处理工作已变得十分快捷与便利，大数据的使用效率也远非传统的信息处理方式可以相比。

再次，由于系统兼具程序开发的开放性和数据处理的封闭性，既能够通过技术手段对数据的处理工作进行编程得到精准的二次信息，也能保证在处理过程中，结果不会以人的意志为转移而掺杂主观和经验性因素。

最后，大数据会产生自身的数据更新，无论是在随时间发展过程中产生的新信息，还是在计算过程中产生的关联信息，都能够被记录和分析。随着数据的不断增加，对以往无效历史信息的更替以及对二次信息的使用都能够使整个系统更加具有效率和准确性。

2）大数据与金融的天生适应性

经过多年的发展，国内金融机构的数据量已经有了一定程度上的原始积累，其中的非结构化数据也在以更快的速度增长，因此，金融机构在大数据应用方面有着天然的优势，其数据库中所包含的信息大部分属于金融企业在开展业务过程中积累的，包括客户身份信息、资产负债状况和资金收付交易等大量高价值密度的数据，这些数据相较于互联网电子商务信息能够收集到的线上商务信息具有更高的商业价值，当然两者的结合也必将促进整个线上金融生态网络的完整，使得线上跨界金融得到前所未有的发展。未来互联网金融机构，不管是由实体金融机构发展而来还是由传统互联网机构发展而来，由于大数据技术与金融业天生具有适应性，都会给金融业的革命性发展带来巨大的机遇。

（1）大数据能够推动传统金融机构的战略转型，为其未来竞争带来新鲜血液

在宏观经济结构调整和利率市场化的大背景之下，实体金融机构受到金融脱媒的影响日益凸显，传统的金融模式期待业务转型，而且目前国内金融机构的创新往往沦为监管套利，而没有从根本上对客户的需求进行精确化服务。线上的互联网机构，通过对用户行为的分析与研究，能够准确地找准客户需求，为客户提供针对性的服务。大数据技术给传统金融机构带来了提供精准金融服务的机会，通过深入的数据发掘，找准市场定位，明确资源配置方向，进行业务创新与战略转型，是传统金融机构的必经之路。

(2)大数据技术应用能提高金融运行效率,有效降低管理运营成本

虽然这意味着程序化的操作过程将在未来更少地依靠金融从业人员的数量,并且对金融从业人员的复合背景和知识技能有着更高的要求,但是对促进整个金融业的长期快速发展有着十分重要的意义。通过大数据技术,金融机构能够完善管理流程、更新管理模式、降低管理运营成本,并且能通过全新的渠道和营销手段,更好地了解客户的消费习惯和行为特征进行针对化的营销工作,既有效率又节省了金融资源。

(3)降低金融行业的信息不对称程度,增强风险控制能力

由于大数据技术根生于互联网,其本身具有公开性、透明性,这将显著地降低金融行业的信息不对称程度,增强风险控制能力,也能过滤传统金融机构通过客户提供的财务报表进行信息获取产生的无效和虚假信息,转而通过诸如资产价格、资金流水、相关业务活动等产生的实时流动性数据对客户进行更真实有效的分析。

(4)借助大数据识别和分析技术,有效提升互联网金融监管能力

监管和改革可以为整个国家层面的金融统计方面提供依据。除了内部审计外,还有很多信用风险分析,包括压力分析。这些都需要金融机构实时、长期、频繁地为整个金融数据进行测试和检测,这对于数据的处理计算能力和计算的深度、广度要求都非常高。大数据的优势是能够针对最底层的交易数据进行全面的模式识别和分析,可大大提升风险分析能力和效率,规范互联网金融生态,使其得到更健康长远的发展。

3)未来金融发展对大数据技术的依赖性

(1)从需求角度考虑

未来的金融是普惠金融,是人人金融。涉及每个人生产生活的金融行业,如果仅仅依靠传统模式,是很难与每一项个人的日常活动都产生联系的,在帮助金融进入人们生活方面和在普及金融涉及范围的广度和深度方面的工作,只有大数据能够胜任。中小微企业的发展是与国民生计息息相关的事情,它们既是激发创新的积极力量,也是未来优秀企业家成长的重要平台。将大数据与传统金融相融合,不仅能够解决现在社会中存在的中小企业信息不对称、融资困难等实际问题,也将为未来个人家庭更加丰富和频繁的金融服务需求提供便捷的途径。

(2)从效率角度考虑

一方面,未来的金融活动将向分工高度精准化的方向发展,在这一过程中,对正在产生和即将产生的数量庞大的数据的处理和提炼工作,将占用大量的储存和计算资源,这一切都非大数据所不能完成;另一方面,未来社会的高速运行和金融体系的配套工作,以及资源的愈加稀缺性都要求资源配置更加精准有效,这只有依靠大数据才能实现。

(3)从安全角度考虑

大数据具有开放、平等、协作、分享的特性。在跨界信息的整合处理方面,它具有其他任何方式无法比拟的特殊优势,任何想要在某一方面产生欺骗性信息的行为,在庞大的跨界信息分析面前都无所遁形,它将最大限度地保障金融体系运行的安全。

8.1.3 大数据金融的特点

大数据与金融相结合,必会给这个全新的领域带来新的特征。具体来看,大数据金融的特点主要有以下 6 个方面:

1）产品渠道网络化

大量的金融产品和金融服务通过特定的网络渠道展示在金融消费者面前，而大数据金融服务也只有通过网络的方式才能保证便捷快速，这对金融实体营业点的冲击不容小觑。

2）风险管理数据化

传统风险管理理念中的财务分析（第一还款来源）、可抵押财产或其他保证（第二还款来源）的重要性将会有所降低，线上交易行为的真实性以及信用的可信度通过数据的方式呈现将会更有助于新的风险定价方式，由此产生的客户信用评价也将是一个全面的、立体的评价，而不是简单的、抽象的客户构图。基于数据挖掘的客户识别和分类将成为风险管理的主要手段，同时实时、动态的监测而不是回顾式的评价将成为风险管理的常态内容。

3）信息不对称性低

作为开放平台上的金融服务，金融产品的消费者和提供者之间的信息不对称程度将会大大降低，某些金融产品或金融服务的用户反馈和支持评价也会实时地展现在消费者面前。

4）金融运行效率高

操作的流程化、数据收集和处理的程序化，都将大大地提高金融的效率，而精细化、个性化、定制式的金融服务也将在节约线上资源的同时提高金融业务开展的效率。

5）金融服务边界扩大

大数据金融的交易成本低，而且随着受众的增加，边际成本也有进一步下降的趋势，这使得现有的金融资源可以服务于更广泛的客户群体与更细致化的服务项目。

6）产品被接受程度高

实时交互的金融服务将有助于金融产品的自我进化，也必将促进更符合市场需求的产品出现，产品更能得到消费者的认同。

8.2 大数据金融的运作模式

本节将对大数据金融应用的具体模式进行举例分析。大数据金融的应用目前主要包括大数据风控、大数据征信和大数据营销三大领域。从理论上讲，大数据风控与大数据征信都是管理风险的活动，但在实践中，风控一般是指企业依靠自身的数据和资源进行风险管理，而征信通常是指依法获得征信机构许可或备案资质的第三方机构“对企业和个人的信用信息进行采集、整理、保存和加工，并向信息使用者提供的活动”①。

8.2.1 大数据风控

金融是经营管理风险的行业，风险控制能力是金融机构的核心竞争力。传统的信用风险控制主要采用传统的统计方法通过使用历史借贷数据和财务数据来预测和判断借款人的违约风险，因此，对缺乏历史借贷数据的借款人就很难进行信用风险评估。大数据风控是指

① 《征信业务管理办法》，中国人民银行令〔2021〕第4号，2021年9月27日发布，自2022年1月1日起施行。

在采集互联网大数据的基础上将数据挖掘、机器学习等建模方法运用到信用评审、反欺诈等环节的风控管理模式中。

与传统风控模式相比,大数据风控有 3 个基本特征:一是处理的数据维度和种类多。除了涵盖传统的信贷类指标(结构化数据)外,还纳入了社交信息、电子商务、法律记录、交易信息等非传统、非结构化数据,为缺失历史信贷记录的群体获取融资服务提供了可能性。二是更加关注行为数据。大数据技术在充分考察电子商务、社交网络和搜索引擎等行为背后的线索和线索间的关联性的基础上进行数据分析,丰富了信用评估依据,有助于降低贷款违约率。三是在迭代和调整中建立风控模型。利用机器学习等技术对成千上万的原始数据进行挖掘、关联,在此基础上整合、转换成不同特点的测量指标,如欺诈概率、信用风险、偿还能力等。原始数据转换成指标需要不断迭代,模型的指标权重也可以根据样本进行动态调整。

1)平台金融模式

平台金融模式是指企业利用互联网电子商务平台,凝聚资金流、物流、信息流,通过互联网平台多年运营所积累的大量数据,向平台上的商户或个人提供金融服务方式。其中,重要的一项是平台金融模式通过云计算对用户交易行为和交易信息进行实时分析处理,从而形成用户在该电商平台上的信用积累,并以此为依据来提供信用贷款或其他金融服务,这与传统金融依靠抵押或担保的模式不同,具有更高的可靠性与效率。

案例 8.1

阿里小贷模式

当大数据开启一个时代时,拥有海量交易数据的阿里巴巴已经认识到这是一座富矿,并开始摸着石头过河。阿里巴巴最初成立小贷公司可追溯到 2010 年,阿里小贷和淘宝贷款是纯信用贷款,不需要任何抵押或担保,授信完全靠大数据系统自动审批。阿里小贷公司有 3 家(重庆 2 家、浙江 1 家)。近年来,大股东不断增加投资,企查查数据显示,目前 3 家企业中最高的资本金达 120 亿元。

阿里小贷利用阿里巴巴、淘宝、支付宝等电子商务平台上客户积累的信用数据及行为数据,引入网络数据模型和在线资信调查模式,将客户在电子商务网络平台上的行为数据映射为企业和个人的信用评价。其中,小微企业大量数据的运算依赖于互联网云计算技术,判断买家和卖家之间是否有关联、是否炒作信用、风险概率的大小、交易集中度等,从而把握贷款的安全性。阿里小贷于 2012 年年底开始实现盈利,其中,成本主要包括资金成本、运营成本、税务成本、风险成本等。在阿里小贷的风控中,大数据是核心。近年来,风控的升级就是不断在其中加入新的模型。在模型的基础上,发放贷款全部由系统自动审批。阿里各种小微信贷产品的平均坏账率为 1.3%。阿里风控使用的模型多达几百种,包括防欺诈、市场分析、信用体系、创新研究等多种用途。这里介绍两个风控使用的探索类模型,即滴灌模型和水文模型。

滴灌模型基于卖家成长概率模型和卖家生存概率模型,通过这两个模型的结果交叉对比,对每家店铺做出一个长期生存和短期发展的综合评价。例如,某家店铺最近促销力度很大,利润率很低,那在卖家成长模型的评价结果可能是,这家店铺短期成长速度可期但长期生存有忧。此外,成长模型还能指出这家店铺具体是在哪个经营维度太过激进需要调整,或是哪些运营方面应该持续改进。阿里小贷会利用成长模型的输出结果,给出具体的扶持计划和资金支持。

水文模型是阿里小贷从2012年开始使用的风控模型,通过预判店铺未来经营情况来对客户的资金需求进行判断。举例来说,每年的七八月是很多店铺的销售低谷,传统的信贷投放会在此时收紧,但实际上客户这时会为了年底的旺季进行大规模的采购备货,融资需求较大。水文模型通过预知这种趋势,就可以指导阿里小贷对店铺提前进行信贷收放。

通过大数据模型的不断完善,阿里小贷发展迅速。2012年初,淘宝和天猫信用贷款的准入客户量控制在三四十万户。2013年使用滴灌模型后,准入客户开放到300多万户。有了模型作为支撑,客户可以不断向下,哪怕只开两三个月、只有几颗心的店铺,也可以获得授信。不过,阿里小贷靠自有资金放贷,和银行的资金体量相去甚远,其业务模式和贷款额度必然受到限制。

2)供应链金融模式

供应链金融模式是指供应链中的核心企业利用其所拥有的产业链上下游资源优势,充分整合供应链资源和客户资源,从而为整个供应链上其他各参与方提供融资渠道的金融模式。

供应链金融并不是互联网金融的原创产物,其本质是信用导向的金融创新。早在19世纪初,荷兰就有银行以仓储质押融资形式推出了早期的供应链金融。20世纪80年代,有人提出了供应链管理的概念,并在实践中不断整合供应链上的各类资源,实现整个动态网链中的信息流、物流、资金流的高效控制以促成链上企业的协商与合作来获得最佳竞争优势和丰厚的利润。

供应链金融的发展伴随着供应链管理重心的变化以及信息技术的发展。供应链管理重心的延伸,使人们从关注货物本身到关注货物的财务属性变化到对资金流的影响。21世纪电子商务的崛起使传统供应链金融能够依托互联网的新平台得到新的发展,缓解了之前发展中存在的包括供求关系预测不确定性、上下游企业合作协调能力差、动态供应链变化难以得到实时体现等种种实际问题,使上下游资源能够真正整合,有效降低沟通协调成本,加快资金融通使用效率。大数据应用拓宽了供应链金融的服务内涵,通过运用大数据分析技术,供应链金融服务者可以分析和掌握平台会员的交易历史和交易习惯等信息,对交易背后的物流信息进行跟踪分析,全面掌控平台和会员的交易行为,并通过掌握的信息给予平台会员融资支持。大数据应用降低了供应链金融的业务成本和贷后管理成本。供应链金融与传统金融融资方式对比,见表8.1。

表8.1 供应链金融与传统金融融资方式对比

对比项目	供应链金融	传统金融融资方式
授信主体	单个或多个企业群体	单个企业
评级方式	主体评级或债项评级	主体评级
评级范围	企业及整个供应链	企业本身
授信条件	从动产质押、货权质押到创新的数据信用	固定资产抵押、有效的第三方担保人

续表

对比项目	供应链金融	传统金融融资方式
银行参与	动态跟踪企业经营过程	静态关注企业本身
银行承担风险	较小	较大
服务品种	品种多样	品种较少
服务效率	及时解决企业短期资金周转	手续烦琐、效率低下
服务内容	为单个企业或供应链提供持续的信贷支持	解决单个企业一时的融资需求

案例 8.2

京东供应链金融:“秒级”融资背后的大数据武器

早在供应链金融对许多电商企业还是新鲜事的时候,京东就开始探索供应链金融业务。其最初的做法跟很多有应收账款的企业一样,主要与银行合作。具体来说,就是京东把供应商的应收账款按单笔融资需求推送给银行,但这种做法效率较低,基本需要 2 ~ 5 天才能放款,而且事后也比较难监管,整个操作过程的局限性较多。2013 年 10 月,京东金融开始独立运作,推出的第一款互联网金融产品就是“京保贝”。

(1)“京保贝”

2013 年 12 月,京东金融推出第一款互联网供应链金融产品——“京保贝”,也是业内首个通过线上完成风控的产品。其本质是针对京东商城供应商及其他电商平台客户的保理融资业务,包括单笔的应收账款融资和订单融资以及应收账款池融资、订单池融资等。京东不仅有供应商在其平台上采购、销售等大量的财务数据,还有之前与银行合作开展应收账款融资的数据。通过大数据、云计算等技术,京东金融对数据池内数据进行整合分析,并对供应商作出评级,这样就建成了平台最初的授信和风控系统。该系统能够对供应商自动生成一个授信额度,只要在这个额度内,申请任何一笔融资,京东都可以以“秒级”速度放款,动态调整,这就是京东最初的“京保贝 1.0”。“京保贝”的具体运作模式如下:

①京东商城与供应商之间签订采购协议,建立稳定的合作关系,从而获得长期的真实交易数据;

②供应商在线向京东金融提交融资申请材料;

③系统以过往交易数据和物流数据为基础,自动计算出对供应商的融资额度,并签署融资协议;

④京东金融在核定额度范围内放款,并将批准额度告知京东商城;

⑤京东商城完成销售后,向京东金融部门传递结算单,自动还款,完成全部交易过程。

京东供应链金融在交易的各个环节为供应商提供贷款服务,具体可分为 4 种类型:采购订单融资,入库环节入库单融资,结算前应收账款融资以及担保、保单业务扩大融资。“京保贝”推出后,京东供应商融资效率得到了很大提高,进而增强了京东商城对供应商的吸引力。2016 年,“京保贝”升级到 2.0 版本,用更加开放式的系统架构设计实现与客户系统的灵活对接,将核心能力输出给京东商城以外的更多的金融机构及核心企业,将供应链节点从入库

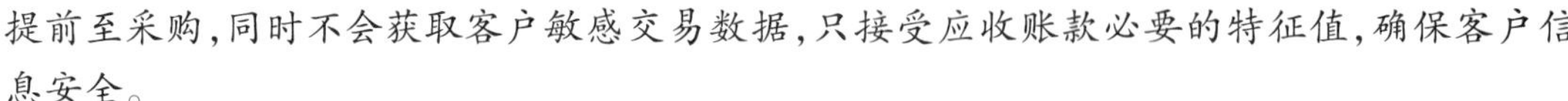

提前至采购，同时不会获取客户敏感交易数据，只接受应收账款必要的特征值，确保客户信息安全。

(2)“京小贷”

2014年10月28日，京东第二条产品线——“京小贷”上线，这是京东供应链金融在数据上更进一步的成果。“京小贷”是一款强调以信用为基础的金融产品，利用大数据实现自动授信和准入，并有多个数据模型控制贷款流程及贷后监控，具有操作简便、无须抵押、自主利率、循环额度、1分钟融资到位、全线上审批、随借随还等优势。根据大数据信用基础，京东可以对线上供应商提供无抵押、额度达最高200万元的小额信贷。商家通过商家账户登录京东金融平台，即可在线查看贷款资格并申请贷款，成功贷款后，资金将会即时到商家所绑定的网银钱包账户，并与商户在京东的支付、结算等流程无缝连接。正是基于京东商城对商家的准入门槛较高、对销售正品行货的监管严格，积累了一大批诚信经营商家。“京小贷”设计了线上自主申请、系统自动审批的贷款流程，并支持最长12个月的贷款期限。平台商家的贷款年化利率为14%~24%，低于同业水平。

在风控上，“京小贷”仍然延续了“京保贝”的一些理念，采用了当时业内不多见的基于交易数据的风控技术。基于京东高质量的大数据优势，“京小贷”在风控体系上创新出了“天平模型”“浮标模型”等用于商家评价和风控的辅助手段。融资需求方只要轻点鼠标申请此项业务，自动化风控系统就会高效运转，两秒钟后就可以计算出这一贷款申请是否可以放款，客户体验相当好。例如，“天平模型”实现了对不同行业的商家更为统一、公平的准入标准，并可定期测量跟踪商家经营状况的变化；“浮标模型”则是通过预测店铺的季节性销售对资金的需求，用以提前发现商家需求，及时修正贷款额度，并能预测店铺的生命周期来提高贷后预警的可靠性。“京小贷”的风控不仅依靠大数据来做，而且基于信用的审核流程也是必要的。

“京保贝”“京小贷”这两项京东金融产品，都是在京东大数据、实时数据的基础上，通过京东金融团队强大的数据分析能力探索出来的，是为了服务于京东生态体系而开发的，加速了京东整个生态体系的高效运转，为京东生态圈作出了巨大贡献。“京保贝”解决了供应商快速回款的问题，这对京东来说是减弱了对供应商的资金占有额；“京小贷”针对的是一些小微商家，数据显示，商家做“京小贷”的次数和其业务增长率有着非常明显的正向关系，利用“京小贷”贷款次数越多的商户，其业务增长率越高。

8.2.2 大数据征信

征信是指专业化的机构依法采集、整理、保存、加工个人或公司的信用信息，并向合法使用者提供信用信息的服务。从此概念中可以看出，征信活动的基础就是大量的信息数据，大数据技术与征信的结合是必然趋势。

关于大数据征信目前尚无统一界定，一般来说，大数据征信是指由专门的机构运用大数据技术构建征信模型和算法，通过对海量数据进行采集、分析、整合和挖掘，多维度刻画信用主体的违约率和信用状况，并形成对信用主体的信用评价。大数据征信强调处理数据的数量大、刻画信用的维度广、信用状况的动态呈现以及交互性等特点。与阿里小贷和京东金融作为放贷机构主要运用内部大数据信息进行风险管理不同的是，大数据征信是由专门的机构为放贷机构的风险管理提供外部信息支持的活动,包括来自征信系统的通用化征信报告和来自资信调查机构的定制化资信调查报告两大类。大数据技术的加速发展使得征信活动从原本放贷机构之间信息报送和共享的范畴中跳脱出来,一跃而至五彩斑斓的生活场景,覆盖了更为广泛的人群,数据收集和处理效率更高,在一定程度上避免了人为因素的干扰,为普惠金融开辟了新路径,如图 8.1 所示。

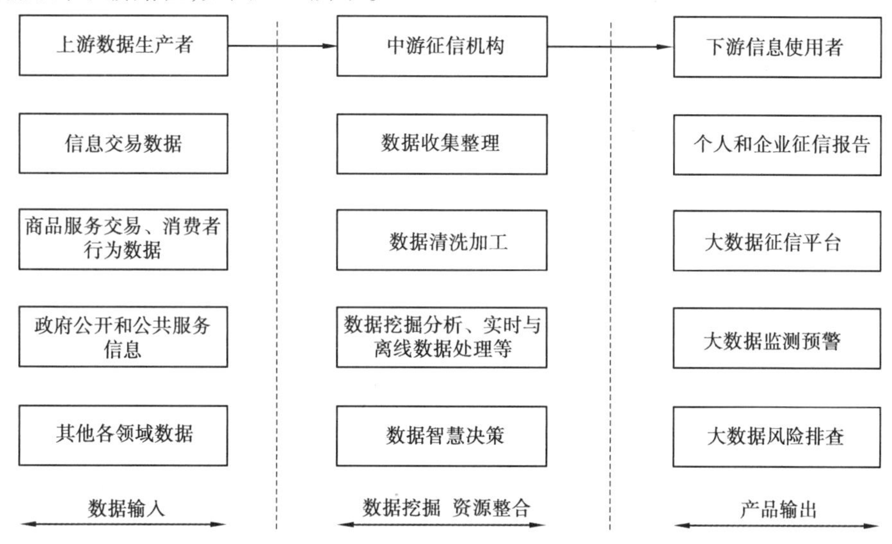

图 8.1　大数据征信链架构

征信的本质在于解决信用能力和信用意愿两个方面的问题,对借款者是解决其还款能力和还款意愿的问题,对放款者是解决其坏账和逾期的问题。征信一般坚持两大原则:一是互惠原则,只有首先报数据才能查数据;二是全面共享原则,同质信息的共享是全面(正面信息和负面信息都有)对等的。此外,通过征信系统业已建立的信息共享渠道,集中采集、使用公共信息,可满足放贷机构“虽能获得、但成本高”的那部分信息需求,也是征信系统的潜在作用。

从具体实践来看,目前金融领域的大数据征信主要有 3 种模式:数据中心模式、第三方征信机构模式、数据链接中心共享模式。

1)数据中心模式

数据中心模式是指主管监管的机构将各个机构业务系统产生的主体信用数据汇集到中心数据库,然后由中心数据库统一对外提供服务,如图 8.2 所示。从数据组织和服务模式看,数据中心可看作一个征信中心,一般是行政化运作,收集的是业务机构中标准化、相对单一的主体信用数据。这种模式的典型代表如中国人民银行征信中心、中国人民银行下属子公司上海资信、中国支付清算协会的支付清算共享系统以及中国互联网金融行业协会主导的“信联”等。

数据中心模式的优点是数据权威、纯粹、及时,有利于形成有效监管,但对于市场的扩大和创新有一定制约,无法形成良性竞争和数据价值最大化,数据不能自由市场化使用,无法扩大市场和应用场景。

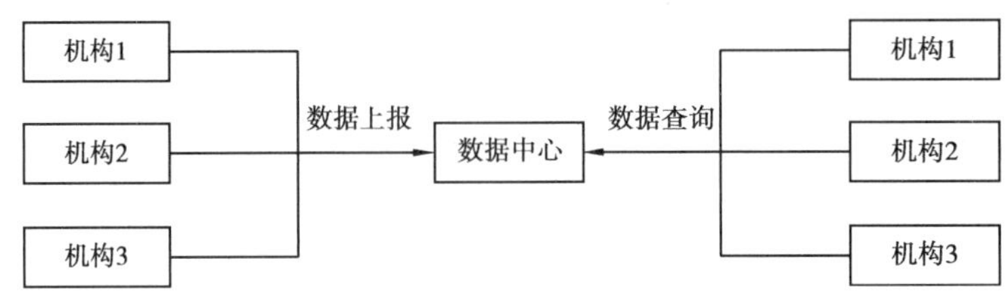

图 8.2　数据中心模式

案例 8.3

中国人民银行二代征信系统

依据《征信业管理条例》《国务院关于实施动产和权利担保统一登记的决定》等国家法律法规和人民银行规章，中国人民银行征信中心负责金融信用信息基础数据库（简称"征信系统"）、动产融资统一登记公示系统、应收账款融资服务平台等三大重要金融基础设施的建设、运行和管理。其中，征信系统目前已成为世界规模最大、收录信息全面、覆盖范围和使用广泛的信用信息数据库。

中国人民银行征信系统包括企业信用信息基础数据库和个人信用信息基础数据库，基本为国内每一个有信用活动的企业和个人建立了信用档案，通过建立企业和个人信用信息共享机制，有效解决了金融交易中的信息不对称问题，全面精准助力放贷机构防范和化解信贷风险，帮助企业和个人获得融资，基础核心产品信用报告已成为反映企业和个人信用行为的"经济身份证"。其中企业信用信息基础数据库始于 1997 年，并在 2006 年 7 月实现全国联网查询；个人信用信息基础数据库建设最早始于 1999 年，2006 年 1 月正式运行。中国人民银行征信系统的信息来源主要是商业银行等金融机构以及社会安全管理部门、公共事业单位、法院、税务部门等收录的信息，包括企业和个人的基本信息、在金融机构的借款和担保等信贷信息以及企业主要财务指标等，信息的主要使用者是金融机构，其通过专线与商业银行等金融机构总部相连，并通过商业银行的内联网系统将终端延伸到商业银行分支机构信贷人员的业务柜台。

从 2020 年 5 月 4 日开始，中国人民银行面向社会公众和金融机构提供的第二代新版征信系统二代征信就已全面替代一代征信。二代征信的优势是更加注重聚焦信息本身，强调此为征信数据集合，在信息采集、产品加工、技术架构和安全防护方面均进行了优化改进。一是优化丰富的信息内容，更为全面、准确地反映信息主体信用状况；二是优化信用报告展示形式和生成机制，提升信用报告的易读性、适应性和便捷性；三是改进系统技术架构，大幅提升信息采集和征信服务效率；四是强化系统安全防护能力，确保征信信息安全。二代征信系统采取"T+1"的方式报送，只需 2 个工作日就能完成信息更新。

以二代个人征信报告为例，除报告头外主要包括个人基本信息、信息概要、信贷交易信息明细、非信贷交易信息明细、公共信息明细、本人声明、异议标注、查询记录 8 个部分，见表 8.2。

表 8.2　个人信用信息基础数据库二代征信的主要内容

个人基本信息	身份信息;配偶信息;居住信息;职业信息
信息概要	个人信用报告"数字解读";借贷交易信息提示;借贷交易违约信息概要;借贷交易授信及负债信息概要;非信贷交易信息概要;公共信息概要;查询记录概要
借贷交易信息明细	被追偿信息;非循环贷账户;循环额度下分账户;循环贷账户;贷记卡账户;准贷记卡账户;相关还款责任信息;授信协议信息
非信贷交易信息明细	后付费记录(后付费业务欠费信息)
公共信息明细	欠税记录;民事判决记录;强制执行记录;行政处罚记录;住房公积金参缴记录;低保救助记录;执行资格记录;行政奖励记录
本人声明	内容需与信用报告信息有关,且要对真实性负责
异议标注	如对自己的征信报告内容有异议,可进行异议申请
查询记录	记载过去两年内被查询的情况,包括查询日期、查询者和查询原因等

2)第三方征信机构模式

第三方征信机构模式是指独立的第三方企业利用自身系统或者技术优势,对信用主体的信息进行采集、加工和整理,使用特定的信用模型得出主体信用评价结果并提供给授信机构使用,如图 8.3 所示。当前虽然有很多大数据企业都在提供类似的征信服务,但是由于信息保护的相关法律法规要求,征信业务属于中国人民银行监管的持牌业务,征信机构必须依法设立,接受监管。在该模式下,第三方征信机构作为提供信用信息服务的企业,必须按照一定的规则合法采集企业、个人的信用信息,加工整理形成企业、个人的信用报告等征信产品,有偿提供给经济活动中的贷款方、赊销方、招标方、出租方、保险方等有合法需求的信息使用者,为其了解交易对方的信用状况提供便利。

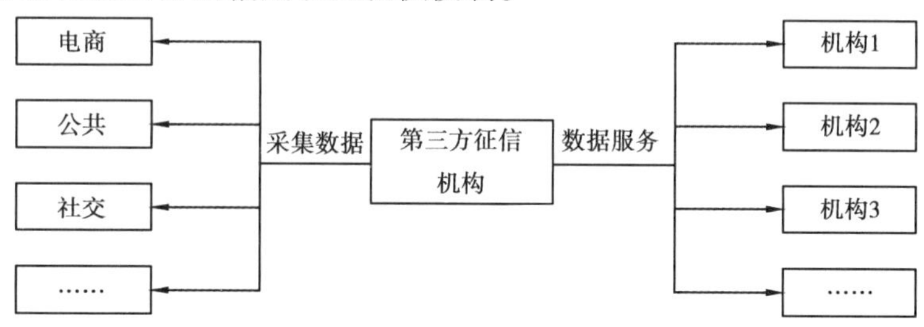

图 8.3　第三方征信机构模式

第三方征信机构模式的特点一是数据获取方式的多样化,第三方征信机构可以通过实地考察、市场调研、网络爬虫、数据购买、合作伙伴交换以及关联企业获取相关信息;二是数据维度多样化,第三方征信机构需要通过其他更多维度信息来评估其信用水平,如上网行为、社交关系、购买能力、生活缴费、通信套餐等。第三方机构的存在可以激发市场的积极能动性和竞争性,充分挖掘各种数据价值,扩大整个信用市场和应用环境,多种数据维度也能弥补原有征信信息单一的不足,对授信部门的风控起到积极作用。但是受到第三方机构外部采集信息的局限性,信息的完整性和及时性可能有所不足,信息维度虽然多但也混杂了很多无效信息，信用模型的有效性有待市场检验。同时，征信机构同质化比较严重，公开容易采集的数据大家都能得到，不容易采集的也都很难得到。更值得关注的是，很多数据是在信用主体或者业务系统不知情的情况下被获取，容易触犯到相关的数据信息保护法律规定。

2015 年 1 月，中国人民银行印发了《关于做好个人征信业务准备工作的通知》，允许 8 家公司①开展第一批个人征信试点业务。首批获得试点资格的 8 家公司既包括互联网公司，也包括金融机构及民营公司，准备时间为 6 个月。但是在验收考核后，8 家试点公司没有一家获得个人征信牌照。2018 年 5 月，由中国互联网金融协会与 8 家试点公司共同出资成立的百行征信，正式在深圳挂牌，其作为我国第一家持牌个人征信机构，旨在解决互联网金融领域的信用信息问题。2020 年 7 月，百行征信获得企业征信业务备案，成为国内首家同时拥有个人征信和企业征信双业务资质的市场化征信公司。2020 年 12 月，朴道征信获批成立，成为个人征信领域第二家持牌机构，主打“征信+科技”，在法律的框架内专注非信贷替代数据的深度挖掘分析，并致力解决传统金融服务难以覆盖的信用白户或准白户的融资支持问题，我国个人征信体系进一步走向成熟。

从企业征信机构备案登记的情况看，截至 2022 年 2 月，全国共有 27 个省(市)的 134 家企业征信机构在人民银行分支行完成备案。其中，北京注册公司有 34 家，占比 25.37%；上海 21 家，占比 15.67%；广东 11 家，占比 8.2%，这 3 个区域合计占比约 50%。②

案例 8.4

百行征信

百行征信是中国第一家获得个人征信业务经营许可的市场化公司，由中国互联网金融协会(36%)与芝麻信用(8%)、腾讯征信(8%)、前海征信(8%)、考拉征信(8%)、鹏元征信(8%)、中诚信征信(8%)、中智诚征信(8%)、华道征信(8%)8 家市场机构共同发起组建。公司于 2018 年 3 月 19 日在深圳注册成立并落户福田，注册资本 10 亿元。

截至 2022 年 6 月底，百行征信累计拓展法人金融机构 2 544 家，百行征信个人征信系统收录个人信息主体近 5 亿人，企业征信库收录信息持续增长，企业信息主体查询覆盖面新增 3 700 万户，累计 5 000 万户。截至目前，百行征信基本实现了征信业务中基础验证、支付清算、交通出行、司法涉诉、互联网行为五大类信息的广泛覆盖。在产品服务方面，百行征信产品调用量 16.4 亿笔，日均调用量 906 万笔，日调用量峰值超过 1 700 万笔，累计调用量超过 38 亿笔。③

百行征信以自主研发为主，不断拓展征信产品的广度和深度，目前已初步形成了面向 B 端(机构)、C 端(个人)、G 端(政府)、S 端(社会)的产品服务体系。在个人征信方面，持续优化信用“白户”征信服务平台，迭代升级个人信用报告、特别关注名单、信息核验、反欺诈等

---

① 此 8 家机构是芝麻信用、腾讯征信、前海征信、考拉征信、鹏元征信、中诚信征信、中智诚征信、华道征信。其中，芝麻信用、腾讯征信、考拉征信、前海征信定位于“互联网+大数据”的征信公司；中诚信征信和鹏元征信的大股东是以企业信用评级业务起家的，这两家主要面向机构提供服务；中智诚征信和华道征信则以反欺诈业务见长。其中，最受市场关注的无疑是芝麻信用和腾讯征信。

② 数据来源：源点信用。

③ 数据来源：百行征信公众号。

拳头产品，新开发综合能力指数、百慧系列指数、灵犀系列评分以及联合建模客制评分等产品及服务，不断完善贷前、贷中、贷后全流程产品体系。在企业征信方面，不断充实数据共享、风险识别、经营分析、解决方案等类别的产品线，研发个人和企业关联新产品，包括基于工商数据、企业及企业主支付数据、地图类人流量数据的企业征信产品，破解小微企业信息不对称难题，助力小微企业创新发展。在政务征信方面，不断推动将征信服务推广纳入更多的政务服务和审批环节中，助力构建高效的社会信用体系。

百行征信以金融科技手段推动征信信息采集和征信服务提供，已经完成了数据中台、采集平台、产品平台的建设，并在逐步完善升级中。在数据治理方面，持续深化数据治理和数据标准建设，进一步完善覆盖数据全生命周期的管理体系，形成元数据、数据标准以及数据安全与合规等一整套制度规范，构建完整、有效的数据质量管理闭环，切实提高信息安全保障能力。在授权管理方面，不断夯实信贷数据采集运用双授权和替代数据调用即时授权制度，持续开展授权核查，防止数据违规使用。在信息主体服务方面，持续加强公司客户服务体系建设，目前已整合形成百行征信 App、400 热线、微信服务号、客服邮箱、线下客户服务中心等全天候、多层次服务渠道，并严格依照《征信业管理条例》《征信机构管理办法》《征信机构监管指引》《征信业务管理办法》等相关法律法规的规定，持续推进异议与声明合规处理、各渠道客户接待、征信知识宣传等工作。同时，百行征信积极配合监管部门开展“征信修复”乱象专项治理工作，积极引导个人信息主体通过正规、合法途径进行异议申诉，避免落入“征信修复”诈骗陷阱。

案例 8.5

芝麻信用

芝麻信用是蚂蚁金服旗下独立的第三方征信机构，虽未持牌，但通过云计算、机器学习等技术客观呈现个人的信用状况，已经在信用卡、消费金融、融资租赁、酒店、租房、出行、婚恋、分类信息、学生服务、公共事业服务等上百个场景为用户、商户提供信用服务。

芝麻信用是根据方方面面的数据而设计的信用体系，它推出了中国公民个人首个信用评分“芝麻分”。芝麻信用分是芝麻信用对海量信息数据的综合处理和评估，主要包括用户信用历史、行为偏好、履约能力、身份特质、人脉关系 5 个维度，见表 8.3。分值范围为 350 ~ 950，见表 8.4。持续的数据跟踪表明，芝麻分越高代表信用水平越好，在金融借贷、生活服务等场景中都表现出了较低的违约概率，较高的芝麻分可以帮助个人获得更高效、更优质的服务。

表 8.3 芝麻信用评分构成

评分维度	具体内容
信用历史	过往信用账户还款记录及信用账户历史
行为偏好	在购物、缴费、转账、理财等活动中的偏好及稳定性
履约能力	稳定的经济来源和个人资产
身份特质	在使用相关服务过程中留下的足够丰富和可靠的个人基本信息
人脉关系	好友的身份特征以及跟好友的互动程度

表 8.4 芝麻信用分的用途

芝麻信用分	有机会做的事				
高于 600 分且无不良记录	免押金租用永安城市自行车	阿里旅行多间酒店享受信用住	阿里旅行深圳华侨城先旅游后付费	相寓租房减免押金	享受花呗额度
高于 650 分且无不良记录	神州租车、一嗨租车免押金租车	分期申请线上极速贷款			
高于 700 分且无不良记录	方便申请新加坡签证				

芝麻信用基于阿里巴巴的电商交易数据和蚂蚁金服的互联网金融数据,并与公安网等公共机构及合作伙伴建立数据合作。与传统征信数据不同,芝麻信用数据涵盖了信用卡还款、网购、转账、理财、水电气缴费、租房信息、住址搬迁历史、社交关系等。通过分析大量的网络交易及行为数据,可对用户进行信用评估,这些信用评估可以帮助互联网金融企业对用户的还款意愿和还款能力作出结论,继而为用户提供快速授信及现金分期服务。

无论是机构还是他人,要查看芝麻信用分,都必须获得用户本人的授权,加上信用评估是直接以分值的形式呈现,以保护个人的具体信用信息和隐私。芝麻信用不会采集用户聊天、短信、通话等个人信息,也不会采集、追踪用户在社交媒体上的言论。即便经过用户授权,也只采集必要的、有效的、与经济信用评价相关的各维度数据。除法律法规另有规定的情形外,用户信息的收集、整理、加工、输出,无论是芝麻信用还是第三方合作机构,都要获得用户的授权。没有用户的授权,无论是芝麻信用还是各合作伙伴,都不能调用用户的数据。所有数据都需通过科学的评分模型进行计算,没有人工的参与。系统还会通过运算规则自动将敏感数据进行脱敏处理。

案例 8.6

腾讯征信

腾讯征信是首批经人民银行同意开展试点征信业务的机构之一,专注于身份识别、反欺诈、信用评估服务,帮助企业控制风险、远离欺诈、挖掘客户,切实推动普惠金融。

(1)身份识别产品

人脸识别技术正成为IT产业的技术浪潮,国内外诸多知名企业都在积极布局该领域,作为国内顶尖互联网企业之一的腾讯,已率先在该领域取得重要突破。腾讯财付通已与中国公安部所属的全国居民身份证号码查询服务中心达成人像比对服务的战略合作。双方通过深度合作,结合腾讯独创的技术算法,大力提升人脸识别的准确率及商业应用的可用性,联手帮助传统金融行业解决用户身份核实、反欺诈、远程开户等难题。人脸识别技术能够应用的关键核心在于图像识别核心技术、丰富权威的样本数据库以及广泛灵活便捷的应用场景，腾讯的图像识别核心技术能力已积累了独有的优势，采集标注了海量生活照训练样本数据，而腾讯与微众银行正在对金融、证券等业务进行人脸识别的应用尝试，将促使人脸识别出现在更多的应用场景中。

(2)反欺诈核查产品

腾讯征信反欺诈核查产品是国内首个利用互联网数据鉴别欺诈客户的系统，主要服务对象包括银行、证券、保险、消费金融、小贷、P2P 等商业机构。它能帮助企业识别用户身份，防范涉黑账户或者有组织欺诈，发现恶意或者疑似欺诈客户，避免资金损失。腾讯征信反欺诈产品通过市场应用验证查得率和查全率是行业的数倍，优异的实用验证表明其高效性和可靠性。

(3)信用评估产品

腾讯信用评分及报告则来自腾讯社交大数据优势，全面覆盖腾讯生态圈 8 亿活跃用户，通过先进的大数据分析技术，准确量化信用风险，有效提供预测准确、性能稳定的信用评分体系及评估报告。对个人用户不但可以查询个人信用报告，还可以提高和完善自身信用情况，形成良性循环；对银行等商业机构，该信用评分体系可以与自有体系形成交叉比对，帮助机构更准确地对用户个人信用作出判别，挖掘更多价值用户。通过多家金融机构实用验证证明，腾讯信用评分体系预测效果适用于银行且评分性能稳定。

延伸阅读

中国的征信系统及发展

“征信”的英文对应单词是 Credit Reporting 或者 Credit Sharing，可以理解为信用报告或者信用分享，这种报告和分享的需求最早来自放贷机构，它们在放贷之前需要了解借款人的信用状况，而征信中心就是这样一个信息交流和共享的平台。

从 1992 到 2006 年，在中国人民银行(以下简称“央行”)的主导下，中国逐渐建立起全国统一的企业和个人征信系统。它基本覆盖了所有征信机构，覆盖了每一个有信用活动的企业和个人。目前，这个征信系统已成为我国重要的金融基础设施。

2013 年 1 月，国务院发布了《征信业管理条例》(以下简称《条例》)，为中国征信业的发展奠定了法治基础。《条例》对从事个人征信业务的征信机构和企业征信业务的机构规定了不同的设立条件，个人征信业务的征信机构采用审批制，企业征信业务的机构采用备案制。为了加强对征信机构的监督管理，促进征信业健康发展，央行先后于 2013 年 11 月、2015 年 10 月发布《征信机构管理办法》和《征信机构监管指引》。2021 年 9 月，央行又发布了《征信业务管理办法》(以下简称《办法》)，该《办法》是《征信业管理条例》的配套制度，与《征信机构管理办法》共同构成征信法治体系的重要组成部分，对依法从严加强征信监管，保障信息主体合法权益和信息安全，促进征信业市场化、法治化和科技化发展具有积极意义。

央行个人征信中心在数据的覆盖面上也有不足之处。目前个人征信中心的数据主要是放贷数据，对那些没有贷款记录的人，征信中心并没有数据，从这个角度上讲，很多互联网征信机构都将自己定位为央行征信中心的有益补充。新技术给了新兴民营征信机构新的发展契机。目前，大数据和云计算已被广泛应用在了包括征信在内的各个金融领域，这有望给征信业带来新的变化。从更大的背景来看，一个以数据驱动经济的 DT 时代正在悄然到来。未来,各家征信机构的数据来源都将更加丰富。特别是一些线下采集的、来自政府等机构的数据将陆续接入。

数据之上还要有算法。面对如此庞大的数据,如果没有算法,数据就可能是废料。对于征信机构来说,传统和主流的算法是逻辑回归,而前沿的方法则包括决策树、随机森林、神经网络等。运行算法要有强大的数据处理和计算能力作为保证。很多的数据交叉比对,就是靠机器和数据跑出来的。比如,要考察一个有家庭责任感,又同时经常爱心捐助人的信用水平,就要靠这两个因子进行组合验证运算,而更多的情况下,变量不止两两组合,这就要求更复杂的运算。

但征信的过程还不止于此。对于众多的大数据征信机构来说,在此基础上,其还要经历一个与各个合作伙伴一起的数据共创,只有这样,才能更好地运用数据,并从数据中获得知识、寻找行业规律。

3)数据链接中心共享模式

数据链接中心共享模式又称为共享查询模式,通过技术和机制解决机构与中心的信任问题,实现机构之间自由、安全和放心数据共享的模式,如图 8.4 所示。采取该运作模式的有 91 征信、华道征信等。数据链接中心是一种新的信息共享理念,也是征信市场中的一股新力量。安全共享理念是否被接受是此模式运行的关键,一旦安全共享理念被接受,则各个机构的主动参与将加速信息的流动,开启信息流动模式的一个新局面。

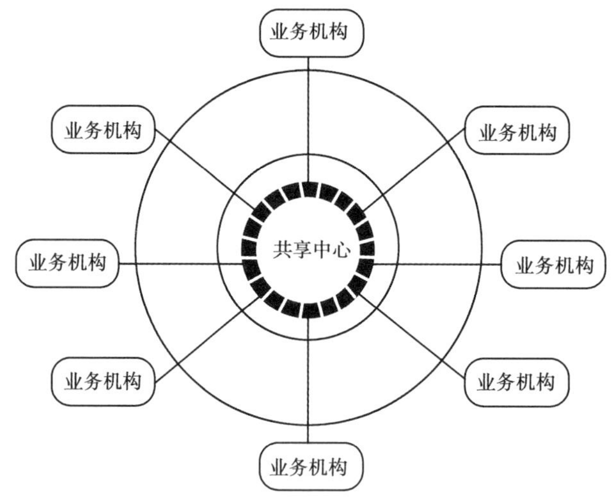

图 8.4　数据链接中心共享模式

2015 年上线的 91 征信定位于“只做数据连接工具,不存储数据”。91 征信利用分布式技术,通过标准化接口,采用“信息流+证书验证”双加密方式连接金融企业和 P2P 平台的服务器,组成一个数据互联网。一旦发起征信查询请求,其中一个服务器便在这个互联互通的网中查询该信息,查到该信息后从其所在的服务器中调取数据返回查询端,“1 小时极速对接,1 分钟极速查询”。目前,91 征信与 600 家互联网金融公司、小贷公司、消费金融公司实现数据实时共享,每天平台调用查询信息人次超过 50 万。91 征信在 2016 年四季度实现盈利。

在这种模式下,各个机构都提供自身数据,完整性好,不存在数据的重复和交叉;数据可以自由、安全和放心共享数据，无须担心数据被中心留存，数据泄密等隐患，可以更加放心地参与数据共享，参与积极性较高。但是这种数据共享对数据机构接入的难度增大，需要特定的开发技术和一定的开发工作量，而且可能存在接入机构不应答的投机行为，也存在共享中心留存信息的风险，最终形成数据中心模式，使机构数据价值下降。

伴随着大数据应用领域的拓展，通过大数据进行业务决策分析的功能逐渐显现。云计算和大数据分析技术将交易过程、产品使用等行为进行数据化，进而深度挖掘，通过模型模拟来判断不同变量下何种方案投入回报最高。在实际应用中，大数据技术还可以对客户群体进行细分，发掘客户新的需求并提高投入回报率，对原有数据整合分析应用（如欺诈检测、风险管理等）帮助企业精准营销。

8.2.3 大数据营销

简单来说，大数据营销就是指在利用大数据技术的分析与预测能力、实现精准细分的前提下，洞察和预测用户需求，在适合的时间通过适合的渠道对适合的用户进行适合的产品和服务送达，即“四个适合”。

要提升金融行业的营销效果，最重要的是要知道自己的潜在客户在哪里，然后将自己的产品信息触达这些潜在客户。面对海量的客户及其多样化的金融需求，如何精准发掘目标客户并进行精准营销和推荐，成为市场竞争制胜的利器。传统的营销手段虽然能起到一定的效果，但存在诸多弊病，大数据技术的应用，至少可以从以下两个方面提升营销效率。

一是减少人力干预，降低营销成本。传统营销主要通过人力来进行客户筛选，通过对收集的信息与客户标准进行对比，找到目标客户。这种方式费时费力，也增大了营销成本。基于大数据的营销系统，可以实现自动化、半自动化的客户筛查，减少人力干预，大大降低营销成本。

二是全面客户画像，让营销更精准。大数据技术应用可以帮助金融机构实现更全面的描述，除了传统的银行信用记录、资产状况等信息外，还可以加入更多基于互联网和移动互联网的数据信息。例如，消费金额、消费地点、工作履历、人际关系、消费兴趣、履约意识等方面的关键信息，可以帮助金融机构更为全面地对客户进行画像，由此制订更为合理的营销方案，提供针对性的服务和产品。

案例 8.7

浙商银行大数据营销平台①

浙商银行利用大数据建模、人工智能等技术手段，规划建设全行统一大数据营销平台，打通企业微信、手机银行、电话银行等渠道系统，实现底层数据互通，统筹营销资源管理，可满足对公、小企业、零售等多条线、多渠道营销需求，实现实时的活动推送与信息反馈，营销名单推送和交互，增加客户经理和客户的有效触点，提升数智营销服务能力。

---

① 资料来源：电子银行网，获奖案例展示：浙商银行大数据营销平台。

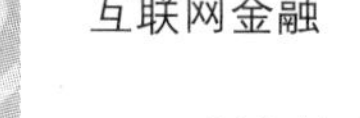

(1)技术创新

浙商银行大数据营销平台依靠分布式大数据平台构建批量数据流,依靠实时 ODS 与流计算构建实时数据流,取用客户标签、客户画像等经过分类加工的客户数据,满足系统对数据的使用需求。再通过在决策引擎中部署营销数据模型,得到最终的客户名单、客户属性等数据,供业务人员使用。

(2)模型创新

基于各业务条线沟通结果,浙商银行创新性地建立了覆盖客户全生命周期的营销模型体系。模型体系基于新客获取期、客户形成期、客户稳定期、客户衰退期、客户流失期五大全生命周期,对不同阶段不同营销条线的核心诉求进行针对性的平台及模型开发,基于营销平台完成营销模型框架的搭建,形成了零售营销模型体系、对公营销模型体系和小微企业营销模型体系。平台在后续实际营销场景中快速进行定制化开发,满足营销人员及时获取营销商机的需求。

①内外部数据统一汇聚:为满足营销系统、知识图谱及营销模型的建设,采用内部数据(包括产品信息、交易流水、资产、行为等数据)和外部数据(包括工商信息、关联拓客、预警信息、经营状况等数据)进行相应的加工工作。

②数据加工与建模分析:在原始数据的基础上,经过客户标签、客户画像的分析加工,完善客户画像及营销标签,深入洞察客户需求,实现客户个性化产品精确推荐。

(3)应用创新

大数据对公营销数字化解决方案是浙商银行在大数据营销平台的创新应用。方案以数据和营销算法为支撑,以场景获客、精细运营、生态培育为核心理念,以业务营销痛点为抓手,从资金交易链拓客、关联关系挖掘拓客、营销标签拓客、房地产企业拓客 4 个方面,12 大场景营销构建营销拓客模型体系,探索精准营销新模式。通过分层、分群、聚类等多个维度进行客户洞察,对标搜索营销策略,精准挖掘潜在客户,不断增强千企千面的服务输出能力。

8.3 大数据金融的风险与监管

8.3.1 大数据金融面临的挑战和风险

大数据技术推动互联网金融得到空前的发展,但随之也出现了网络安全、市场垄断、数据权属不清、消费者权益保护等方面的问题,影响了市场公平和金融稳定。此外,大数据金融的创新发展在数据治理双重目标平衡、数据信息共享机制建立、数据治理法律法规建设、技术标准规范以及大数据征信模型的可信赖度等方面都面临着巨大挑战。

1)数据治理双重目标的平衡面临挑战

在大数据金融发展的背景下,对金融大数据进行充分且有效的利用是一个至关重要的问题,这也对金融数据的一致性、完整性、可用性提出了更高的要求。与此同时,数据泄露和数据隐私问题也日渐迫切,金融消费者数据被过度采集、非法共享、随意滥用、非法数据交易等现象层出不穷,由人脸识别等新技术引发的隐私保护新风险引起了广泛关注。大数据技术在金融领域的应用普及给金融隐私保护带来更多风险挑战,例如,一些金融 App 存在高危漏洞、隐蔽收集用户信息等安全风险，以窃取数据为主要目的的攻击事件越来越频繁。加之部分金融机构缺乏隐私保护意识，存在数据管理不严、风控机制不强等问题，更是导致了数据泄露事件频发。因此，如何实现“挖掘数据价值”和“保障数据安全”的双重目标，是金融数据治理的重要趋势与特征。只有将两者做好平衡和兼顾，才能保证金融数据治理有效运行和健康发展。切不可因为过度追求最大化挖掘金融数据价值而忽视或弱化用户隐私保护和数据安全保障。

2）数据垄断与信息孤岛形成共享难题

随着大数据技术的深入发展，数据处理已经基本上形成收集、清洗、整理、关联分析、数据挖掘等在内的产业链。大数据具有“赢者通吃”的特征，是一种“垄断式创新”，由于大数据金融的发展对大数据技术的依赖相对较强，一旦少数机构或平台掌握先进的科学技术以及数据信息，势必会对该行业的数据资源造成垄断。而数据垄断比技术垄断更难突破，容易产生所谓的数字鸿沟问题，从而形成信息孤岛。数据垄断、信息孤岛、数据失联等现象的存在，会严重影响金融行业的持续发展与创新变革。与此同时，信息化发展下的大数据公开共享以及信息数据整合发展情况不尽如人意，甚至会出现大量噪声信息，虚假信息泛滥的现象，由此容易造成信息共享机制受阻。

3）数据治理的相关法律法规较为滞后

在大数据发展的背景下，金融大数据存在多重交易以及采集标准不统一的问题，使得用户的知情权、选择权、隐私权受到侵犯，进一步模糊了相关的数据保护界限，严重影响用户数据信息的安全水平与发展质量。在此情况下，加强对金融用户数据产权、数据安全、数据公开、数据标准的建设势在必得、刻不容缓。数据标准化工作还存在行业标准化意识整体有待提高、标准供给和落地不足、标准化专业机构和人才队伍建设滞后等问题。现有法律法规没有准确界定数据财产权益的归属，尚未建立数据流转和价格形成机制，信息孤岛问题降低了大数据技术的应用效果。明确数据权益归属，规范金融数据的采集和使用，依法保护客户隐私等迫在眉睫。

4）数据征信模型的可信赖度有待验证

如前所述，运用大数据、人工智能等技术所建立起来的风险模型在大数据金融中得以广泛应用，一方面带来了效率、成本优势，另一方面也产生了新的风险，成为影响金融稳健经营的重要风险因素。模型在本质上是提取观察对象内在规律的主要特征，将对象复杂规律进行合理简化后形成的一套逻辑规则。在模型建立过程中，会抓住它所描绘的真实世界的主要特征，但同时也可能会忽略掉一些重要的内容。此外，在模型的应用和日常操作过程中也会存在错误或不一致性，导致模型风险存在于模型的全生命周期中，主要表现在模型的设计、研发、部署和使用四大环节，因此，一些大数据征信模型的可信赖度有待验证，应用范围有所限制。

8.3.2 大数据金融的监管

1)建立大数据金融监管模式

(1)完善法律法规体系,推进实施落地

从各国大数据金融监管的实践来看,完善大数据金融监管的法律法规是首要任务。首先大数据涉及内容广泛,传播迅速,牵涉的行业众多,仅仅依靠部门规章难以对其进行有效的规范,必须建立统一的立法规定。其次应补充完善覆盖大数据金融各种形态、各种类型机构的大数据监管规章制度,对各种从事金融业务的机构进行分类认定,防止其以科技公司的名义逃避金融监管。此外,要制定统一的有关金融大数据的标准化规定,积极推进相关法律法规建立。

近年来,我国不断加强大数据治理领域的相关法律法规建设,初步形成了以《中华人民共和国数据安全法》(以下简称《数据安全法》)、《中华人民共和国网络安全法》(以下简称《网络安全法》)、《中华人民共和国个人信息保护法》(以下简称《个人信息保护法》)(合称"数据三法")为核心的法律框架,三部法律互相衔接,共同构成了我国网络安全与数据合规领域的三部最重要的基础性法律。在适用范围上,《数据安全法》适用于所有主体处理网络数据和非网络数据的行为,《网络安全法》适用于境内所有网络运营者的包括处理个人信息及数据在内的行为,属于网络空间治理的基本法。《个人信息保护法》适用于个人信息保护,规定了个人信息的处理准则与保护界限。其中,《个人信息保护法》确立的"最小必要+知情同意"原则比《网络安全法》和《数据安全法》中的有关原则更加明确、具体,规范了个人信息管理全流程,并且沿袭和补充了《网络安全法》规定的个人信息泄露报告制度。同时,"数据三法"均关注网络安全与数据合规领域的国家安全保护。例如,《个人信息保护法》则规定,从事损害公民个人信息权益或国家安全、公共利益的个人信息处理活动的境外组织或个人,国家网信部门可以将其列入限制或者禁止个人信息提供清单并予以公告,对境内从事危害国家安全、公共利益的个人信息处理活动的组织和个人可以进行处罚;《网络安全法》和《数据安全法》则分别建立了国家安全审查制度框架下的网络安全审查制度和数据安全审查制度。

(2)明确监管主体职责,加强监管协调

明确大数据金融监管的主体责任,降低多部门监管的协调成本。我国目前的金融监管体系包括中央和地方两级,中央一级由"一委一行两会"构成,地方一级主要指地方金融监管局。大数据金融监管首先应赋予各级各监管部门对其所负责监管对象的数据治理监管责任,建立起央行对金融数据的宏观审慎监管以及银保监会、证监会、地方金融监管局对金融机构内部数据治理行为监管的协调监管机制,建立各金融监管机构间的常态化沟通渠道。加强各机构金融数据的共享和沟通,可通过数据分享、共同执法、信息通报、共同商讨规章制度等方式畅通沟通机制。加强金融监管机构与行业外部机构(如网信办、信息资源主管部门、工商行政管理部门、自然资源管理部门、不动产登记中心以及电子商务平台企业、供应链企业等)的协调。

(3)重视数据要素属性,更新监管理念

随着数字技术与经济活动的不断融合,数据逐渐从辅助性资源中独立出来,演化为推动经济高质量发展的关键生产要素，这不仅是有限生产力与人类日益增长的需求矛盾所导致的必然结果，也是基于数字技术进步的客观事实和人类价值观动态变化的客观需求。把数据作为生产要素之一，维护数据要素市场秩序，促进大数据金融创新，推动金融数据产业发展，应是国家大数据战略的内容之一。要提高金融机构数据治理水平，强化数据管理意识，发挥数据价值，建立一套组织架构健全、运行规范、全员参与的数据内控治理体系。树立综合监管理念，着眼于监管对象全局，采取多元化手段监管金融数据。加强行为监管，保护金融消费者的权益，保障个人金融信息安全，维护竞争有序的数据市场秩序。积极应用大数据技术，提高监管科技水平和监管的预见性和有效性。处理好与数据服务商的竞合关系，加强与占据平台优势的线上互联网企业的战略合作。

2）加强金融大数据治理监管

（1）明确数据采集原则，制定质量标准

大数据金融机构在采集数据时，要履行充分告知、征得同意、最小必要、保证安全等原则。应充分告知数据所有者数据采集的范围、目的、应用方向，告知其自身所履行的安全保障义务。对个人敏感性金融数据的采集必须征得信息数据所有人同意，并做出不得非法利用和传播的承诺。数据采集以满足明确目的需要为限，不得任意扩大数据收集范围，需担负保障采集数据安全的责任。应采取必要措施，通过分级管理，防范数据泄密。未经数据所有者同意，不得任意传播给第三者使用。规范数据标准，并尽可能地采用行业统一标准，为数据交换和利用提供便利。

要制定金融数据质量标准，提高数据质量。在明确、适当的目的情况下采集与目的相关的数据，避免错误采集、过度采集，减少冗余数据，避免干扰数据。应建立数据质量控制体系，提高数据分析处理技术，通过开发自动化、智能化的数据处理程序，交叉验证数据信息，实现高效的数据清洗。加强人员培训，规范数据录入操作，提高数据质量意识，选择合适的数据来源渠道，权威的数据来源渠道和第一手数据来源可以更好地保证数据质量。

（2）健全数据共享机制，强化存储监管

目前，金融行业已建立了部分数据共享机制，如金融控股公司内部各子公司和业务单位之间的数据共享、互联网金融企业与电子商务企业的数据共享、以金融监管机构为中心的间接数据共享、金融机构与政府之间的数据共享以及协会成员之间的数据共享。未来要进一步健全金融机构之间以及金融机构与政府、企业等外部机构之间更为广泛的数据共享机制，建立更有利数据共享的基础数据格式规范。针对信息孤岛现象，可通过数据转换、数据互操作和数据直接访问等数据技术实现数据共享。加强促进数据共享的市场激励机制建设，建设利益共享、风险共担、收益与风险相匹配的数据共享市场体制，激励商业数据公司发展壮大，成为数据市场的重要分享者。

金融业是数据密集型行业，各种涉及隐私的个人金融数据和可能影响国家安全的宏观金融数据需要妥善保存，海量的交易数据需要存储，保证金融数据的存储安全极为重要（如防止数据丢失或被破坏、保护机密数据、保证数据的完整性等）。大数据金融机构应加强基础设施和数据存储设备的日常管理，做好安全防护，防止被破坏或毁损。加强异地灾备中心或数据中心的管理，提高数据备份能力和数据恢复能力，合理区分数据安全等级，加强数据访问授权控制；对重要的敏感数据、隐私数据进行加密保护等。加强网络安全管理和内部管理,防止存储数据网络泄密或感染病毒,保证数据的完整性、可用性。

(3)加强大数据应用监管,定量定向规范

大数据的应用成效得益于其打破了传统边界,但反过来,大数据应用也必须有自身的边界。对需要利用个人隐私数据进行商业活动、获取商业收益的大数据应用,必须严格加以限制。要做好事前风险防范,加强大数据应用的合法性、合规性评估,确保金融大数据的应用符合法律规定。要制订负面应用清单,便于对照检查。

防范和打击金融大数据的违法使用,既要提高效率,又要兼顾公平。要大力打击和坚决制止出售数据牟利的行为,大力打击和坚决制止利用涉及联系方式、社会关系、家庭住址、行踪、通信数据等敏感信息暴力催贷等违法行为。探索建立大数据定量定向使用规范。规范大数据的使用程度和应用领域,采取跟踪监控措施确保大数据的合理应用。要加强算法监管,建立符合社会道德的技术应用规范,防止大数据过度应用,如歧视性金融服务、大数据杀熟、数据跟踪和过度用户画像侵犯个人隐私等。

3)创新金融数据监管手段

(1)发展监管科技,提升监管效率

提高监管数据处理技术,实现监管数据报告的电子化,降低监管纸质成本和人力成本,提高监管机构监管数据的分析效率。目前我国信息监管系统主要包括非现场监管信息系统(1104)、现场检查分析系统(Examination and Analysis Technology,EAST)、客户风险统计系统等。原银监会信科部开发的具有自主知识产权的检查分析系统,包含数据提取、项目管理、模型生成、模型发布与管理等功能,已成为银保监会最重要的监管数据报送系统。建立风险实时监测系统,将监管规则嵌入其中,实现监管流程的自动化、智能化。

(2)建立动态监管机制,强化行为监管

20 世纪 70 年代的行为监管主要是指政府制定公平的市场规则,通过特定的机构,维护市场公平有序竞争、促进市场活力、保护金融参与者的合法权益。行为监管概念在经过英国经济学家泰勒"双峰"理论的演进传播后,受到广泛重视。很多金融数据的违规行为涉及侵害消费者的权益行为。而行为监管注重金融行为的实质,以消费者的需求满意度、风险匹配度来衡量金融产品和服务。

根据内外部环境变化及时调整监管思路并建立动态监管机制,金融业务数据化,其交易行为实体痕迹少、时间短、频率快、时空限制少、传播范围广。只有持续跟踪、动态监管,才能在最短的时间内发现违规问题,最快作出监管反应,能最大限度地减少危害,解决监管滞后性,做到业务的实时监控。

(3)加强金融行业自律管理,发挥协会作用

借鉴国外行业协会的自律管理,充分发挥自律机构的作用,制订自律规范,指导行业标准的建立,推动大数据金融资源优化整合和共享应用,加强行业机构的交流合作,促进业务健康合规的开展。督促大数据金融机构完善信息披露制度,全面准确地披露金融产品和服务,保护消费者的知情权、选择权和撤销权。我国金融监管机构都设立了金融消费者权益保护部门,要适时开展金融知识教育活动。

(4)加强国际大数据监管,协调反洗钱监管

目前,大数据作为生产要素资源是各国争夺的重点,成为关系国家主权安全的一部分。

世界各国对数据跨国流动的规定存在严重冲突,许多国家都对数据跨境流动做出了限制。如印度完全限制了数据出境,澳大利亚则限制了个人健康数据出境,欧盟《一般数据保护条例》规定其境内个人数据只允许流入欧盟认可的国家或地区,美国则要求他国数据开放,并在国际上长期实行长臂管辖,我国《网络安全法》则规定数据的存储、处理和访问必须在境内进行。随着我国金融业逐步对外开放,大数据金融监管应关注金融数据的主权安全,对金融大数据的国家安全进行评估和监测,加强风险评估,对向境外提供金融数据加强国家安全审查,排查数据安全隐患。同时应关注数据跨境流动:一方面要与有关国家进行数字贸易谈判,协调监管规则,达成数字贸易协定,为我国有竞争力的企业走出国门、参与国际竞争创造条件;另一方面要关注外资在华金融企业的金融数据管理,对其金融数据的收集、存储和流转进行监管,特别是敏感金融数据跨境流出必须排除国家安全危害、符合监管规定的特定条件。

此外,随着虚拟货币等新兴金融手段的兴起,国际反洗钱形势越来越严峻。国际反洗钱组织在协调国际反洗钱行动中占据主要地位。我国的大数据金融监管需要加强与国际反洗钱组织的合作,通过国际间的金融数据、金融情报交换,为反洗钱工作提供准确的线索。通过国际反洗钱合作:一方面打击国际经济犯罪,维护国家经济秩序,保护国家金融安全;另一方面增加国际金融交流经验,拓展金融数据监管的国际视野,提高金融数据监管的水平。

本章小结

1. 大数据金融通常是指将海量数据尤其是非结构化数据通过互联网和云计算等方式进行挖掘和处理后与传统金融服务相结合的新金融模式。广义的大数据金融,包括整个互联网金融在内的所有需要依靠发掘和处理海量信息的线上金融服务,狭义的大数据金融,是指依靠对商家和企业在网络上历史数据的分析,对其进行线上资金融通和信用评估的行为。

2. 大数据金融的应用目前主要包括大数据风控、大数据征信和大数据营销三大领域。

3. 大数据风控是指放款企业在采集互联网大数据的基础上将数据挖掘、机器学习等建模方法运用到信用评审、反欺诈等环节的风控管理模式(如以阿里小贷为代表的平台金融模式、以京东金融为代表的供应链金融模式)。

4. 大数据征信是指由专门的机构运用大数据技术构建征信模型和算法,通过对海量数据进行采集、分析、整合和挖掘,多维度刻画信用主体的违约率和信用状况,并形成对信用主体的信用评价,主要包括数据中心模式(如央行征信系统)、第三方征信机构模式(如芝麻信用、腾讯征信)、数据链接中心共享模式(如 91 征信、华道征信)3 种模式。

5. 大数据营销是指在利用大数据技术的分析与预测能力、实现精准细分的前提下,洞察和预测用户需求,在适合的时间通过适合的渠道对适合的用户进行适合的产品和服务送达(如浙商银行大数据营销平台)。

6. 大数据金融的创新发展在数据治理双重目标平衡、数据信息共享机制建立、数据治理法律法规建设、技术标准规范以及大数据征信模型的可信赖度等方面面临着巨大挑战,需要从建立大数据金融监管模式、加强金融大数据治理监管、创新金融数据监管手段 3 个方面不断提升监管水平。

复习思考题和检测题

1. 如何理解大数据与金融结合的优势？
2. 举例说明大数据金融的主要应用领域和运营模式。
3. 未来大数据金融发展面临哪些挑战？如何应对？

检测题

案例分析

爬虫整顿风暴冲击大数据风控和征信行业

2019年9月以来，大数据风控行业颇不平静，杭州的魔蝎科技、公信宝运营公司、杭州存信数据科技有限公司（以下简称“杭州存信”）以及贷款超市头部机构“信用管家”先后被杭州警方调查。此外，还有多家大数据风控公司人士“协助调查”，涉及同盾科技等多家机构。一时风声鹤唳，大数据行业从业者人人自危，多家大数据公司表态暂停爬虫业务。

所谓网络爬虫（Python），是一种按照一定规则自动抓取互联网信息的程序与技术。爬虫技术的数据主要分为司法信息、电商信息、银行卡信息、运营商信息、社交信息、开放数据等几大类。在这些数据维度中，比较受欢迎的都是覆盖度高、标准化较强的通用类数据，如身份验证、逾期黑名单信息等。网络爬虫一般是通过爬取淘宝、社交网络、网上银行等获取数据。如果是通过爬虫抓取网络公开信息，这并不违法；但如果抓取的是未公开、未授权的个人敏感信息，就属于违法行为。违反的是2017年6月1日实施的《网络安全法》以及“两高”相关司法解释。

《网络安全法》第四十一条规定：“网络运营者收集、使用个人信息，应当遵循合法、正当、必要的原则，公开收集、使用规则，明示收集、使用信息的目的、方式和范围，并经被收集者同意。”第四十四条规定：“任何个人和组织不得窃取或者以其他非法方式获取个人信息，不得非法出售或者非法向他人提供个人信息。”这波针对爬虫业务的强监管是由于公安部门打击“套路贷”牵扯出了导流获客和暴力催收这两个帮凶，发现爬虫是主要工具，为这些“套路贷”平台爬取通信录、地址定位等个人敏感信息，从而引发了相关刑事调查。

问题：根据案例，你认为应该如何正确看待大数据风控和征信？

第 9 章

数字货币

📖 学习目标

- 掌握数字货币的基本含义、种类、特点及本质。
- 理解数字货币产生的基础及其实际应用情况。
- 了解数字货币的风险和各国对数字货币的监管现状。

📖 知识要点

- 数字货币的定义、特点及本质。
- 数字货币的种类和实际应用。
- 数字货币的风险控制及监管。

📖 关键术语

数字货币;电子货币;虚拟货币;非加密货币;加密货币;区块链技术。

案例导读

数字人民币首个跨境支付结算项目落地①

2022 年 9 月 28 日,国际清算银行(香港)创新中心、中国香港金融管理局、泰国中央银行、阿联酋中央银行和中国人民银行数字货币研究所联合宣布:2022 年 8 月 15 日至 9 月 23 日期间,在货币桥(m-CBDC-Bridge)平台上首次成功完成了基于 4 个国家或地区央行数字货币的真实交易试点测试,来自 4 地的 20 家商业银行基于货币桥平台为其客户完成以跨境贸易为主的多场景支付结算业务。其中,工农中建交五大国有银行均参加了该项目。

公开资料显示,货币桥项目前身为 Lion Rock-Inthanon,原是由香港金融管理局和泰国央行于 2019 年联合发起。2021 年 2 月,香港金融管理局、泰国中央银行、阿拉伯联合酋长国中央银行及中国人民银行数字货币研究所宣布联合发起多边央行数字货币桥研究项目,旨

① 根据新浪财经有关资料整理改编,2022 年 9 月 30 日。

在探索央行数字货币在跨境支付中的应用。该项目通过开发试验原型，进一步研究分布式账本技术(Distrbuted Ledger Technology,DLT)，实现央行数字货币对跨境交易全天候同步交收(PvP)结算，便利跨境贸易场景下的本外币兑换。在该试点测试中，发行的央行数字货币总额折合人民币8 000余万元，实现跨境支付和外汇兑换同步交收业务逾160笔，结算金额折合人民币超过1.5亿元。

货币桥项目实际上是数字人民币在跨境支付领域应用的一个成功案例，其核心目的是建立一个连接多国央行数字货币系统的"走廊网络"，使同一分布式账本支持多种央行数字货币，构建点对点的报文传输系统，参与国央行可在网络中完成对数字货币的发行和回收，实现交易和余额监控、流动性管理、隐私保护等功能。对比以SWIFT模式为代表的传统跨境支付结算网络，货币桥可以实现点对点的交易，省去中间环节，在降低汇兑成本的同时能够有效缩短交易时间，并且有利于提升监管的透明度，为人民币国际化注入新鲜血液。

数字人民币是全球央行发行的数字货币的典型代表，与比特币、以太币等去中心化的数字货币有着本质上的区别。事实上，除去央行数字货币外，数字货币的种类还有很多。得得智库数据统计，截至2022年9月25日12:00，全球数字货币市场共有币种21 078种，总市值约为9 353亿美元。本章重点介绍数字货币的基本含义和特点，数字货币的产生基础、影响及发展趋势。

9.1 数字货币概述

随着移动互联网、云计算、区块链技术的应用以及金融创新的推进，全球范围内的支付方式正在不断地升级转型，由此推动了货币形态的巨大变化，也加快了货币的数字化进程。数字货币的发展引起了全球关注，尤其是去中心化的数字货币给世界货币体系的发展理念带来了巨大的冲击，也引发了不少争议。

9.1.1 数字货币的含义和种类

1)关于数字货币的认识和界定

为了更好地认识和界定数字货币，首先需要对货币形态的发展脉络进行梳理。从人类社会货币演变的历史进程来看，根据货币存在的物理形态，货币可分为实体货币和虚拟货币两大类。实体货币通常是指币材具有可触摸性的有形货币，按照币材的不同，实体货币主要经历了实物货币(指实际物品)、金属货币、纸质货币(包括塑料货币、硬币)等发展阶段。

与实体货币相对应，虚拟货币则泛指所有无真实形态的不可触摸的货币。按照发行主体的不同划分，虚拟货币大体包括3种：一是商业银行开立的存款货币，即指货币持有人以开立存款账户的方式存入银行并发挥价值尺度、流通手段、支付手段、贮藏手段等职能的货币，具体包括结算账户存款(即活期存款)、企业定期账户存款和居民储蓄账户存款等，存款货币与实体货币在形式上可以双向转换，在数量上可以等价兑换，并且具有创造派生存款的功能；二是网络社交平台或游戏平台发行的货币，使用范围极其受限，仅能在虚拟社区或游戏中使用，严格意义上并不具有真正的货币职能；三是由私人部门或中央银行发行的数字货币。

由于存款货币作为账户货币在形态上具有虚拟性,因此银行在收到存款后需要向存款人出具相应的存款证明,以证实两者之间的债权债务关系,存款证明的载体形式通常表现为银行给存款人开具的存单、存折或银行卡。早期的单折主要是手工开具、手工记账,随着计算机和互联网的诞生及其相关技术在金融领域的应用发展,存款货币的记账、转账等交易均可通过电子化的方式进行处理,银行卡、移动终端电子钱包逐渐开始取代单折,电子货币的概念应运而生。

电子货币起源于银行货币记账系统的电子化。1958 年第一台电子计算机在美洲银行用于储蓄业务,1960 年自动取款机开始代替出纳业务,进而电子通信开始用于银行间的资金传输与结算。1973 年成立的“环球银行金融电信协会”(Society for Worldwide Interbank Financial Telecommunications,SWIFT)成为全球最大的银行间电子结算网络。大约在 20 世纪 80 年代初期,电子货币(Electronic Money)开始被用来描述以电子信息的形式存储在银行的计算机系统中并以电子信息的传递形式实现流通和支付功能的货币。从本质上看,电子货币是货币形式的电子化,其基础仍然是存款货币,电子货币与实体货币之间也存在着双向转换、等价兑换的关系。数字货币(Digital Currency)的概念也源自电子支付(Electronic Payment),由于技术上存在同源性,早期的数字货币经常与电子货币相提并论,但是后来数字货币的概念逐渐与电子货币相分离,独立于商业银行的存款货币而存在,主要是指由私人部门或中央银行发行的新型虚拟货币。

目前关于数字货币尚未有权威统一的界定,大多数关于数字货币的论述强调的主要是这种新型货币的金融属性和底层技术。就金融属性而言,数字货币具备价值储藏载体、交易支付媒介和计价记账单位等货币的基本功能;就底层技术而言,数字货币具备由加密算法、分布式记账、区块链等技术支撑下的不可篡改、匿名性、确定性等特征。一般认为,数字货币是一种基于节点网络和加密算法的虚拟货币。中央银行发行的主权数字货币是真正意义上的货币,有主权信用担保;私人发行的加密数字货币,因缺乏信用,容易被操控,投机性强、竞争无序,无法成为价值稳定的数字货币,难以归入真正意义上的流通计价和储值货币。

2)数字货币的种类

数字货币的种类有两种划分方法:一是按照数字货币是否由央行发行,可以将其划分为法定数字货币和非法定数字货币两种;二是按照数字货币是否使用加密技术,可以划分为加密货币和非加密货币。

(1)法定数字货币和非法定数字货币

法定数字货币即是指由一国货币当局如中央银行发行的数字货币(CBDC),如巴哈马的沙币(Sand Dollar)、中国的数字人民币(e-CNY)、尼日利亚的数字货币 (e-Naira)等。非法定数字货币是由私人部门发行的数字货币,又可进一步分为普通加密货币和稳定币,代表性的普通加密货币包括比特币(BTC)、以太币(ETH)等,代表性的稳定币包括泰达币(USDT)、天秤币(Libra)等。

近年来,比特币等加密数字货币越来越受到社会的广泛关注,天秤币等稳定币则努力通过与真实货币挂钩来获得信用支持,此外,一些大型科技公司也不断深入支付和更广泛的金融服务领域。在此背景下,各个国家纷纷加大了对央行数字货币的研究和试点。根据国际清算银行(Bank for International Settlements,BIS)的调查数据,超过85%的央行正在考虑或已经推出CBDC,用于零售或批发支付。从深层次来看,推动各国中央银行开展数字货币发行的动因主要来自维护金融稳定、协助货币政策实施、提高国内外支付效率和支付安全、促进普惠金融发展等。

非法定数字货币:一类是以比特币、以太币等为代表的普通加密货币,其市场价格的波动性非常大,通常情况下不宜作为通用货币;另一类是以泰达币、天秤币为代表的与美元等特定法定货币或黄金等特定商品的价值挂钩的稳定币,摆脱了大多数加密货币的波动性,主要用于在不提供法定货币交易的交易平台上购买加密货币,现在也被用于基于区块链的一些金融服务,如借贷平台。

(2)加密数字货币和非加密数字货币

主流加密货币大致分为两种类型:一是在E-cash系统的基础上进行扩展的未使用区块链技术的数字货币;二是以比特币的诞生为起点,使用区块链技术的分布式记账数字货币。加密货币又称为算法货币,它依据计算机来运算一组方程式开源代码,通过计算机的显卡、CPU大量的运算处理产生,并使用密码学的设计来确保货币流通各个环节的安全性。新型的数字加密货币不依靠法定货币机构发行,也不受中央银行管控,因而对现行以中央银行为核心的货币发行和货币政策体系形成了冲击和挑战,也受到明显的质疑。数字加密货币具有极强的数量稀缺性,因为这一组方程式开源代码总量是有限的,如果想获得,就必须通过计算机显卡、CPU的运算才可以获得。正因为加密货币总量有限,具有稀缺性,开采得越多,剩下的就越少。而计算机运算方程式代码的运算过程就好比在金矿挖矿。所以数字加密货币的产生过程被形象地比喻成"挖矿"。通过挖矿开采出来后,加密货币就是一串代码,跟人民币左下角的那一串序列号一样,谁拥有这一串序列号,谁就拥有这一加密货币的使用权。

非加密货币通常是指网络社区虚拟货币,由公司或者私人等自我发行,不需要通过计算机的显卡、CPU运算程序解答方程式即可获得。比较知名的非加密货币有国外的AmazonCoin、FacebookCredits等以及国内百度公司的百度币、腾讯公司的Q币、新浪的微币等。由于其依据市场需求可无限发行,所以不具备收藏和升值的价值,在现实中具体表现为"服务币""游戏币"等种类。"服务币"一般只能通过用户在互联网上的特定行为获得,且仅在封闭的虚拟社区使用。例如,论坛积分、迷你豆等。这类"服务币"由于没有在全网推广因而使用范围较窄,但是被各种论坛和站点频繁采用,使用频度较高。"游戏币"则可通过实体货币购买,但购入后不能或者很难兑换回实体货币。如AmazonCoin、Q币等。此类货币使用范围较广,以Q币为例,Q币不仅可用于购买腾讯公司的商品或服务,在二级市场上还可以收售。虽然腾讯公司禁止将Q币兑换回人民币,但由于二级市场的存在,Q币可以用来购买电话充值卡,实际上实现了人民币的兑换过程。另外,在网游、论坛等地方,也有不少的虚拟货币的获取和使用。目前较困难的是各种货币之间的兑换关系不固定,渠道也不畅通,还没有形成统一货币的影响力,货币属性相对较弱。因此,当前关于数字货币的关注点主要在加密货币上,本章也主要以数字加密货币作为数字货币的论述对象。

与世界主要央行和学者对数字货币种类划分的方式不同,2021年国际货币基金组织(International Monetary Found,IMF)在其发布的专题报告《数字货币的崛起》中提出,以类型(type)、价值(value)、支持方(backstops)和技术(technology)四大属性对各类货币支付方式进行分类,可将数字货币分为五大类,即央行数字货币(CBDC)、加密货币(crypto-currency)等物权型货币,以及由银行发行的 B-money(Bank money)、由私人部门发行的 E-money(Electronic money)和由私募投资基金发行的 I-money(Investment money)等债权型货币,见表 9.1。

表 9.1 数字货币分类及特性

类型		价值	支持方	技术	举例
物权型	央行数字货币	记账单位	—	中心化+区块链	DC/EP
	加密货币	其他	—	区块链	比特币
债权型	B-money	固定价格赎回	政府	中心化+区块链	借记卡、电汇
	E-money	固定价格赎回	私人	中心化+区块链	支付宝、微信支付
	I-money	浮动价格赎回	—	区块链	天秤币

资料来源:米晋宏,王乙成.数字货币及其经济影响研究新进展[J].经济学动态,2022(5):127-142.

9.1.2 数字货币的特点

由于大多数国家的法定数字货币尚在研究试点中,这里主要介绍非法定数字货币的特点。

1)货币形态的虚拟性

虚拟性是数字货币最为显著的特征。数字货币在网络虚拟社区中虽然也可以显示成为金黄色的金币或者其他外形,但它只是技术上的显示方式。事实上,数字货币只是以磁信号、光信号等形式储存在计算机系统中的一段二进制数据,这与现实中的法定货币的形式——纸币和硬币完全不同。

2)应用领域的局限性

受监管等因素的约束,非法定加密数字货币目前从使用的空间范围上有很大的局限性。比如,几乎没有国家认定比特币为法定货币,日本、瑞士、新加坡等一些国家和地区也只是承认了它在流通中的合法性,即可以使用它购买商品。中国等一些国家则明确禁止使用比特币。比特币通常被认为只是一种特殊的投资产品。根据美国国家经济研究局(National Bureau of Economic Research,NBER)的研究发现,持比特币最多的10 000 名个人投资者正控制着流通中该币的大约三分之一。有关研究发现,比特币自产生以来,大部分并没有参与流通,它们被转入特定账户后,就从流通中消失了。根据 Chainanalysis 发布的一份 2021 年加密犯罪报告,比特币成为虚拟货币中大多数犯罪分子洗钱的必备选项。2020 年转入非法资金的比特币地址越来越多,每笔价值金额在千万美元甚至上亿美元的占比在不断上升。

3)交易价格的不稳定性

法定货币的发行是由中央银行按照市场上经济发展对货币的需求状况以及国家的宏观货币政策制订相应的计划,尽可能确保市场的稳定和促进经济的发展。但是非加密数字货币的发行种类与数量都是由网络运营商决定的,价格也由其任意决定;而私人部门加密货币的价格更是波动剧烈。以比特币为例,2009 年诞生后,其第一次产生价格是 2010 年 5 月被购买时的 0.002 5 美元,几乎一文不值。2011 年 4—6 月价格从 0.68 美元迅速攀升至 30 美元左右,但是当年的 6—11 月价格又从 32 美元跌至 2 美元。2013 年 2 月其价格再次突破 30 美元,11 月曾达到 1 300 美元,然后很快回落,持续震荡向下。2016 年比特币二次减半,开始了第三轮上涨,至 2017 年 11 月,价格飙涨到近 2 万美元。此后由牛转熊,开启了长达两年半的震荡下跌,最低触底 3 000 美元,跌幅约 83%。2019 年市场回暖,比特币开启第四轮上涨,至 2021 年 11 月创下历史新高,价格接近 6.9 万美元,之后开启了又一轮下跌。截至 2022 年 9 月 30 日,比特币再次跌破 2 万美元,抛售压力巨大。图 9.1、图 9.2 显示了近十年来比特币的价格走势。交易价格的不稳定使其真正发挥了货币职能的可能性大大削弱。

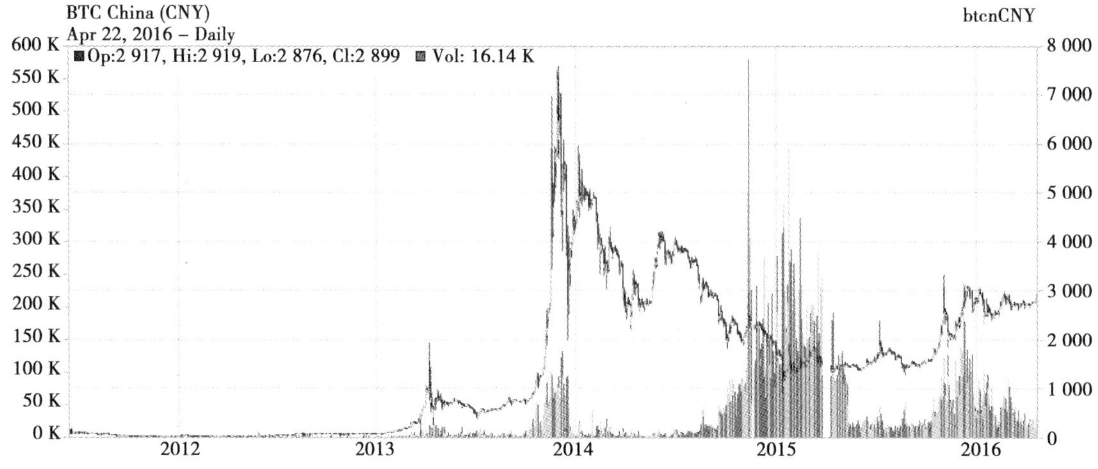

图 9.1　2012—2016 年比特币的价格走势

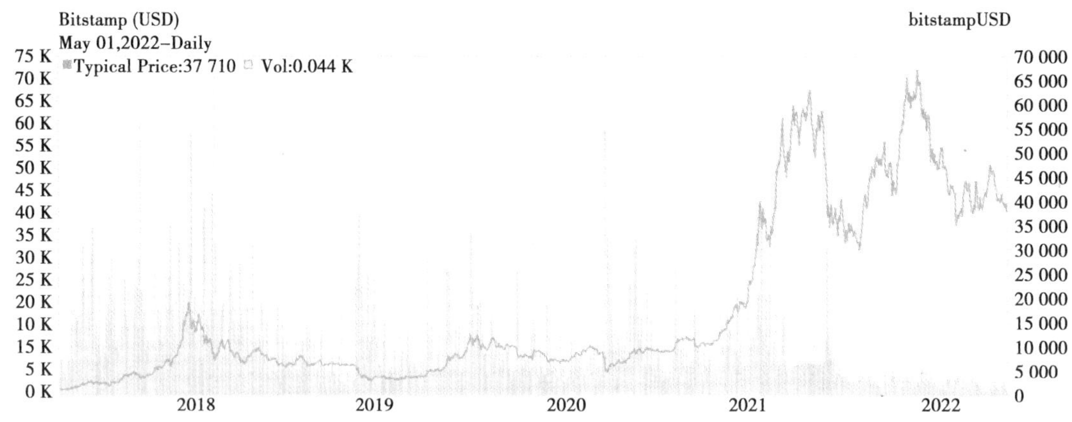

图 9.2　2018—2022 年比特币对人民币的价格走势

4)计量单位的特殊性

现实中的法定货币分为主币和辅币,而且各单位之间都存在着固定的换算关系。我国相关银行法就规定,人民币的单位是元,辅币单位是角和分,主辅币单位换算遵循十进位制。但是数字货币是以电子信号形式储存在计算机中的二进制数字化信息,因此没有必要作出主币与辅币的区分,每种数字货币都有自己的计量单位,具有较强的可分性,适用于小微型交易,一个比特币可以被细分到小数点后8位,0.000 000 01是比特币的最小单位。

除了以上特点,相对于纸币而言,数字加密货币省去了印刷、数据审核、防伪、押运流通、保险库保管等各方面的成本;完全去中心化,没有发行机构,不可能操纵发行数量;依托互联网,无国界限制,全球流通方便快捷;账户具有隐匿性,只有一串无规律字符,不体现账户拥有者的特征,一个人还可拥有很多账户;尚无监管机构,交易费用低,任何商店使用加密货币交易,可省去税收成本。

9.1.3 数字货币的本质

与以往现实货币相比,数字货币的虚拟性并不是第一位重要的,第一位重要的是内在价值问题。也就是说,虚拟数字货币代表的价值,与一般货币代表的价值具有什么样的联系与区别。货币问题是现代性范畴的问题,虚拟的数字货币问题则是后现代性范畴的问题。它们之间并不共享同一基础范式。而正是范式的差异导致了两者的不同。

1)价值形成机制不同

一般货币与虚拟货币的价值基础不同,前者代表效用,后者代表价值。从行为经济学的观点推导,货币作为一般等价物,它所"等"之"价",语言上虽称为价值,但实际上是指效用。而数字货币代表的不是一般等"价"之"效",而是价值本身。

数字货币不是一般等价物,而是价值相对性的表现形式,或者说是表现符号;也可以说,数字货币是个性化货币。在另一种说法中,也可称为信息货币。它们的共性在于都是对不确定性价值、相对价值进行表示的符号。原有含义的货币,只能是新的更广义货币的一个特例。货币既可作为一般等价物的符号,也可作为相对化价值集的符号。

2)货币决定机制不同

一般货币由央行决定,数字货币由个人决定。一般货币的主权在共和体中心;数字货币的主权在分布式的个体节点。从信息经济学的角度看,一般货币是数字货币的一个特例。这种特例的特殊点在于:一是,参照点不变。因此,价值从一个集被特化为一个可通约的值,当参照点不变时,价值等同于效用;二是,效用相对于参照点的得失不变。这意味着,参照点所拥有的值是一个稳定的理性值、均衡值。在理性经济中,参照点也可能不变,但仍是一个散集。其不同在于这个散集中的每一个点(实际成交价)都是不稳定的,只有均衡值是稳定的;但在数字货币的价值集中,每一个点都可能是稳定的,相反是那个理性均衡值可能是不稳定的。

反映到货币决定机制上,央行正是理性价值的一个固定不变的参照点的人格化代表,而虚拟的货币市场(如股市、游戏货币市场)是由央行之外的力量决定的。正是在这个意义上,在经济学中有人把股票市场称为虚拟货币市场,把股市和衍生金融市场形成的经济称为虚拟经济。虚拟经济的本质是以个体为中心的信息经济。

3)价值交换机制不同

一般货币的价值转换,在货币市场内完成;而数字货币的价值转换,在虚拟的货币市场内完成。一般货币与数字货币的价值交换,通过两个市场的总体交换完成,在特殊条件下存在不成熟的个别市场交换关系。因此可以说,一般货币与数字货币处于不同的市场。

现实中的法定货币能够用来购买商品，如果想再换成货币可以再将商品卖出，这样货币和商品的双向交易就实现了，进而保证了市场上货币的供给与需求的协调，为我国中央银行制定和实施科学合理的货币调控政策提供了保障。但是目前的网络数字货币市场并没有形成这种机制，人民币可以兑换成某种特定的虚拟货币，但是数字货币不能再兑换成人民币，只有人民币向数字货币单方向流通，缺乏退出机制。

4）货币创造能力不同

现在的数字货币不需要提现，实行的是完全零储备制度，加之以互联网为基础的网络支付更加便捷进而加快了数字货币的流通速度，这样就让数字货币在理论上具有无限扩张的能力。在这种情况下，尽管网络运营商不会无限地提供虚拟物品，但是虚拟数字货币的交易量依然是可以无限倍地放大。

5）风险不同

数字货币的风险大于现实法定货币，现行发行货币是由国家根据市场情况发行的，以国家和中央银行的信誉为担保，但是数字货币均是由不同的企业根据自身的需要而设计开发的，以发行机构本身的资产和信誉为担保。

尽管出现了多种数字货币的概念，但从严格意义上看，真正能作为货币存在和发展的，只能是央行数字货币。货币之所以从实物货币发展到信用货币是有其内在逻辑和规律的，要充分发挥货币的价值尺度功能，就需要保持货币币值的基本稳定；要保持货币币值的基本稳定，就需要保证一国的货币总量能够与该国主权范围内、法律可以保护的可交易社会财富的规模相对应，能够随同可交易社会财富的增减变化而变化，具有可调性、灵活性。比特币等去中心化数字货币不可能成为真正的流通货币，与单一法定货币等值挂钩的稳定币也只能是代币，要受到严格的货币监管，不能在规定范围外自由流通，与一揽子货币结构性挂钩的超主权货币设想更是难以成功，不可能得到主权国家的支持。数字货币最终只能是法定货币的数字化。

9.2 数字货币的产生、发展和实际应用

9.2.1 数字货币的产生和发展

数字货币的产生是货币自身发展在技术进步推动之下的演进结果。货币随着简单交换而产生，其形态随贸易交换发展而变化，每一次形态的演变，从具体到抽象，从实体到观念，货币都在试图任何一种使用价值，充当价值符号，寄身于纸币、信用卡、电子终端设备中，不断向着社会化、虚拟化的方向发展。在历史上，商品货币表现为实物货币、金属货币两种形式，这种货币兼具商品与货币的双重职能，其作为货币的价值与作为商品的价值相等。物物交换限定了交易的发展，这种生产关系不再满足生产力的发展，随即过渡到信用货币。信用货币发行都有一定的担保，国家发行的主权货币也是依靠国家的信用而强制流通的，货币信用担保也因国家的强制发行流通实现了具体化向抽象化的发展，从具体的物品到抽象的符号，实现了货币发展的一次飞跃。货币由纸质形态进入电子化时代，纯粹变成一串数字符

号。这种电子货币是一种以电子脉冲代替纸张进行资金传输与存储的货币，它的出现使得存取款、投融资、交易等有关的交易都变成数字化的电子数据交换形式，货币开始向着无纸化方向发展，实现了第二次质的飞跃。互联网的发展创造了繁荣的虚拟网络环境与丰富的虚拟网络产品，从而产生了数字货币利用网络社会进行的交易，这种货币是一种存储在网络服务器的数据文件，依赖于整个互联网而存在，其货币形态更进一步虚拟化。

1）数字货币的产生

世界上第一种数字化货币是由被誉为数字货币之父的戴维·乔姆发明并发行的。乔姆 20 世纪 70 年代在美国加州大学获得博士学位，作为数学家、密码学家和计算机专家的他于 70 年代末，开始研究如何制作数字化货币。他看到互联网潜在的巨大商机，认为在互联网上必须有自己的网络货币，它可以在互联网上自由流通，成为互联网络上商品交易的货币媒介；同时它又应是一种无纸货币。经过多年的辛勤钻研，乔姆博士终于获得了成功，并于 1995 年开始在互联网上发行数字化货币。由于数字化货币属于金融创新，各国也未有法律规定不允许发行，他发行数字化货币也就并不违法。为使发行成功并得到流通，他详细地说明了数字化货币的发行理念和使用方法。凡是向他申请使用互联网数字化货币的前 1 000 名网络货币发烧友，均可免费获得 500 元数字化货币，在互联网上出售各种数字化商品的商人均可在网上定价，通过互联网向购买者收取数字化货币。由于互联网上许多软件是免费赠送的，与其白送，不如收取一些数字化货币，聊胜于无；同时，互联网上有些商品滞销，无人问津，与其等着，不如卖一点算一点，哪管数字货币是否值钱。对于前 1 000 名申请者来说，这 500 元数字化货币是免费得到的，又能用它购买一些网络产品，何乐而不为呢？这样，50 万元数字化货币很快就发行完了。令人振奋的是，确有商人接受这种货币，这样有买有卖，乔姆博士的数字化货币就开始在因特网上流通了。

数字化货币是以电子化数字形式存在的货币，是由 0 和 1 排列组合成的通过电路在网络上传递的信息电子流。其发行方式包括存储性质的预付卡（电子钱包）和纯电子系统形式的用户号码数文件等形式。数字化货币与信用卡和电子支票也不同，它是层次更高、技术含量更多的电子货币，不需要连接银行网络就可以使用，并具有不可跟踪性。但从技术上讲，由于各个商家和个人都可以发行数字化货币，如果不加以规范控制和标准统一，将不利于网上电子交易的正常发展。

1995 年底，由于乔姆发明的数字化货币使用者越来越多，它竟然被设在美国密苏里州的一家"马克·吐温"银行所接受。该行在网上刊登广告，招揽生意，凡是在该行拥有存款账号的客户，均可在国际互联网络上拥有自己的数字化货币账户，用户有权将自己存款中的美元或其他货币转为互联网数字化货币，从而在互联网上进行交易时，使用这种电子货币进行支付。如果接受这种数字化货币的商人在马克·吐温银行中也拥有自己的账号，整个交易就能顺利完成。

自此以后，各种科研机构和高科技公司又陆续开发出各种各样的数字化货币及其支付系统，直至 2009 年比特币的诞生，引起世人对新型数字加密货币的广泛关注。

2）数字加密货币产生的技术基础——区块链（blockchain）

当前的数字加密货币基本上都采用了与比特币相同或相似的工作原理，其底层技术和基础架构就是区块链,其核心思想延续了“无法被追踪的匿名特征”并且“政府的作用被排斥在外”(Wei,1998)。区块链本质上是一个去中心化的巨大分布式账本数据库(即分布式记账系统),是一串使用密码学相关联所产生的数据块,每一个数据块中包含了多次数字货币网络交易有效确认的信息。随着加密交易不断产生,“矿工”不断解密验证交易,创造新的区块来记录最新的交易,这个账本就会一直增长和延长。新的区块按照时间顺序线性地被补充到原有的区块末端,就构成了区块链。区块链上保留有每个节点比特币的余额信息,并随着自身的延长向各个节点进行自动更新。

在数字货币的交易过程中,为了保护交易者隐私和避免同一货币被多次使用的问题,主要采用了公钥密码原理和分布式时间戳技术。在保护隐私方面,公钥可以作为数字货币的接收地址,私钥被用来确认账户中货币的转移支付。公钥与电子邮件相似,是公开的;私钥与电子邮件密码相当,通过它才能对信息进行访问和处理。接收者的公钥地址和交易信息(包括本次和上次的交易数额及费用等)都通过互联网传递,发送者会使用私钥对交易信息进行数字签名,并向支付网络发送交易信息。交易信息的有效性(包括该信息是否由特定发送者发出、发送者是否对交易货币拥有所有权以及该货币是否被重复使用等)需要进行确认。与传统金融体系中由中央结算机构来确认每笔交易的有效性所不同的是,数字货币(如比特币)网络中只有一个全局有效性的交易链(blockchain),并分布式储存在支付网络的每一个节点中。为避免无效信息的泛滥和网络恶意攻击,支付节点产生新的交易模块时需要进行复杂的计算,被视为支付节点的工作证明(Proof of Work)。该计算是一种概率很低的随机碰撞试验,需要消耗支付节点大量的计算资源,因此率先完成工作证明的节点会得到一定的奖励,这个过程被称为“挖矿”。“挖矿”不仅是新的数字货币产生的过程,同时也保证了数字货币支付平台的高效运行。

由上可见,支撑数字加密货币的区块链技术拥有以下主要特点:

(1)去中心化

去中心化是区块链最基本的特征,不再依赖于中央处理节点,数据将被分布式记录、存储和更新,这样就不存在中心化硬件或管理机构。所有节点的权利和义务都是相同的,所有节点共同维护系统中的数据,且每个区块链的节点都遵循相同的规则,这种规则是基于密码算法而不是信用,每次数据更新都需要所有节点审核批准才可通过,在这种情况下就不需要第三方中介结构或者是信用机构背书。通过点对点同步记录数据,可以实现数据的分布式共享。

(2)不可篡改

数据写入区块链后就会永久保存,除非某个节点拥有超过系统51%的算力,否则对单个节点数据更改是无效的。理论上来讲,要执行51%算力攻击,首先需要拥有比网络其他矿工更强的算力。但随着时间的推移,比特币挖矿消耗的电力持续增长,攻击者需要大量电力才能成功执行攻击,成本太高而利润太低,这种成本和损失风险使得执行51%算力攻击的可能性微乎其微,区块链上的数据实际上趋于稳定且可靠。

(3)开源性

由于整个系统的运作规则必须是公开透明的,所以对于程序而言,整个系统必定会是开源的。除了交易各方的私有信息被加密外,其他所有数据都对参与者公开,任何参与者都可

以通过公开的接口查询区块链的数据和开发相关应用，这使得整个系统高度透明。

(4)匿名性

区块链中各节点之间的数据交换遵循相同的算法，因此可以无须信任，数据交易双方甚至可以不知道对方的身份。在系统中每个参与的节点的隐私都受到保护。数据交换是基于地址而非个人身份的，因此系统可以做到自信任。

相比于其他技术，区块链技术较好地解决了分布式系统中进行信息机交互时面临的“拜占庭将军问题”(Byzantine Failures)难题。分布式的授权机制让安全性大大高于那些将权限数据储存于中心化数据库的形式，而分布式的加密特点保证了没有中心数据库可以被侵入或篡改。

随着区块链在数字货币清算结算、数字资产管理等方面的推广，区块链技术的独特效应正在逐步显现。一般认为，区块链已从1.0发展到3.0。区块链1.0主要是指支撑比特币的基础技术。区块链2.0是其在金融业务上的延伸，其应用涵盖金融机构、金融工具和智能合约。区块链3.0包括行业中的新兴应用，除了银行和金融科技，它包括在备案管理、知识产权管理、物联网、教育应用和政府管理等诸多方面的使用。

3)数字货币的发展

综上所述，数字货币的发展主要经历了4个阶段，分别是探索期(1983—2007年)、实践期(2008—2017年)、发展期(2018—2019年)和规范期(2019年至今)。

(1)探索期

1983年，David Chaum首次提出匿名数字货币，此后随着各研究人员的探索，数字货币的安全性等问题逐步完善，数字货币的雏形逐渐形成。

(2)实践期

以2008年中本聪发明比特币为标志，各类加密货币快速发展。2015年以太坊发布，智能合约概念逐步得到普及，比特币的价格快速走高。

(3)发展期

这个时期稳定币迎来快速发展，2018年稳定币USDT的交易量激增，2019年Facebook(现指Meta)发布Libra白皮书，Libra实现快速发展。

(4)规范期

随着Libra对各国主权货币产生挑战，各国央行加大对数字货币的研究和跟进，并逐步试点央行数字货币，与此同时，Libra逐步式微。

尽管目前各界对非法定加密数字货币的认可度存在较大争议，但不可否认的是，非法定加密数字货币(尤其是比特币)的流行程度已经远超预期，加密数字货币和去中心化分账技术很有可能成为全球支付系统的重要组成部分。

加密货币市值排行榜的最新数据显示，在全球发行的数千种数字货币中，稳定币在私人发行数字货币中的市值占比仅次于比特币和以太币。稳定币作为一种不同于传统加密货币的新型资产，不仅具有加密货币透明、安全、交易快速、隐私性好等优点，而且兼具法定货币的稳定保障，是对货币支付的巨大创新。泰达币(USDT)起源于低端交易市场，为加密货币用户提供了一种间接交易美元的方式，而不需要通过传统的支付系统或银行服务，此后随着规模扩大开始逐步渗透到其他区块链网络和货币体系；天秤币(Libra)发行的愿景是为全球数十亿用户提供低成本且安全可靠的货币支付服务，为经济赋能。

在私人发行数字货币日益泛滥的形势下，为了维持货币支付体系稳定、保持货币政策的有效性以及维护国家货币发行主权，央行最终也不得不发行自己的数字货币。迄今为止，比特币等加密货币和稳定币的普及率都尚未达到使用现金或已存在的无现金支付方式的水平，为各国央行数字货币提供了机会。随着各国对央行数字货币的发行逐步进入实施阶段，央行数字货币发行也面临着许多实际问题。

根据交易目的不同，央行数字货币可以为批发型 CBDC 和零售型 CBDC。批发型 CBDC 不面向公众，其金融交易的参与者主要为中央银行和金融机构，用于金融系统中的结算与清算等场景。零售型 CBDC 用于日常零售支付，商业银行、公司以及个人均可以使用零售型 CBDC 进行交易。零售型 CBDC 可以作为现金或者电子货币 E-money 的替代品，并可以采取不同形式发行，比如，一种是基于账户的方式发行，另一种则是基于代币的方式发行。2020 年国际清算银行发布的一份对全球 21 个发达经济体和 45 个新兴市场经济体的调查研究显示，目前设计研发批发型 CBDC 的央行占 15%，如新加坡的 Ubin；设计研发零售型 CBDC 的央行约占 30%，如中国的 DC/EP；而将近 50% 的央行在同时进行二者的研究。由此可见，全球主要国家和地区的央行对于 CBDC 支付如何设计尚未有统一的答案，但根据上述国际清算银行的调查，大多数国家更专注于开发零售型 CBDC。

央行数字货币的发行对现阶段银行的商业模式和支付生态系统可能是一个重大冲击，学术界目前对此问题持有两种观点：一些学者认为，CBDC 会加速银行挤兑，迫使央行面临"三难选择"（经济效率、金融稳定、价格稳定）；另一些学者认为，虽然 CBDC 将与银行存款产生竞争，但是不一定导致银行脱媒。总而言之，数字货币支付未来如何发展仍然具有较大的不确定性，有关数字货币和货币支付体系变革的理论与实践研究依然会是学界和业界关注的焦点。

9.2.2 数字货币的实际应用

当前的数字货币有很多种，每种数字货币的发行方式不同，信用建立的方式也不同，实际应用中发挥的功能也是有所不同的。

数字货币的发行方式主要有 4 种：一是算法货币，如比特币，依据一套数据算法，然后公之于众，全世界的任何人都重复地演算这个算法之后能发现一定会在某一个时间点之前会有 2 100 万个货币，先被埋在数学模型里面，但是最后会因为大家的挖矿，慢慢地把它挖掘出来；二是众筹货币，比较典型的代表是以太币，先发布一个技术白皮书，希望在区块链上来开发一个区块链上的通用协议，但是它需要钱，通过发行以太币来筹集开发智能合约的资金；三是资产锚定货币，即代币，通过在区块链上把这块资产登记在区块链上，以这个资产作为锚定物，来发行形形色色、各种各样的数字货币；四是数字法币，即央行发行的数字货币，央行数字货币发行的前提是国家授权、法律授权，法律授权将来也会成为数字货币发行的一种方式。前三种都是私人发行的范畴。

上述 4 种不同发行方式下的数字货币，其信用建立的方式也是不同的。

①比特币依靠算法建立信用，区块链上的通用私人货币依靠算法来建立信用，这个算法公之于众，有很严肃的发行纪律、财政纪律，发行量逐渐递减，依靠这样一套算法，公众相信

这个货币不会被乱发，这是一种用算法建立的信用。

②以太币依靠使用价值建立信用，其发行量也是依靠算法来约束的，但所不同的是它有特定的用处，如果要运行智能合约的话，我们需要用以太币做费用，所以它是有使用价值的，以太币的币值与其使用价值高度相关，当以太榜上智能合约的使用价值越来越高时，由于以太币是开动这个机器的钥匙，所以它的货币价值一定会往上涨。

③代币以资产抵押建立信用，比如说把我们的房屋所有权登记到区块链上，就可以用我们的房屋做抵押来发行个人的货币，其信用基础就是资产抵押物。

④数字法币的信用建立靠的是国家信用，央行发行货币之所以被认可，是因为国家信用在后面背书。

由于各种数字货币的信用基础不同，它们在实际应用中所发挥的功能也就不同。数字法币的功能等同于传统的货币，将来在应用中可以发挥价值标准、价值交换、价值储存等功能。算法货币目前为止发挥的最主要功能是交换媒介，由于其价值波动太大，它不能成为价值贮藏的手段，现在很多人民币购买比特币，是在用它作为向海外汇款的手段。以太币为代表的众筹货币的功能则是协议运行，就是用以太币来使用区块链上的智能合约，当然也有其他的众筹货币，比如说，用区块链上的另一个通用协议——零知识证明，主要用来解决现在银行最担心的问题，因为在比特币的区块链上，账户的余额是向全网公开的，但是银行要使用到区块链技术，它不希望它的储户账户余额向别人公开，因此发行了这样一个隐私保护的协议，它能够在不公布这个账户余额的情况下，让第三方继续用第三方的记账。要运用区块链之上的通用协议，就要使用它的货币。所以说它的功能就是更好地帮助运行这些协议。最后一个锚定货币，登记在区块链上的资产，能够用智能合约自主交易的资产我们将其称为智能资产，前不久的新闻我们看到纳斯达克、UBS、德意志银行和花旗银行都在区块链上尝试着发行了它们的智能债券，在区块链上发行，自主交易、自主结算，因此把这种都叫作智能资产。智能资产再往前就是智能手机，任何能联上网的手机称为智能手机，智能手机再往前发布一步就是智能资产，所有在区块链上网的，能够自主交易的资产都称为智能资产。

案例 9.1

算法货币的代表——比特币

比特币(Bitcoin，BTC，货币符号฿)是一种用户自治的加密电子货币。其概念由中本聪(Satoshi Nakamoto，化名)在2008年提出。他以开放、对等、共识、直接参与的理念为基准，结合开源软件和密码学中块密码的工作模式，在P2P对等网络和分布式数据库的平台上，开发出比特币发行、交易和账户管理的操作系统。其系统让遍布整个对等网络用户端的各节点，按照其种子文件达成网络协议，从而确保在货币发行、管理、流通等环节中公平、安全、可靠。2009年1月3日，中本聪挖掘出第一个区块链，最初的50个比特币宣告问世。它的货币总量按照设计预定的速率逐步增加，增加速度逐步放缓，预计在2140年达到2 100万个的极限。

比特币采用公开分布式账本的方法，所有的历史交易都通过块(blocks)的方式记录进账本，这个账本并不保存在某个中央服务器中，而是全网公开，保存在每个接入比特币网络的计算机上。完整的交易指令被发出后，信息就在整个比特币网络内快速传播。网络节点开始计算该交易是否有效(即账户余额是否足够支付),并试图生成包含这笔交易信息的块。当累计有6个块包含该笔交易信息时,才被认为验证通过,正式确认交易成功,如图9.3所示。

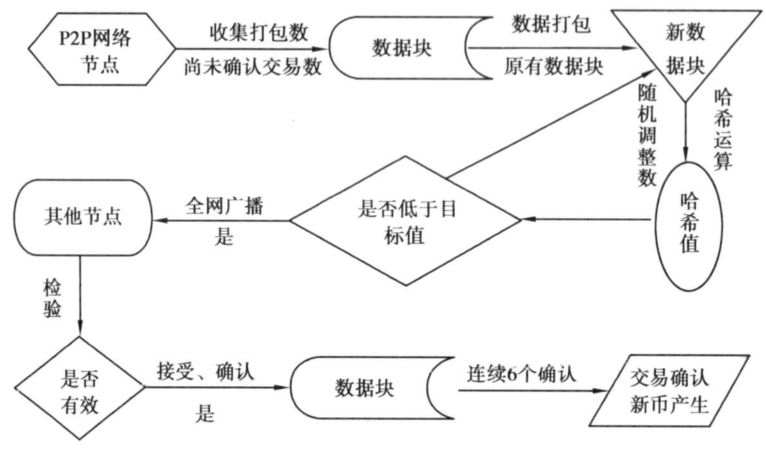

图9.3 比特币交易流程图

新的比特币是通过运行软件制造出来的,从表象上看,这种货币供应机制与金银等贵金属货币的供应机制有一定的相似之处,因此,常被形象地称为“挖矿”,而挖矿的人则被称为“矿工”。也有人认为这个创造过程与游戏里面打金币非常相似,因此,形象地称之为“打比特币”。挖矿的本质就是争夺记账权。在比特币的世界里,大约每10分钟会在全网公开的账本上记录一个数据块,这个数据块里包含了这10分钟内全球被验证的所有交易。而确认这个数据块的权利是需要抢的,每抢到一个新的区块就允许获胜者向自己的账户增加一笔金额作为奖励。如果这10分钟内某个矿工没能抢到记账权(原则上每次只能有一个矿工抢到),他就等于白折腾了,重新进入下一轮争抢记账权的过程。而争夺记账权的办法其实就是大家玩的一个叫作哈希的密码学游戏,其具体算法是SHA-256(一种典型的安全散列算法)。由于哈希计算结果的随机性,没有办法优化算法,只能从零开始一直往上运算,谁的运算能力强,谁就越有机会率先找到这个数字。因此,“发现”新数据块的可能性是建立在个人计算能力与全网计算能力总和的比较之上的。

在比特币网络中,新币的生产速度是预先设定的。每个交易区块的生成时间保持在10分钟左右,最初每成功抢到一个块的奖励是50个比特币。区块链的规模每达到21万的整数倍(每4年会达到一次),成功抢到块获得的奖励便会减半:先从50个比特币减少至25个,再从25个减到12.5个。以此类推,大约到2140年整个系统将产生2 100万个比特币,达到事先设定的总量上限。之后比特币将不再增加,比特币矿工的收益将由转账手续费支付。虽然比特币的总量是一定的,但是它是可以分割的,可以有0.000 01个比特币甚至再分下去。所以如果以后比特币涨到了非常夸张的时候,那么就可以使用mBTC(0.001 BTC = 1 mBTC)这样的单位来计量了。比特币交易很方便,你可以从世界上任何一个角落非常迅速地收取或者发送比特币,感觉上和用支付宝没什么区别。比特币交易费用十分低廉,每次交易只需支付0.000 1 BTC左右的费用,而这些费用主要用于鼓励全球比特币P2P网络节点对比特币网络的维护。

比特币在使用时,首先需要一种被称为"钱包"的客户端软件来管理比特币。在 PC 上使用得比较多的钱包(客户端软件)有 Bitcoin-qt、Multibit、Armory 等。Bitcoin-qt 是最早的比特币客户端,其安全性、稳定性高,美中不足的地方是 Bitcoin-qt 在安装之后需要一个比较长时间的同步过程(将整个比特币网络的信息同步到本地),而且它占用的空间也很大。它在各个平台上都可以使用(Windows/Linux/Mac OS)。Multibit 是一款非常轻便的比特币钱包,相比于 Bitcoin-qt,它可以在非常短的时间内同步完成(几分钟),同样是三大操作系统都可以用。除此之外,在 Android 手机上也可以安装一个 Bitcoin Wallet。

下载并安装比特币钱包之后,打开它的界面,就可以看到自己的地址(形如这样的字符串:19ECUpzBQLrocUGvR44LFr87ggqyfJgswN)。这个地址相当于在比特币世界的"账号",就可以收到其他人向该地址汇入的比特币。同时,在软件生成一个"地址"时,也产生了一个"私钥"文件,这个"私钥"可以理解为密码或钱包的钥匙,它代表着某一个地址的所有权,一定要保管好,也可使用一些加密工具对其进行加密。

区块链追踪器数据显示,截至 2021 年 12 月 13 日,比特币全部供应量(2 100 万个)的 90% 已被开采,市场流通量约为 1 890 万个。但是尚未开采的 10% 则需要非常漫长的时间去开采,依据网络估计和"比特币减半"计划,仅剩下的 210 万个比特币预计要花费将近 120 年的时间开采,即到 2140 年 2 月才能完成。

案例 9.2

央行数字货币的代表——数字人民币

中国人民银行 2014 年就成立了法定数字货币专门研究小组,2016 年直属央行的中国数字货币研究所正式成立,并于当年提出双层运营体系、M0 定位、银行账户松耦合、可控匿名等数字人民币顶层设计和基本特征。2017 年底央行开始数字人民币研发工作,逐步打造出完善的数字人民币 App。2020 年 4 月,央行开始在深圳、苏州、雄安、成都及北京冬奥会场景开展数字人民币试点测试;2020 年 10 月,增加上海、海南、长沙、西安、青岛、大连 6 个新的试点地区,形成了"10+1"中国数字人民币试点场景布局;2022 年 9 月,数字人民币试点在原有基础上增加天津、重庆、广州、福州、厦门以及浙江省承办亚运会的 6 个城市(杭州、宁波、温州、湖州、绍兴和金华),北京和张家口在北京 2022 年冬奥会、冬残奥会场景试点结束后转为试点地区。此次扩容后,数字人民币试点地区增加至 23 个,数字人民币应用逐步完善。

数字人民币(e-CNY)是由中国人民银行发行的数字形式的法定货币,主要定位于现金类支付凭证即 M0。数字人民币是央行发行的法定货币,具备货币的价值尺度、交易媒介、价值贮藏等基本功能,数字人民币发行、流通管理机制与实物人民币一致,但以数字形式实现价值转移。数字人民币是央行对公众的负债,以国家信用为支撑,具有法偿性。

数字人民币具有明显不同的定位和特点。一是数字人民币的载体、防伪、交易区别于实物形式的纸币,需要数字人民币钱包"装载",具备更好的防伪效果,可以采用线上转账、线下扫码等支付方式。二是数字人民币定位于现金类支付凭证即 M0,支持双离线交易,在弱网条件下有较好的使用体验,使用场景广。数字人民币大幅度降低了传统法定货币发行和兑换成本,具有更高的支付清算效率和更高的透明度,从而有效提升企业支付清结算的效率。数字人民币同时具备可控匿名的特点,遵循"小额匿名、大额依法可溯"的原则,不仅能实现个人信息的保护,也能实现防范数字人民币被用于电信诈骗、洗钱、逃税等违法犯罪行为。数字人民币高转账速度、低手续费、高安全性的特点可以有效解决跨境支付交易周期长、高费用率的难题。此外,由于数字人民币无须绑定银行卡,用户通过手机即可注册相关钱包,这将有效地提升外国人在中国境内的人民币支付,比如在冬奥会场景中,国际友人无须注册银行卡便可使用数字人民币。

数字人民币运行框架采取"央行—商行""商行—公众"的双层运营体系(图9.4),即中国人民银行不直接对公众发行和兑换央行数字货币,而是先把数字人民币兑换给指定的运营机构,包括商业银行或者其他商业机构,运营机构需要向人民银行缴纳100%准备金,再由这些机构兑换给公众。这种双层运营体系和纸钞发行基本一样,不会对现有金融体系产生大的影响,也不会对实体经济或者金融稳定产生大的影响。

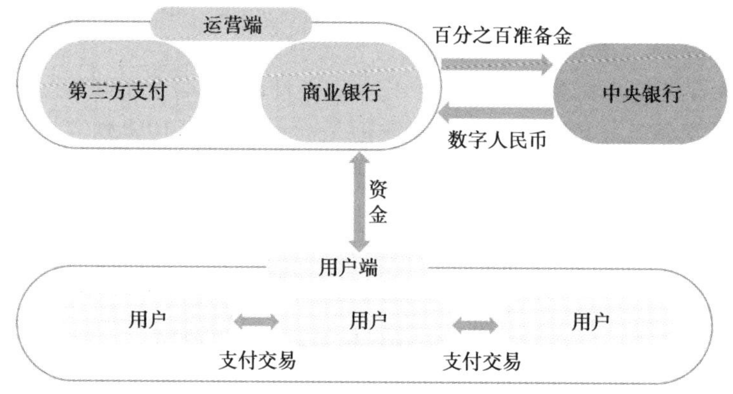

图9.4　数字人民币运行框架

(图片资料来源:《中国数字人民币的研发进展白皮书》,平安证券研究所,2022-06-06。)

数字人民币的运行体系包括"一币、两库、三中心"。"一币"是由中央银行担保并签名发行的代表具体金额的加密数字串。"两库"是指中央银行发行库和商业银行业务库。发行货币时,央行将数字货币发行给商业银行的数字货币业务库,商业银行向央行缴纳准备金作为数字货币发行基金,进入央行的数字货币发行库中。再由商业银行将数字货币兑换给公众,即由央行负责发行,商业银行则与央行合作,维护数字货币的发行和流通体系。"三中心"是指认证中心、登记中心和大数据分析中心。认证中心负责集中管理法定数字货币机构及用户身份信息,是系统安全的基本组件;登记中心负责权属登记和流水记录,包括法定数字货币产生流通、清点核对及消亡全过程。大数据分析中心主要进行支付行为分析,监管掌握货币的流通过程,保障数字货币交易的安全性。

9.3　数字货币的风险控制与监管

作为一种时间短、速度快、效率高、费用低的数字化支付媒介,数字货币提高了市场效率,推动经济更快发展,在一定领域内执行了货币的价值尺度和流通手段职能,具有近似货币的性质。与传统货币相比,数字货币尤其是非法定数字货币的交易平台脆弱,监管环节薄弱,一旦出现问题,连锁反应必然会导致一定的金融风险。随着虚拟货币的深入发展,是否会影响央行的宏观调控,是否会造成全球通货膨胀,这些问题都将对现行的金融政策提出挑战。

9.3.1 数字货币存在的主要风险及其控制

1)市场操纵风险及其防控

因为数字货币可以通过组建"矿机"挖取,若在某数字货币尚未红火之时,投入大量资金开采数字货币并在市场上逢低吸纳,当其在市场上占有一定比重时,如 15% 以上,便可能操纵整个市场。相对于股票市场中的小盘股而言,操纵一个新兴的非比特币的数字货币市场更为容易。普通投资者在这样的市场中想要赚钱难度极大。有学者曾对 2013 年比特币在短短两个月从 150 美元上涨到 1 000 美元的原因,通过复杂的计量模型分析,认为 Mt. Gox 交易所在这个过程中存在着很明显的市场操纵行为①。随着比特币的体量不断变大,越来越去中心化,其价格操纵的成本越来越高。但用比特币去操纵其他小币种数字货币的可能性还是比较小,尤其是新上市币种。

因此,避免市场操纵风险的应对策略之一就是要形成行业自律,平台应对账户进行监控。对平台中出现大批量吸入数字货币的行为应予以警示乃至停止其交易,谨防其依靠大资金操纵市场。但考虑数字货币本身所倡导的互联网精神,做到这一点极其困难。另外,当前各个平台均为非官方机构,平台间信息共享非常困难,且很难通过身份验证、银行账号便锁定是否为同一集团在进行建仓及操纵市场。

2)技术风险及其防控

虽然计算机加密技术在不断完善,但是技术系统与平台终端的兼容性还存在缺陷,有可能出现病毒扩散的现象,数字货币的风险点有可能来自技术本身。例如,在使用云计算时,会涉及连接外界网络的问题,云服务商需要同时为多家公司提供服务,但在云平台上,用户之间并没有明确的安全界限,这就意味着一旦出现风险,就有可能波及多家公司。数字货币依赖于区块链技术和系统运行,这会使其遭受安全冲击,比如计算机系统的黑客攻击。2022 年 2 月,位居市值第二的加密数字货币以太币被白帽黑客 Jay Freeman 发现有一个巨大的技术漏洞,通过这个漏洞以太币可以被无限复制。Jay 及时通知了以太坊(Ethereum)并获得了 200 万美元的奖励。由于编码经常出现漏洞,过去几年,各路黑客不断攻击以太币系统并偷走了价值数百万美元的以太币。有时,一些对接交易平台出漏洞时也会殃及数字货币系统。2022 年 1 月,世界最大的数字货币交易平台之一 Crypto. com 被黑客攻破,价值 1 500 万美元的以太币被盗,同时被盗的还有价值 1 800 万美元的比特币。

目前对加密数字货币的保护尚无十全十美的解决方案,一方面取决于平台、交易所不断升级系统的安全技术,另一方面作为加密数字货币的投资者要注意密钥控制,将数字货币保存在加密钱包,备份与数字货币相关的内容(如 PIN、私钥种子等),在使用数字货币的设备上加装安全软件,不使用不提供多重身份验证的交易所,比如,在社交媒体上过度分享等。

---

① GANDAL N, HAMRICK J T, MOORE T, et al. Price manipulation in the Bitcoin ecosystem[J]. Journal of Monetary Economics, 2018(95):86-96.

3)平台风险及其防控

目前有很多数字货币平台基本都需要将资金存入该平台进行买入或卖出。有些平台为了吸引投资者的加入,通常会提供手续费免费的优惠条件。但有些免费的平台风险较大,如2013年10月,一家在香港注册的比特币交易平台以“遭黑客攻击”为由,突然“跑路”,高管全部失踪。其后估算,本次事件卷走了大约3 000万元人民币。2021年4月,土耳其最大的数字货币交易平台Thodex突然停止所有交易服务和提款。土耳其媒体报道,其创始人Faruk Fatih Ozer此前已携带价值20亿美元的数字货币逃往泰国。事件发生后,该平台多名工作人员被抓捕,土耳其央行宣布自2021年4月30日起禁止使用数字货币直接或间接购买商品或服务。

因此,投资者应在确定自己是否投资数字货币、具体投资哪种数字货币后,对平台进行考察和甄别,不受手续费高低的影响,选择有实力、声誉好的平台进行交易;投资者应关注自己所投资平台的各类消息,做好对其声誉变化的观测;监管机构应将对数字货币的交易平台纳入监管范畴,要求其缴纳准备金及保证金,及时提示平台风险,预防此类道德风险。

4)信用风险及其防范

信用风险是数字货币面临的一个比较普遍的风险,有着复杂的表现形式,违约行为主要产生于资金供给者、资金需求者以及第三方平台。与法定货币不同,数字货币不属于信用货币体系。代币发行(Initial Coin Offering, ICO)者可以是跨国的初创公司、项目、网络社区或自然人,投资者往往对发行者信用情况和相关项目知之甚少。ICO投融资门槛低,创业者成本极低,不受监管,致使大量风险承担能力较低的普通投资者加入ICO大潮。就创业者而言,寻找风险投资是一个复杂而漫长的过程,企业融资要经过寻找投资人、项目路演、实地调研、评估分析等过程,而在ICO模式下,创业者只需一份PPT或白皮书,简单阐述项目基本内容和代币使用规则等,即可面向公众筹资,融资成本极低,跑路风险极大。2018年3月,深圳南山警方破获了一起非法集资诈骗案,深圳普银区块链集团有限公司发行虚拟货币,借助P2P平台非法吸收公众资金,骗取被害人奖金约3.07亿元人民币。

因此,对于普通投资者而言,应增强风险防范意识,充分认识该领域投资的风险性,评估个人风险承受能力,否则不要进入。投资前要对其进行仔细评估,形成合理预期和投资策略,特别要注意项目的技术团队、过往投资经验以及是否符合国家法律法规和政策。

5)法律风险及其防控

数字货币目前仍处在法律和监管的灰色地带,在很多国家都面临着合法化的挑战。2013年12月5日,中国人民银行会同工信部、银监会、证监会和保监会印发了《关于防范比特币风险的通知》,声明比特币应是一种特定的虚拟商品,不具有与货币等同的法律地位,不能且不应作为货币在市场上流通使用。美国国税局发布的2014年第21号通告称比特币及其他虚拟货币将被视作财产而不是一种货币。2021年6月,萨尔瓦多批准通过了将比特币作为法定货币的提案,该国成为首个采用比特币作为法币的主权国家。随后,在2022年4月,中非也通过了接受加密数字货币作为法定货币的法案,成为全球第二个使用比特币作为法币的国家。但从全球来看,私人部门发行的加密数字货币的法律主体地位确立仍有很长一段路要走。

数字货币作为新型财产类型,具有网络虚拟属性,其交易纠纷逐渐呈高发态势。在尚未对数字货币专门立法、某些交易性质不易厘清的背景下,司法案例处置先行具有较强的借鉴意义。在我国,只有数字人民币是法定货币,其他数字货币可以作为一般财产得到法律上的保护,但任何以法定货币身份从事的活动都是不被国家法律允许的。在涉及数字货币类交易的活动中,数字货币仅是交易对象,更应注重投资主体签订合同本身的风险防范。

9.3.2 数字货币的监管挑战和各国现状

1)数字货币给监管带来的挑战

私人部门的数字加密货币给监管带来的挑战主要体现在以下 5 个方面:

(1)没有中心化的管理机构

在一般监管法规中,一个核心的内容就是监管机构对中心机构提出合规性要求,中心机构依据合规性要求来开展业务活动。但数字加密货币没有任何中心机构发行和维护,这时的监管需要创新来适应新环境,一旦参与数字货币交易的消费者遭受损失,缺少中心机构会使得损失无法追溯。

(2)匿名性

传统金融机构需要执行严格的客户识别程序,以避免其参与非法金融活动,因此,除现金外,其他常用金融交易形式都和客户信息相关联。而数字加密货币提供了更多的匿名性,使非法行为也更容易藏匿。

(3)易受攻击

在数字货币协议里,交易一经确认不能被取消。但是,比特币等数字货币被盗的事件频繁发生。盗窃的问题不仅出现在个人电脑使用者,还包括一些从事比特币交易的商业机构,还有一些黑客在用户不知情的情况下,控制电脑用于挖矿,非法占有挖矿所得。

(4)监管初级

金融监管往往落后于技术创新。很多监管机构还没有建立适合于数字货币的监管体系。以 ICO 监管为例,首先,由于其受众范围大多局限在区块链圈内且发展时间不长,其中区块链技术涉及计算机、金融、法律等领域,涉入门槛较高,参与主体知识结构的不完整等因素都会影响监管方案的设计和实现,甚至将难以完成系统性的监管工作。其次,分散全球的投资者可以通过投票的方式决定某个提案是否通过,但监管很难做到跨地域、跨时空同步监管。此外,ICO 无投资门槛限制,对投资者的信息监管甚至资金来源无须备案,为不法分子非法集资活动创造了机会,增加了监管挑战。

(5)跨境协同难度大

基于互联网的数字货币发行和交易容易产生跨境流通,这使得监管的难度进一步加大和复杂化。由于技术使用范围跨境,对特定数字货币的交易,市场参与者或方案的管辖权主张使得金融监管当局面临挑战。在虚拟环境下,国家监管机构也较难执行法律和监管措施。

此外,稳定币的诞生和发展对监管带来了新的挑战。由于一些国家明确禁止法定货币与加密数字货币进行直接兑换和作为兑换中介的交易所运营,反而导致加密数字货币投资者纷纷选择稳定币作为法定货币与加密数字货币流通的替代途径。以我国为例,由于我国完全禁止法定货币与加密数字货币的交易,实际上对推动以泰达币为代表的稳定币在我国成为加密数字货币的"法币"起到了一定的推动作用,泰达公司于2019年9月9日正式宣布推出与离岸人民币挂钩的稳定币CNHT(Tether Chinese Yuan)。虽然CNHT的推出会进一步推动离岸人民币的流动性,但是这也引起了中国监管机构的关注。

2)数字货币的各国监管现状

数字货币的监管和治理既是国家金融安全面临的新课题,也是全球金融治理的迫切任务。从当前各国对数字货币的监管情况来看,对数字货币体系的监管方法总体上包括4种,即警告与风险提示、监管与授权、立法规范、明令禁止。

(1)警告与风险提示

一些中央银行与监管机构公开警告Bitcoin等非主权数字货币可能引发洗钱与恐怖主义融资风险。例如,欧洲银行业管理局报告中警告消费者关注虚拟货币存在的兑换损失、电子钱包被盗、支付不受保护、价格波动等诸多风险,如我国央行等部门于2017年、2018年先后发布的《关于防范代币发行融资风险的公告》《关于防范以"虚拟货币""区块链"名义进行非法集资的风险提示》,提醒投资者关注相关风险。

(2)监管与授权

一些国家纷纷探索建立了数字货币的监管机制。如法国监管部门将为比特币流通买卖提供服务并获取利益的行为界定为一种支付服务,要求该支付服务必须得到政府授权。而2014年颁布的纽约州虚拟货币监管框架则是一个比较完整的针对虚拟货币的金融监管条例。该框架的具体内容包括虚拟货币的定义、虚拟货币的商业行为及其许可、流动性要求(即机构或个人需持有特定数量的虚拟货币以应对流动性风险)、反洗钱和客户身份识别、消费者信息披露以及消费者遭遇欺诈后的损失补偿。而瑞典、加拿大等采取资质监管与登记许可的方式,规范交易主体。瑞典从2012年开始要求与非法定数字货币有关的交易必须在金融监管机构进行登记。2014年6月,瑞士金融市场监督管理局(Financial Markets Supervisory Authority, FINMA)授予SBEX交易所首个Bitcoin交易许可证,认同Bitcoin具备流通手段的职能。加拿大魁北克省2015年在全省范围内颁布了管理非法定数字货币的新条例,规定自2015年12月起,任何运营Bitcoin自动取款机或平台,交易非法定数字货币必须获得由金融市场管理局(Autorité des Marches Financiers, AMF)颁布的许可证。

(3)立法规范

部分国家对数字货币交易施行立法监管。加拿大拟立法允许政府对比特币交易进行监管,并将数额大于10 000美元的交易纳入可疑监管范围。美国FinCEN发布了虚拟货币的行为及主体界定的解释性指引。FinCEN认为,只有可转换虚拟货币需要受到监管,该种货币具有现实货币的价值,或者可以作为现实货币的替代物使用。并且FinCEN将虚拟货币参与者分为3类,即普通使用者、交易商、管理者。其中,交易商和管理者需要受到监管条例的约束。欧洲央行强调应加强现有法律框架下的国际合作,在现有法律制度框架下对数字货币加以规范。更多的国家则认为比特币不是一种流通货币,不具有法律地位。

(4)明令禁止

一些国家对与比特币有关的交易实行明令禁止。2013年12月5日,人民银行与工信部、证监会、保监会、银监会联合发布《关于防范比特币风险的通知》,明确了比特币的性质,认为比特币不是由货币当局发行的,不具有法偿性与强制性等货币属性。2021年6月,央行就银行和支付机构为虚拟货币交易炒作提供服务的问题,约谈了工商银行等部分银行和支付公司,要求各银行和支付机构切实履行客户身份识别义务,不得为相关虚拟货币炒作活动提供账户开立、登记、交易、清算、结算等产品或服务。

数字货币对于所有国家来说都是新生事物,如何对其实施有效监管,如何平衡数字安全与隐私保护,如何在金融创新和风险防范之间寻求平衡,都是各国政府在制定监管政策中需要考虑和解决的问题。目前,美国、英国、中国、日本、新加坡等国家在对数字货币的监管方面所进行的探索具有一定的代表性。

(1)美国

总体上看,美国对数字货币的监管实行联邦和州合作监管模式,采取鼓励发展与监管并举的策略。联邦层面,监管机构从金融创新角度规制数字货币及衍生品;州层面,各州制定自己的数字货币监管规则,各州政策尚未形成统一。2020 年以来,美国收紧对数字货币监管,美联储、美国货币监理署(U. S. Office of the Comptroller of the Currency, OCC)和联邦存款保险公司(Federal Deposit Insurance Corporation, FDIC)考虑成立"跨部门冲刺小组",创建统一的数字货币监管框架。

美国各州政府对数字货币监管进行了有益的探索。纽约金融服务部推出了 BitLicense 立法的修订法案。继上一次拟议法例更迭的评论后作出了几点改变,包括但不限于以下几点:使用数字货币用于非金融目的的公司(如"矿工"和技术公司),将不再需要注册许可证。如果一家公司一直符合经营准则,为期两年、有条件的、适用于初创公司和小公司的 BitLicense 将有资格续签。该提议还包括一个要求,即公司要向 DFS 报告可疑交易。新泽西州国会议员与九位企业所有者和法律专家举行了比特币专家会议来讨论监管数字货币潜在的方法。Blockchain. Info 的全球政策顾问 Marco Santori,概述了其他州已采取的数字货币监管指导并且建议新泽西州采取一种新的方法,该方法即考虑新的立法,在激励数字货币企业立足于州的同时,辅以保证这些企业对货币的管理能得到监控。佛蒙特州则决定关闭下游单独的比特币自动取款机。

(2)英国

英国对数字货币持开放态度,实施监管"沙盒"(Sandbox)。2018 年英国央行表示对数字货币交易所采取与证券交易所相当的管理标准,严厉打击数字货币的金融犯罪。2019 年,英国财政部、英格兰银行和金融行为监管局(Financial Conduct Authority, FCA)发布《加密货币资产指引》文件,拟定数字货币市场的监管框架,并指出交易性代币暂时不受监管。2021 年,FCA 成立数字货币工作组,管控数字货币风险。

(3)日本

日本金融服务局(Financial Services Agency, FSA)全方位监管数字货币交易所,制定了数字货币交易商监管条例,明确数字货币交易商的运营规则。日本国税厅正在讨论数字货币的税收问题,拟颁布《虚拟货币的收益及其他所得》,实施对数字货币的税收监管。

(4)新加坡

新加坡对数字货币较为包容。新加坡金融管理局(Monetary Authority of Singapore, MAS)对数字货币交易所和场外交易等平台从风控和合规两个方面进行监管。新加坡税务局(Inland Revenue Authority of Singapore, IRAS)规定使用比特币等数字货币买卖商品或服务的企业缴纳 7% 的商品增值税，数字货币交易所获得利润需缴纳 17% 的所得税。

(5) 中国

中国内地对数字货币实施严厉的监管政策。《人民币管理条例》规定，禁止制作和发售代币票券。2013—2018 年中国人民银行等五部委联合发布《关于防范比特币风险的通知》《关于防范代币发行融资风险的公告》《关于防范以"虚拟货币""区块链"名义进行非法集资的风险提示》等文件，明确指出代币发行是非法融资行为，关闭国内所有数字货币交易平台。2021 年 6 月以来，中国政府开始全面关停比特币等虚拟货币的挖矿行为，数字货币在中国内地的合法空间十分有限。中国香港地区对数字货币监管审慎，数字货币的法律地位较为明确，监管框架相对完善。

面对全球各国在数字货币监管中的挑战和难题，数字货币从国家监管到全球治理是现实所需和大势所趋。国际组织纷纷出台相应的治理方案，数字货币全球治理已提上日程，治理机制正在形成之中。G20 峰会、国际货币基金组织、政府间国际组织以及非官方国际组织都越来越关注数字货币的治理问题，加强全球合作模式、构建全球区块链、建立数字货币风险评价体系将成为数字货币全球治理的必要途径。

本章小结

1. 数字货币(Digital Currency)即数字化的货币，它是指以互联网为基础，以计算机技术和通信技术为手段，以数字化的形式(二进制数据)存储在网络或有关电子设备中，并通过网络系统(包括智能卡)以数据传输方式实现流通和支付功能的网络一般等价物，是一种基于节点网络和加密算法的虚拟货币，具有货币最为基本的流通、支付等职能。

2. 数字货币按照是否央行发行可分为法定数字货币和非法定数字货币，按照是否使用加密技术可分为加密数字货币和非加密数字货币。具体来说，数字货币目前主要包括普通加密数字货币、稳定币和央行数字货币三大类。

3. 非法定数字加密货币具有货币形态的虚拟性、应用的局限性、交易价格的不确定性以及计量单位的特殊性等特征。与通用货币相比，其不同点包括价值形成机制不同、货币决定机制不同、价值交换机制不同、货币创造能力不同以及风险不同。

4. 数字货币的发行方式大致有 4 种：算法货币(如比特币)、众筹货币(如以太币)、资产锚定货币(如各种代币)和数字法币(如央行发行的数字货币)，前三种都是私人发行的范畴。

复习思考题和检测题

1. 什么是数字货币？举例说明包括哪些种类。
2. 数字货币具备哪些特点？其本质是什么？
3. 什么是央行数字货币？数字人民币发行的影响和意义有哪些？
4. 数字货币的风险包括哪些？如何控制？
5. 数字货币给监管带来了哪些挑战？各国是如何应对的？

检测题

案例分析

萨尔瓦多政府豪赌比特币

2021年6月10日,中美洲国家萨尔瓦多的国会正式投票通过了比特币法案,成为世界上第一个将比特币作为法定货币的国家,该法案于2021年9月正式生效。随后,萨尔瓦多政府分十次陆续买入了2 301枚比特币。萨尔瓦多还成立了一只1.5亿美元的基金,专门用来购买比特币,这一金额只占其美元储备的4%左右,占比确实不高。不过,作为拉丁美洲经济发展落后、现金流吃紧的国家,比特币投资损失的影响远比账面上的盈亏更深远。为了配合比特币的使用,政府在全国范围内配置了200多台能交易比特币的ATM机,推出了官方数字钱包Chivo,老百姓只要下载注册,就可立即领取30美元。

萨尔瓦多之所以使用比特币作为法定货币,与其国情有密切关系。该国没有什么生产性产业,经济主要依赖侨民汇款,占GDP的20%以上。从2001年开始,萨尔瓦多的唯一法定货币就是美元,经济严重受美国的政策影响。之所以采用比特币作为法定货币,主要是因为萨尔瓦多国内有70%的人都无法正常使用银行系统,但有一半的人拥有手机。大量的萨尔瓦多人都在海外务工,往国内汇款的手续费太贵,换成比特币数字扫码支付,既方便,又快捷。但是,由于近一年来比特币价格的剧烈下跌,其当初购买的比特币的价值已经腰斩。此外,普通民众并没有多少人使用比特币,价格剧烈波动的比特币无法成为良好的储值手段。同样,只有五分之一的商家按照法规要求接受比特币。

问题:根据案例,你认为数字货币要成为法定货币必须具备哪些条件?你如何看待央行数字货币的发展?

第 10 章
互联网金融的风险控制和监管

📖 学习目标

- 掌握互联网金融面临的基本风险种类和特点。
- 了解互联网金融的风险控制方法和监管模式。
- 理解互联网金融监管的难点、创新和趋势。

📖 知识要点

- 互联网金融的风险种类和特点等。
- 互联网金融的风险控制方法和风险控制机制。
- 互联网金融的监管手段和模式。

📖 关键术语

技术风险;信用风险;流动性风险;操作风险;系统性风险;监管科技;监管沙盒;机构监管;功能监管;行为监管;穿透式监管。

案例导读

互联网金融风险专项整治工作顺利完成①

2022 年 5 月 12 日上午,中共中央宣传部举行"中国这十年"系列主题新闻发布会,中国人民银行副行长陈雨露在回答 21 世纪经济报道记者提问时表示,经过集中攻坚,我国金融体系长期积累的风险点得到了有效处理,影子银行乱象得到了有效整治,近 5 000 家 P2P 网贷机构已经全部停业,互联网金融风险专项整治工作顺利完成,立案查处了非法集资案件 2.5 万起,将互联网平台企业金融业务全部纳入了监管。

互联网金融风险专项整治工作起始于 2016 年 4 月,是自 2015 年 7 月央行联合十部委出台的互联网金融指导意见以来,国内互联网金融监管领域又一次重拳事件,互联网金融迎来

---

① 根据新浪财经相关资料改编。

史上最大规模的专项整治。原定期限为1年,包括摸底排查、清理整顿、督查和评估、验收和总结4个阶段。但由于排查工作量大,“新事物、新情况”需统一研究,协调部署并进行合规性判定,这一专项整治工作最终历经了6年才正式宣告结束。

该专项整治的具体工作由国务院牵头统筹,涉及14个部委参与监管,共设7个分项方案,涉及网络投资理财、互联网支付、网络借贷、股权众筹融资、互联网基金销售、互联网保险、互联网信托和互联网金融消费等互联网金融业态以及互联网金融企业广告治理等相关业务。非法集资是此次专项整治的重点,尤其是风险高发的P2P网贷平台。百亿级网贷平台风险兑付事件接踵而至,不仅刺穿了老百姓的钱袋子,也刺痛了监管的神经。互联网金融风险频发除了与一些平台自身运作不规范外,其主要原因在于当前互联网金融监管陷入了两难境地,很多出问题的互联网金融平台都不是纯粹一个监管部门的介入就可以进行监管和整治的。通过此次互联网金融风险专项整治工作,我国初步搭建了互联网金融监管框架,出台了一系列互联网金融监管文件,为互联网金融的健康发展和维护金融秩序打下了基础。

本章重点阐述互联网金融风险种类及各类风险的表现形式和成因,并在此基础上介绍互联网金融的风险控制方法和管控机制。该部分是对前面各种互联网金融运作模式存在的风险及其控制和监管的总体分析。

10.1 互联网金融的风险种类和控制方法

10.1.1 互联网金融风险的种类

由于互联网金融是金融与互联网技术全面结合的创新产物,对比传统金融风险,互联网金融风险既有来自互联网技术方面的风险,也有来自金融自身的业务风险,还有面临创新伴随而来的法律和政策性风险,如图10.1所示。

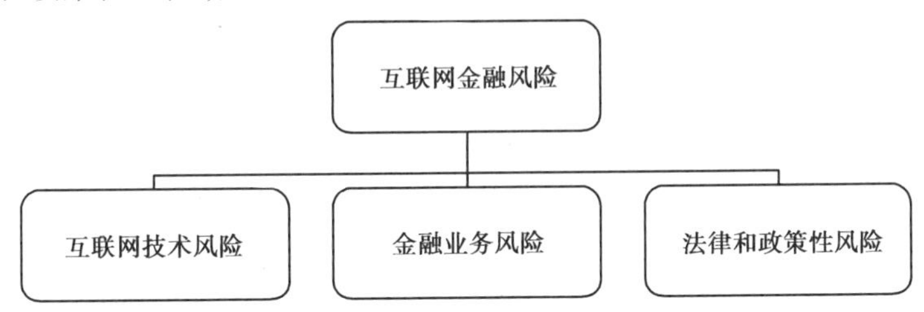

图10.1 互联网金融风险类型

1)互联网金融的技术风险

(1)互联网系统安全风险

互联网金融依托发达的计算机网络开展,相应的风险控制需由计算机程序和软件系统完成。因此,计算机网络技术是否安全与互联网金融能否有序运行密切相关,计算机网络技术也成为互联网金融最重要的技术风险。互联网传输故障、黑客攻击、计算机病毒等因素,会使互联网金融的计算机系统面临瘫痪的技术风险。具体表现如下:

①密钥管理及加密技术不完善。互联网交易的运行必须依靠计算机来进行,交易资料

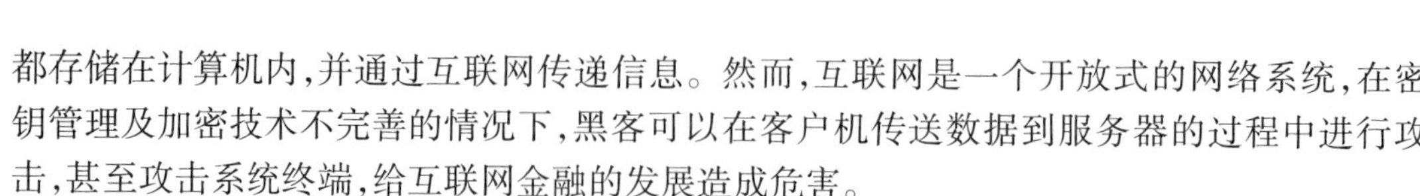

都存储在计算机内，并通过互联网传递信息。然而，互联网是一个开放式的网络系统，在密钥管理及加密技术不完善的情况下，黑客可以在客户机传送数据到服务器的过程中进行攻击，甚至攻击系统终端，给互联网金融的发展造成危害。

②TCP/IP 协议的安全性较差。目前互联网采用的传输协议是 TCP/IP 协议，这种协议在数据传输过程中力求简单高效，注重信息沟通通道畅通，但没有深入考虑安全性问题，导致网上信息加密程度不高，在传输过程中容易被窥探和截获，引起交易主体的资金损失。

③病毒容易扩散。互联网时代，计算机病毒可通过网络快速扩散与传染。一旦某个程序被病毒感染，则整台计算机甚至整个交易网络都会受到该病毒的威胁，破坏力极大。在传统金融业务中，安全风险只会带来局部影响和损失，在互联网金融业务中，安全风险可能导致整个网络瘫痪，是一种系统性的技术风险。

(2)技术选择风险

互联网金融技术解决方案是开展互联网金融业务的基础，但选择的技术解决方案可能存在设计缺陷或操作失误，这就会引起互联网金融的技术选择风险。技术选择风险可能来自信息传输过程，也可能来自技术落后。具体表现如下：

①信息传输低效。如果从事互联网金融业务的机构选择的技术系统与客户终端软件的兼容性差，就可能在与客户传输信息的过程中出现传输中断或速度降低，延误交易时机。

②技术陈旧。如果从事互联网金融业务的机构选择了被淘汰的技术方案，或者技术创新与时代脱节，就有可能出现技术相对落后、网络过时的状况，导致客户或从事互联网金融业务的机构错失交易机会。在传统金融业务中，技术选择失误一般只会导致业务流程缓慢，增加业务处理成本，但在互联网金融业务中，信息传输速度对市场参与者能否把握交易机会至关重要，技术选择失误可能导致从事互联网金融业务的机构失去生存的基础。

(3)技术支持风险

由于互联网技术具有很强的专业性，从事互联网金融业务的机构受技术所限，或出于降低运营成本的考虑，往往需要依赖外部的技术支持来解决内部的技术问题或管理难题。在互联网技术飞速更新换代的今天，寻求外部技术支持或者是技术外包是发展互联网金融业务的必然选择，有助于提高工作效率。然而，外部技术支持可能无法完全满足要求，甚至可能由于其自身原因而中止提供服务，导致从事互联网金融业务的机构无法为客户提供高质量的虚拟金融服务，进而造成互联网金融的技术支持风险。

另一方面，我国缺乏具有自主知识产权的互联网金融设备。如果使用的互联网金融软硬件设施大都需要从国外进口，对我国的金融安全就会形成潜在风险。

2)互联网金融的业务风险

(1)信用风险

信用风险是指互联网金融交易者在合约到期日不完全履行其义务的风险。互联网金融服务方式具有虚拟性的特点，即互联网金融业务和服务机构都具有显著的虚拟性。虚拟化的金融机构可以利用虚拟现实信息技术增设虚拟分支机构或营业网点，从事虚拟化的金融服务。网络金融中的一切业务活动，如交易信息的传递、支付结算等都在由电子信息构成的虚拟世界中进行，交易、支付的双方互不见面，只是通过网络进行联系，这使得对交易者的身份、交易的真实性验证的难度加大，增大了交易者之间在身份确认、信用评价方面的信息不对称,从而增大了信用风险。

对于我国而言,互联网金融中的信用风险不仅来自服务方式的虚拟性,还有因社会信用体系的不完善而导致的违约可能性。一些互联网金融企业片面追求业务拓展和盈利能力,采用了一些有争议、高风险的交易模式,也没有建立客户身份识别、交易记录保存和可疑交易分析报告机制,容易为不法分子利用平台进行洗钱等违法活动创造条件。因此,在我国互联网金融发展中的信用风险不仅有技术层面的因素,还有制度层面的因素。我国目前的社会信用状况是大多数个人、企业客户对互联网银行、电子商务采取观望态度的一个重要原因。

(2)流动性风险

流动性风险是指互联网金融机构因缺乏足够的资金来满足客户资金兑现需求的风险。互联网金融领域一直在探索提高支付账户的活跃度,第三方支付投身到互联网金融领域,存在资金期限错配的风险因素,一旦货币市场出现大的波动,可能会出现大规模的挤兑,进而引发流动性风险。以非加密数字货币(如游戏币、Q 币、比特币)为例,流动性风险的大小与数字货币的发行规模和余额有关。发行规模越大,用于结算的余额就越大,发行者不能等值赎回其发行的数字货币或清算资金不足的可能性越大。因为目前的数字货币是发行者以既有货币(现行纸币等信用货币)所代表的现有价值为前提发行出去的,是电子化、信息化了的交易媒介,尚不是一种独立的货币。交易者收取数字货币后,并未最终完成支付,还需从发行数字货币的机构收取实际货币,相应地,数字货币发行者需要满足这种流动性要求。当发行者实际货币储备不足时,会引发流动性危机。流动性风险也可由网络系统的安全因素引起。当计算机系统及网络通信发生故障,或病毒破坏造成支付系统不能正常运转时,必然会影响正常的支付行为,从而降低货币的流动性。

(3)操作风险

互联网金融的操作风险主要来源于交易操作系统不完善、技术水平落后于业务的发展以及网络安全问题。首先,对于互联网金融来说,其相对于传统金融产品来说主要是通过加入互联网技术对现有的业务操作模式进行优化,由于内部程序不完善、制度设计存在缺陷、人员专业知识不足等原因都可能产生直接或者间接的损失。

随着互联网技术的快速发展,越来越多的金融产品开始着眼于通过互联网平台进行产品的开发设计。但是,由于互联网本身就存在着安全性和交易操作系统的稳定性问题,使得由于这些互联网本身固有的弱点和缺陷逐渐成为引发这一类金融产品操作风险的一个重要的因素。另外,互联网金融始终会受到黑客问题的困扰,特别是一些大额交易对于这一风险的担忧更甚。因此,互联网金融对于网络安全的要求也越来越高,而对网络安全要求的逐步提升又会增加相关成本,从而降低收益。因此,在安全和收益之间的平衡选择总是显得比较艰难。

(4)系统性风险

这里的系统性风险是指由单个或少数金融机构破产或巨额损失导致的整个金融系统崩溃的风险,以及对实体经济产生严重的负面效应的可能性。由于金融系统在运行中存在“合成谬误”问题,即当一个机构遭受冲击而抛售资产时,能够有效抵御冲击,但当所有机构都集中抛售所持有的资产时,该种措施将无法取到抵御冲击的作用,因此,当金融体系遇到外部冲击时,在“羊群效应”的作用下,就极容易引发系统性风险。

从目前我国经济所处的美国金融危机和欧债危机之后的国际宏观经济环境以及国内经济结构调整的阶段来看，对于互联网金融领域，我国系统性的金融风险主要体现在3个领域：一是经济风险从微观层面迅速上升并转嫁成为金融风险；二是信贷集中与信贷期限结构长期失衡风险；三是金融创新形成的市场风险。对于互联网金融的金融风险也要严格防控影子银行系统可能存在的金融风险。还有其他如市场风险，即利率、汇率等市场价格的变动对互联网金融交易者的资产、负债项目损益变化的影响以及金融衍生工具交易带来的风险等，在互联网金融中同样存在。

3）互联网金融的法律和政策性风险

（1）法律风险

这是针对目前互联网金融立法相对落后和模糊而导致的交易风险。目前的金融立法框架主要基于传统金融业务，如银行法、证券法、财务披露制度等，缺少有关网络金融的配套法规，这是很多发展互联网金融的国家普遍存在的情况，我国亦然。互联网金融的法律建设在我国还处于刚起步的阶段，不少领域缺乏明确的监管与法律约束，相应的法规还相当缺乏，如在互联网金融市场准入、交易者的身份认证、电子合同的有效性确认等方面尚无明确而完备的法律规范。整个行业都在摸索前进，其中不乏个别公司违规经营，大搞线下业务，违规发行理财产品，甚至触碰“非法吸收公众存款”“非法集资”的底线，累积了不可小觑的金融风险。因此，通过网络提供或接受金融服务，签订经济合同就会面临在有关权利与义务等方面的相当大的法律风险，容易陷入不应有的纠纷之中，结果是使交易者面对关于交易行为及其结果的更大不确定性，增大了互联网金融的交易费用，甚至影响互联网金融的健康发展。

（2）政策性风险

我国互联网金融起步晚、发展快，对传统金融业形成了前所未有的挑战，国家为了防止互联网金融因过快增长带来的经济动荡和对传统金融业的冲击，就会对其加以限制。

以余额宝为例，2013年6月21日，余额宝推出仅4天，证监会便出面表态，称“余额宝的推出是市场创新的积极探索，监管部门一直以来积极支持市场创新发展。但是余额宝违反了证券投资基金销售管理办法和证券投资基金销售结算资金管理暂行规定的部分规定，要求限期补充备案”。2014年3月4日，中国人民银行行长周小川表态，“不会取缔余额宝等金融产品，但会加大对互联网金融的监管。”余额宝的推出是技术上的创新，也是第三方支付平台拓展业务模式的一次积极尝试，但是在监管层面上，由于以余额宝为代表的互联网金融产品为新生事物，从其本质上看具有混业经营的思路，基于中国金融市场长久以来的分业经营，在监管和政策层面对其缺乏法律法规，但随着监管层的关注，一旦新的政策出台，加强监管，以其为代表的互联网金融产品下一步发展就存在着很大的不确定性，从而对投资收益产生影响。2020年11月3日，上交所暂缓蚂蚁科技集团科创板上市，阿里巴巴股价大跌近10%。2022年6月9日，因一则“中国证监会成立工作组评估蚂蚁科技集团重启上市”的市场传闻，阿里巴巴每股从超跌6%直接拉升涨超6%，经双方辟谣后股价最终收跌8.13%。由政策所带来的不确定性风险在互联网金融领域值得关注。

10.1.2 互联网金融风险特点

1) 并存性

并存性即传统金融风险与新兴金融风险并存。互联网金融的出现没有改变金融的功能和本质,传统金融的系统性风险、流动性风险、信用风险依然存在。同时,互联网金融又有可能有新的技术风险相伴而生,这就为互联网金融风险的治理增加了量度和难度。

2) 多样性

由于互联网金融内涵丰富、类型较多,并且是不断成长发展的新兴业态,其风险的类别和内容也呈现多样性的特点,而且随着互联网金融的不断创新和风险控制的加强,还可能会出现新的风险。

3) 虚拟性

传统金融服务一般采取面对面的方式在柜台办理,有利于开展客户尽职调查,互联网金融业务则基于互联网虚拟环境,所有业务办理采取非接触方式,客户主体的虚拟化使互联网金融风险具有很强的隐蔽性,这也增加了风险管理的难度。

4) 传染性

互联网金融以虚拟网络为基础,开放性更强,用户数量难以估计,而且以数字化形式传递信息,信息传递无时间地域限制,因此互联网金融在资金支付与结算上广度远超过传统金融,风险扩散的广度也呈正相关同比例增长,可能产生风险的链条式传染,引起公众风险,这使互联网金融的风险更加难以控制。

5) 速发性

速发性是指互联网金融风险和事故可能迅速发生。互联网金融业务具有远程快速发生完成的特点,资金运转速度变快、范围变广,支付结算更加便捷有效,因而风险事故也会迅速发生。一旦出现失误,回旋余地小,补救成本大,这也是互联网金融风险事故的一大特点。

互联网金融风险的上述特点,也给对其防范监管治理带来了新的难题和难度。互联网金融的风险一旦发生并演变成事故,必然会对互联网客户的利益和企业利益造成损失,也会影响社会安定和经济社会的健康发展,其危害是显而易见的。

10.1.3 互联网金融的风险控制方法

1) 技术风性险控制方法

(1) 改进互联网金融的运行环境

在硬件方面加大对计算机物理安全措施的投入,增强计算机系统的防攻击、防病毒能力,保证互联网金融正常运行所依赖的硬件环境能够安全正常地运转;在网络运行方面实现互联网金融门户网站的安全访问,应用身份验证和分级授权等登录方式,限制非法用户登录互联网金融门户网站。

(2) 加强数据管理

将互联网金融纳入现代金融体系的发展规划,制订统一的技术标准规范,增强互联网金融系统内的协调性,提高互联网金融风险的监测水平;利用数字证书为互联网金融业务的交易主体提供安全的基础保障,防范交易过程中的不法行为。

(3)开发具有自主知识产权的信息技术

重视信息技术的发展,大力开发互联网加密技术、密钥管理技术及数字签名技术,提高计算机系统的关键技术水平和关键设备的安全防御能力,降低我国互联网金融发展面临的技术选择风险,保护国家金融安全。

2)金融性风险控制方法

(1)建立基于大数据的互联网征信平台

要解决互联网金融模式下的信用风险问题,首先应尽力推动建设基于大数据的互联网征信平台,实现全社会信用信息的收集、分类、匹配和数据化处理,并建设全社会统一的征信数据调用和查询体系,使互联网金融或者传统金融行业机构在面临信用风险评估问题时可以提出特定的需求,并通过征信系统专业化定制的数据来源解决借贷等交易行为的信用违约风险。美国的三大征信巨头百利、艾克发和环联都已具备了通过各自设计的信用评级模型对原始信息数据进行处理并满足客户的定制化需求的能力。而国内的阿里小贷、百行征信等互联网企业也纷纷建立了信用评估模型,实现了基于大数据的信用评级工作,是互联网金融创新的潜力股。

(2)创新监管体系

互联网金融归根到底也是金融,因此应当受到监管,但应针对互联网金融的特殊性修改现有法规,创新监管体系,形成既有专业分工又可统一协调的互联网金融的特点。不可否认,互联网金融迅速发展与监管缺失带来的政策红利有关,但应看到,适度的监管是为了保证互联网金融长远的发展和生命力。

(3)强化行业自律

对于互联网行业而言,要加强行业自律,对损害投资利益、导致行业恶性竞争的市场主体形成惩罚机制。同时,应充分发挥金融行业协会、互联网行业协会的作用,倡议互联网金融行业维护竞争秩序,自觉接受社会监督,自觉防范管控风险和维护公共利益,提高互联网金融行业的竞争力和影响力。

(4)优化金融市场环境

提升互联网金融行业的透明度,实现财务数据和风险信息的强制披露。同时,加强消费者教育和消费者保护,引导消费者厘清互联网金融业务与传统金融业务的区别,提升风险意识。

3)法律性风险的控制方法

(1)信息的正当收集与保护

从业者应严格按照现有法律法规收集客户信息,并给予相应保护。根据 2007 年 6 月公安部等部门颁布的《信息安全等级保护管理办法》,凡是互联网机构信息系统受到破坏后,会对社会秩序和公共利益造成严重损害,或者对国家安全造成损害的,则此种信息系统安全等级划分为第三级。该等级的信息系统运营、使用单位应依据国家有关管理规范和技术标准进行保护。国家信息安全监管部门对该级信息系统、信息安全等级保护工作进行监督、检查。诸如 P2P 网贷或众筹平台涉及借贷交易的资产过亿,涉及广泛社会利益,信息安全等级应列为第三等级。在实践中,此类互联网企业通过向当地公安部门备案,获得公安部门出具的《信息安全等级保护备案证明》,从而达到国家法规要求的信息安全等级。从业者应熟悉相关法律法规,平台安全程度需达到国家标准,唯如此,在黑客入侵导致客户信息泄露时,才可能在一定程度上适用免责条款。要严格按照"数据三法"确保信息的正当搜集与保护。

(2)规范自律章程

面临正在发展中的互联网金融各产品领域,国家立法明显力不从心。因此,我们应重视行业章程对本行业的有效规范。作为"软法",应发挥这种社会自生规则的应有价值。

(3)监管机构要适度的宽容

中国近几十年来长期压制民间金融,甚至对一些严重违法者(如集资诈骗的罪犯)施以死刑,致生诸多争论。如果继续以往的政策,对互联网金融发展不利。监管者应在金融创新与金融监管之间审慎选择。因此,这个行业非常需要政府的包容与鼓励。与中国不同,诸如美国等发达国家,其金融机构间百年来长期竞争激烈。其在近二十多年来,一直积极利用互联网进行金融服务创新,故没有太多机会留给那些非金融机构。在这些发达国家,互联网企业进入金融业的发展空间比较有限。中国金融业此前过多依靠政策保护,形成高度垄断,行业间竞争并不充分,传统金融机构获取了巨额暴利,这些方面并未获得法律的有效调整。其负面结果之一是给普通民众、中小微企业提供的金融产品以及金融服务的水准都相当有限。中国互联网金融以其普惠、分享、便捷等特点,具有巨大发展空间,甚至,这一行业的发展将是中国在金融领域"弯道超车",赶上美国等发达国家的难得机会。因此,监管机构在打击那些触犯法律底线的从业者时,也应维持正当的竞争秩序,鼓励行业创新。

4)互联网金融系统性的风险控制

(1)对金融风险敞口限制

数个大型互联网金融机构破产而引发的违约事件足以使其他高杠杆投资者动荡不安,并提高市场系统崩溃的可能性。由此产生的一种监管方法是对机构间的金融敞口进行限制。金融敞口限制可以在实质上减少特定合同相对方的损失并降低因该损失导致破产的可能性,从而通过分散风险增强金融稳定性。这个限制同样可能降低交易双方结清头寸时的紧迫感和恐慌感。此类方法通过限制贷款的方式已经应用于银行业,其严格限制了银行对某个特定顾客的最高风险敞口。随着互联网金融的发展,"银行与非银行金融机构之间界限日趋模糊"及巨额金融资产在非银行金融机构间流通。这种限制方法应用于有必要扩大互联网金融等其他金融机构,有证据显示非银行金融机构已经采用了与银行同样的风控措施。

(2)降低互联网金融机构的杠杆率

降低杠杆率与系统性风险是有关的,不仅降低了一个金融机构最先破产的风险,而且还降低了由此可能引发的多米诺骨牌效应。如果没有杠杆,金融机构只能线性地等额承担损失,不会发生债务违约。在其他情况相同的条件下,杠杆率越低,互联网金融机构无法履行到期债务的可能性就越小。而高杠杆率可能导致机构承受与其规模和杠杆率不匹配的损失,急速恶化机构的履约能力。债务违约很可能导致机构破产,此外,因为这些机构无法履行,因此降低杠杆率主要是起预防作用:其旨在减少风险并减轻系统性崩溃的扩散和后果,也能强有力地促进金融稳定目标额的实现。

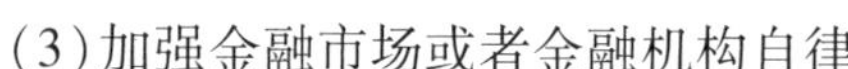

(3)加强金融市场或者金融机构自律

对系统性风险的监管方法不一定是事先规定的,在市场环境下实际上也无法事先确定。尽管从理论上看完美市场可能不需要外部监管,但现实中互联网金融市场不会完美。采用市场自律方式,监管者的工作就是确保市场参与者按照能使市场有效运作所要求的谨慎标准行事。这些通常通过确保市场参与者能够获得关于风险的充分信息及刺激机制来实现。

10.2 互联网金融的风险防范机制和监管模式

如果说上述互联网金融的风险控制方法是在微观层面针对具体的互联网金融风险种类所采取的措施,那么上升到宏观层面,则是要针对互联网金融的风险问题,建立有效的风险防控机制和监管模式。

10.2.1 互联网金融的风险防控机制

互联网金融的风险防控机制建设是以防控互联网金融运行中的风险点为核心,针对可能诱发互联网金融风险的关键环节和重要部位,用制度最大限度地控制风险发生的可能性和危害程度,促进互联网金融规范、安全、高效运行。根据前述互联网金融运行中的风险种类和特征,互联网金融领域应建立起“三律并重”“四位一体”的风险防控机制。

所谓“三律并重”是指公司自律、行业互律、监管他律三者并重,缺一不可。所谓“四位一体”是指互联网金融的健康发展有赖于互联网金融企业、互联网金融消费者(或投资者)、互联网金融行业协会以及监管机构等“四位一体”的协同努力。

1)加强内部控制

金融市场永远存在收益的当期性和风险的滞后性的跨期风险,建立自我约束和风险控制机制是经营金融的重要环节。在互联网金融创新不可逆转的大趋势下,应努力构建互联网金融风险防范机制,应充分加强企业自律。目前,互联网金融行业仍不断地出现各类新型互联网金融模式。在强调流量导入的同时,互联网金融企业应特别注重内控机制的完善。网络技术方案的安全性、稳健性是互联网金融企业稳健发展的基石。企业需加强网络技术系统对客户终端软件的兼容性、安全性、可操作性等方面进行全面的调研和评估,对于技术相对落后、成本低的方案应当慎重选择。这些因素可能会使得企业在技术和商业机会上产生较大损失。在互联网金融产品定制和服务上,结合企业自身的风险控制能力开展金融创新,充分识别和管控新产品、新业务可能带来的风险,注重互联网金融产品的期限匹配、信用定价机制的设立,将各类金融性风险控制在可承受的范围之内,发挥好风险控制第一道防线的作用,防止产生重大金融风险事件。互联网金融企业应不断完善产品信息披露制度,以简单详尽、清晰易懂的语言描述产品和服务信息内容,便于消费者理解和接受。

2)加强投资者教育

现阶段,我国互联网金融的发展才刚刚开始,它的风险暴露不充分,还在集聚之中。互联网金融投资者对产品了解甚少,识别风险能力亟待提高,金融纠纷屡见不鲜。互联网金融必须向金融投资者提示风险、控制风险才能得到更好的发展。

首先是金融消费者保护方面。网上金融业务面对的是不特定的投资者、金融消费者，如果经营者怀有不当目的，极有可能会伤害一般民众的利益。因此，对金融消费者权益的保护是当前迫切需要正视与解决的问题。互联网实现金融功能，投资者在享受理财便捷性的同时，面临着额外的网络风险。在互联网理财时代，网络安全应成为投资者风险意识的一部分。应加强投资者教育，充分向投资者提示投资互联网金融产品可能面临的风险，且这一风险显著高于投资类似的传统金融产品的风险。建立维权举报、建立风险警示等机制，以案例巡展和现场咨询的形式宣传互联网金融的风险知识，引导广大民众安全地使用互联网金融产品，有效防范各类风险。一些互联网金融企业自发成立“互联网金融企业社会责任自律联盟”，引导互联网金融企业诚信经营，履行企业社会责任，严格自律依法纳税，严格遵守国家法律，保证利益相关方的合法权益，并积极促进公益慈善事业，真正践行了互联网金融的普惠精神。

3）加强行业互律

行业互律是互联网金融企业的立身之本，也是对行政监管的有益补充和有力支撑，是创新监管的重要内容。如果行业互律能够充分发挥作用，行业发展有序规范，从业机构审慎合规经营程度高，就有利于营造效率更高、方式更灵活的监管环境，提高监管的弹性和有效性。反之，一旦潜在风险过度累积和暴露，会迫使监管部门降低监管容忍度、强化监管刚性，采取更为严格的监管理念和监管措施。政府应鼓励引导互联网金融行业互律，一方面它可以促进互联网金融行业健康规范的发展；另一方面互律的发展经验可以为国家监管和相关立法提供重要的参考。行业互律的具体内容包括完善互联网金融行业组织指导；制定完备可行的互联网金融互律公约；建立健全互联网金融行业互律奖惩机制，以鼓励互联网金融企业自觉遵守行业公约，规范其行为；加强互联网金融从业人员的职业道德建设；促进信息披露和信息共享，搭建自愿平台，定期进行信息披露；强化互联网金融企业社会责任意识，包括加强责任意识教育、不断提高工作自觉性，强化责任的履行行为，提高工作水平，健全责任管理制度，全面增强制度的保障性等。

4）构建协同监管

由于互联网金融的跨界性和可扩展性，使得其金融产品边界日益模糊，特别是互联网金融的信用创造机能增加了危机发生的概率，并且容易风险外溢影响其他领域。为改变互联网金融监管信息不对称、监管能力弱化、监管缺位等现状，需要构建统一的协同监管体制，从机构监管向功能监管转变，使监管体制适应互联网金融的发展，维护金融体系的稳健运行以及保护互联网金融消费者权益。监管机构应构建灵活的、富有针对性与弹性的监管体系，既要弥补监管缺位，又要避免过度监管。

10.2.2 互联网金融的监管模式

在互联网金融监管模式的选择上，主要需要考虑的因素有监管的效率、监管的成本以及国家的政治和历史因素。按照金融监管机构的组织结构和职责权限，国际上金融监管体制可分为 4 种模式：分业监管模式、功能监管模式、统一监管模式和目标型监管模式。互联网金融的发展和监管是一个新兴而又重要的课题，在互联网金融需要监管的认识上已基本达成共识，只是如何监管尚存争议，核心问题是监管主体、监管方式、监管制度如何选择。目前

各国的监管模式均有所不同。

1)国外互联网金融的监管

国外互联网金融起步相对较早,传统金融的网络化程度较高。监管部门非常重视互联网金融出现的问题,并随着经济发展的实际需求,不断调整互联网金融监管策略。

(1)网络银行的监管

目前网络银行大多以传统银行开展网上业务为主,纯网络银行的数量少、规模小,各国仍以原有的银行监管机构和监管范围为基础,但加大了监管机构之间、监管机构与其他政府部门之间的协调,以应对网络银行跨区域、跨国界发展业务和客户延伸引发的监管规则冲突。

美国的监管模式以现有立法为基础,根据网络银行的特点,通过补充新的法律法规,使原有的监管规则适用于网络电子环境。因此在监管政策、执照申请、金融消费者保护等方面,美国对网络银行的监管与传统银行的要求十分类似,但在监管措施方面采取了审慎宽松政策,强调网络和交易安全,维护银行经营的稳健和对银行客户的保护,重视网络银行在降低成本、服务创新方面的作用,基本不干预网络银行的发展。

欧盟的监管模式较为新颖,欧洲中央银行要求各成员国国内监管机构对网络银行采取一致性监管原则,并负责监督统一标准的实施,其监管的目标是提供一个清晰、透明的法律环境,坚持适度审慎和保护消费者的原则,监管重点集中在以下 4 个方面:

①区域问题:包括银行间的合并与联合、跨境交易活动等。

②安全问题:包括错误操作和数据处理产生的风险、网络被攻击风险等。

③服务技术能力。

④随着业务数量和范围扩大而增加的信誉和法律风险,包括不同的监管当局、法律体系可能造成的风险。

(2)P2P 网贷行业的监管

英国是 P2P 网贷的发源地,其三大 P2P 网络借贷平台(即 Zopa、Funding Circle 和 Ratesetter)自成立以来共计发放贷款近 6 亿英镑。英国对 P2P 网络借贷行业监管主要包括:

①以《消费者信用贷款法》为依据,将 P2P 网络借贷界定为消费信贷,具体划入债务管理类消费信贷业务。

②实行统一监管。初期由公平贸易管理局和金融服务管理局共同监管,公平贸易管理局以消费信贷许可证制度严控 P2P 网络借贷平台的市场准入,金融服务管理局通过《金融服务补偿计划》保护贷款人的资金安全。

③从 2014 年 4 月起,英国金融监管局(Financial Conduct Authority,FCA)将 P2P 网络借贷机构纳入监管机构。P2P 小额贷款行业须遵守英国行业自律组织 P2P 金融协会制定的《P2P 网络借贷准则》。

美国并未制定专门针对 P2P 网络借贷行业监管的法律,主要是通过查找现有与 P2P 相关的法律,从中寻找有用的监管措施。P2P 网络借贷行业需受联邦政府和州政府双重监管。美国证券交易委员会以信息披露方式对 P2P 网络借贷行业进行监管,主要通过强制信息披露、反诈骗和其他相关责任来保护放款人利益。另外,美国联邦贸易委员会虽不是监管部门,但可对不在其权力豁免范围内并参与到第三方债务催收中的 P2P 网络借贷企业采取执法行动,即联邦贸易委员会承担 P2P 网络借贷行业的执法责任。美国也不断强化对金融消费者权益的保护和监管力度,尤其在国际金融危机后,专门成立消费者金融保护局具体负责对P2P网络借贷的金融消费权益进行保护和监管。

2011年7月,美国审计署发布了《在线P2P:监管即将面对的新挑战》报告。报告指出,P2P业务的快速发展值得关注,提出了两条监管路径:一是分头管理,由证券法律保护投资者权益,由金融法规保护筹资人权益,由消费者金融保护局(Consumer Financial Protection Bureau, CFPB)监管筹资人;二是整合上述两条路径,形成统一的法规体系,由消费者金融保护局统一监管。此外,还有一些相对激进的建议,例如,允许P2P自我规范和监管;建立专门的机构对P2P进行监管;采取与对在线赌博监管相似的监管方式;建立一个国际机构对P2P进行监管等。但短期内,采取哪种监管模式,美国国会尚无定论。

中国对P2P网络借贷行业监管并未单独立法,而是基于现有的法律法规进行管制。一般是将P2P网络借贷公司与一般商品中介公司同等对待,均视为网络电商,并按网络电商中相关法律法规对P2P网络借贷公司进行监管。中国P2P网络借贷行业监管的法律法规包括《中华人民共和国电信法》《中华人民共和国消费者权益保护法》《中华人民共和国电子商业基本法》《公平显示广告法》《促进信息通信网络利用及信息保护法》及其他有关消费者权益保护的法律法规。

欧盟与网络信贷相关的立法主要是消费者信贷、不公平商业操作和条件等方面的指引性文件,在具体监管上要求只有注册的信贷机构才有权通过网络发布信贷广告,并对网络信贷制定了比其他信贷形式更为严格的信息披露要求。

(3)第三方支付机构的监管

欧美等发达国家对第三方支付的监管指导思想逐步从"自律的放任自由"向"强制的监督管理"转变,先后制定了一系列有关电子支付、非银行金融机构和金融服务的法律法规,形成了与本国第三方支付发展相适应的监管模式。

美国对第三方支付实行功能监管,将第三方支付视为货币转移业务,把从事第三方支付的机构界定为非银行金融机构,监管机构涉及财政部通货监理署、美联储、联邦存款保险公司等多个部门,其监管的重点是交易过程而非从事第三方支付的机构。

欧盟针对电子货币及电子货币机构的监管专门制定了相应法律法规,2001年颁布的《电子签名共同框架指引》,确认了电子签名的法律有效性和在欧盟的通用性。同年颁布的《电子货币指引》和《电子货币机构指引》,规定了第三方支付主体的营业执照问题,即非银行的电子支付服务商必须取得与金融部门有关的营业执照。2012年4月,欧洲央行发布《关于互联网支付安全的建议》,针对互联网支付安全提出了14条建议,涵盖客户身份识别、交易监测与授权等内容。2013年7月,欧盟委员会发布《支付服务指令管理规定(修订版)》,在加强支付领域消费者权益保护、加强支付机构监管、强化客户支付认证等方面提出政策措施。对网络信贷相关的立法主要是针对消费者信贷、不公平商业操作和条件的指引性文件,这些指引对信贷合同缔约前交易双方提供的信息(如包含所有可预见税费在内的信贷成本)及各方义务等进行了规定。

美国、欧盟两种模式在监管目标和手段上均具有较高的一致性。首先在监管目标上,强调促进和维护第三方支付手段和支付体系的高效和安全,保护消费者利益以及防范反洗钱风险。其次在监管手段上,对第三方支付机构设定了业务许可制度,对第三方支付机构的资金实力、财务状况、风险管理以及报告制度等均有具体的准入要求。在初始审批的基础上,实施过程监管和动态监管,确保第三方支付机构维持良好的经营和财务状况。

(4)众筹融资的监管

2012 年 4 月 5 日,美国通过《促进初创企业融资法案》,允许小型企业通过众筹获得股权资本,美国成为第一个改变相关监管章程而让公民自由参与众筹融资的国家。具体包括:

①适当放开众筹融资。《促进初创企业融资法案》明确规定满足相关条件的众筹融资平台不必到联邦证券交易委员会注册,即可进行相关股权融资活动。

②对项目融资总规模进行限制。每一个项目通过网络平台募集,其融资规模每年不能超过 100 万美元。

③对投资人的融资规模进行限制。每一个项目可以有很多的投资人,但每一个投资人的融资规模有一定的限制。

④保护投资者的相关利益。要求筹资者在联邦证券交易委员会完成备案后,需及时向投资人和中介机构披露相关信息;不允许筹资者采用广告宣传的方式促进发行量的提升;对筹资者如何补偿促销者作出明确限制;筹资者必须向联邦证券交易委员会和投资者提交有关企业运行、财务状况等年度报告。

英国金融行为监管局发布了《关于众筹平台和其他相似活动的规范行为征求意见报告》,对规范众筹业务提出了若干监管建议。2014 年 3 月 6 日,发布了《关于网络众筹和通过其他方式发行不易变现证券的监管规则》(以下简称《众筹监管规则》),并于 2014 年 4 月 1 日起正式施行。根据《众筹监管规则》将需要纳入监管的众筹分为两类,即 P2P 网络借贷型众筹(Crowd funding based on loan)和股权投资型众筹(Crowd funding based on investment),并且两者的监管标准也各不相同。从事以上两类业务的公司均需取得 FCA 的授权。

英国和意大利规定,期限在一年内且发行规模在 500 万欧元以下的融资产品无须公布募资的说明书;德国规定,期限在一年内且发行规模在 10 万欧元以下的融资产品无须公示募资的说明书。英国和德国均将股权式众筹融资认定为合法的融资模式。西班牙规定众筹必须受《工商行业监管法》的监管。英国和意大利对众筹融资模式的监管更加严格。其中,英国规定众筹的借贷模式和股权模式两者均要受金融行为监管局的授权才可进行经营活动,意大利则规定众筹的借贷模式必须受《综合银行法》及相关法律法规的监管。表 10.1 列出了欧美主要国家的监管法律及机构情况。

从国外互联网金融的监管模式,我们了解到当前以欧美为代表的主要发达国家对互联网金融的监管已呈现出由宽松自由到加强规范的趋势,在具体实践上具有以下特点:

①强化监管与支持创新并重,尽管各国已开始健全相关监管框架和措施,但与传统金融机构相比,对互联网金融的监管仍然宽松,以鼓励创新为主,没有对其发展作出过多的限制。

②立足现有法律法规,对相关制度办法进行补充和完善,以适应互联网金融规范发展的需要。这既为互联网金融向深层次发展、跨领域经营预留了空间,也为互联网金融的稳健经营提供了有利的法制环境。

③对互联网金融实施市场准入管理,力求把好入门关,避免出现“百花齐放、鱼龙混杂”的情况。

④高度重视互联网金融的网络、技术以及交易的安全,对互联网金融的电子技术、内部

管理、自有资本、客户资金管理等提出了有针对性的要求。

表10.1 欧美主要国家的监管法律及机构情况

国别	互联网支付		P2P网贷		众筹融资	
	监管立法	监管机构	监管立法	监管机构	监管立法	监管机构
美国	联邦《电子资金转移法》、联邦储备理事会颁布的E条例,各州关于电子资金划拨的法律、真实信贷法及联邦储备理事会颁布的Z条例、联邦储备理事会颁布的D条例、联邦及各州关于设立分支机构的法律	采用两级多头监管体制,即从联邦和州两个层面对第三方支付平台进行监管,联邦层面上,联邦存款保险公司是其中一个重要部门。各州监管部门可依据本州法律,采取不同于联邦的监管措施	《真实借贷法案》(*Truth Lending Act*)、《平等信贷机会法案》(*Equal Credit Opportunity Act*)、《公平信用报告法》(*Fair Credit Reporting Act*)等10余部	美国证券交易委员会(Securities and Exchange Commission, SEC)及各州的证券监管当局	创业企业融资法案(JOBS法案)	美国证券交易委员会
法国	《欧盟电子货币指引Ⅱ》	法国银行监管局、法国中央银行	《众筹融资指引》	法国金融市场监管局(AMF)、银行监管局(ACP)	《众筹融资指引》	法国金融市场监管局、银行监管局
英国	《金融服务于市场法》	英格兰银行的金融行为监管局(FCA)	《关于网络众筹和通过其他方式发行不易变现证券的监管规则》	英格兰银行的金融行为监管局	《关于网络众筹和通过其他方式发行不易变现证券的监管规则》	英格兰银行的金融行为监管局

⑤以保护金融消费者权益、维护公平交易作为监管的核心目标,侧重于对互联网金融实施行为监管和功能监管,不拘泥于现有的金融监管体制分工。

(5)国外互联网金融的监管创新

①监管科技。

监管科技是金融科技(Financial Technology, FinTech)的一个分支。金融科技作为一个学术概念较早出现在20世纪70年代,目前被广为引用的定义来自金融稳定理事会(Finanical Stability Board, FSB)2016年的界定,即金融科技主要是指由大数据、区块链、云计算、人工智能等新兴前沿技术带动的，对金融市场以及金融服务业务供给产生重大影响的新兴业务模式、新技术应用、新产品服务等。相对于金融科技而言，监管科技（Regulatory Technology，RegTech）的概念提出的时间并不长，是科技赋能金融行业变革中的新生事物。2015 年，英国金融行为监管局（Finanical Conduct Authority，FCA）首先提出监管科技的概念，认为“RegTech 是 FinTech 的一个子集，旨在通过科技手段更有效率地促进监管要求的落实”，要“用新的金融科技技术实现多样化监管，简化监管与合规流程”。2016 年，国际金融协会（Institute of International Finance，IIF）提出，监管科技是能够高效解决金融科技时代的监管问题的人工智能、生物识别、区块链、数字加密以及云计算等新技术。从世界范围内监管科技应用的实际情况来看，监管科技主要包括运用于监管端的监管科技（Suptech）和运用于金融机构合规端的监管科技（Comptech）两个部分。

伴随着金融科技的发展浪潮，监管科技在英国、美国、新加坡等发达经济体首先得到推广，随后越来越多的国家陆续开展了监管科技的创新实践，取得了良好的效益。

英国金融行为监管局在监管科技方面锐意创新，积极开展了系列探索，切实推动英国成为全球监管科技创新的源头。2014 年 10 月英国设立了创新项目和创新中心，2015 年推出“监管沙盒”（Regulatory Sandbox）作为支持金融科技企业发展的重要监管模式创新，引起多国金融监管机构纷纷效仿。2018 年 2 月，FCA 再度发扬其在监管科技方面原创的传统，发布《关于利用技术实现更加智能的监管报送的意见征询报告》，创建机器可执行的监管报送方案，解决监管报送问题。FCA 还实行“TechSprint”研讨机制，以研讨会、比赛为主要形式，连接金融业界、学术业界各方人士，通过思想碰撞推动监管科技创新和进步。

美国建立了颇具规模且体系化的监管科技系统，证券交易委员会综合运用各种科技手段，对股票市场进行实时监控并监测市场中可能存在的内部交易、欺诈等不当行为，保护投资者、维护证券市场安全稳定。

欧盟致力于在成员国内部推行数字化单一市场，开发统一数据报告平台，升级传统的监管数据报送手段，探索用数据立方模式提高监管效率。

新加坡监管当局设立 MAS 作为其单独的综合性监管部门，推动监管科技顶层设计，监管科技主要聚焦在自动化报告（Automated Reporting）、数据管理（Data Management）、身份认证管理控制（KYC）以及监测分析反洗钱（AML）等方面。针对数字代币和智能交易，新加坡金融管理局强调通过非传统数据服务开展监管，以完善整体监管措施。例如，利用机器学习检查数据接收、数据一致性问题，自动标记异常数据来进行客户身份识别；利用 NLP 和 ML 来分析可疑报告，发现潜在是异常交易和洗钱网。

就未来的发展趋势而言，监管科技的内涵和价值已不局限于赋能监管机构监督被监管机构的稳健经营，也不局限于保障社会稳定与可持续发展的社会价值，而是将成为数字经济生态有序创新、行稳致远的重要支撑。

②监管沙盒。

沙盒（Sandbox）原本是一个计算机术语，是指能够为运行中的程序提供隔离环境的一种安全机制，一般在试验一些难以预知或判定风险的程序时使用，旨在保证测试环境真实、测试方法准确的同时，不对“盒外”数据和程序造成影响。2015 年 3 月，英国政府科学办公室发布的报告《金融科技的未来》中首次提到“监管沙盒”，此后英国金融行为监管局将其作为治理工具引入金融监管的语境下，用来特指监管者建立可控仿真的测试环境和框架，在采用适当的安全措施的前提下，允许金融科技创新公司在真实的市场环境中测试其具有创新性的产品、服务或商业模式，监管部门实时监测并评估测试过程，以决定是否给予其正式的授权。监管沙盒由于在金融监管实践中显露出能有效平衡金融创新和金融风险的优势，随后由英国逐渐扩展至世界多国，澳大利亚、新加坡、美国、韩国、日本等纷纷因地制宜以探究自身在金融领域内的“监管沙盒”方案。迄今为止，已至少有50多个国家对“监管沙盒”进行了探索。2019年12月，中国人民银行宣布启动金融科技创新监管试点工作，意在打造中国版的“监管沙盒”，探索审慎包容的金融科技创新监管工具。

案例 10.1

英国ICO的隐私保护监管沙盒

英国金融行为监管局（Financial Conduct Authority，FCA）推出的监管沙盒项目是为金融科技、新金融等新兴业态提供的一个“监管实验区”，支持金融创新发展。具体来说，监管沙盒是以实验的方式创造了一个“安全区域”，用以适当放松参与实验的创新产品和服务的监管约束，激发创新活力。首先，FCA对拟参与监管沙盒的企业进行筛选，筛选条件包括企业的规模、产品是否具有创新性、创新的产品或服务能否促进消费者福利的提升等。其次，FCA根据拟参与企业测试的创新产品和服务选取合适的消费者，并要求拟参与企业设定消费者保护计划，包括适当的赔偿等。最后，在筛选条件合格的前提下，FCA允许参与实验的企业向客户推出创新产品和服务，测试期一般为3~6个月。FCA将根据测试的结果进行监管政策的制定或完善，在促进Fintech等新兴业态发展的同时，防范金融风险。监管沙盒项目计划每年接受两批申请。第一批监管沙盒的使用申请于2016年7月8日截止。FCA共收到来自不同行业、不同地域和不同规模企业的69份申请。如汇丰银行申请与Pariti Technologies公司合作开发的一个应用程序，该程序旨在帮助客户更好地管理其财务状况。

英国的信息专员公署ICO曾发起一个隐私监管沙盒项目，旨在探究“隐私保护与激发科技创新”两者的良性互动。从流程上看，该项目分为报名、筛选、入选、确定监管沙盒计划、具体执行、出盒和公布报告7个主要阶段。在具体合作过程中，参与者会得到一份ICO出具的监管保证声明，其将载明当“监管沙盒”运行出现问题时，数据保护机构将采取对应的措施。ICO也向参与者保证，参与者在为解决问题采取了必要的措施后，便不会招致数据保护监管机构的处罚。但是，参与者在数据保护法以及其他领域法律法规下的合规要求仍需得到遵守。与此同时，参与者可获得ICO提供的一些非正式指导意见、支持性的咨询建议机制等。例如，ICO专家将通过与相关组织机构的讨论工作坊、书面意见、实地考察等方式，给予参与者就如何“通过设计实现数据保护”的意见，探究如何在实现技术创新的过程中降低风险、确保适当的数据安全。而ICO在隐私监管沙盒中取得的经验，也将体现在其后为特定领域制定的隐私保障指引等文件中。

截至目前，ICO已发布了6份隐私监管沙盒成果报告，几乎涵盖了当前数字隐私保护领域内最为前沿、或实践落地中最为复杂的议题，其中，包括一个数据流分析平台助力金融犯罪调查报告（Future Flow）。

作为互联网金融监管创新的一种手段，监管科技提供了更为高效和精准的方法。但是

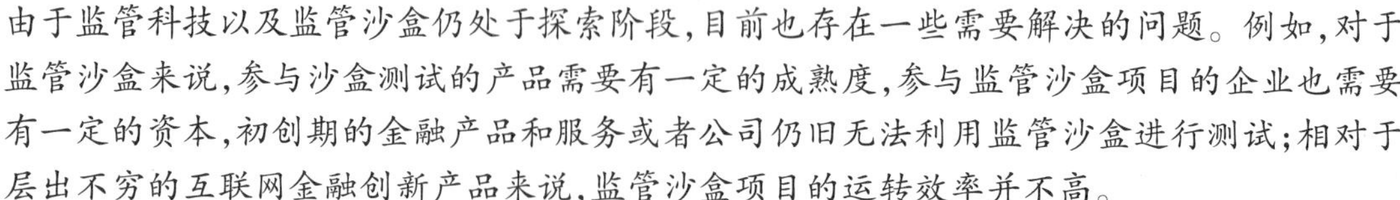
由于监管科技以及监管沙盒仍处于探索阶段，目前也存在一些需要解决的问题。例如，对于监管沙盒来说，参与沙盒测试的产品需要有一定的成熟度，参与监管沙盒项目的企业也需要有一定的资本，初创期的金融产品和服务或者公司仍旧无法利用监管沙盒进行测试；相对于层出不穷的互联网金融创新产品来说，监管沙盒项目的运转效率并不高。

2）我国互联网金融的监管

（1）从机构监管到穿透式监管

近年来，我国互联网金融的监管正在从机构监管走向穿透式监管。所谓机构监管，是指为履行政府监管职能而设立相应的监管机构，由不同的监管当局机构对不同的金融机构分别实施监管的一种金融监管方式，机构监管适用于分业经营。

与机构监管一起经常被提起的，还有功能监管和行为监管，功能监管和行为监管针对的是分业监管体制下的各种缺陷，是对分业监管体制的重要补充。其中，功能监管是指依据金融体系的基本功能和金融产品的性质而设计的监管，是将金融监管从通常针对特定类型金融机构转变为针对特定类型金融业务进行监管，并明确边界性金融业务的监管主体，同时加强不同监管主体间合作的监管制度。功能监管又有伞式监管（如美国）、双峰监管（如澳大利亚）、统一监管（如英国）等模式。行为监管认为不应过分强调金融各领域的分业属性，而应重点规范金融机构的行为，对金融机构进行合规监管，对有牌照的机构要监管，对没有牌照从事金融业务的更要监管，如禁止误导销售及欺诈行为、充分信息披露、个人金融信息保护等。穿透式监管更多的是一种监管理念，其理论基础来自功能监管和行为监管。

从我国的互联网金融监管实践来看，2015 年，中国人民银行等十部委联合发布《关于促进互联网金融健康发展的指导意见》，比照与传统金融中相似业态的监管模式，明确了“依法监管、适度监管、分类监管、协同监管、创新监管”的基本原则，确定了体现“分业监管”和“机构监管”思想的互联网金融监管框架，并向不同的金融监管部门落实了监管分工职责：中国人民银行负责监管互联网支付业务；银监会负责监管网络借贷业务（包括 P2P 网络借贷和网络小额贷款）、互联网信托业务、互联网消费金融业务；证监会负责监管股权众筹融资业务、互联网基金销售业务；保监会负责监管互联网保险业务。

然而，监管实践表明，我国传统的分业监管模式对于互联网金融行业的监管效果并不理想，由于监管套利而滋生的金融风险事件不断发生，再次引起监管部门对互联网金融监管模式的反思。互联网金融创新具有多样性和交叉性等特点，一项金融创新可能会涉及多种金融业态、体现多种金融功能，传统的分业监管模式极易导致监管真空或监管重叠。互联网金融创新还具有灵活性和快捷性等特点，传统的事后监管对于以创新为驱动的互联网金融来说很容易陷入被动监管的局面。为了更好地统筹金融监管理念和监管模式，适应金融创新的多元发展和动态变化，寻求鼓励金融创新和防范金融风险的平衡点，实现金融发展和金融监管的良性互动，2016 年 4 月，我国在《互联网金融风险专项整治工作实施方案》中首次提出采用穿透式监管方法。

穿透式监管是指金融监管部门按照“实质重于形式”的原则，透过金融产品的外在表象审视其金融业务和行为的内在本质，从而对金融市场中的主体业务和行为进行有针对性监管的金融监管模式。这既是我国互联网金融监管理念的转变，也是对改革完善互联网金融监管框架的探索。穿透式监管虽然无法消除互联网金融风险，但通过揭示风险，可以促使投资者知晓并防范互联网金融风险，因此，穿透式监管应秉持的监管理念是提升市场透明度。

(2)从横向协调到纵向协调

2003年我国确立"一行三会"的金融监管框架后，中国经济金融的情况发生了巨大变化，"一行三会"的金融监管框架也暴露出一些亟待解决的内在弊端。首先，以机构监管为主的金融监管框架难以适应金融创新的需要，尤其是在2013年以后，在互联网金融引发的金融变革背景下，非金融机构介入金融市场和金融交易的现象大量产生，由于它们不属于金融机构，金融监管部门对它们的监管鞭长莫及，几乎处于"真空"状态，由此引发的各种金融风险愈演愈烈。其次，各家金融监管部门的政策不协调，引致相互掣肘现象时有发生。2013年的"6·20"事件、2015年的股灾、各种影子银行套利等乱象此起彼伏。最后，各金融领域以创新名义突破边界，各监管部门则政策不一，一些领域的金融监管陷入混乱，金融脱实向虚的操作空间不断扩大，金融风险底线屡屡被挑战。

为了适应新形势下金融风险管理的要求，从2017—2018年，我国金融监管体制进行了改革，形成了"一委一行两会"的金融监管框架。其中，央行负责宏观审慎监管，银保监会和证监会负责微观审慎监管，新成立的国务院金融稳定发展委员会(简称"金稳委")不仅要协调、统合"一行"与"两会"的职能以确保金融稳定，更需在稳定之上谋求金融发展、维护金融效率。基于现行的金融监管框架，应由央行牵头相关金融监管部门统一制定穿透式监管规则。目前，穿透式监管模式在我国仍处于起步和初探阶段，但从近年的互联网金融监管实践来看，穿透式监管已初显成效，具有较强的现实可行性。大量打着"互联网金融"幌子而从事违法金融活动的网络平台得以清理，许多平台被迫转型或整改，互联网金融发展早期的"野蛮生长"局面得到一定程度的遏制，形成了行业内优胜劣汰的良性竞争环境，行业发生系统性风险的概率大幅度降低，我国互联网金融市场逐步呈现正规化、有序化、健康化发展态势。

与此同时，我国金融监管协调机制的改革不仅体现在中央监管部门职能的横向整合，也体现在中央和地方监管权责的纵向调整。早在2013年，十八届三中全会就曾明确提出要"完善监管协调机制，界定中央和地方金融监管职责和风险处置责任"。2017年，关于地方金融管理体制的改革也正式启动，各地纷纷挂牌成立地方金融监督管理局。通过此项改革，统一地方在金融资源使用和管理方面的权责，适当下放部分金融机构和业务监管权，确立和完善中央和省以下政府适度分权的两元金融监管体制。"协助国家金融监管部门及其派出机构开展互联网金融监督管理"则是地方金融监管局的职责之一。

(3)构建互联网金融监管长效机制

我国互联网金融监管机制的创新应在确立穿透式监管模式的基础上，从风险防控体系、市场准入标准、信息披露和风险预警系统等方面重构互联网金融监管长效机制。

①构建"四位一体"的风险防控体系。

首先，在整个互联网金融风险防范体系中，依然要发挥政府监管的主导作用。总体上由金稳委统筹协调、央行牵头相关金融监管部门加强全国范围内的互联网金融风险防控；各地方以金融监管局作为本区域风险防控的监管主体，协同辖区内市场监督管理部门、公安等行政部门及司法部门，加强监管政策和风险处置措施的协调配合，综合运用市场、行政和司法手段，统筹兼顾形成监管合力。

其次，加强互联网金融行业自律，充分发挥行业自律机制在规范互联网金融机构及其行为、制定行业规则、维护行业合法权利等方面的积极作用。2016 年 3 月成立的中国互联网金融协会,是我国首个全国性互联网金融行业的自律组织。

再次,互联网金融企业自身是风险防控和风险监管的基础环节,因此,开展平台自查、加强企业风险内控是化解互联网金融风险的必要环节。互联网金融企业的内部风险防控应贯穿平台业务的全过程,即事前预防、事中治理和事后补救并用,全程防范化解风险。

最后,充分发挥社会资源和组织参与互联网金融的风险防控工作,从社会层面完善互联网金融治理体系。如推进互联网金融风险评级市场化,评级机构通过在市场中收集的金融消费者评价等信息,对互联网金融平台进行风险等级划分;鼓励群众举报违规互联网金融平台,并将这些平台的所罚款项用于奖励举报人,发动社会群众的力量参与平台风险治理;加强投资者教育,特别是金融风险教育,对其进行必要的风险知识测试和风险承受能力评估,以此作为投资者权益保护的重要手段。

②制定差异化的市场准入标准。

互联网金融体系是多元化的,各种互联网金融模式的特质不尽相同。仅就风险而言,各种形式的互联网金融所面对的风险类型和风险程度并不同。因此,应以穿透式监管理念为指导,探索不同互联网金融模式在风险成因、风险特性和风险程度方面的差别,进而采取差异化的风险防范策略,为不同类型的互联网金融模式指定差异化的市场准入标准和实施细则。

③完善穿透式信息披露规则。

对互联网金融采取穿透式监管模式,必然要求穿透式的信息披露。穿透式信息披露要求在互联网金融产品从形成到结束的所有核心环节(即事前、事中、事后)持续信息披露。

首先,要建立自上而下的穿透式信息披露约束机制。法律层面要对金融主体和金融行为信息穿透式披露做出统领式规定,制度层面要制定不同业态中的从业主体信息、企业资产信息、投融资信息、风险信息等信息披露的细化规则,监督层面应强化对信息披露主体的监管评价和市场评价,进一步明确信息披露义务和责任,促进提升信息披露动力和业务管理能力。

其次,应兼顾充分披露与隐私保护的平衡。信息披露要素设计应考虑金融市场主体的隐私保护需要,通过脱敏处理、近似要素替代等方式防范市场主体信息识别风险。

最后,要推动互联网金融信息披露表格模板的标准化,实现数据信息的电子化披露和机器可读,便利投资者快速识别并获取信息。优化整合信息披露平台,简化信息披露操作流程,防范虚假披露,严控金融风险。

④建立风险预警和征信体系。

借鉴较为成熟的行业数据系统管理运作模式,借助动态数据库,自动收集、筛选数据,创建风险识别模型,设置不同等级的风险预警提示。严格征信监管,防止数据垄断。

本章小结

1. 互联网金融风险包括互联网技术风险(系统安全风险、技术选择风险、技术支持风险)、互联网金融业务风险(信用风险、流动性风险、操作风险、系统性风险)和互联网法律政策风险(法律风险、政策性风险)。互联网金融风险具有并存性、多样性、虚拟性、超越性和速发性。

2. 从具体风险种类看,不同的互联网金融风险应采取不同的控制方法。针对技术性风险的控制方法主要有改进互联网金融的运行环境、加强数据管理、开发具有自主知识产权的信息技术等;针对金融性风险的控制方法主要包括建立基于大数据的互联网征信平台、创新监管体系、强化行业自律、建设以信息透明和保护消费者利益为核心的金融市场环境;针对法律性风险则应完善立法、加强信息的正当收集与保护;针对互联网金融系统性风险则要限制金融风险敞口、降低互联网金融机构的杠杆率、加强金融市场或者金融机构自律。

3. 从风险控制机制和监管来看,互联网金融应建立"三律并重""四位一体"的风险防控机制,包括互联网金融企业自律、互联网金融行业互律、监管机构他律以及互联网金融投资者教育等方面。

4. 借鉴国际互联网金融监管经验,未来我国可以构建创新共享的互联网金融协同监管体系,在现有的银监会、证监会、保监会分业监管体制基础上,成立金融监管委员会,负责制定金融业监管的政策,制定与指导与其他政府部门的协调,三家金融监管机构负责日常监管事务执行。

复习思考题和检测题

1. 互联网金融风险包括哪些种类?
2. 互联网金融风险的特点是什么?
3. 互联网金融风险的控制方法有哪些?
4. 阐述互联网金融的风险防控机制。
5. 互联网金融监管有哪些模式?

检测题

案例分析

腾讯金融安全大数据平台助力互联网金融监管

2017年12月,腾讯与北京市金融工作局签订战略合作协议,双方联合开发基于北京地区的金融安全大数据监管平台,致力于通过资源共享,对各种金融风险进行识别和监测预警,共同保护金融消费者合法权益,助力地方金融监管,防控金融风险。

腾讯金融安全大数据监管平台依托腾讯安全反诈骗实验室的"灵鲲金融安全系统"搭建,主要用于防范普惠金融走向普"恶"金融,专门打击以金融创新之名行诈骗之实的黑产行为。该平台由多个系统组成,主要从3个方面推动金融科技的规范和创新发展:一是在金融创新方面,平台结合腾讯的大数据、腾讯安全联合实验室反诈骗实验室AI技术优势,解决并克服了监管科技历来存在的"数据""算法""计算力"不足等痛点。二是在打击金融黑产方面,平台能有效阻止或拦截网络黑产向线上业务运营的转移,让善于藏匿的网络黑产无处遁形。三是在金融监管方面,平台较大提升了对非法集资等涉众型金融犯罪"打早打小"的事前预警处置能力,实现对金融风险的识别和监测预警。

目前,腾讯金融安全大数据监管平台已经实现现金贷、P2P、虚假投资理财预警、金融传销等场景的风险预警,其中,主要的风险量化指标包括信用风险、操作风险、流动性风险、市场风险、法律风险、传播风险、舆情风险等;风险分析还包括宏观风险指标,例如,GDP 增长率、通货膨胀率、出口变化率、投资增长率、银行存贷款变化、资产价格变化。该平台可同时提供金融风控 SAAS 服务,服务区域性的地方银行、信用社等弱风控能力的金融部门,降低其风控成本,助力加快落实普惠金融。

问题:根据案例,你认为利用监管科技对互联网金融发展的积极意义在哪里?互联网监管应如何创新?

参考文献

[1] 陈勇.中国互联网金融研究报告(2015)[M].北京:中国经济出版社,2015.
[2] 黄达.金融学:货币银行学[M].北京:中国人民大学出版社,2014.
[3] 何五星.互联网金融模式与实战[M].广州:广东人民出版社,2015.
[4] 罗明雄,唐颖,刘勇.互联网金融[M].北京:中国财政经济出版社,2013.
[5] 李均.比特币[M].北京:中信出版社,2013.
[6] 李均.数字货币[M].北京:电子工业出版社,2014.
[7] 李耀东.互联网金融框架与实践[M].北京:电子工业出版社,2014.
[8] 零壹财经.众筹服务行业白皮书(2014)[M].北京:中国经济出版社,2014.
[9] 任有泉.金融创新理论研究[M].北京:中国时代经济出版社,2007.
[10] 芮晓武,刘烈宏.互联网金融蓝皮书:中国互联网金融发展报告(2014)[M].北京:社会科学文献出版社,2014.
[11] 帅青红.电子支付与结算[M].大连:东北财经大学出版社,2011.
[12] 吴晓求.证券投资学[M].北京:中国人民大学出版社,2014.
[13] 谢平,邹传伟,刘海二.互联网金融手册[M].北京:中国人民大学出版社,2014.
[14] 谢平.互联网金融手册[M].北京:中国人民大学出版社,2014.
[15] 姚文平.互联网金融[M].北京:中信出版社,2014.
[16] 张劲松.网络金融理论与实务[M]. 杭州:浙江科学技术出版社,2007.
[17] 张扬.互联网金融的本质与创新[M].北京:人民邮电出版社,2015.
[18] 中国网络空间研究院.世界互联网发展报告 2021[M].北京:电子工业出版社,2021.
[19] 布莱特·金.银行 4.0:金融服务无所不在,就是不在银行网点[M].广州:广东经济出版社·伴客文化,2018.
[20] 安邦坤,阮金阳.互联网金融:监管与法律准则[J].金融监管研究,2014(3):57-70.
[21] 巴曙松,杨彪.第三方支付国际监管研究及借鉴[J].财政研究,2012(4):72-75.
[22] 贝为智.第三方支付平台对商业银行经营的影响与对策[J].区域金融研究,2011(1):40-44.
[23] 贝多广,罗煜.补充性货币的理论、最新发展及对法定货币的挑战[J].经济学动态,2013(9):4-10.
[24] 边叶,苏玉珠.互联网金融风险及其防范机制[J].石油实验地质,2015(12):86-88.

[25] 陈氢,程慧平. 第三方支付运营模式及其发展研究[J]. 现代商贸工业,2008,20(2):46-47.

[26] 陈宇. P2P 网贷:危机还是商机[J]. 社会科学文摘,2013(12):62-63.

[27] 常嵘. 基于系统性金融风险度量方法的宏观审慎监管研究[J]. 东岳论丛,2013,34(12):122-127.

[28] 曹静,王薇. 借鉴国外第三方支付经验促进我国第三方支付发展[J]. 物流科技,2009,32(6):143-144.

[29] 曹国华,张冰琪. 互联网金融的现状及前景展望[J]. 石油实验地质,2014(6):78-80.

[30] 陈敏轩,李钧. 美国 P2P 行业的发展和新监管挑战[J]. 金融发展评论,2013(3):1-34.

[31] 丁苗. 财经门户网站发展趋势及信息构建现状研究[J]. 时代金融,2015(12X):51-52.

[32] 杜木丹. 我国股权众筹发展现状评析:以天使汇为例[J]. 产业与科技论坛,2016,15(2):96-98.

[33] 范家琛. 众筹商业模式研究[J]. 企业经济,2013,32(8):72-75.

[34] 郝丹炀. 浅谈金融大数据的机遇与挑战[J]. 时代金融,2015(11X):38-39.

[35] 胡振,李娜. 美国预售型众筹发展及启示:以 Kickstarter 与 Indiegogo 为例[J]. 青海金融,2015(3):45-47.

[36] 贾甫,冯科. 当金融互联网遇上互联网金融:替代还是融合[J]. 上海金融,2014(2):30-35,116.

[37] 蒋先玲,徐晓兰. 第三方支付态势与监管:自互联网金融观察[J]. 改革,2014(6):113-121.

[38] 蒋昌俊,丁志军,王俊丽,等. 面向互联网金融行业的大数据资源服务平台[J]. 科学通报,2014,59(36): 3547-3554.

[39] 九次方大数据研究院. 2014 年中国金融大数据应用白皮书[J]. 国际融资,2014(11):22-26.

[40] 沈斌. 浅述第三方支付对传统金融业的影响[J]. 商场现代化,2016(23):141-142.

[41] 李东卫. 互联网金融的国际经验、风险分析及监管[J]. 吉林金融研究,2014(4):35-39,70.

[42] 李雪静. 众筹融资模式的发展探析[J]. 上海立信会计金融学院学报,2013(6):73-79.

[43] 李文娟,严丹荔,郭迎雪,等. 中美网络众筹融资模式比较研究:以 Kickstarter 和点名时间网站为例[J]. 国际商务财会,2014(8):56-61.

[44] 刘新海. 大数据挖掘助力未来金融服务业[J]. 金融市场研究,2014(2):117-126.

[45] 刘寒,孙晶. 金融业大数据应用研究[J]. 信息通信技术与政策,2015(2):9-13.

[46] 刘英,罗明雄. 大数据金融促进跨界整合[J]. 北大商业评论,2013(11):96-101.

[47] 刘辉,谷晓斌. 第三方互联网支付发展现状及监管分析[J]. 金融科技时代,2014(2):69-71.

[48] 刘红霞,要文卿. 第三方支付的风险及其防范建议[J]. 天津商业大学学报,2014,34(3):8-12.

[49] 刘春梅. 第三方支付对商业银行的影响[J]. 当代会计,2014(5):10-12.

[50] 柳树,钟洁. 互联网金融风险控制统计研究[J]. 统计与决策,2014(16):31-33.
[51] 孟小峰,慈祥. 大数据管理:概念、技术与挑战[J]. 计算机研究与发展,2013,50(1):146-169.
[52] 彭媛. 我国第三方支付现状及发展对策分析[J]. 科技广场,2007(6):104-106.
[53] 皮天雷,赵铁. 互联网金融:范畴、革新与展望[J]. 财经科学,2014(6):22-30.
[54] 潘超. 对 P2P 网贷助普惠金融体系发展的思考[J]. 金融科技时代,2013(8):101-103.
[55] 漆慧. 我国第三方支付发展的现状及未来趋势[J]. 会计师,2013(11):64-66.
[56] 乔慧娟,刘丽娜. 论众筹在我国发展的法律风险及其风险防范问题[J]. 特区经济,2015(3):89-91.
[57] 乔玉梅. 互联网金融发展与风险管控研究[J]. 海南金融,2014(3):47-48,84.
[58] 任曙明. 第三方支付产业的内涵、特征与分类[J]. 商业研究,2013(3):96-101.
[59] 宋立志. 第三方支付风险及建议[J]. 中国金融电脑,2014(8):77-78.
[60] 上海金融学院互联网金融团队. 互联网金融与金融互联网相关问题的探讨[J]. 上海金融学院学报,2014(3):47-55.
[61] 唐正伟. 第三方支付风险防范机制研究[J]. 商场现代化,2014(23):206-207.
[62] 王达. 美国互联网金融的发展及中美互联网金融的比较:基于网络经济学视角的研究与思考[J]. 国际金融研究,2014(12):47-57.
[63] 王晓宇. 浅析众筹融资的定义与特点[J]. 商,2015(15):197.
[64] 王婷婷,李振国. 商业银行互联网金融门户风险管理研究[J]. 北华大学学报(社会科学版),2015(2):28-33.
[65] 王永红. 数字货币技术实现框架构想[J]. 中国金融,2016(8):14-16.
[66] 吴晓灵. 互联网金融应分类监管区别对待[J]. 现代制造,2013(21):14.
[67] 武剑. 金融大数据的战略与实施[J]. 新金融评论,2014(3):159-171.
[68] 谢平,邹传伟. 互联网金融模式研究[J]. 金融研究,2012(12):11-22.
[69] 谢平,石午光. 数字加密货币研究:一个文献综述[J]. 金融研究,2015(1):1-15.
[70] 谢平. 互联网金融的现实与未来[J]. 新金融,2014(4):4-8.
[71] 夏小依. 银行初探大数据金融[J]. 中国金融家,2013(9):97-98.
[72] 徐勇,刘金弟. 第三方支付信用风险分析及监管机制研究[J]. 科技管理研究,2010,30(10):167-169.
[73] 原立勋. 我国第三方支付现状与发展思考[J]. 经营管理者,2014(28):275.
[74] 朱绩新,章力,章亮亮. 第三方支付监管的国际经验及其启示[J]. 中国金融,2010,2(12):32-33.
[75] 朱绵茂. 数字化货币的发展及产生的法律问题[J]. 金融法苑,1999:2(6):40-46.
[76] 周明祥. 互联网众筹的风险分析与应对措施[J]. 时代金融,2014(12Z):39.
[77] 周华. 互联网金融对传统金融业的影响[J]. 南方金融,2013(11):96-98.
[78] 周悦. 浅析互联网金融存在的风险与防控[J]. 时代金融,2015(17):30-31.
[79] 周嫣然. 互联网金融的风险及其有效监管[J]. 福建金融,2011(5):46-49.
[80] 赵颖,宋婧楠. 中美众筹模式分析:以中国众筹网与美国 Kickstarter 为例[J]. 海南金

融,2016(1):67-71.

[81] 赵玉娇.个性化理财[J].投资与理财,2013(4):32.

[82] 赵继鸿.基于服务主体的互联网金融运营风险比较及监管思考[J].征信,2013,31(12):10-14.

[83] 张继源.关于众筹模式及其效率和问题[J].东岳论丛,2015,36(3):185-189.

[84] 张晓朴.互联网金融监管的原则:探索新金融监管范式[J].当代金融家,2015(12):24-30.

[85] 张松,史经伟,雷鼎.互联网金融下的操作风险管理探究[J].新金融,2013(9):33-36.

[86] 张强,赵继鸿.基于 MS-VAR 模型的金融风险预警研究[J].湖南社会科学,2013(3):117-121.

[87] 郑联盛.中国互联网金融:模式、影响、本质与风险[J].国际经济评论,2014(5):103-118.

[88] 白杰.我国互联网金融的演进及问题研究[D].保定:河北大学,2014.

[89] 李医群.在线第三方支付市场交易效率与风险度量研究[D].上海:东华大学,2011.

[90] 王军.互联网金融对商业银行的影响及对策研究[D].北京:首都经济贸易大学,2014.

[91] 马鸣,杜舟,王起.让世界读懂你诚信的数据:走进大数据金融领航者金电联行[N].IT时代周刊,2015-07-15.

[92] 卓尚进.互联网金融门户快速崛起[N].金融时报,2013-09-04.

[93] 杨云飞.京东生态圈加速器:“京保贝”“京小贷”[N].现代物流报,2015-12-11.

[94] 中国人民银行,等.关于促进互联网金融健康发展的指导意见[EB/OL].中国政府网,2015-07-18.

[95] 中国互联网络信息中心.2014 年度中国互联网络发展状况统计报告[EB/OL].中国站长之家,2015-02-03.

[96] 中国电子商务研究中心.2015—2018 年中国互联网金融发展趋势研究报告[EB/OL].中国电子商务研究中心,2015-02-13.

[97] 黄志凌.未来银行有几种发展趋势[EB/OL].爱思想网,2015-05-08.

[98] 肖风.数字货币的各种类型及应用新场景[EB/OL].搜狐公众平台,2016-04-14.

[99] BOYD J H, GERTLER M. Are Banks Dead? or are the Reports Greatly Exaggerated? [J]. Federal Reserve Bank of Minneapolis Quarterly Review, 1994,8(3):22.

[100] EDWARDS F R, MISHKIN F S. The Decline of Traditional Banking: Implications for Financial Stability and Regulatory Policy [J]. Federal Reserve Bank of New York Economic Policy Review, 1995,1(7):27-45.

[101] FREDERIC S. Mishkin, Addison Wesley. The Economics of Money, Banking, and Financial Markets[M]. 10 Edition. Upper Saddle River: Prentice Hall, 2012.

[102] LUNT P. Payments on the Net: How Many? How Safe? [J]. ABA Banking Journal (November), 1995,87(11):46-54.

[103] MCANDREWS J. The Automated Clearinghouse System: Moving Toward Electronic Payment[J]. Federal Reserve Bank of Philadelphia Business Review, 1994.

[104] 姚前. Web3.0:渐行渐近的新一代互联网[J]. 中国金融,2022(6):14-17.

[105] 范云朋,尹振涛. 数字货币的缘起、演进与监管进展[J]. 征信,2020,38(4):6-12.

[106] 袁康. 金融科技的技术风险及其法律治理[J]. 法学评论,2021,39(1):115-130.

[107] 吴辉航,王艺熹. 互联网财富管理:迈向共同富裕新时代[EB/OL]. 清华金融评论,2022-07-07.

[108] 唐琦. 我国互联网股权众筹法律监管研究[J]. 互联网天地,2022(4):49-54.

[109] 赵阳,江雅文. 金融科技赋能证券经营机构财富管理转型研究[J]. 金融纵横,2019(10):36-45.

[110] 张晓燕,吴辉航,葛慧敏. 数字经济时代下中国财富管理行业研究:互联网技术的经济影响[J]. 清华金融评论,2022(3):103-108.

[111] 徐炎平. 互联网金融背景下的金融创新和财富管理研究[J]. 财会学习,2021(30):146-148.

[112] 陆昂. 互联网金融下财富管理模式探讨[J]. 中国商论,2019(9):49-50.

[113] 李杰尧. 互联网金融发展对我国财富管理的影响研究[J]. 行政事业资产与财务,2019(9):53-54.

[114] 朱昱帆. "互联网+财富管理"的模式分析和发展建议[J]. 中小企业管理与科技(中旬刊),2018(12):18-19.

[115] 欧阳日辉. 我国数字金融创新发展的挑战与应对[J]. 科技与金融,2021(3):39-44.

[116] 易强. 我国金融数据监管存在的问题及对策研究[D]. 成都:四川大学. 2021.

[117] 周雷,顾瑞鹏,邢雪,等. 大数据征信前沿研究综述与展望[J]. 征信,2022,40(1):36-44.

[118] 朱焕启. 做好市场化征信发展的"加减乘除"[J]. 当代金融家,2022(5):46-50.

[119] 李建军,朱烨辰. 数字货币理论与实践研究进展[J]. 经济学动态,2017(10):115-127.

[120] 陈伟光,明元鹏. 数字货币:从国家监管到全球治理[J]. 社会科学, 2021(9):13-27.

[121] 谢平,石午光. 数字货币的风险、监管与政策建议[J]. 新金融评论,2018(1):132-149.

[122] 米晋宏,王乙成. 数字货币及其经济影响研究新进展[J]. 经济学动态,2022(5):127-142.

[123] 王健,赵秉元. 互联网金融创新的沙盒监管:挑战与应对[J]. 兰州学刊,2021(10):111-123.

[124] 宋寒亮. 风险化解目标下互联网金融监管机制创新研究[J]. 大连理工大学学报(社会科学版),2022,43(2):105-114.